Premiere Collection

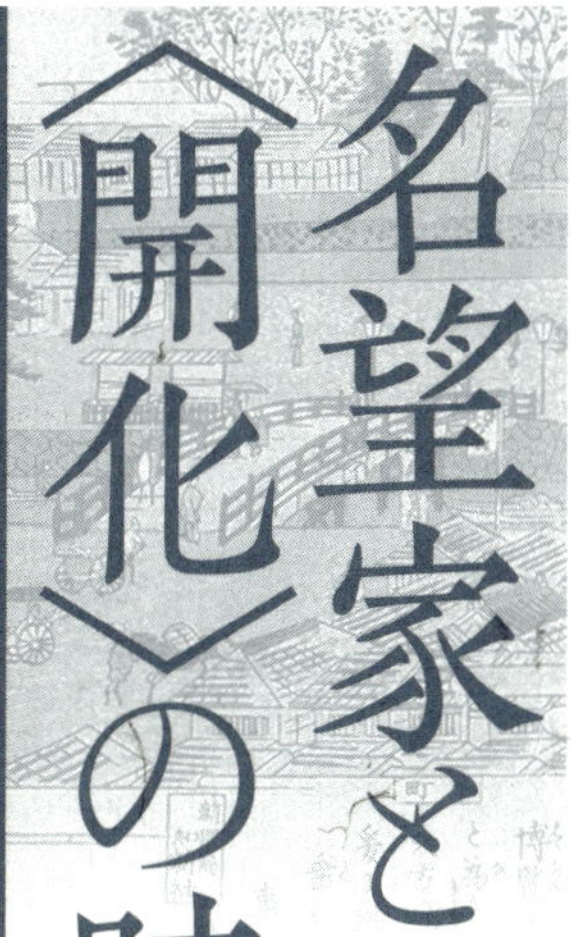

名望家と〈開化〉の時代

地域秩序の再編と学校教育

塩原佳典

京都大学学術出版会

村の秩序が動揺するなか、家の由緒を伝える箪笥

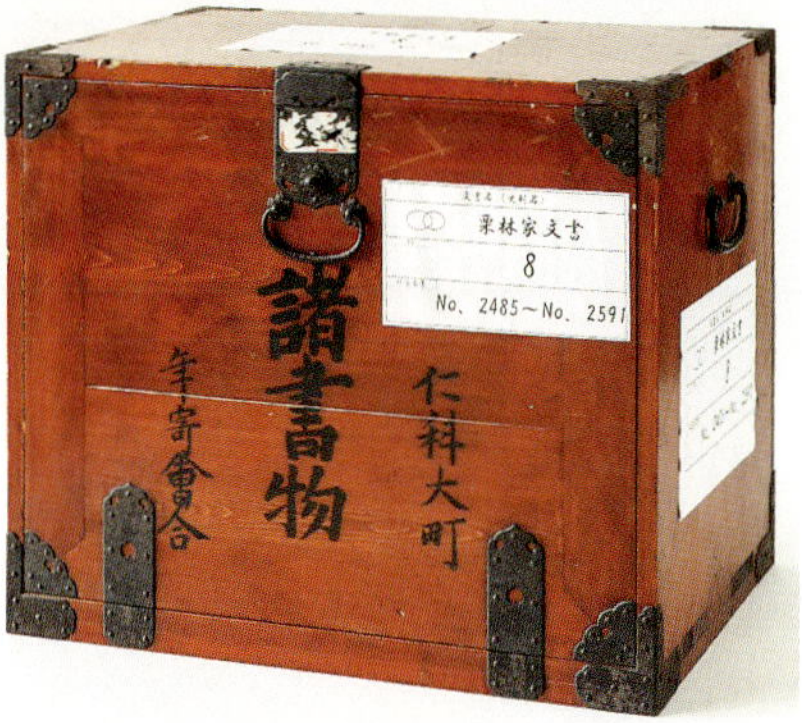

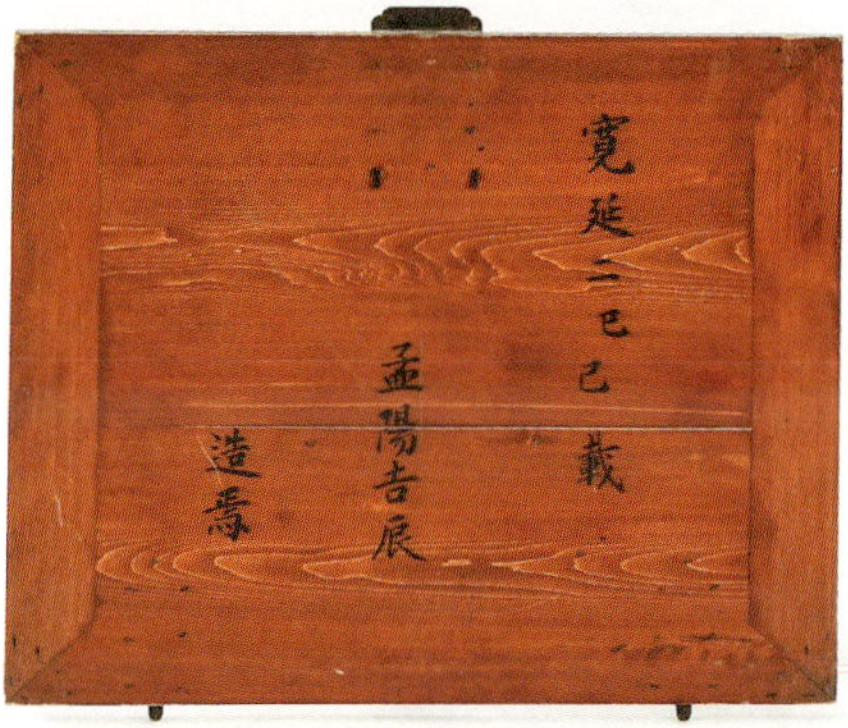

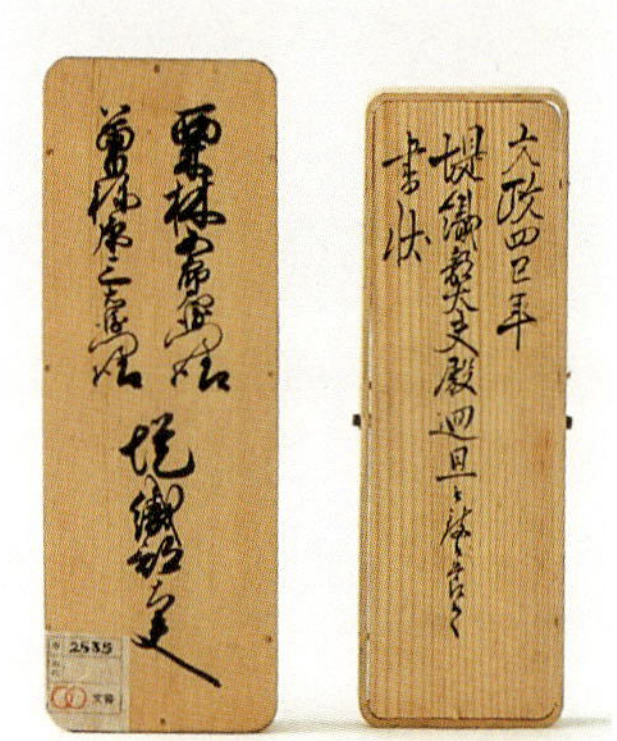

松本藩大町村で長百姓格の家柄にある十家（大町年寄）は、18 世紀半ばに村落秩序が動揺するなか、箪笥を作成した（左上）。箪笥の裏面には、大町年寄の印である「㊉」が墨書されている（右上）。ふたの裏面には、寛延 2（1749）年正月の作成と記されている（左下）。箪笥には、各家に伝わる由緒や証文類など、家の来歴を伝える書類が保管され、毎年正月の会合でその中身が確認された。箪笥のなかには、伊勢御師・堤織部太夫から送られた廻旦の礼状も見られる（右下）。専用の桐箱を作って村を訪れる宗教者からの礼状を保管することにはどのような意味があったのだろうか。

所蔵先：大町市文化財センター

撮影協力：ヨシダトモユキ写真事務所

諸国を遊歴する大庄屋分家の文化人

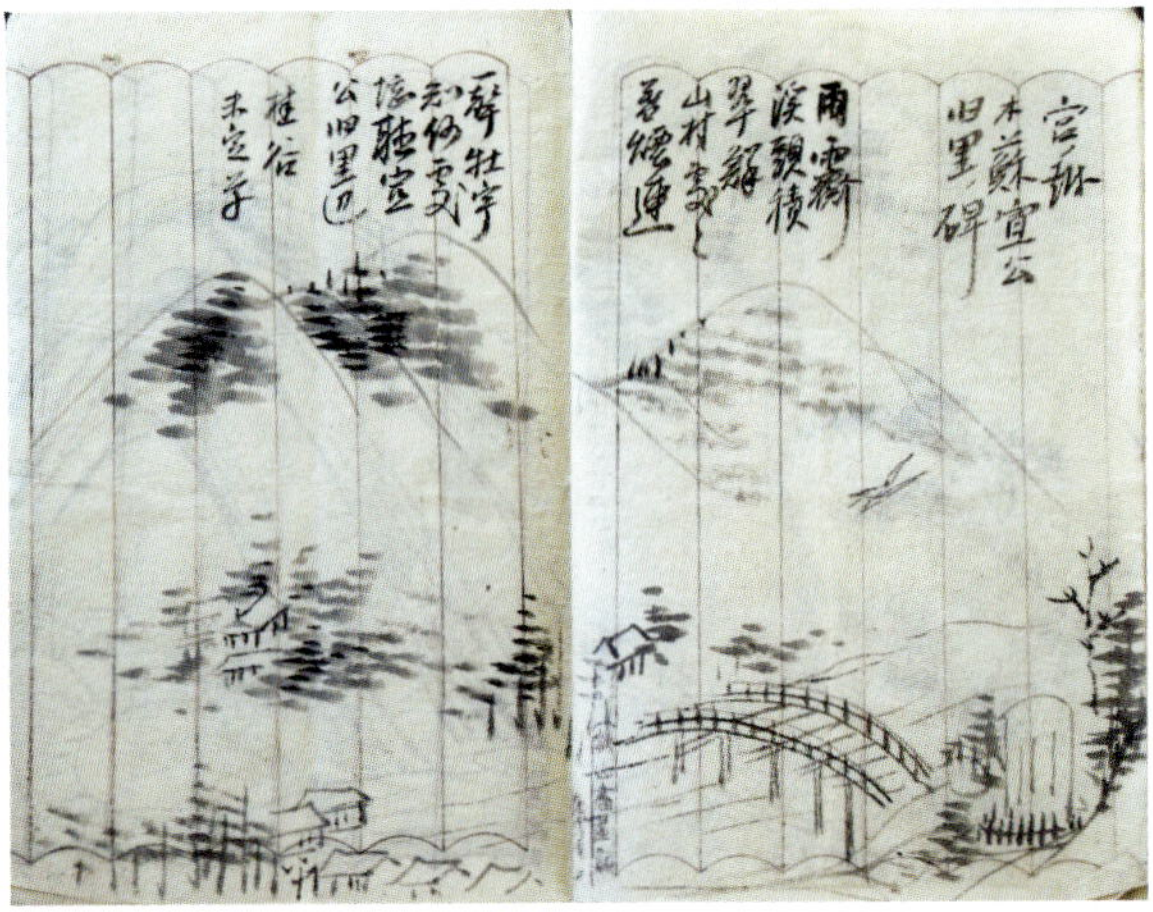

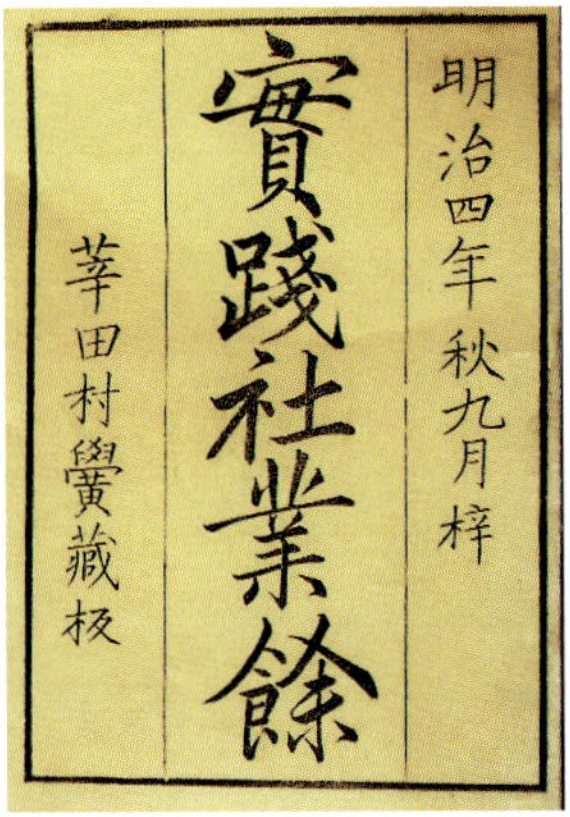

松本藩成相組大庄屋の分家である藤森寿平は、在村の文化人として墨絵や漢詩をたしなみ、生涯を通じて諸国を遊歴した。文久2(1862)年に中山道宮ノ越宿を訪れた際は、木曽義仲の石碑を取り囲む木曽谷の景観を描いている(左上、豊科郷土博物館所蔵)。

遊歴を通じて築かれた藤森の文化的ネットワークは、教員の招聘などにより、学校教育の基盤となった。藤森が明治4(1871)年に設立した実践社では、『実践社業余』が出版された。この漢詩集には、どのような人びとが漢詩を寄せたのだろうか(右上、豊科郷土博物館所蔵)。

明治12年春に撮影された写真で、前列右に足を組んで座っている人物が藤森である。「松本遊郭中ニ写ス、岩亀楼ノ奴、明治十二年春」と裏書きされている。この時期の藤森は、豊科学校の教員として演説会や教育会議などを組織していた。藤森の教育活動は、翌年結成の民権結社・奨匡社の源流を形作っていくこととなる(下、藤森美恵子氏所蔵)。

「開化」をうながすため、廃城で博覧会が開かれた

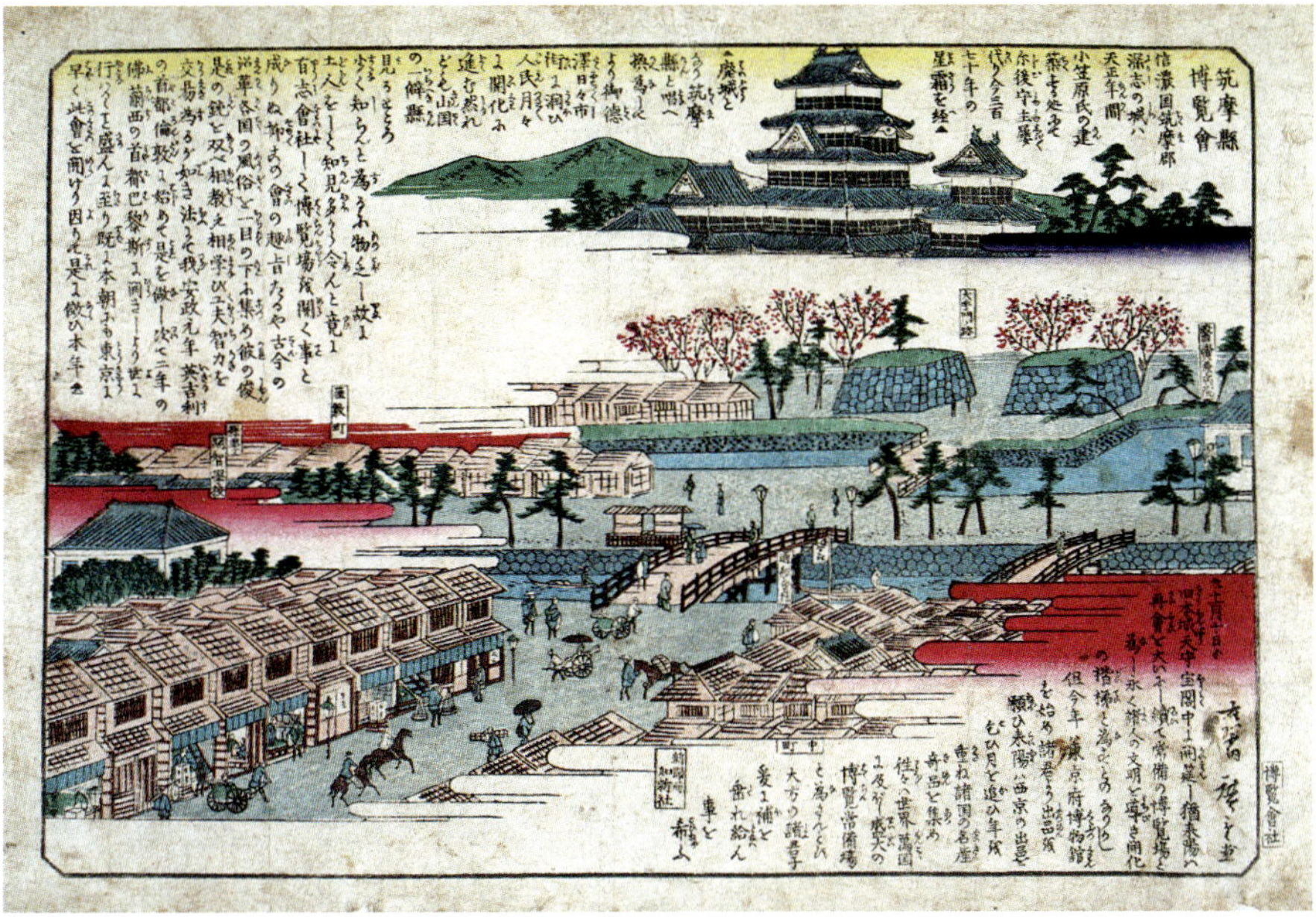

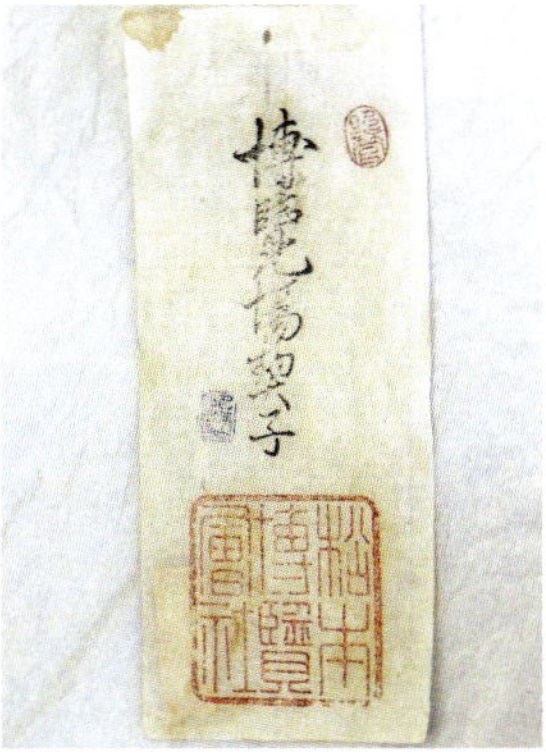

明治6(1873)年11月、筑摩県で博覧会が開かれた。開催にあたり東京の絵師・三代広重に依頼して描かれた錦絵である。博覧会の会場である松本城本丸とともに、「県学開智学校」や「新聞局知新社」、「医黌兼病院」などが描き込まれ、「開化」に向かう松本城下の町並みを一望することができる。「開化」に湧く城下町とは対象的に、武士の居住地である「屋敷町」が後景に位置づけられていることは、「開化」の担い手の輪郭をとらえるうえで示唆的である。旧時代の権威であった城を舞台とした博覧会を見物することは、どのような体験だったのだろうか(日本銀行貨幣博物館所蔵)。

博覧会の入場料は、2銭であった。本書巻末資料から、松本町の日雇人足の賃料は一日13銭5厘である(明治7年4月)。博覧会は、庶民も訪れることができる値段に設定されていた(松本市立博物館所蔵)。

「開化」のなかで成長した次世代が民権思想を媒介する

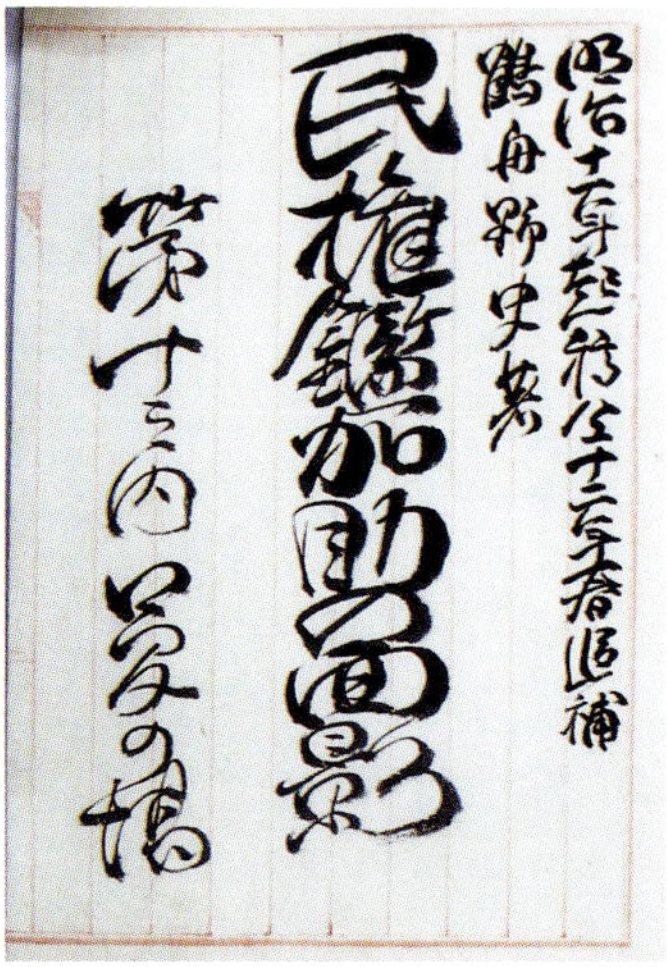

筑摩県安曇郡の成新学校変則科では、演説会や新聞投書を通じ、自由民権運動に連なる教育実践が展開されていた。民権思想を受容するなか、変則科の生徒たちは、近世の義民伝承「加助騒動」を「自由民権の先駆け」として読み直し、再評価していった。

松沢求策は、明治11(1878)年から翌12年にかけ、芝居台本「民権鑑加助の面影」を著した。この芝居は長野県下で上演され、「民衆」に民権思想を伝達した。と同時に注目すべきは、松沢自身が加助の役を演じていたことである。松沢は、近世の義民・加助に自分自身を重ね合わせることで、民権家としての立場を確保していった。松沢が、新聞や活版印刷という「開化」のメディアではなく、村芝居という「在来」のメディアを用いたことには、どのような意図があったのだろうか(安曇野市穂高図書館所蔵)。

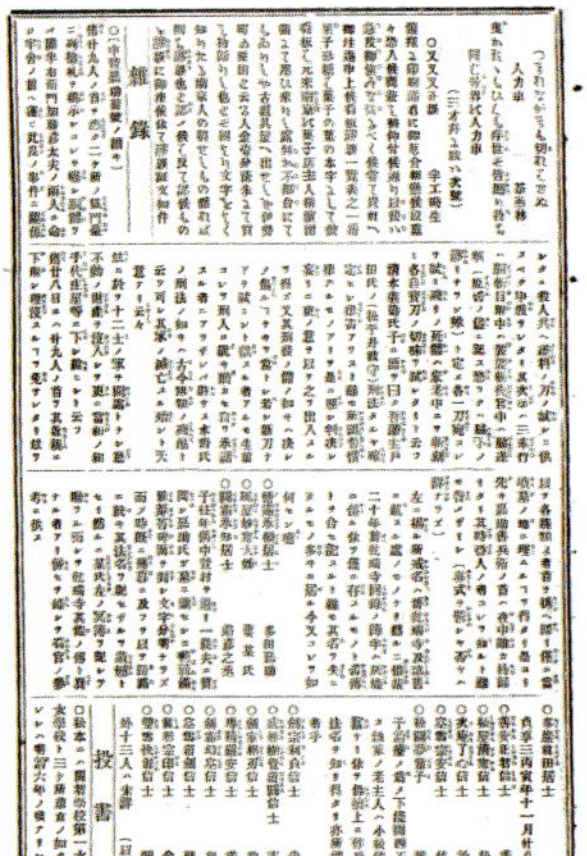

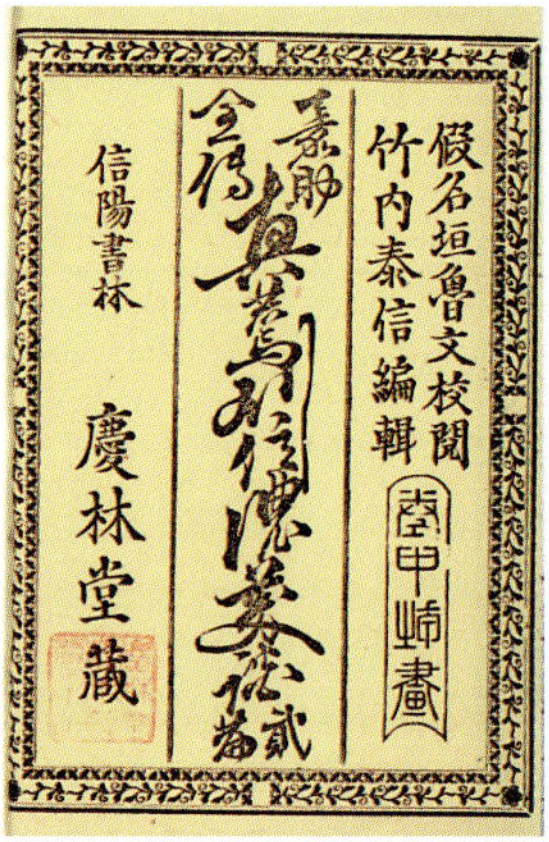

明治11年の『松本新聞』に、「中萱加助略伝」と題する小説が連載された(山田貞光氏所蔵)。さらにこの新聞小説は、明治16、17年に『嘉助全伝真篶苅信濃美談』として出版された(松本市立博物館所蔵)。著者は、竹内泰信。松沢とともに『松本新聞』で民権論を展開した人物である。版元は松本の書肆・慶林堂、校閲は仮名垣魯文である。「略伝」と『全伝』には、物語の筋に大きな変容が見られた。すなわち加助は、「百姓」とともに打ちこわしを行う「頭取」から、言論によって藩権力と対峙していく「民権之宗」へと語り直されたのである。こうした変容の背景には、松沢の「民権鑑加助の面影」の影響があったと考えられる。

プリミエ・コレクションの創刊に際して

「プリミエ」とは、初演を意味するフランス語の「première」から転じた「初演する、主演する」を意味する英語です。本コレクションのタイトルには、初々しい若い知性のデビュー作という意味がこめられています。

いわゆる大学院重点化によって博士学位取得者を増強する計画が始まってから十数年になります。学界、産業界、政界、官界さらには国際機関等に博士学位取得者が歓迎される時代がやがて到来するという当初の見通しは、国内外の諸状況もあって未だ実現せず、そのため、長期の研鑽を積みながら厳しい日々を送っている若手研究者も少なくありません。

しかしながら、多くの優秀な人材を学界に迎えたことで学術研究は新しい活況を呈し、領域によっては、既存の研究には見られなかった溌剌とした視点や方法が、若い人々によってもたらされています。そうした優れた業績を広く公開することは、学界のみならず、歴史の転換点にある21世紀の社会全体にとっても、未来を拓く大きな資産になることは間違いありません。

このたび、京都大学では、常にフロンティアに挑戦することで我が国の教育・研究において誉れある幾多の成果をもたらしてきた百有余年の歴史の上に、若手研究者の優れた業績を世に出すための支援制度を設けることに致しました。本コレクションの各巻は、いずれもこの制度のもとに刊行されるモノグラフです。ここでデビューした研究者は、我が国のみならず、国際的な学界において、将来につながる学術研究のリーダーとして活躍が期待される人たちです。関係者、読者の方々共々、このコレクションが健やかに成長していくことを見守っていきたいと祈念します。

第25代　京都大学総長　松本　紘

目次

凡例

・引用史料には、読点、中点（・）を付した。原史料に句読点がある場合は、それにしたがった。
・原史料にルビが付されている場合は、右訓・左訓ともに表記した。
・史料の引用に際しては、原則として新字体・新仮名遣いに改めた。ただし、ゟ（より）・ヿ（こと）・𪜈（とも）・𬼀（とき）などはそのままとした。
・史料中の而（て）・者（は）・江（へ）などの助詞は、ポイントを下げた。
・御用留日記や行政簿冊から引用する場合は、史料名に加え、引用した記事の表題も示した。表題がない場合は、筆者による仮題を（　）を付けて示した。
・年次表記は、引用史料との対応を容易にするため元号を基本とし、適宜（　）内に西暦を併記した。明治六年一月一日以前の日付は旧暦によるため、月日では西暦と対応しない場合がある。

序章

一　「開化」の時代とそこに生きた人びとを総体として把握する

(1)「開化」を通じた地域の再編成

日本の近世から近代への移行過程における地域社会の変容を、在地で「開化」を担った人びとに視座を据えて解明すること。これが、本書の主題である。維新変革を経て成立した新政府は、近代国民国家の構築に向け、「開化」と称する諸施策を打ち出していった。一連の「開化」を地方の側で受け止めた人びとの多くは、いかにして家、村、そして地域のあり方を維持・再編成していくのか、という問題に心を砕いていたはずである。それは、近代の到来に対応すべく地域の現実を再編し、また新たに創出する営みであった。こうした視点に立つならば、現代に連なる地域とは、自明の前提ではなく、「開化」を通じて形成された存在としてとらえられるべきである。諸主体による「開化」への取り組みを検証し、地方の現場で模索されていた地域秩序形成への志向性とそれらが織りなすダイナミズムを浮き彫りにしたい(1)。

(1)　地域秩序の形成過程を問う本書の視点は、「地方」と「地域」をめぐる従来の認識を問い直すことにもつながるだろう。すなわち国家＝「中央」に従属する「地方」という構図と、それに対抗的に持ち出されてきた「地域」という認識である。「地方」はこれまで、主体性を剥奪された存在と見なされてきた。しかし塚本学によれば、こうした概念規定は、明治以降に定着した近代的な用法である。近世において「地方」は、江戸の「中央」化と対峙し、相対化する可能性を有していた。それは言葉を換えれば、多様な「地域」を形成する場としての「地方」ともいえる。以上のような「地方」概念をめぐる議論も視野に入れながら、行論を展開していきたい。塚本学『近世再考―地方の視点から―』(日本エディタースクール出版部、一九八六年)。

(2)「開化」の担い手はいかなる過程で立ち現れたのか―論点1

以上、本書を支える問題意識に対し、取り組むべき具体的な論点を一片の史料から設定しておきたい。明治八(一八七五)年二月二八日、筑摩県諏訪郡湖南村の中沢磯右衛門が県に提出した「奉願口上書」である。(2)

一、今般第十三大区之内上諏訪村扱所ニ而、博覧会世話役御達相成候処、私義去ル明治五年学校世話役・明治六年新聞紙掛リ、明治七年蚕種世話役、本年開産社方被仰付、乍未熟勉励仕候、其他病院世話役・神風講社副取締被仰付罷在候、方今伍長惣代相勤、閑暇無之事務行届不申必至、当惑仕候間、博覧会世話役御除被下置度、此段只管奉懇願候、以上

中沢は、この願書を提出した時点ですでに「学校世話役」や「新聞紙掛リ」など諸役を掛け持ちしていた。そのうえさらに「博覧会世話役」に任命されたが、数多の役務に追われるなかでは「閑暇」もなく、事務が滞ることは「必至」であり、このたびの任命を反古にして欲しいと願い出ている。ここで中沢が表明しているのは、まさに「開化」の担い手としての「当惑」である。

「奉願口上書」からは、ふたつの興味深い事実を読み取ることができる。第一に、「開化」の諸役が、時に背負いきれないほどの重荷となってひとりの人物にのしかかっていた事実である。中沢は、あらゆる「開化」を担わされ、その負担に「当惑」していた。それではなぜ、中沢は大きな負担となる「開化」を担い、また担わざるをえなかったのか。「開化」を担った主体の生成過程が、解明すべき問題として浮上する。

「開化」の担い手の生成過程についてはこれまで、「開化」への理念や期待にかかわる次元から説明されてきた。なかでも、久木幸男・山田大平の業績が重要である。(3) 久木らは、村役人や豪農商からなる「地方有志者」主導で設立された郷学の経済基盤や教育構想を明らかにした。そのうえで、郷学建設を牽引した儒者や医師など知識人たち

が提起した教育にかかわる理念を明瞭に描き出している。地方の「開化」を牽引した知識人的存在の思想的背景については、かなりの程度明らかにされてきたといってよい。それとは対照的に、「開化」を忌避する人びとの存在も看過できない。石川一三夫は、法令を人民に解説できないほど蒙昧であるため、またあるいは家業を優先する余り、「町村の行政に対して無関心ないしは非協力的な名望家」の存在をとらえている。[4] 石川によれば、こうした「公務忌避」型の対応は、むしろ当時の多数派であり、中央政府による戸長官吏化政策のひとつの要因となった。

「開化」への対応として、積極的に担っていく人びとの一方で、消極的あるいは忌避する人びとが存在していた。しかし、積極か消極かという両極にいくら注目してみても、「開化」の負担に「当惑」を表明していた中沢のような存在は浮かび上がってこないと考える。というのも中沢は、言葉として明確に理念や期待を表明しなかったものの、行政や地域住民からの「期待」を受け、「開化」への対応を迫られた存在と位置づけられるからである。

こうした人びとは、「開化」を積極的に担ったわけでも、消極的あるいは忌避したわけでもない。いわば積極と消極の中間に位置しているがゆえに、これまで十分な注目を集めてこなかった存在である。しかしこうした人びとの家にこそ、地域住民への勧奨や資金収集など、「開化」にかかわる豊富な史料群が残存している事実を見逃すべきではない。地域社会で「開化」を具体化するには、理念や期待ばかりでなく、人手を動員する政治力や物資を購

---

(2)「明治八年　博覧会之部」明八―一B―三―二、長野県立歴史館所蔵。開産社とは、明治六年から同二一年まで松本に存続した半官半民の金融機関で、信用事業と新産業技術の導入を主な業務とした。神風講社は、伊勢神宮改革により全国各地の伊勢講を再編した組織で、神宮司庁のもと大麻の配布と初穂金の徴収を行った。『長野県史　通史編　第七巻』(一九八八年)。

(3) 久木幸男・山田大平「郷学福山啓蒙所の一考察」(『横浜国立大学教育紀要』二九集、一九八九年)。

(4) 石川一三夫『近代日本の名望家と自治―名誉職制度の法社会史的研究―』(木鐸社、一九八七年)。近年でも原田敬一が、同様の対応として「逃げる名望家」の存在を指摘している。原田敬一「京都府会と都市名望家―『京都府会誌』を中心に―」(丸山宏・伊従勉・高木博志編『近代京都研究』思文閣出版、二〇〇八年)四一五頁。

入する経済力が必要であったはずである。

「高い理念や期待を抱き積極的に「開化」を担っていった」人びとと、「立場上「開化」を担わざるをえなかった」人びと。「開化」の担い手の生成過程を主題とする本書では、双方を分析の射程に収めながら行論を進めていく。すなわち、「開化」の担い手を重層的な存在として把握する分析視角に立つ。そのためには、理念や期待にかかわる次元ばかりでなく、諸主体が取り結んでいた社会関係や立場性にかかわる次元にも目を向けることが不可欠である。つまり、人びとを「開化」へと追い立て、担わせていった地域内部の権力的な諸関係や社会的な力学に目配りをする。こうした着眼から、これまで注目を集めてきた知識人的存在ばかりでなく、彼らが提起した「開化」の理念に呼応していった人びと、さらに相互に取り結ばれていた重層的な諸関係を分析の俎上に載せる。そのうえで、諸主体が「開化」に連なっていく複数の道筋を見通してみたい。

(3) 「開化」はどのような広がりを持っていたのか──論点2

「奉願口上書」から浮かび上がる論点として第二に、中沢が、学校や新聞、蚕種や病院などあらゆる領域を横断する活動にかかわっていた事実に注目したい。多様な「開化」を兼担する人びとが存在していたことは、社会的分業の進展にともない諸領域が分節化された今日的な状況とは大きく異なっていると目されるからである。とすれば、領域横断的な諸活動のなかにこそ、「開化」の歴史的特質を見極める重要な手がかりがあるのではないだろうか。さまざまな領域に跨がる事業に関与していた担い手の存在は、「開化」の地域的展開の様態をいかに規定していたのか。

「開化」が領域横断的に展開していた事実が持つ意味について、教育史やメディア史、そして社会学や日本近世・近代史など既存のアカデミズムを構成する個別の枠組みでは、十分な検討を加えることが困難である。教育史的関心から「学校世話役」のみを、またメディア史的・社会学的関心から「新聞紙掛リ」や「博覧会世話役」のみを取り出してみても、それは中沢の多様な活動の一部に過ぎないからである。各領域の視点を架橋しながら、多様な「開化」の広がりを総体として把握する視点が不可欠である。

「開化」の広がりをとらえる視座の必要性は、谷川穣の研究においてもすでに指摘されている。谷川によれば、日本近代形成期は、「教育」や「教化」、そして「宗教」が混淆した「「教」の時代」であった。そのなかで学校教育は、初めから「国民」形成の回路として決定的な位置を占めていたわけではない。「教」をめぐるそれぞれの領域は、「教化」や「宗教」との葛藤やせめぎ合いを経て、次第に整序されていったのである。(5)

「近代」という分析枠組みのなかに対象を限定するのではなく、まずは諸領域が混淆する状況を見据える谷川の視座は、本書にとって示唆的である。というのも谷川が問題にした混淆状況は、本書の主題にも同様に見いだされるからである。たとえば「開化」の担い手たちの多くは、学校教育だけに目を向けていたわけではなく、新聞や博覧会などと並行して学校設立を推進していた。とすれば学校教育が地方に定着していく過程を「開化」の広がりのなかでとらえ直すことで、「開化」の一環としての学校教育像が浮かび上がるであろう。

本書では、谷川の視座を共有しつつ、「開化」の語をあえて括弧つきで表記する。このことについて、説明しておきたい。明治初年、「文明開化」は、旧時代との決別と新国家構築を目指す中央政府の要求とも相まち、新時代を象徴する言葉として全国に流通した。(6)「開化」に対する期待感は、「筑摩県博覧会」の錦絵に付された文章にもう

(5) 谷川穣『明治前期の教育・教化・仏教』(思文閣出版、二〇〇八年)。

(6) 井上勲『文明開化』(教育社、一九八六年)。林屋辰三郎によれば、「文明」と「開化」は同義として用いられることが多かった一方で、福沢諭吉『文明論之概略』では別々の語義があてられていた。福沢は、欧米を最上の文明国としたうえで、「開化はその文明を目的とする途上」の状態と認識していたという。本書でも「開化」を動的な「途上」の状態ととらえ、その過程における地域社会の変容を描出したい。林屋辰三郎編『文明開化の研究』(岩波書店、一九七九年)四頁。

かがえる（口絵参照）。すなわち、「御徳沢《とくたく》日々《にちにち》市街《しかい》に潤《うるほ》ひ、人民《じんみん》月々《つきづき》に開化《かいくわ》に進《すす》む」と。新時代の恩恵が松本旧城下に及び、人びとが「開化」へと向かう様子が謳われている。

今日「開化」は、一般に「近代化」とほぼ同義として理解されている。しかし本書では、史料用語としての「開化」を、分析概念としての「近代化」と置き換えることはしない。「開化」と称された事態を多面的に把握し、「近代化」という一定の価値観が込められた概念の意味について、地域社会で「開化」を担った人びとの視点から問い直すためである。たとえば筑摩県博覧会は、「古今《ここん》の沿革《えんかく》各国《かくこく》の風俗《ふうぞく》を一目《いちもく》の下《もと》に集《あつ》め、彼《かれ》の俊《しゅん》、是《これ》の鈍《どん》を双《なら》べ、相教《あいをし》え相学《あいまな》び工夫《くふう》智力《ちりき》を交易《かうえき》する」ことを目指すという。かかる趣旨のもとで展示の中心となったのは、本書第五章でも詳述するように、電信機や写真鏡などの「新器械」ばかりでなく、書画や宝物などの「古器物」であった。つまり「開化」の象徴たる博覧会では、「新」と「古」が混在していたわけである。「開化」をめぐるこうした状況ついて、「近代化」がどれほど進んでいるかという尺度では、内在的な把握は困難である。

「開化」をキーワードとすることで、その担い手たちが取り組んだ諸活動の様態と歴史的な意味をとらえたい。ともすればこうした立場は、「開化」概念の曖昧さも含め批判の対象となるかもしれない。しかし本書の主眼は、「開化」の厳密な定義を求めることにはない。むしろ概念規定が曖昧なままに、諸領域を横断する形で取り組まれていた多様な活動を可能な限り掘り起こし、相互の位置関係を再構成していく。こうした作業のなかにこそ、「開化」の時代の歴史的特質をつかむ手がかりがあると考える。

二　「開化」の時代を生きた主体

（1）　幕末維新期という時期区分

本書で対象とする「開化」の時代とは、いわゆる幕末維新期に相当する。ただしこの場合の幕末維新期は、狭義の政治史的な観点から規定するものではなく、より大まかに一九世紀という意味で用いたい。佐々木寛司は、一九世紀を研究することの意味を以下のように述べる。(7) 近世後期の各地域では「独自の発展」が生み出されつつあり、明治維新以降は「国家の統一政策と地域的個性とのぶつかり合い」が起こった時代である。そののちには「地域の可能性を強く規制し地域間格差を生み出した二〇世紀」が続く。一九世紀という時期区分は、その過程を相対化するうえで有効な歴史的視座をもたらすという。

こうした視点に示唆を受けながら、本書では、幕末維新期という時期区分により、近世との連続性から地域社会における「開化」の展開を見通したい。先述の「奉願口上書」を提出した中沢磯右衛門は、実に多くの「開化」を兼担していた。中沢には、近世から近代への橋渡しが期待されていたといってよい。それではなぜ、中沢というひとりの人物に「開化」の負担が集中することになったのか。諸主体が近世段階で担っていた役割や立場に即しながら、近世から近代への連続／非連続性を明らかにする。これにより、「開化」の担い手としての歴史的な位置と意

（7）　佐々木寛司「一九世紀の地域史」（『地方史研究』五八巻四号、二〇〇八年）四二―四三頁。このほか、「一九世紀論」という分析視角も提示されている。そこでは、寛政期以降における社会体制の動揺や「内憂外患」状況への着眼により、近代への移行および国民国家の形成過程をとらえ直すことが目指されている。藤田覚編『日本の時代史17　近代の胎動』（吉川弘文館、二〇〇三年）。

味もまた明確になるだろう。

近世との連続性から「開化」の担い手をとらえる視角にかかわって、朝尾直弘は、一八世紀に被支配身分の上層と武士身分の下層とを行き来する「身分的中間層」が出現したことに注目している。領主支配単位としての地域を越えて活動する彼らが「世界にまなざしを向け、獲得した知識によってふるい体制を変えようとしたとき、明治維新が起きた」という。[8] 朝尾のいう「ふるい体制を変え」るとは、どのような事態を意味するのか。朝尾の仮説を批判的に引き受けつつ、維新変革の具体相の解明を試みたのが奥村弘である。[9] 奥村は、維新変革にともなう近世身分制の解体そのものの動きをとらえるなかで、近代日本における地域社会の形成を位置づけ直している。こうした作業を通じて奥村がねらいとしているのは、当該時期の社会とそこに生きる人びとのあり方の変化から、近代への移行過程を解明することである。

朝尾・奥村両氏の議論をふまえるならば、維新変革が地域社会に与えたインパクトは、近世身分制的な社会編成のあり方を根底から揺さぶったことにある。本書の主題である「開化」を通じた地域再編の動きも、その延長上に位置づいている。幕末維新期における近世身分制社会の解体は、近世段階で一定の特権とこれにともなう責務を継承していた人びとにとって、自家の優位性を掘り崩しかねない事態であった。果たしてこれらの人びとは、維新変革とそれに続く「開化」を歓迎し、積極的な担い手となりえたのか。

(2) 維新の変革主体をめぐる研究史

そこで次に検討すべきは、維新変革を担い、また担いえた主体の歴史的特質をいかに把握するかという問題である。この問題について佐々木潤之介は、「豪農・半プロ論」(「幕末社会論」)を提唱した。[10] この議論では、幕末期村落社会における政治・国家・社会の諸課題に対し、豪農がいかなる役割を果たしたかという問題が検討された。その際佐々木は、村落社会において経済的・政治的有力者たる「豪農」と、零細な労働力販売者たる「半プロレタリアート（半プロ）」との非和解的な関係が生じていたことに着目した。そのうえで、幕末に豪農・半プロ間の矛盾・対立が激化したことで、豪農が半プロを主導して社会変革を担う歴史的役割が果たされなかったと評価している。

佐々木の議論は、その射程の広さゆえに後続の研究者たちにより諸種の批判に晒されてきた。[11] そのなかで、豪農の政治的役割をめぐる議論に言及しておきたい。久留島浩は、佐々木の豪農像が経済的範疇から規定されており、その政治的活動ひいては「豪農民権」にいたる道筋が説明できないと批判した。[12] そのうえで久留島は、組合村研究を進め、幕領の村役人たちの地域運営能力を評価する「政治的中間層論」を提起した。久留島の議論は、一九八〇年代以降、「地域運営論」をめぐる一連の研究動向の起点となった。それは、村役人層の政治的力量を、幕藩領主―領民間あるいは地域間の矛盾回避機能を果たす側面などに見いだしていく議論である。[13]

こうした動向に対し、九〇年代より一貫して批判的な論点を提示し続けてきたのが、志村洋の研究である。志村の主たる批判は、従前の研究において、村役人層による「行政」への関与が「政治」にかかわる力量へと直接的に結びつけて理解されてきた点にある。これに対し志村は、信濃国松本藩をフィールドとし、中間層の力量を政治的

---

(8) 朝尾直弘「一八世紀の社会変動と身分的中間層」（辻達也編『日本の近世10　近代への胎動』中央公論社、一九九三年）九四頁。
(9) 奥村弘「地域社会の成立と展開」（歴史学研究会・日本史研究会編『日本史講座7　近世の解体』東京大学出版会、二〇〇五年）。
(10) 佐々木潤之介『幕末社会論―「世直し状況」研究序論―』（塙書房、一九六九年）、『世直し』（岩波書店、一九七九年）。
(11) 渡辺尚志『村からみた近世』（校倉書房、二〇一一年）一三九頁。
(12) 久留島浩『近世幕領の行政と組合村』（東京大学出版会、二〇〇二年）三四七―三五一頁。このほか渡辺尚志も、佐々木豪農論では「豪農民権」への道筋が解明されない点を批判し、「豪農類型論」を提起している。渡辺の研究については、次項にて言及する。
(13) 藪田貫『国訴と百姓一揆の研究』（校倉書房、一九九二年）、平川新『紛争と世論―近世民衆の政治参加―』（東京大学出版会、一九九六年）、「郡中公共圏の形成―郡中議定と権力―」（『日本史研究』五一一号、二〇〇五年）など。なおこうした研究動向について、中間層を地域の「公共」的側面を担う存在として評価することから、「公共性派」と見なす向きもある。福澤徹三「豪農・半プロ論（幕末社会論）」（木村茂光監修、歴史科学協議会編『戦後歴史学用語辞典』東京堂出版、二〇一二年）二二九頁。

側面と経済的側面に腑分けしたうえで、近世後期における地域社会の構造的変容を解明した[14]。本書は、志村の分析視角と研究成果を共有しつつ、「開化」の時代を生きた諸主体に迫りたい。すなわち、維新変革から「開化」へといたる過程で、中間層の多様な力量が、諸主体の対応のあり方をいかに規定したのかという問題に取り組む。

志村が、中間層の力量を行政と政治、あるいは政治と経済といった切り口から腑分けする方法を切り開いた一方で、文化的力量に着目した研究の進展も注目すべきであろう。杉仁は、俳諧や書、詩文などの「在村文化」が、蚕業や農業の生産・技術の流通網と重なりつつ、「農村地帯に面状に海のように広が」っていたことを解明した[15]。その担い手たる豪農商層は、明治期に土着的産業組合の組織や自由民権運動への参加などの活動を展開していった。杉は、こうした「下からの近代化」の動きを「在村文化」の歴史的到達点として評価した。さらに近年では、鈴木理恵による「地域文化人」研究がある[16]。鈴木は、安芸国広島藩(現広島県)の井上家が神職兼手習師匠として地域社会に存立基盤を築いていく過程をとらえている。井上家の人びとは、維新後は教導職や小学校教員などへ転身し、「地域文化人」として学校教育の普及に一定の役割を果たしたという。以上の諸成果をふまえれば、地域の文化的領域にかかわる力量や活動もまた、幕末維新期の社会変革で重要な役割を果たしていたと考えられる。

(3) 名望家―地域秩序の再編者たち―

維新変革による地域社会の動揺と、それに続く「開化」への対応を迫られた人びと。こうした人びとは、前項で見た通り、「豪農」や「豪商」、「中間層」や「地域文化人」などとして把握されてきた。本書では、これらの諸特性を包括する概念として、「名望家」という範疇を設定する。筒井正夫は名望家について、「単に財産と教養を有した名門の資産家という謂いにとどまらず何等かの社会的行為によって民衆から尊敬や名誉・名望を勝ちえていた者」と簡潔に概念規定している[17]。

「名望」とは、「財産」や「教養」、「名門」といった質を異にする立場や力量を有する人びとが獲得しうる社会的な「尊敬や名誉」といえる。とすれば名望家という範疇により、諸主体がそれぞれの立場と力量から「開化」に対応し、名望を集めていく過程を同時に分析の射程に入れることが可能になろう。かかる着眼を強調するため、名望家を以下のように再定義しておく。すなわち本書における名望家とは、「政治・経済・文化など諸側面で近世より蓄積してきた力量をもとに、維新変革および「開化」に対応することで、名望を集めえた人びと」である。

さて、名望家の歴史的輪郭を明確にしておくため、丑木幸男の研究を参照しておこう。丑木は、近世の「豪農」、近代の「地方名望家」という用語がともに概念規定が曖昧なままに使用され、近世・近代移行期に地方政治を担った主体の性格が不明確であると批判した。[18]そのため、名望家の村落・地域社会における活動に即して、「豪農」から「地方名望家」へと転換する道筋を把握する必要があるという。丑木によれば、名望家とは以下のような過程を経て形成された存在である。①天保期における小前層の台頭や幕藩権力への貸金・献金の負担増、村民への救済資金増大による豪農経営の危機などが、地域における近代化の前提となる。②明治一〇年代前半までは、自由民権運

(14) 志村洋「地域社会論における政治と経済の問題」(『歴史学研究』七四八号、二〇〇一年)三七頁。
(15) 杉仁『近世の地域と在村文化』(吉川弘文館、二〇〇一年)。
(16) 鈴木理恵『近世近代移行期の地域文化人』(塙書房、二〇一二年)。このほか山中浩之は、一八世紀後半に形成された学芸サークルが、その後も「地域文化の底流として近代にも受け継がれ」、小学校へと「継承発展」していった事例を取り上げている。山中浩之「在村学芸結社の形成と展開—白鷗吟社から立教館へ—」(幕末維新期漢学塾研究会編『幕末維新期漢学塾の研究』渓水社、二〇〇三年)五六一頁。
(17) 筒井正夫「農村の変貌と名望家」(『日本近現代史2　資本主義と「自由主義」』岩波書店、一九九三年)二五一頁。渡辺尚志は、筒井の定義を簡にして要を得たものであると評価している。渡辺尚志編『近代移行期の名望家と地域・国家』(名著出版、二〇〇六年)一三頁。
(18) 丑木幸男『地方名望家の成長』(柏書房、二〇〇〇年)七頁。
なお法制史研究者の山中永之佑によれば、中央法令における名望家の初出は、「学制」における「学区取締ハ其土地ノ居民名望アル者ヲ撰ムヘシ」(第一〇章)との文言である(山中永之佑『近代日本の地方制度と名望家』弘文堂、一九九〇年、二一六—二一七頁)。ただし丑木の分析射程をふまえれば、名望家を近代史研究の対象に限定すべきではないだろう。本書で対象とする名望家も、近世との連続性から把握可能な存在として想定している。

動が中央政府と対峙するなか、豪農による指導のもとで地方自治・地域振興を遂げる自生的な近代化実現の可能性が存在した。③しかし明治一七（一八八四）年以降は、地方制度改革（戸長の官選化など）や町村合併推進により地域の自生的近代化が挫折していった。ここに、中央とのパイプから地方利益の誘導を目指す「地方名望家体制」が、確立していくこととなる。[19]

さらに現在、名望家研究のひとつの到達点を示しているのが、渡辺尚志による一連の研究である。[20]まず渡辺らは、国民国家論以降の研究課題として、「個々の豪農・名望家の生きた軌跡」の把握と、「国民国家に回収されない多様な可能性の存在」の解明を目指した。[21]それは、名望家たちの活動を村落や地域とのかかわりから問い直すことで、「多様な可能性」の解明を試みる視点である。その際渡辺らは、ふたつの方法をとった。すなわち、①「一つの村と家に対象を限定して多角的に分析」する方法と、②「対象を全国に広げて地方名望家の多様な生き方を具体的に追及」する方法である。[22]一村レベルと府県レベル、ふたつの分析視角から各地の名望家を包括的に検討し、近世・近代移行期の地域と国家を論じることに成功している。

また近年では、相模国（現神奈川県、山口左七郎）と周防国（現山口県、林勇蔵）のふたりの豪農・地方名望家を同時に取り上げることで、②の方法論をさらに深めている。渡辺は、「豪農・地方名望家を考える際には、彼らを豪農層などとして一括するだけではなく、各個人の固有性を重視した分析が不可欠である」とし、民権運動への対応の違いなど、村や地域との向き合い方から個々の「固有性」を析出し、それらを比較・検討している。[23]

近世との連続性から名望家をとらえる丑木の研究を通時的な視点とすれば、渡辺らの研究は、複数の地域の名望家を比較する共時的な視点を提示している。両氏の分析視角をふまえ本書では、通時的視点を中軸としながら、共時的な比較の視点も組み込みたい。その際に対象とする領域は、単数の「村」でも複数の「府県」でもなく、その中間範囲としての「地域」である。一定の範囲に対象を限定することで、複数の名望家を同時に見通すばかりでなく、彼らが相互に取り結んでいた関係性をとらえることが可能になるからである。それは、諸主体の多様な「固有性」が、地域社会の現実のなかでいかに絡み合い、折り重なっていたのか、その様態を解明する試みである。「名望家」という分析視角の有効性は、諸主体の多様な存在形態を見損なうことなく、それでいて相互の重層的な関係性を同時に把握できる点にある。その含意について、松沢裕作による研究との関係から説明しておきたい。松沢の「制度的主体論」は、「豪農」や「中間層」、あるいは「名望家」といった範疇ではなく、近世の村役人や近代の区戸長といった諸制度によって分節化された主体位置への着眼から、対象に迫るものである。[24] こうした観点から松沢は、明治地方自治体制のもとで新設された役職を担当・兼担する諸主体に視座を据え、地域社会における「ヘゲモニー関係」の変容過程を浮き彫りにした。すなわち、惣代―小前層から区戸長層―小前層へという関係性の変容である。一九世紀の地域社会における富の再配分構造の変容が、惣代―小前層という従来のヘゲモニー関係の危機を引き起こす。それは同時に、維新の変革を推し進める主体の生成をうながす事態であり、区戸長層―小前層と

---

(19) こうした丑木の指摘は、一九世紀研究にかかわる佐々木寛司の見立てと歴史像を共有している。つまり先に言及したように、「国家の統一政策と地域的個性とのぶつかり合い」の時期を経て「地域の可能性を強く規制し地域間格差を生み出した二〇世紀」へといたる歴史像である。注7佐々木寛司前掲論文

(20) 渡辺は、「豪農の一部が地方名望家」という認識を示している。こうした認識は、村落共同体との関係性・経営形態を軸に構築された「豪農類型論」にもとづいている。渡辺が示した「類型」は以下の通り。①在村にあって村落共同体の共通利害を優先する「在村型豪農Ⅰ」、②在村にありつつ家・自己の利害を優先する「在村型豪農Ⅱ」、③中央に出て活動する「「草莽の志士」型豪農」、④中央に出て権力と村との連携を図ろうとする「「権力―村連携」型豪農」、⑤地域運営には積極的にかかわろうとしない「回避型豪農」。渡辺尚志『近世村落の特質と展開』(校倉書房、一九九八年)も参照のこと。

(21) 注17渡辺尚志編前掲書、六頁。

(22) 注17渡辺尚志編前掲書、六三七頁。

(23) 渡辺尚志『東西豪農の明治維新―神奈川の佐七郎と山口の勇蔵―』(塙書房、二〇〇九年)一八九頁。

(24) 松沢裕作『明治地方自治体制の起源―近世社会の危機と制度変容―』(東京大学出版会、二〇〇九年)、「地租改正と制度的主体」(『日本史研究』五九五号、二〇一一年)。

いう新たなヘゲモニー関係を形作る契機ともなったという。

松沢が区長や戸長という主体位置の登場に着目し、近代において小前層との関係性が変動する過程を解明した点は、示唆的である。しかし小前層との関係に加え、区戸長層および有力商人や文化人たちも含めた、名望家層の内部に存在していた権力的諸関係もまた、重要な意味を持つのではないか。志村洋が解明したように、ひと口に村役人層といえども、その力量には質的な差異があった。さらに一方では杉仁や鈴木理恵の研究が示すように、文化的な力量をもとに、維新変革を積極的に受け止め、推進する人びとも存在した。これらの諸成果をふまえれば、維新変革および「開化」に向き合う道筋は、一様ではなかったと考えられる。

近世段階でいかなる立場・力量を有する人びとが、「区長」や「戸長」という近代の制度的立場を占めたのか。また、「区長」や「戸長」といった行政にかかわる道筋以外には、どのような向き合い方が存在していたのか。名望家たちを重層的な存在としてとらえることで、対応のあり方を規定していた主体的条件の解明を試みたい。

松沢の「ヘゲモニー関係」は、惣代（区戸長層）と小前層における関係性とその変容を問題にするうえで有効な分析概念である。松沢の議論を前提としつつも本書では、村役人や商人、文化人などとして村落あるいは地域社会で名望ある立場にあった人びと同士の差異や関係性に注目したい。すなわち身分や家格（本家／分家）、地域差（在方／町方）などにもとづく名望家層内部の序列的・権力的諸関係への着眼である。名望家たちが取り結んでいた序列的・権力的諸関係は、惣代（区戸長層）―小前層関係ほど利害・階層対立が明確でない。それはたとえば、村祭りの桟敷における席次、年始御礼の同席者や献上品の内容といった場面で見いだせる程度の差異である。しかし、こうした日常的な場面での微細な序列的・権力的諸関係は、近世的な地域秩序を規定する重要な要素であり、維新の変革期には名望家たちの対応に小さからぬ相違をもたらしたと考える。名望家たちが日常的に取り結んでいた序列・権力関係に着目しつつ、維新の変革に対応し、「開化」を担っていく過程を検討したい。(25)

三　地域の媒介者と学校教育

(1) 名望家の「媒介」する力量

名望家とは、維新変革とそれに続く「開化」に対応することで、地域秩序の再編・創出、およびそのなかでの地位確保を試みた人びとである。その際、名望家たちが知識や情報を媒介する役割を担う存在であったことに着目する。ここでいう媒介とは、地域社会の外部と内部の境界(あるいは結節点)に位置し、内外を行き交うさまざまな知識や情報を、内部へと取り次ぐ営みを指す。時代が大きく変化するなかで、外部から流れ込む知識や情報を媒介する力量こそ、地域社会の現実を新たに創出する力の「源泉」であったと考える。以下、「媒介」という分析概念の含意と射程について説明しておこう。

第一に、媒介する営みとは、きわめて主体的な行為である。「開化」の諸施策は、中央政府が意図したそのままの形で地方へと貫徹したのだろうか。実態は、必ずしもそうではなかったと考える。名望家たちはむしろ、それぞれが生活していた地域的な現実あるいは実情に応じ、「開化」の意味を読み換え、加工することで、具体化していたのではないか。

このような含意を持つ媒介にふさわしい行為概念として、ミシェル・ド・セルトーに由来する「日常的実践」を

---

(25) シャンタル・ムフによれば、ポスト・マルクス主義の課題は、経済的側面から規定された階級対立ではとらえきれない権力的諸関係を「政治的なもの」として分析の俎上に載せていくことである。本書における地域秩序への着眼は、こうした問題提起を念頭に置いている。シャンタル・ムフ『政治的なものについて―闘技的民主主義と多元主義的グローバル秩序の構築―』(坂井隆史監訳、篠原雅武訳、明石書店、二〇〇八年、原著は二〇〇五年)。

参照しておく。セルトーは、フーコーの権力論やブルデューの文化的再生産論が看過してきた領域として、「規律のメカニズムを相手どり、それに従いながらかならずそれを反転させる」ような、人びとの「戦術」を対置する。[26]ここでいう「戦術」とは、制度や権力の作用を「そらし」たり、既存の秩序に異なる要素を「組み合わせ」たりする行為であり、その意味で「日常的創造性」を有している。

本書の対象に立ち戻って考えれば、名望家たちは、「府藩県三治制」や「廃藩置県」などの諸改革、および「学制」など「開化」の諸施策への対応を迫られた存在である。「開化」を地域社会へと媒介する名望家たちの取り組みには、いかなる「そらし」や「組み合わせ」が見いだせるのか。その具体相を掘り起こすことで、名望家たちの主体性を浮き彫りにしたい。[27]

第二に、媒介する営みは、知識や情報を伝達するメディア(媒体)を掌握し、統制する資質や力量を必要とする。ここでいうメディアとは、近世においては幕藩領主からの触れの伝達や記録、村の地誌や由緒の編纂、近代においては近代学校の設立や教員の招聘、新聞や雑誌の発行、博覧会の開催などを想定している。いずれも、地域社会史や学校教育史などの諸分野において、個別に掘り下げられてきた対象である。しかしその担い手の視点から見た場合、地域に知識や情報を伝達するメディアという側面を持つ点では共通している。

一見すると個々別々な対象をメディアの視点からとらえ直すことで、より広い文脈のなかでその歴史的特質を見通す。こうした視点の可能性を端的に示しているのが、辻本雅史の「教育のメディア史」である。[28]辻本は、教育を「知の伝達」と見なし、学校をそのための「メディア」と見立てることの重要性を説いている。

もっとも、従来の学校教育史的な枠組みを相対化していく辻本の議論には、残された課題も少なくない。木村政伸は、「教育のメディア史」について「教育概念の本質論がないまま何でも教育学・教育史研究の《ママ》対象化してしまう可能性も否定できない」と批判している。[29]もとより本書で検討する諸問題は、必ずしも規範学的な意味合いを持つ「教育概念の本質論」にかかわるわけではない。本書の意図は、教育という概念を限定することにも、無限定に拡大することにもない。本書が視座を据えるのは、あくまでも媒介する資質・力量を有した主体であり、その視点から多様なメディアを包括的に見通すことで、「開化」の時代の歴史的特質をとらえたい。媒介という方法論的な分析概念を導入する目的は、諸メディアを担っていた主体の視点から、辻本が提起した「教育史を拡げてとらえる」[30]立場の可能性を改めて追求することにある。

第三に、個々の名望家が継承・保持していた媒介する力量は、家ごとに性質を異にしていた。村役人の家であれば藩との交渉・事務処理、商人の家であれば他地域との商取引、そして文人の家であれば文化的交流などが、それぞれの領分といえるだろう。こうした役割を担う力量はおおむね、「イエ・ムラの教育」により引き継がれてきたといってよい。

ここでいう「イエ・ムラの教育」とは、手習塾や私塾などで営まれる社会的・文化的側面の再生産ばかりでな

(26) ミシェル・ド・セルトー『日常的実践のポイエティーク』(山田登世子訳、国文社、一九八七年、原著は一九八〇年) 一七頁。
(27) 「開化」を媒介する営みに名望家の主体性を読み取ろうとする本書の問題関心は、藤田省三のいう「モンタージュ」にも接続できると考える。それは、「想像力の飛躍性と理性の多義的な広さと経験の相互主体性とを組み合わせる」ような作法である。ただし留意が必要なのは、藤田は「モンタージュ」を、高度成長以降の日本社会で進行していく「理性なき合理化」に対する〝絶望感〟のなかで、それと質において対抗しうる可能性として提示していることである。これに比して本書が対象とする「開化」の時代は、国民国家が生成しつつある萌芽的な段階であり、主体性の余地が多分に存在していたと考えられる。したがって名望家による媒介を「モンタージュ」に接続させせつつ描きるには、彼らの主体性が狭められ、閉ざされていくなかで辿った歴史的帰結を見届けなければならない。この点、本書に残された重要な課題であることを断っておきたい。藤田省三「新品文化―ピカピカの所与―」(『みすず』二月号、みすず書房、一九八一年、のち『藤田省三著作集5　精神史的考察』みすず書房、一九九七年に所収) 八頁、引用は一九九七年版。
(28) 辻本雅史『思想と教育のメディア史―近世日本の知の伝達―』(ぺりかん社、二〇一一年)。
(29) 木村政伸「書評辻本雅史著『思想と教育のメディア史:近世日本の知の伝達』を読んで」(『日本教育史研究』三一号、二〇一二年) 一五四頁。
(30) 辻本雅史「「教育のメディア史」をめぐって―木村氏の書評への応答」(注29同前書) 一六〇頁。

く、一連の産育儀礼や子供組・若者組などの集団活動を通じた、人間形成全体にかかわる伝統的村落社会の教育システムを指す。その具体相については、民俗学において「群の教育」・「郷党教育」・「笑の教育」（柳田国男）や、「家郷の訓」（宮本常一）などとしてとらえられ、また教育史研究を中心に実証的な成果が積み重ねられてきた。[31]

かかる「イエ・ムラの教育」により、媒介する力量はいかに継承されていたのか。村役人としての事務処理や利害調整にかかわる能力は御用留や帳簿などの村方文書を通じて、また商人として家業を営んでいく能力は、家訓書・作法書や見習いなどを通じて、それぞれ継承された。[32] 一方文人の文化的素養は、手習師匠や医師などとして継承されるとともに、教育機関を通じた「ムラの教育」や文化的ネットワークを通じ家や地域を越えて受け継がれる場合もあった。[33] もちろんこうした「イエ・ムラの教育」が恒常的に機能していたわけではない。村役人や商人においても、小前層との対立や経営不振などにより没落する家や、逆に新たに台頭する家もあっただろう。

媒介する力量の継承に関連して、本書が媒介と表現することがらと重なる問題は、既往の研究でも議論されてきた。工藤航平によれば、「地域指導者層」は近世後期以降、地域支配にかかわる村方文書の「編纂」により、村役人としての事務処理能力の継承に加え、地域住民の権益確保をも実現していたとされる。工藤は、これを「地域〈知〉の形成」と表現している。[34] また鈴木理恵は、井上家による蔵書や留学、京都の吉田家との交渉などを通じて、村や郡を越えて人びとを結びつける「地域文化人」の役割を解明した。鈴木は、「地域文化人」の資質を「結節者」、すなわち「特定の地域（地理的空間）に根ざしつつ、文化的活動を通して人と人を結びつけ、新たな地域を生成させる存在」と表現している。[35]

工藤・鈴木両氏の研究は、政治か文化かという局面の違いはあるものの、知識や情報を媒介する力量が、近世の地域社会における地位の獲得や保持にきわめて重要な意味を持っていたことを示唆している。注目すべきは、知識や情報を「編纂」あるいは「結節」する資質が、身分・立場を異にする「地域指導者層」にも「地域文化人」にも共通して求められていたことである。ここにこそ、本書が「媒介」をキーワードとする理由がある。名望家たちは、「開化」と対峙するなかで、新たな地域秩序の再編・創出をいかに模索していたのか。媒介する役割への着眼により、主たる活動領域を異にする名望家たちについて、その重層性に目配りしながら、串刺しに論じることが可能になるだろう。

(2) 近代的教育観の問い直し

名望家を媒介者と位置づけることで、幕末維新期における地域社会の変容過程がいかに浮かび上がるのか。その見通しを仮説的に示しておこう。幕藩体制から明治国家体制への移行は、地域を取り巻く大状況(外部)の変容であり、それは地域秩序(内部)の解体・再編をもたらさずにはおかなかった。こうした状況こそ、名望家たちが培ってきた媒介する力量の存在意義を鋭く問う瞬間である。中央政府が打ち出してくる「開化」の諸施策を、誰が地域へと媒介するのか。地域の外部から流れ込む「開化」の情報を掌握し内部へと媒介する力量をいかに行使するかが、

(31) 柳田国男「社会と子ども」(『定本　柳田国男集15』筑摩書房、一九六九年、初出は一九一四年)、「平凡と非凡」(『定本　柳田国男集24』筑摩書房、一九六三年、初出は一九三八年)。宮本常一『家郷の訓』(岩波書店、一九八四年、初版は一九四三年)。「イエ・ムラの教育」にかかわる研究蓄積については、大藤修『近世農民と家・村・国家―生活史・社会史の視座から―』(吉川弘文館、一九九六年)に詳細なレビューがある。

(32) 久留島浩「百姓と村の変質」(『岩波講座日本通史15　近世5』岩波書店、一九九五年)。横田冬彦「日本近世上層町人における〈家〉の教育」(松塚俊三・八鍬友広『識字と読書―リテラシーの比較社会史―』昭和堂、二〇一〇年)。

(33) 塚本学『地方文人』(教育社、一九七七年)。高橋敏『日本民衆教育史研究』(未来社、一九七八年)、『近世村落生活文化史序説―上野国原之郷村の研究―』(未来社、一九九〇年)。

(34) 工藤航平「近世地域指導者層と地域文化・教育―近世地域社会の到達点をめぐって―」(総合研究大学院大学博士学位論文、二〇一〇年)。

(35) 注16鈴木理恵前掲書、八―一一頁。鈴木の「地域文化人」研究は、本章注1で述べた「地域」の生成過程を解明しようとする問題意識を共有しており、重要な先行研究である。鈴木の研究との関係における本書の特色は、「地域文化人」とともに、村役人や商人といった「開化」を担った多様な主体を見通すことで、名望家たちが模索していた地域再編の志向性と相互の関係性を解明する点にある。

身分・家格・地域差などと絡みつつ、近代社会に移行するための分岐点となる。

明治新政府というこれまでとは異質な「外部」が、次々に「開化」の諸施策を打ち出してくる。このような状況に対し地方の名望家たちは、近世より継承してきた媒介する役割の延長として、「開化」を担っていったと考えられる。しかしその反面では、近世における媒介のあり方そのままでは通用しない事態も想定される。そもそも「開化」とは、汽船や鉄道、電信や活版印刷など新技術の導入により、人・モノ・情報の流れを加速し、拡張する契機にほかならない。[36] とすれば「開化」には、地域社会を取り巻く知・情報の流通環境を塗り替えることで、伝統的な媒介のあり方そのものを足下から掘り崩す側面があったといってよい。

そして学校教育こそが、こうしたアイロニカルな局面をもっとも明確に示す領域であった。寺崎昌男も指摘するように、明治国家の「統合」は「新たな「知」の体系を、学校というシステムを通じて広く国民に配分するメカニズム」によりなされたからである。[37]「イエ・ムラの教育」を通じて半ば独占的に継承されていた媒介する役割は、学校教育が普及・定着するなかでいかに動揺し、変容していったのか。その過程の解明は、「開化」の時代という近代の「外部」でありながら「内部」でもある過渡的な時期に立脚した視座から、学校教育を教育の中心に据えることを自明視する教育観を根本から問い直すことにつながるだろう。[38]

以上の見通しから日本教育史研究を概観した時、近世における「イエ・ムラの教育」と近代における学校教育との接続関係は、未だ十分に解明されていない課題であることに気づく。木村政伸の「地域教育史研究」は、肥前国唐津藩と筑後国久留米藩浮羽地域を対象に、個別地域に視点を据えた教育史像の構築を試みている。[39] 木村は、当該地域における手習塾・私塾の実態を分析し、村役人層・小前層それぞれの「分限」に応じた教育の営みが、地域社会の文化的再生産と変容をもたらす様態を構造的に解明した。それは、手習塾における教育が「イエ・ムラの教育」の一部に組み込まれていたことを示すものでもある。しかし幕末維新期については、「身分というくびき」から「国家というくびき」へという図式を提示するにとどまっており、「分限教育」と学校教育との接続関係は詳細には語られていない。

一方日本近代教育史の分野では坂本紀子が、静岡県駿東郡で代々村役人を勤めてきた湯山家を取り上げている。(40)坂本は、「地域支配者層」として「社会経済的優位性」を有し地域住民と「擬制的親子関係」を結んでいた湯山半七郎が、小学校設立を推進していく事情を丹念に分析している。しかし、村役人としての「優位性」や地域住民との関係性が近世段階でいかに形成され、受け継がれてきたのか、「イエ・ムラの教育」と湯山家とのかかわりについては掘り下げられていない。(41)

以上のような研究状況のなかで八鍬友広は、幕末維新期における国家人民関係の変容について、「説諭から教育へ」という構図を提示している。(42)すなわち、「臣民」創出に向けた人民の主体性の組織化と動員のため、近世の説諭からより組織的な「教育する国家への転換」が図られる必要があった。八鍬は、そうした時期に発足していった郷学

(36) 鈴木淳『日本の歴史20　維新の構想と展開』(講談社、二〇〇二年)。
(37) 寺崎昌男・編集委員会編『近代日本における知の配分と国民統合』(第一法規出版、一九九三年)四頁。
(38) 辻本雅史「方法としての日本近世教育史」(『教育学研究』六四巻一号、一九九七年)。
(39) 木村政伸『近世地域教育史の研究』(思文閣出版、二〇〇六年)四一頁。
(40) 坂本紀子『明治前期の小学校と地域社会』(梓出版社、二〇〇三年)二六―二九頁。
(41) 木村は近世地域教育史像の構築、坂本は小学校支持基盤の組織化過程の解明にそれぞれ主眼を置いており、幕末維新期の検討が不十分との批判は筋違いかもしれない。しかし、近代教育制度の定着については国家の存在がとりわけ重要視されてきたことも、この時期を対象とした教育史研究の蓄積が遅れていることの一因ではないだろうか。国家的統合の影響力はむろん軽視できないが、地域社会に視点を定位しながら国民国家論的な枠組みに回収されない教育史像の構築を模索していくことも重要な課題であると考える。本書では、「媒介」という分析概念によって、こうした課題に対し応答を試みる。なお以上の問題に関連して田中智子は、教育史研究が「いわば「統合と抵抗の歴史」として、上vs下、官vs民といった二者の対抗軸の上に叙述される傾向が強かった分野」だと指摘している。田中智子『近代日本高等教育体制の黎明―交錯する地域と国とキリスト教界―』(思文閣出版、二〇一二年)五頁。
(42) 八鍬友広「「説諭」から「教育」へ―幕末維新期における郷学の歴史的位置―」(『日本史研究』四八八号、二〇〇三年)。

を、「転換」期の過渡的な民衆教化機関として位置づけ直した。そのうえで、郷学設立が儒者や医師など「中間層」を中心とする「人民の主体性」なしには実現しえなかった事実に、近世社会の到達点を見いだしている。

八鍬が問題とした「転換」と本書が主題とする「開化」とは、時期的に連続しており、ともに「イエ・ムラの教育」に支えられた地域秩序の解体と再編成をうながす事態であったと考える。八鍬が郷学という教育機関を軸として維新変革をとらえたのに対し、本書では、郷学設立を含む諸改革を担った主体の側に視座を据える。すなわち名望家とは、「転換」とそれに続く「開化」を地方の現場で媒介した存在である。彼らは、伝統的な社会編成のあり方が地盤沈下に直面するなかで、それぞれが保持してきた媒介者としての資質に応じ、学校教育ばかりでなく、諸領域にわたる「開化」に同時並行で関与していく。媒介者としての諸活動は、新たな地域秩序を構築すると同時に、まさにそのことによりみずからの優位性を掘り崩していく過程でもあった。

「開化」をいかに媒介するかという切実な問題をめぐる一連の取り組みに、名望家たちの「主体性」を見いだしていく。これこそが、本書の課題となる。「開化」の広がりを見据えつつ、名望家たちが模索した地域秩序再編の多様な志向性と、それらが相互に折り重なり、せめぎ合うなかで辿った歴史的過程を見通したい。

四　「開化」の「先進」地に生きた三人の名望家――対象とする地域・人びと――

(1)　信濃国の中央集権化と松本藩――対象地域の特質――

本書で主たる対象とする地域は、信濃国松本藩である。現在の長野県中部に位置し、明治四（一八七一）年八月に松本県、同年一一月に筑摩県、そして明治九年に長野県の管轄下に置かれた。まずは松本藩の地域支配体制について概観しておく。[43]松本藩は、所領六万石に加え幕末までに預地六万石を併せて領有した中規模譜代藩である。幕末期の領地は、大町・池田・松川・保高・長尾・成相・上野の安曇郡七組一八〇ケ村と、高出・嶋立・岡田・庄内・山家の筑摩郡五組七九ケ村に分割されていた（図0‒1）。

享保一一（一七二六）年以降は戸田氏の支配となり、従来の組手代が大庄屋と改められ「大庄屋制」がしかれた。大庄屋は在方の組ごとに置かれ、藩の郡奉行と庄屋ら各村の村役人とのあいだで組行政を管轄していた。また、松本城下の大庄屋会所では月番の大庄屋が詰め、藩と在方とを取り次いでいた。松本藩の大庄屋は組内選出を基本とし、近世後期には家職化が進んでいたこと、および多くが居住地域に経営基盤を置いていたことから、他領に比して在地性の強い存在であった。[44]一方、町方には大名主が置かれた。松本城下町は本町・中町・東町の親町と一〇町の枝町で構成され、各親町に二家ずつ置かれた大名主が町奉行と枝町名主たちとのあいだで町行政を管轄していた。本町大名主を世襲していた倉科・今井両家を首位として、両家には藩より「合力籾」が支給されていた。

筑摩県は、明治四年一一月二〇日、廃藩置県にともなう府県編成により、信濃国松本・高遠・高島・伊那県と飛騨国高山県を合併して成立した。筑摩郡・安曇郡・諏訪郡・伊那郡（信濃国）と、大野郡・益田郡・吉城郡（飛騨国）の七郡から成る（図0‒2）。存続期間は、明治九年八月二一日までの約五年間である。筑摩県時代の筑摩・安曇郡は、旧松本藩領域にほぼ重なり、松本に県庁が置かれた。明治七年の統計を参照すれば、県内は三〇大区、一九九小区に編成され、信濃八七二町村、飛騨四一五町村の計一二八七町村があった。また戸数は約一一万戸、人口は約五五万人である。[45]

（43）松本藩の地域支配については、『松本市史　第二巻　歴史編Ⅱ近世』（一九九五年）によった。
（44）塚本学「松本藩領大庄屋についての覚書」（『信濃』二四巻一〇号、一九七二年）。
（45）「筑摩県学校設立概略」明治七年九月二四日（名古屋大学教育科学発達図書室所蔵）。

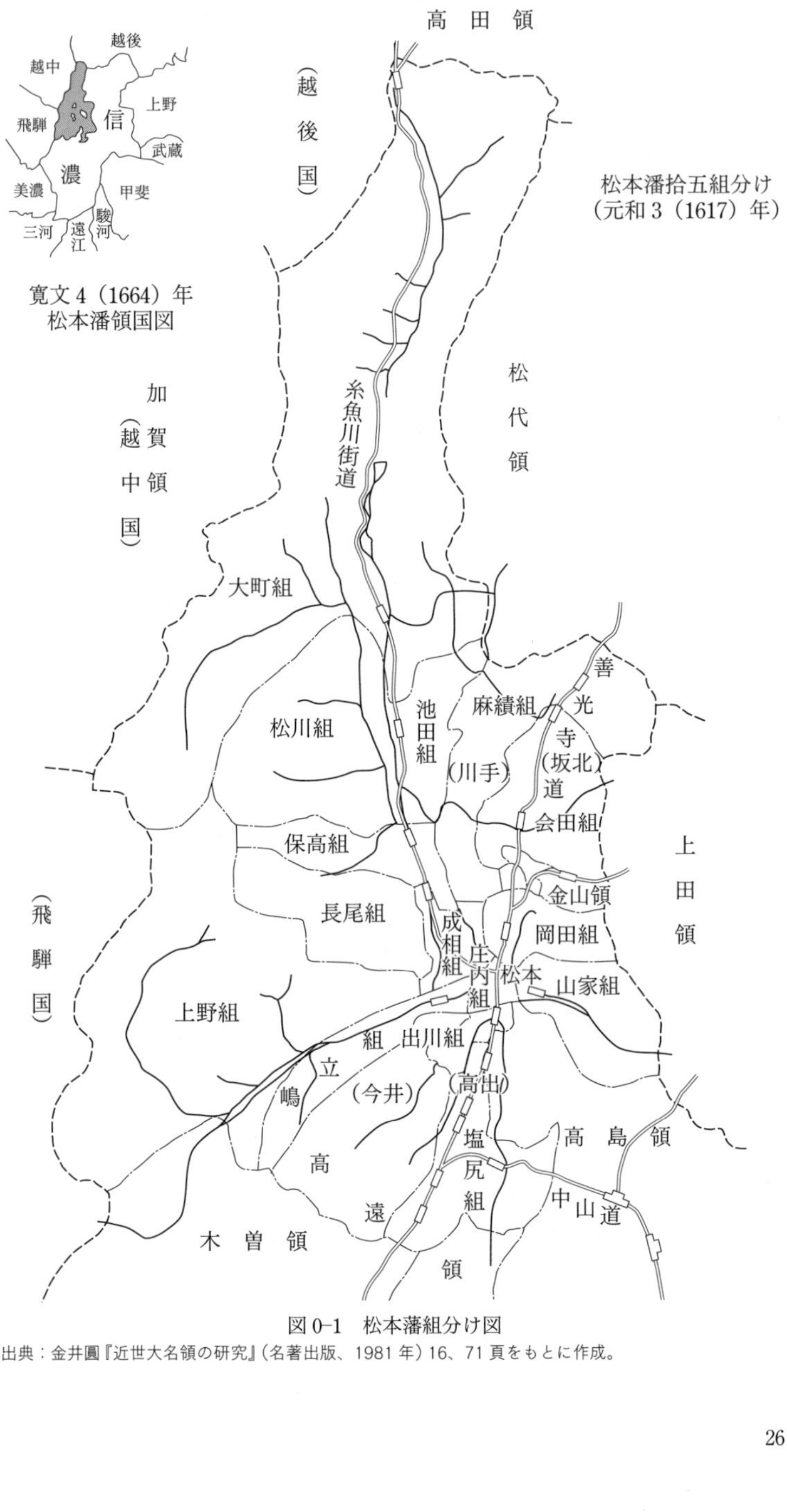

図0-1　松本藩組分け図

出典：金井圓『近世大名領の研究』（名著出版、1981年）16、71頁をもとに作成。

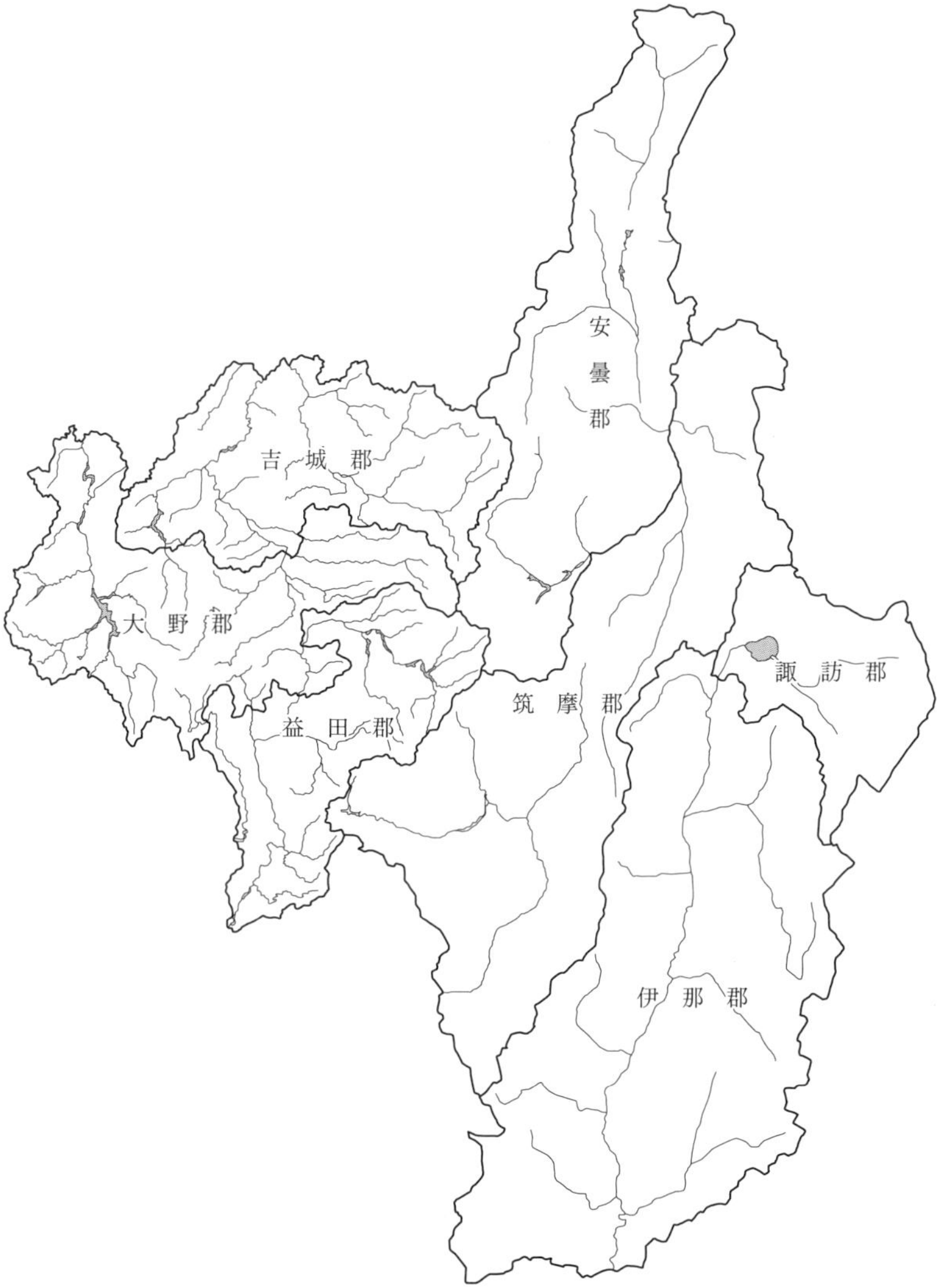

図 0-2　筑摩県郡分け地図

筑摩県では、「教育権令」とも評される永山盛輝（文政九―明治三五年、薩摩出身）主導のもと、「開化」が急速に推進された。この特徴について、永山が伊那県大参事であった事実が重要である。信濃国の中央集権化は、旧幕領で構成された伊那県（政府直轄県）の動きに周辺諸藩が追随する形で展開した。[46]つまり伊那県は、信濃国における中央集権化の「先進」地域であった。永山県政を積極的に受容したのは、旧藩以来の士族層というより、在方町方の名望家たちであった。この傾向は、とりわけ旧松本藩領域で顕著である。松本藩が勤王で統一されたのは慶応四（一八六八）年二月であったが、その対応の遅れから藩主は謹慎を命じられた。藩の対応の遅れが露呈するなか、松本藩の名望家たちは新たに登場した永山県政に連なっていったのである。

（2） 村役人／分家文化人／町方名主兼商人 ―― 三人の名望家たち ――

次に、対象とする人物について説明する。本書では、松本藩の名望家層から、三人の人物を主に取り上げる。彼らの詳しい動向については各章で検討するため、ここでは身分的な出自と各家の史料の残存状況に言及する。

a．大町組大庄屋本家の村役人・栗林球三

一人目は栗林五郎右衛門（のち球三）という人物で、天保七（一八三六）年に生まれ明治一八（一八八五）年に没した（図0―3）[47]。栗林は、松本藩大町組（安曇郡北部のち北安曇郡）大庄屋の本家出身であり、同組最後の大庄屋であった。維新後は、教育事業だけでなく、戸長や村会議員として地租改正や地域殖産など近代化事業にかかわった。栗林家文書は、『大町市史』編纂（一九八六年刊行）に際し目録が作成され、長野県大町市文化財センターに本家（輪違）と分家（八〇）の史料四二〇〇点余りが併せて保管されている。

栗林球三については、執務日誌が残されていることもあり、学区取締の多忙さを示す典型例として断片的に言及

されてきた。[48]しかし代々大庄屋を勤めてきた家柄である事実に着目し、近世との連続性から栗林による「開化」への関与を検討した研究は管見の限り皆無である。

もとより、大庄屋という地域秩序における立場性だけで諸主体の動向をすべて把握できるわけではない。家の経営状況や小前層との関係性、世代など、主体を把握する視点はいくらでも存在するからである。さらに先に述べたように、松本藩の大庄屋は在地性が強いため、組ごとに存在形態を異にしていた。したがって栗林の動向をもって、そのまま他組の大庄屋に一般化させることはできない。そのため栗林に視座を据えつつも、松川組清水家や庄内組折井家、池田組上原家など他組の大庄屋に可能な限り目配りする。[49]これにより近世以来の大庄屋という立場性が、「開化」への関与のあり方をいかに規定したのかを解明したい。

b. 成相組大庄屋分家の文化人・藤森寿平

二人目は藤森寿平という人物で、天保六（一八三五）年に生まれ明治三八（一九〇五）年に没した（図0‐4）。藤森は、松本藩成相組（安曇郡南部のち南安曇郡）大庄屋の分家出身であり、幕末期は絵画修業のため諸国を遊歴した。[50]維新後

（46）中村文『信濃国の明治維新』（名著刊行会、二〇一一年）二〇六―二一七頁。
（47）「栗林戸籍ニ関スル書類」明治一九年（「栗林家（輪違）文書」九〇七、大町市文化財センター所蔵）。
（48）斉藤利彦は、『長野県教育史』（九巻）に所収されている栗林の日記をもとに、試験の実施が重要事として「地域の津々浦々の村々で頻繁に行われていた」と指摘している。斉藤利彦『試験と競争の学校史』（平凡社、一九九五年）二九頁。このほか同様の指摘を行った研究として、荒井明夫「近代日本におけるアーティキュレーション形成史序説―一八七〇年代を中心に―」（『一八八〇年代教育史研究年報』二号、二〇一〇年）がある。
（49）各文書の所蔵状況は以下の通り。松川組の清水家文書は長野県立歴史館、庄内組の折井家文書の一部は松本市文書館に保管されている。また、池田組の上原家文書は、上原卓郎氏所蔵である。
（50）「ささ栗」年月日不詳（「藤森家文書」九三、豊科郷土博物館所蔵）。

図 0-3　明治 9 年 40 才の栗林球三

『長野県教育史』第 1 巻　総説編 1（1978 年）361 頁。学区取締会議で撮影された。前列左に栗林球三の名前が見える。

図 0-4　明治 18 年 51 才の藤森寿平

藤森美恵子氏所蔵。前列左から 2 番目が藤森。「仁科大町講習所客舎」との裏書きがあり、北安曇郡北山学校教員時代に撮影された。

は、郷学を設立するなど教育事業に携わった。藤森家文書は現在、紀行文や漢詩集、書物など一〇〇〇点ほどが長野県安曇野市豊科郷土博物館に保管され、一部は藤森家に保管されている。

「開化」の担い手としての藤森寿平は、近代教育を主たる活動領域とした。そのため藤森は、現代にいたるまで「安曇野教育の源流」と評され、その生涯が伝えられてきた[51]。

また藤森が明治八年に設立した成新学校変則科については、自由民権運動の担い手を多数輩出したため、久木幸男により「教育史上きわめて特色のある存在」と位置づけられている[52]。ただし久木の関心は地域の外部から招聘された変則科の教員に注がれており、設立者である藤森が果たした役割については見過ごされている。このほか自由民権運動と近代教育をめぐる問題については、これまでも膨大な研究成果が蓄積されている[53]。そこでは主に、知識人的存在としての教員の言論が注目されてきた。しかしそれだけに、藤森はじめ本書で取り上げる名望家のように、教員の招聘などを通じて地域の教育を多様な形で支えた人びとの諸活動を掘り起こす作業は十分に取り組まれてこなかったと考える。これに対し本書は、藤森が近世より培ってきた問題認識および「開化」へのかかわりをとらえることで、近代に教育と政治とが相互に連関し、また分離させられていく過程の歴史的な重大性を新たに浮き彫りにするだろう。

---

(51) 南安曇教育会編『藤森桂谷の生涯』(南安曇教育会、一九八二年)など。
(52) 久木幸男「明治儒教と教育―一八八〇年代を中心に―」(『横浜国立大学教育紀要』二八集、一九八八年)二六七頁。
(53) なかでも片桐芳雄は、地域性や階層性を切り口として民権運動における近代教育の位置を解明しており、ひとつの到達点を示している。片桐芳雄『自由民権期教育史研究―近代公教育と民衆―』(東京大学出版会、一九九〇年)。

図0–5　明治4年27才の市川量造
松本城管理事務所所蔵（複製）。「明治四年未年三月岩岡楳十写之」とある。松本藩より下横田町肝煎兼副戸長に任命される直前に撮影されたものと思われる。

c. 松本下横田町の名主兼商人・市川量造

三人目は市川量造という人物で、弘化元（一八四四）年に生まれ明治四一（一九〇八）年に没した（図0–5）。市川は松本城下下横田町（筑摩郡のち東筑摩郡）名主の家を出自とし、幕末期は商人として横浜や水戸などを訪れ、そこで学問も積んだ。維新後は、下横田町の肝煎兼副戸長をはじめ、学校や病院、新聞や博覧会などあらゆる「開化」の事業に関与した。市川家文書は現在、一〇〇〇点余りが長野県松本市立博物館および同市文書館に保管されている。

市川は、本書で取り上げる「開化」の担い手のなかでも、とりわけ多くの事業について積極的に建言を行い、実際にかかわった人物である。その事績については、有賀義人による先駆的な研究がある。[54] 有賀は、筑摩県成立から明治二六年の横浜移住にいたるまでに展開された、市川の多角的な活動を検討し、明治初期の「啓蒙家」としての役割と限界を解明している。

市川の特質は、実に多様な「開化」に同時にかかわった点にある。単に「啓蒙家」と括ってしまう視点からは、こうした特質を内在的に把握することは困難だと考える。そこで本書では、町方名主家という身分的出自に着目しつつ、市川による「開化」への取り組みを検討する。こうした分析視角により、筑摩県における新たな地域秩序の再編・創出過程のなかで市川が果たした役割をとらえ直したい。

本書では、三者の家に残存する史料群のほか、松本藩領域の地方文書や、筑摩県庁文書なども用いている。このうち、『長野県史』や『長野県教育史』などで翻刻されている史料も少なくない。しかし活字化されている史料の多くは、編者の関心に合わせて選択され、抄録されたものである。そのため筆者は、まずはそれぞれの所蔵先を回り、史料群の全体像を把握し第一次史料に目を通すことを心がけた。さらに、筆者自身が史料整理にかかわることで新たに発見した史料もある。こうした作業を通じて見いだした史料が、本書の素材である。

松本藩の地域秩序における三者の位置関係について、補足しておこう。第一に、在方と町方の家格関係に言及しておきたい。幕末維新期の松本藩における村・町役人の家格関係は、大庄屋が大名主より高い位置にあった。たとえば、松本城で藩士と対面する際は、大名主は大庄屋との対席が認められていないなどの差別があった（第二章参照）。つまり、栗林は村・町役人層で家格が高く、市川は低い。また大庄屋の分家であった藤森は村役人として地域支配に関与した痕跡がなく、その序列の枠外にある。

大庄屋／大名主／庄屋／名主、あるいは本家／分家などの家格をめぐる重層性は、近世の地域秩序を構成する重要な要素であったといってよい。とりわけ近世村落史研究では、村役人／小前といった階層関係ばかりでなく、本家／分家関係など百姓の家々が取り結んでいた具体的な社会関係を解明する必要性がつとに指摘されているところ

（54）　有賀義人『信州の啓蒙家市川量造とその周辺』（凌雲堂書店、一九七六年）。このほか小林重章も、市川量造を「地方官僚と地域民衆の間に立って学事振興の諸政策を具体的に推進した」、「いわゆる草莽層・豪農層」と評価している。ただし小林の関心も有賀と同様、筑摩県時代の活動にあり、市川の身分的出自や近世的地域秩序における立場性への着眼は見られない。本書で明らかにするように、これら近世からの視点に立つことで、「啓蒙家」や「草莽層・豪農層」といった市川の評価は、再考を迫られることになるだろう。小林重章「地域における実学の形成と洋学の移入―幕末・明治初年の長野県における教育の実態に即して―」（『教育学研究』四三巻四号、一九七六年）。

である。[55]一方近代史研究においては、家と家との関係性に迫る分析視角が十分に活かされてきたとはいいがたい。しかし維新変革や「開化」によって、近世的地域秩序のあり方が即座に一変したわけではない。とすれば、諸主体による「開化」への取り組みは、個人による行動としてとらえるのではなく、彼らが生まれ、生活を営んでいた家や家同士の関係性のなかに位置づけて分析する必要があるのではないか。そこで本書では、地域秩序における諸主体の身分・家格関係に着目することで、これらの問題に応えたい。近世村落史研究の視点を援用しつつ、「開化」の時代の地域社会を見通す。そうすることで、「開化」への取り組み方や民権運動とのかかわり方など、諸主体の動向について新たな理解を獲得することが可能になるはずである。

第二に、本書で着目する名望家層の重層性には、身分・家格関係に加え、地域差も含まれている。そこで三者が置かれていた地理的環境に言及しておきたい。栗林は大町組大町村（安曇郡北部）、藤森は成相組新田町村（安曇郡南部）、市川は松本城下下横田町（筑摩郡）にそれぞれ居住していた。三者の居住地には、地域差が存在していた。安曇郡南部と筑摩郡は松本盆地に属し、互いの行き来も容易である。これに対し安曇郡北部は、北アルプスに囲まれた山間地帯であり、独特な地理的環境にあった。こうした地域差の一方で、いずれも「町村」とあるように、越後国と松本城下を南北に貫く糸魚川街道沿いの在郷町であった。市川はもとより、栗林と藤森の居住村もそれぞれ人・モノ・情報の流通拠点であったといってよい。三者の居住地は、地理的環境を異にする一方、同じく糸魚川街道で結ばれていた。それだけに当該地域の「開化」は、互いの地域が意識されるなか、地域間対立へと発展する可能性を胚胎しつつ展開していく。

以上の補足をふまえ、地域研究に取り組むことの意味について付言しておきたい。栗林・藤森・市川は、同じく松本藩領に居住する人びとであるが、身分的出自と地域特性を異にし、重層的な関係にあった。三者は、それぞれが直面していた現実のもとで結節者としての位置を保持し、そこから知識や情報を媒介していたのである。さらに三者による「開化」へのかかわりについて、藤森や市川は積極的に学校や新聞、博覧会などの建言を行った一方、栗林にはそうした動きはほとんど確認できない。こうした「開化」への多様な取り組みのなかで、いかなる志向性を持つ地域秩序が再編・創出されようとしていたのか。身分・家格・地域差など対象地域に固有の変数および、そのなかで諸主体が保持していた媒介者としての立場や役割の違いに留意しつつ、検討を進めていく。

したがって、本書の成果は、他地域の「事例」にそのまま一般化できる類いのものではない。筆者のねらいは、対象を「ある全体を例証するための部分[56]」と見なし、安易な比較や一般化のもとで相対的な意味を見いだすことにはない。まずは名望家たちの人生の軌跡をそれぞれの固有性に即して実証的に跡づける。そのうえで、近代へ移行していく複数の道筋を相互につき合わせていくことこそが必要となるのではないか。

五　本書の構成

本書は、序章と終章を含めて九つの章からなり、筑摩県成立（明治四年）を境として前半部と後半部に大きく分けられる。

前半部の第一章から第三章ではまず、明治維新以前の地域秩序の成り立ちを名望家の媒介する役割に即して分析する。続いて府藩県三治制期における地域社会の動揺を名望家の眼からあぶり出し、近世以来の存在形態が「開化」へのかかわり方をいかに規定していたのかを検討する。

（55）山崎圭によれば、一八世紀中期以降の信濃国佐久郡では、本家／分家を核とした「本百姓・抱集団」が、互助的なレベルで序列を維持しながら存続する一方、政治レベルでは経済階層の重要性が増していった。山崎圭『近世幕領地域社会の研究』（校倉書房、二〇〇五年）。

（56）注24松沢裕作前掲書、九―一〇頁。松沢は、歴史研究の方法として、「個々の研究対象が絶対的意味を持つこと」を主張する。それは、「〈全体―部分〉モデルは、全体が所与の秩序として与えられていることを前提にしてはじめて意味を持つからである」。

後半部の第四章から第七章では、「開化」が地域社会の諸側面へと展開する様態を、その広がりに留意しつつ把握する。学校・新聞・博覧会の相互連関に見られる領域横断性や、近世的な要素を混在させながら運営されていた博覧会を通じて、「開化」の歴史的特質を分析する。そのうえで明治一〇年代に眼を向け、名望家たちがそれぞれの現実認識に即した形で模索した学校教育のあり方とその可能性を明らかにする。最後に、名望家たちが具体化した「開化」のなかで主体形成を果たし、民権運動に身を投じていった人物を新たに取り上げる。「開化」の時代に後続する世代が民権家としての地歩を築いていく過程を解明し、「開化」が、名望家たち自身の媒介する役割をいかに変容させたのかを考察する。

第一章

近世後期の地域秩序と媒介する役割

――「由緒」の継承――

一　村役人としての「心構え」とその行使

維新変革により、近世的地域秩序が揺さぶりをかけられ、切り崩される。こうした事態に対し、名望家たちは、それぞれの力量に応じて新たな地域秩序の再編・創出を試みていくこととなる。本章では、その過程を検討する前提として、近世段階における地域秩序の維持・再生産のあり方を把握したい。近世後期から幕末にいたる村落社会では、地域秩序がどのようにして維持・再生産されていたのだろうか。

かかる問題は、秩序の維持・再生産と深くかかわる点で、近世的な「イエ・ムラの教育」の一断面を描き出すことにつながるだろう。ただし本章で取り上げる大庄屋や庄屋など村役人層は、手習塾など特定の教育機関にかかわっていた形跡がほとんど見いだせない。それにもかかわらず彼ら近世以来の村役人層の多くは、学校教育の定着はじめ多様な「開化」の担い手となった(1)。

たとえば、信濃国松本藩大町組大庄屋・栗林球三は、維新後の筑摩県時代には戸長や学区取締として学事の担い手となった。栗林が「開化」の担い手となることを期待された背景には、大庄屋として近世より藩と在地社会との媒介者的役割を果たしてきた歴史的経緯があったと考えられる。栗林家の媒介する力量と役割がいかに継承され、またそのことは地域秩序の維持・再生産にどのような意味を持ったのか。こうした視角から、「イエ・ムラの教育」にかかわる多様な営みをとらえる。これにより、近世から近代への移行にともなう地域の変容過程を把握し、そのなかに近代教育・学校を位置づけることが可能になるだろう。

（1）　近世の村役人層が、何の変動もなくそのまま維新の変革に対応できたとは、もとより考えていない。維新期以降における彼らの動向は、近世より形成してきた個々の存在形態に規定され、多様であった。この点は、第三章で検討する。

近世村落史研究では一九八〇年代以降、村役人層が幕藩領主と在地社会のあいだで地域運営の円滑化をはかる側面など、その政治的力量にかかわる再評価がなされてきた[2]。近年では工藤航平が、政治的側面に偏っていた研究状況に対し、文化的側面を併せて検討する必要性を指摘した[3]。工藤は、村方文書の編纂・蓄積から、村役人が事務処理能力や文化的教養を継承する様態を明らかにしている。それでは村役人が掌握した知識や情報は、いかなる社会的意味を持ったのか。この問題については、工藤も「名所」創出から江戸文化に対する「地域文化の自立」をとらえたが、さらに掘り下げ可能な論点である。その際に参照すべきは、鈴木理恵の「地域文化人」にかかわる議論である[4]。鈴木は、「地域文化人」の役割として、村落や郡を越えて人びとを結びつけることに着目している。知・情報の蓄積やネットワークの構築は、村役人層にも見られる活動であるが、「地域文化人」とはまた別の意味を持つと考えられる。こうした活動が、村役人としての地歩や地域秩序の構築過程で果たす役割をとらえたい。

そこで本章では村役人が蓄積した知・情報のうち、特に「由緒」に着目する。久留島浩は、一八世紀後半以降の日本社会が「由緒の時代」を迎えていたと見なしている[5]。それは、諸地域や諸社会集団が、自身の歴史を通じた自己認識である由緒にもとづき、諸役免除などの権益を主張する時代である。そして幕藩権力との関係性を主に検討してきた従来の研究に対し、近年では地域意識やアイデンティティにかかわる文脈から由緒のとらえ直しが行われている[6]。

そのなかで、とりわけ重要な知見が、桑原恵の研究である。桑原は、幕末期大阪熊取谷の谷庄屋（中家）による歴史叙述の方法や意図を検討した。そのうえで、地域や家の歴史を学ぶことが、「地域のリーダーとなるべき「家」に生まれたものの心構え」を養う自己形成の過程で、重要な契機となっていたことを解明した[7]。村役人としての主体形成の文脈から由緒を位置づけ直そうとしている点が、重要である。

ここで、桑原が「心構え」として論じていることは、本書で把握しようとする媒介者的役割と重なる。地域社会の運営主体たるものとしての「心構え」は、媒介者としての役割を果たす基幹となるからである。ただし桑原の議論は、地域や家の歴史をいかに学習し叙述したのか、そのあり方に主たる関心を置いている。桑原の議論をふまえつつも本章では、歴史を叙述するなかで形成された「心構え」が、地域社会において実際に行使される局面をとらえる。つまり村役人層は、どのような活動を通じて、地域や家にかかわる歴史的な知識や情報を保持・継承していたのか。媒介する営みへの着眼から、近世の地域秩序が維持・再生産される様態を考察していきたい。

（2）久留島浩『近世幕領の行政と組合村』（東京大学出版会、二〇〇二年）など。序章第二節（2）も参照。
（3）工藤航平「村落・地域社会の知的力量と『村の編纂物』―村役人層の資質形成と村方文書共有ネットワーク―」（大石学編『近世公文書論―公文書システムの形成と発展―』岩田書院、二〇〇八年）、「幕末期江戸周辺における地域文化の自立」（『関東近世史研究』六五号、二〇〇八年）。
（4）鈴木理恵『近世近代移行期の地域文化人』（塙書房、二〇一二年）。
（5）久留島浩「村が「由緒」を語るとき―「村の由緒」をめぐる研究から―」（久留島浩・吉田伸之編『近世の社会集団―由緒と言説―』山川出版社、一九九五年）。
（6）渡辺浩一『まちの記憶―播州三木町の歴史叙述―』（清文堂、二〇〇四年）、岩橋清美『近世日本の歴史意識と情報空間』（名著出版、二〇一〇年）など。由緒研究の蓄積については、山本英二「日本中近世史における由緒論の総括と展望」（『歴史学研究』八四七号、二〇〇八年）を参照。
（7）桑原恵「地域史の叙述と自己形成―和泉国の中盛彬にみる「家」と自己の使命―」（平川新・谷山正道編『近世地域史フォーラム3　地域社会とリーダーたち』吉川弘文館、二〇〇六年）九七頁。

二　松本藩大町組における栗林家の位置

(1) 大町組の概況

本章では、信濃国松本藩大町組の栗林家が由緒をいかに認識し、また実践していたのかを解明する。これにより、由緒が家の地位や名望、地域秩序の維持・再生産に果たした意味を検討したい。

大町組は、松本藩の最北端に位置し五四ケ村(天保五年)で構成され、大町村が中心地であった。大町村は、天保五(一八三四)年「大町石高并小役改帳」によれば村高が一七八六石余り、翌年の「家数寺堂牛馬書上帳」によれば高持四四四軒、借家九九軒、水呑二九軒、寺門前七軒が存在していた。[8] 同村はまた、糸魚川街道(塩の道)の継荷宿としての役割を果たし、松本藩の物資集散地でもあった。[9] とりわけ大町組の特産品である麻は藩の専売品であり、その流通は同組の麻問屋が特権的に掌握していた。麻商人たちの支配は麻産地村々の不満を蓄積し、文政八(一八二五)年の村方騒動(赤蓑騒動)のひとつの発端となった。[10]

表1-1は、歴代の大町組大庄屋の一覧である。大町組大庄屋は二人体制で、五郎右衛門(屋号:輪違)と七郎兵衛(屋号:八〇)を名乗った栗林二家の当主が幕末までほぼ一貫して大庄屋に就いていた。左列No.9の栗林球三は、明治四(一八七一)年の筑摩県成立後には戸長や学区取締、新聞誌世話掛など多様な「開化」事業に関与し、名望家としての役割を果たした人物である。

以下、近世中後期の大町組における栗林家の位置をとらえる。表1-2は、大町村の土地所有(石高)から見た、階層構成の変遷である。まず大町村では、慶安期より五石未満の小農層が過半数を占めていた。その数は元文期から天保期にいたり、九割を越える。一方で五石から二〇石の中農層は、時期を降るにつれその割合が減少する。さらに二〇石以上の豪農層は、元文期には増加しているが、天保期になると実数・割合ともに減少する。ただし一八世紀半ば以降の大町村では、周辺村に多くの出作地を所有する地主層が増加した[11]。したがって、表1-2の数字のみで大町村の豪農層が減少したとはいえない。いずれにせよ、小農層の増加と中農層の減少から、土地の細分化と階層分化が進行していた。

先述した赤蓑騒動の発生も、こうした状況による階層間の矛盾蓄積を一因とする。この騒動は、大町組佐野村および沢度村を発頭村とし、文政八年一二月一四日に起こった。安曇郡の村役人や麻問屋、酒屋や質屋など一六五軒を打ちこわし、その鎮圧に松本藩が鉄砲隊を派遣するほどの激しい一揆であった[12]。

一五日夕方には大町村にも押し寄せ、三川屋茂七、越後屋弥兵衛、茶屋権次郎、酒屋浅野治郎右衛門など一三軒が打ちこわされた。そのなかで、大町組大庄屋であった栗林五郎右衛門(忠庸)も、被害を蒙っている。以下は、五郎右衛門が打ちこわしの被害状況を郡役所に届け出た文書の写しである[13]。

今般四ケ条騒動差起、私方へ踏込、松本御城主御代々様ゟ頂戴仕候諸書付・証文又当時役筋ニ付御預り申上候諸書付焼払、其上家財等迄打潰焼捨候儀者、如何於私ニ不埒有之義、四ケ条之者共御糺明被下置度、奉願□□(虫損)、委細之儀者

(8) 「大町石高并小役改帳」天保五年、「大町組大町村家数寺堂牛馬書上帳」天保六年(「栗林家(輪違)文書」二五六、三三一、大町市文化財センター所蔵)。
(9) 平凡社編『日本歴史地名大系　第二〇巻　長野県の地名』(平凡社、一九七九年)七四三頁。
(10) 『大町市史　第三巻　近世』(一九八六年)五四四頁。
(11) 注10同前書、二七八―二八一頁。
(12) 騒動の要求は、①麻何方に成共勝手に売、②麻運上御免、③塩運上御免、④小物成一切御免であった。「酉の冬騒動日記」(「大日方家文書」、注10前掲書、五三四頁)。
(13) 「乍恐奉願口上覚」文政八年一二月二一日(「栗林家(輪違)文書」一二二〇)。

表 1-1　大町組大庄屋の変遷

No	姓名	居住村	在勤期間	No	姓名	居住村	在勤期間
1	曽根原 庄左衛門	大町村	享保 9.4―宝暦 9.8 (躮江被仰付)	1	栗林 五郎右衛門	大町村	享保 9.4―元文 5.11
2	曽根原 庄左衛門	大町村	宝暦 9.8―安永 7.4	2	栗林 五郎右衛門	大町村	元文 5.11―延享 3.11
3	横沢勘兵衛	不明	安永 7.6―安永 10.12	3	栗林 七郎兵衛	大町村	延享 3.12―明和 3.6
4	坂井忠兵衛	不明	安永 10.12―寛政 6.5	4	栗林 五郎右衛門	大町村	明和 3.6―安永 2.4 (再役、跡役躮江被仰付)
5	浅野 次郎右衛門	大町村	寛政 6.5―享和元 .4	5	栗林 五郎右衛門	大町村	安永 2.6―安永 5.6
6	北沢 勇右衛門	不明	享和 2.4―文化元	6	栗林 七郎兵衛	大町村	安永 5.6―文化 2.9
7	栗林弥右衛門(のち五郎右衛門)	大町村	文化元 .3―文政 9.12	7	横沢仁兵衛	不明	文化 2.10―文政 2.4 (御役御取放ひつそく)
8	栗林 七郎右衛門	大町村	文政 10.2―安政 4.12	8	西沢 九之尉(丞)	野口村	文政 2.4―不明
9	栗林五郎右衛門 (のち球三)	大町村	文久元 .12―明治 2.12	9	西沢猶五郎	野口村	弘化 2.6―不明
				10	西沢頴吾	野口村	慶応元 . 閏 5―明治 2.12

出典：近世村落研究会『近世村落自治史料集　第 1 輯』(日本学術振興会、1954 年) 47-48 頁。
『長野県史　近世史料編　第 5 巻 (2)』(1974 年) 419 頁。

表 1-2　大町村階層構成 (括弧内は%)

	慶安 2 (1649) 年	元文元 (1736) 年	天保 6 (1835) 年
1石未満	41 (19.7)	142 (40.8)	356 (47.9)
1～5石	89 (42.7)	138 (39.6)	321 (43.2)
5～10石	41 (19.7)	27 (7.7)	44 (5.9)
10～20石	23 (11.0)	19 (5.4)	15 (2.0)
20～50石	13 (6.2)	15 (4.3)	6 (0.8)
50～100石	1 (0.4)	7 (2.0)	1 (0.1)

出典：「大町御年貢本高之帳」慶安 2 年、「大町高人別書上帳」元文元年、「大町村持高改帳」天保 6 年 (「栗林家 (輪違) 文書」252、253、258、376)。本表の作成に際して『大町市史　第三巻近世』269 頁も参照した。

口上以奉申上度候、以上

五郎右衛門によれば、「私方へ踏込」んだ小前層は、代々の松本城主から「頂戴」した「書付証文」や大庄屋の職務にかかわる「諸書付」を「焼払」い、さらには「家財」までをも「打潰焼捨」てたという。五郎右衛門は郡役所に対し、自分のどこに「不埒」があったのか「糺明」して欲しいと願い出ている。しかしこうした願いに対して藩は、「大町村大庄屋・栗林五郎右衛門、御役御免、差入」という処分を下した(14)。

以上のように大庄屋とは、藩権力と小前層とを媒介する存在として、時に打ちこわしの対象ともなりうる存在であった。彼らは、利害を異にする藩権力や小前層とのあいだを取り持ちながら、自家の地位や名望を守っていかねばならなかったのである。良好な関係を保つことができず、地域運営に失敗した場合は、五郎右衛門が「御役御免」になったように、大庄屋の地位を剥奪されることもあったことを確認しておきたい。

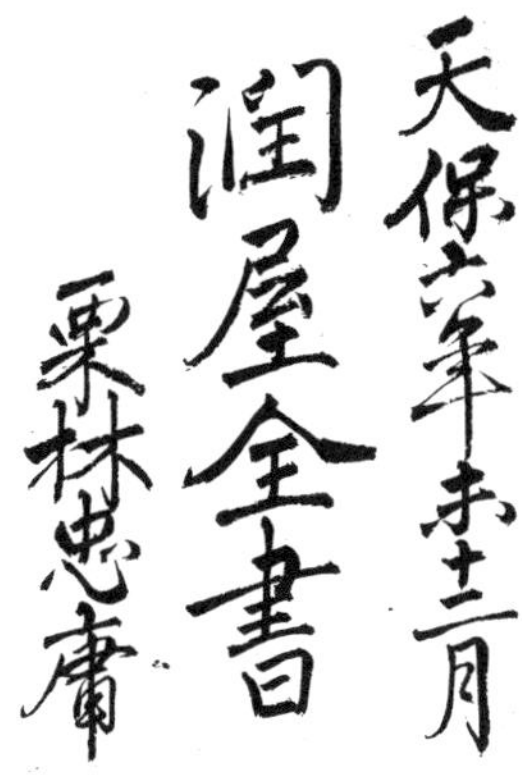

図1–1 「潤屋全書」(天保6年)

(2) 栗林家における家訓書の更新・継承

栗林家の人びとは、家をいかに維持し、再生産してきたのか。この問題について、栗林家に伝わる家訓書をもとに検討してみたい。赤蓑騒動による「御役御免」から一〇年後、栗林家当主であった五郎右衛門こと忠庸は、「潤屋全書」と題する家訓書を残している(図1–1)(15)。

(14)「騒動一件」(「清水家文書」A六三、長野県立歴史館所蔵)。

(15)「潤屋全書」天保六年一二月(「栗林家(輪違)文書」二四〇三)。「潤屋」とは、「大学」伝六章の「富潤屋、徳潤身」に由来すると考えられる。家を「潤」すための心構えを説こうとする忠庸の意図がうかがえよう。

この家訓書には、全三四ケ条の教訓が記されている。

その内容を一覧にしたものが、表1-3である。一二月という時期に書かれたこともあってか、正月の作法にかかわる記述が多く見られる。たとえば、松迎に出かける人数や、門松の大きさ、食事の内容などがあげられる。門松は、「花美ニ移」って「大木」でも、「倹約」といって「枝松」でもいけない。「神のおしへ」を守り、「松かさのたんと有」ものを選ぶべきという。極端な「花美」や「倹約」に走らず、「目出度事ハ目出度、かなしき事ハかなしかるへきが、人倫の道也」と説いている(No.2、6、7)。また暮れの年取りに食べる鰯や田作、鰤は、「入用之物前広ニ買置へ」きであり、一二月二二日を過ぎて「火急之ものを買ハ高直ハ当りまへ」という(No.5、11)。元日の朝には、「神代の事がおもわるゝ」といい、『古今和歌集』や『伊勢物語』などに収録されている古歌を引用している。

一方、「若き時」の「心」の移ろいやすさを戒める記述も見られる。それは、「人か倹約をするといへハ倹約を致気になり、人かうまき物を喰といへハうまき物を喰度な」るような状態である。しかし若年の時に立てた「法例」は、「地へ穴を掘て己レカ身を埋が如」きものであり、「百年の寿」を左右するため、「可謹」と戒めている。このほか、風邪薬の調合や咳薬の販売所、えんどう豆や藜、蕨の調理法など、日常生活にかかわる知恵が記されてもいる(No.21、23、24、26、34)。

以上が「潤屋全書」の概要であるが、そのなかで家の存続にかかわる教訓が散見されることに注目しておきたい。まず「祖先の法例」が乱れる時は「其家破るゝ」時であり、堅く守るべきという(No.12)。また「役人なと退役の跡よく守らされハ、其家破るゝ程の難渋ニ趣」ことが説かれている(No.31)。これらの戒めは、「御役御免」となり、まさに「退役の跡」を生きていた忠庸であればこそ、家の「難渋」を食い止めるために書き記したものと解される。

一方No.16では、「栗林忠義雑記ニ、質なしにかしたるかねと死ぬ人ハ又とかへらぬ物とこそおもへ」とあり、みだりに金を貸すことが戒められている。この「雑記」とは、「潤屋全書」から遡ること約九〇年前の延享四（一七四七）年に書かれた「万覚書」である。(16) この「万覚書」の表紙には、「人間一生之心得ニ可成事を記ス」とある。数代前の祖先の言葉を語り継いでいこうとする姿勢には、家の存続・繁栄に向けた忠庸の切実な願いを読み取ることができる。

最後にNo.33では、「旧家ニ而没落致家ハ、盛ノ時遠方ゟ縁組致、近所ニ由緒無之故也、近所之由緒ハ相互ニ助ケ合、家ノ相続する様ニ致もの也」との一節が見られる。ここで忠庸は、家の存続にとっては「遠方」だけでなく、「近所」との「由緒」が不可欠と説いている。ここでいう「由緒」とは、家の由来というより、近所づき合いや縁戚関係に近い意味合いである。それではこうした「近所」との「由緒」は、実際にいかに取り結ばれていたのか。この点について、一八世紀後半以降の動きから検討していこう。

三　大町年寄仲間の形成とその変遷

寛延二（一七四九）年正月、栗林家を含む大町村の長百姓十家は、全一四ケ条にわたる「年寄仲間定之事」（以下「定」と表記する）を取り決めた。(17) この冊の一丁目には、大町年寄の「大判」と「合印焼印」が記されている（図1−2）。以下は、その「定」である。

一、大町年寄往古より十家有之候、右之内致中絶候家者、年寄之内ゟ末家を以代り相立、今以十家有之候、然処持来

（16）「万覚書」延享四年三月（「栗林家（輪違）文書」二四〇四）。なお本史料は、注10前掲書に全文が翻刻されている。
（17）「年寄仲間定之事」寛延二年正月（「栗林家（輪違）文書」二四九二）。

表 1-3 「潤屋全書」の内容一覧

1	十二月十三日松迎に参る、尤内ゟ男一人高根亀蔵〆両人ニ而むかへ参る也	18	奉公人年内遊日改
2	家の内へ立る松ハ松かさのたんと有をむかへ《(ふ)》へし、俵とてよるニふる也	19	池田油屋仲間の通り雇帳
3	前晩縄をなう右之縄を持参致、又手樽一ツ此酒五合、男の昼飯遣ス	20	大町伊勢屋
4	十三日年取也	21	おらんた風払、(中略：薬の調合方法)右細末ニしてあつき湯ニ入かき廻し呑へし
5	いわし一籠、田作一升程、いわし三十入代八十文、田作ハ一升六十四文、いわし田作前広ニ下値ニ買置へし、年取ニ差《サシ》掛り買ハ油断也	22	十一月ゟ二月迄四ヶ月の間ニ薪代二両も入用也、殊ニ十二月ゟ正月ハ焚付もなき様ニなる也、豊休上りニ松葉を伐り、こまかにこなし用意致置ヘシ
6	近年何事も花美ニ移り候故、門松も大木をうへるハ間違也	23	えんどうを能ク干シ二ツ割ニ挽候得ハ、一斗ニ付五合程切ル、味曽ニにてよし
7	近来御倹約也とて枝松を立るハ是も大キ成了管違也、倹約と云ハ己レをつゝまやかにするが初め也	24	干菓を宇儲《タクワヘ》置、二、三年になり候得ハ蕪の処より煙りの如なる物出也、右の干菓をゆてる時あかさの葉を十葉程上ニ置、ゆてる時菓やわらかになる事寄《(奇)》妙也
8	元朝也、神代の事がおもわるゝ	25	松代領新町の大麦ハ麦一升ヲ擣九合五分もあり、挽割ニして徳用也ト云
9	我見ても久しくなりぬすみよしの岸の姫松いくよへぬらむ	26	せきの薬、蘭方清命散、松本博労町松屋六宗左衛門
10	日本ハ神国なれハ、神のおしへを守るへし、神書に枝松を立るといふ事有べからす、すへて目出度事ハ目出度、かなしき事ハかなしかるへきが、人倫の道也	27	末暮鰤一〆九百目、代一両一朱二分五厘、但十ロがけ也
11	年取ニハ鰤を買へし用る也、此鰤十二月廿日頃ゟ廿二日迄ニ買ベシ、廿八日ハ直段上る也(中略)、すべて入用之物前広ニ買置ヘシ、火急之ものを買ハ高直ハ当りまへ也	28	七種のかゆ、是諸書ニありて神代の教なるへし
12	人の家ハ法例をよく立べし、第一祖先の法例をよく守るへし、法例乱るゝ時ハ其家破るゝ也	29	十五日之粥ハ極めてうすくたくものと見へて、粥種とて餅を入る也、此二度の粥ニ而も神の教をつとむへし、倹約を守る心の者ハ、折々用ゆへき事也
13	若き時ハ前後のわきまへもなく見る事・聞事に心がうごき、人か倹約をするといへハ倹約を致気になり、人かうまき物を喰といへハうまき物を喰度なり、人かよき着物を着れハよき着物が着度なり、顛倒の心やむ時なし、此時立たる法例ハ、地へ穴を掘て己レカ身を埋が如し、百年の寿を一時にほろほす、可謹々々	30	池田の市川義篤か云しハ、親が帯刀ならは子も帯刀ニ致度もの也、其位相続すれハ人気はなれす其家相続すると云、又二代の位落れハ、人気はなれて其家難渋ニなると云
14	洗馬宿志村ハ此宿立初りし時よりの問屋にて旧家也、年取ニハ鰤の中打を用る事、先例也	31	役人なと退役の跡よく守らされハ、其家破るゝ程の難渋ニ趣也
15	上田の房山忠左衛門ハ旧家也、年取ニいわしを用る事家例也、此忠左衛門ゟ倉科七郎左衛門妻ハ縁付参り候	32	又追々稼出して独礼ニ成、苗字御免ニ成、帯刀ニもならんと云者ハ、自然と位勢ありて人も用るもの也、是百姓ハ竈将軍ニ而金気の位なるへし
16	栗林忠義雑記ニ、質なしにかしたるかねと死ぬ人ハ又とかへらぬ物とこそおもへ	33	旧家ニ而没落致家ハ、盛ノ時遠方ゟ縁組致近所ニ由緒無之故也、近所之由緒ハ相互ニ助ケ合、家ノ相続する様ニ致もの也、又由緒不和合ハ其まきの没落と知ベシ、又家内不和合ハ其家ノ没落と知ベシ
17	或人の歎き、買物ハ直をきめてかへ、あと直てハ目のさめる程たんととられる	34	漬蕨煮方

地所之内兄弟或ハ隠居免等江分取候故、本家相衰候も有之気之毒ニ存候、依之古来相定候趣此度致再改相定候條々、左之通ニ候、

一、御上ゟ被　仰出趣弥堅相守、惣而常々上をうやまひ下をあはれミ万事身持宜敷可致候、若不持之者有之候ハヽ、無遠慮異見差加可申候、其上ニ而も不相用候ハヽ、御上江御断可申上事、

一、御上之御大事有之節者、忠をはけミ御用立候様心掛可申候、其外御吉凶并御役人替り之節、惣代一両人ツヽ罷出可申候、時分柄或ハ勝手を申立不参仕間敷事、

一、年寄居屋敷之義、親子兄弟たりといふとも堅く分地致間敷候、屋敷数所持致し、外屋敷を譲渡候儀ハ仲間江致相談、惣方得心之上可任其意事、

一、持田畑山林之儀是又親子兄弟といふとも分地致間敷候、併買添地分ケ遣候義、反畝歩作徳相改仲間江致相談、惣方得心之上可任其意事、

一、其家持来重宝之儀是又右同断たるへき事、

附、右三ケ條之品ハ、人前銘々帳面書立箱へ入置可申事、

一、実子無之養子致候節、金銀を以取繕といふともかろき者を入申間敷候、相応之者有之ハ仲間江遂相談、養子可致事、

一、家主幼稚ニ候よシ又ハ当分亭主無之而も、御目見帳之義其家之名代消不申様、仲間ゟ可奉願事、

一、十家之内及困窮候節者、仲間より何分ニも相救可申候、其上ニ而も無拠訳ニ而其者難相立節者、仲間江相談致し難及力無是非儀ニ候ハヽ、御上江奉願御差図を請可申候、其上右之家難相立候ハヽ、其家筋之者を以代り相立十家之都合ニ致し置可申候、外ニ其家筋者無之候ハヽ、年寄仲間之

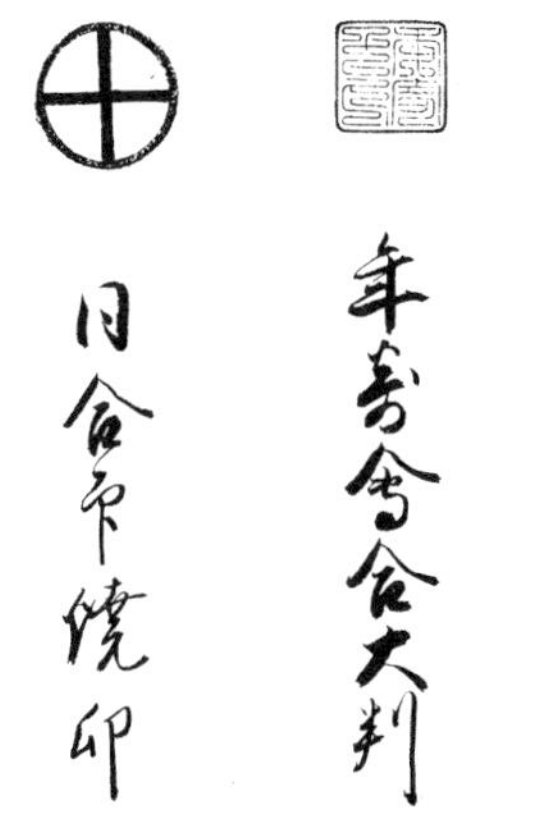

図 1-2　年寄会合大判・同合印焼印

内ゟ相立候様可致候、家名之義者、曽祢原二家、平林一家、曽根原二家、栗林二家、福嶋一家、浅野二家、右十家之所是迄之通永増減無之様可致事、
一、年寄居屋敷上町五家・下町五家有之候、屋敷替等致度節者、仲間江遂相談得心之上可任勝手事、
一、五人組之儀、上町五家・下町五家と二組ニ相立可申候、親子兄弟之分家ニ而も、年寄分之外書込ハ、格別面出ハ堅不罷成候、外之五人組江可遣事、
一、御他屋立会其外御評定御相続之儀、何事ニよらす他人者勿論親子兄弟夫婦之間ニ而もかるく相もらし申間敷事、
一、年寄仲間吉凶之節者勿論、常々内外随分むつましく可致事、
一、年寄金として萬帳之通致出金、相廻置候、入用有之節者、相談之上相用可申候、元金減少不仕様年々不論多少十家ゟ掛銀可致事、
一、毎年正月十日当番之所江相寄、相定之條々得と呑込、金子致勘定、其上十人連印致し置可申候事、
右之條々相互ニ永可相守者也
寛延二己巳年正月日
大町年寄十人

大町年寄は「往古」より「十家」が存在していた。「定」の一、二ケ条目にあるように、大町年寄とは、「常々上をうやまい下をあはれミ万事身持宜敷」、「御上」に対しては「忠をはけミ御用立候様心掛」ける存在である。しかし近年、「兄弟」や「隠居」への分地などにより「本家相衰」という事態に陥っている。こうした状況が「気之毒」であるため「古来相定候趣」を「再改」し、「十家之所是迄之通永増減無之」ように対処することが定められている。すなわち「十家」存続のため、仲間の「難及力無是非」場合でも、「御上江奉願」や、「其家筋之者」または「年寄仲間」に「家」を相続させるという。

ここでいう「本家相衰」とは、どのような事態を指しているのか。必ずしも明らかではないが、表1–2で用い

た史料から、栗林本家（輪違）と末家（八〇）の土地所有状況の変遷を見ておこう。慶安・元文・天保期における状況はそれぞれ、本家が一九・六二四四石、七三・五二一六石、二九・七四石で、末家が一七・九三六石、八五・七三七石、一〇・三七石である。栗林両家についていえば「本家相衰」とはいえないまでも、元文期には、本家と末家の持高が逆転していたことがわかる。またそのほかの大町年寄家については、元文期のみ判明する。浅野本家が九六・六三六石を所有する一方で、福嶋家（二〇・六九三三石）や曽祢原本家（二六・一八六石）、曽根原本家（二九・七一四五石）は土地集積が進んでいない。大町年寄十家のなかでも、持高に格差が存在していたといえる。

「定」の主要な内容を確認しておく。第一に、各家の財産にかかわる取り決めがある。「居屋敷」や「田畑山林」、「其家持来重宝」などの財産については「銘々帳面書立箱へ入置」き、処分する際は必ず「仲間江致相談」すべきとする。第二に、養子縁組の際には「金銀を以取繕といふとも、かろき者を入申間敷」じきとし、これも「仲間江遂相談」げるよう定めている。第三に、「年寄廻金として萬帳之通致出金」し「入用有之節者、相談之上相用」いることを定めている。最後に、「年寄仲間吉凶之節者勿論、常々内外随分むつましく可致事」と、冠婚葬祭に限らず日常的に関係を密にすることが定められている。これら家の「衰」を防ぐ「定」は、少なくとも安永三（一七七四）年まで二五年間は毎年の正月に会合の場がもたれ、十家の連名で確認されている。

「定」のうち、各家の財産を帳面にし「箱」へ保管すべしとの決まりに注目しておこう。この箱は現存しており、ふたの表には「仁科大町、諸書物、年寄会合」、裏には「寛延二己巳孟陽吉辰造焉」と記され、また箱の裏側には「㊉」の印がある（口絵参照）。さらに保管目録には、明和六（一七六九）年まで六四点の文書が記載されている。「高野山旧記」（寛延一三年）のような史書や地誌が数点見られるほかは、「新行山之儀稲尾村ゟ大町へ取置証文」（元禄七年）や「鵜山村六右衛門・仁左衛門・善七証文」（宝暦元年）など土地や入会にかかわる証文類がほとんどである。[18]

（18）「寛延二己巳年正月　会合箪笥諸書書付入目録」（「栗林家（輪違）文書」二五二二）。

箱に保管された最古の文書は、天文二二（一五五三）年「仁科家書付」である。[19] この文書は、一二月二八日付で「仁科家（花押）」より「大町年寄十人」へ宛てられている。仁科家との由緒を証明する文書として保管されたと考えられるが、その真偽は必ずしも明らかでない。というのも以下は、文政八（一八二五）年の戸田家治城百年に際し大町年寄たちが自家の由緒を藩へ届け出た写しである。[20]

（前略：大町年寄十家の連名）右者、仁科家由緒之者共ニ御座候、永禄四年酉五月、武田家与不和ニ而仁科家没落被成候、其頃之家中多ク小笠原家へ随い、飯盛・千国・二木・渋田見・鹿嶋等、此邊之姓数多有之候、然所仁科家再ヒ取立申度、古郷へ立戻り郷民ニ相交リ年月を送り罷在候内、諸家多ク亡失仕候、然処慶長年中小笠原秀政公御治城之節、銘々所持仕候御感状并系図等御改之上、十人町年寄と御定被下置候

大町年寄が、元々は「仁科家由緒之者共」であり、永禄四（一五六一）年に武田家に滅ぼされてのち、仁科家の再興を期して大町村に隠れ住んだと語られている。「慶長年中」すなわち一六〇〇年を前後する時期にいたり、「銘々所持仕候御感状并系図」を改められたうえで「十人町年寄」として認められたという。この記述は、先の「仁科家書付」が天文二二年に大町年寄へ宛てられていることと整合しない。ただしここでは、大町年寄たちの由緒の真偽を検証することはしない。その真偽以上に重要なことは、「仁科家由緒之者共」という表現に象徴されるように、大町年寄たちが中世の豪族仁科家との由緒を共有し、主張していた事実である。[21]

大町年寄たちの家筋に対する意識を把握するために、宝暦四（一七五四）年の年寄願一件を取り上げる。[22] この年の九月、大町年寄の曽根原善兵衛の兄・清右衛門とその倅・春山は、「親・五左衛門代之通当所年寄列ニ立戻り、御公辺内外相勤申度」と、「年寄列」への加入を願い出た。これに対し大町年寄たちは、清右衛門親子は「元来大町年寄家筋之者ニ無御座候故、拙者共一統納得不仕」と反対した。大町年寄とは「往古より其家筋を以相続仕来只今迄罷在」る家柄であるため、そうした「家筋」にない清右衛門親子の加入には反対であるという。この一件から、宝暦

年間の大町年寄たちは「大町年寄家筋」に対する強い矜持を共有していたことがわかる。

ただし以上のような大町年寄としての結合は、「定」の確認以降そのまま維持されていったわけではない。安永七年六月に大町年寄たちは、大町組大庄屋の栗林七郎兵衛を介して松本藩から「御用」にかかわる以下の文書を渡された(23)。

大町組村々役人共大町村他屋江罷出、大庄屋共組御用相済候節大町村長百姓共罷出、其外大庄屋宅ニ而御用取斗候節も相加候趣相聞候、若右躰之義有之候ハヽ、可為無用候、自今之義ハ大町村一村之御用取斗候節も大庄屋者勿論庄屋・組頭罷出、長百姓共一切御用席江相加申間敷候、併長百姓共加り候而可然義ハ庄屋・組頭中談合大庄屋江申聞候ハヽ、其筋ニ寄勘弁之上可差加候、且又是迄大町村御用筋庄屋斗取斗候趣ニ候、向後ハ外村方之通、諸事庄屋・組頭中談合願書等ニも可致連印候

松本藩は、大町村の長百姓(大町年寄)たちが役儀にないにもかかわらず、組内役人層の合議の場である「他屋」に出入りし、「御用」に関与していることを問題視している。つまり村落運営のあり方を「外村方之通」にすべく、

---

(19)「仁科家書付」天文二二年一二月(「栗林家(輪違)文書」複写版、目録外)。

(20)「文政八酉三月書上写」(「栗林家(輪違)文書」二五三四)。

(21)仁科氏は、南北朝期より安曇郡北部を支配したが、甲斐国の武田信玄により滅ぼされた(石田祐一「にしなし」『国史大辞典 第一〇巻』吉川弘文館、一九八九年、八六四頁)。
志村洋によれば、一七世紀の松本藩池田・大町組における行政区画の設定は、中世の在地秩序を解体する形で進められた。これより約一世紀後の寛延期に、仁科家との由緒を紐帯とした大町年寄仲間が形成された意味を当時の社会状況のなかで検討することは、今後の課題としたい。志村洋「近世領域支配の確立過程と在地社会—松本藩初期大庄屋制に関する試論—」(『歴史学研究』六五九号、一九九四年)。

(22)「大町村清右衛門願ニ付大町年寄中ゟ願書」宝暦四年九月(「曽根原家文書」五七九、大町市文化財センター所蔵)。

(23)「曽根原家文書」一六九。

今後は「長百姓共一切御用席江相加申間敷」と達しているのである。これを受けた大町年寄たちは翌月一六、一七日に「寄合」を開き、それまでに関与してきた「御用」を一〇ケ条にまとめ、これに「向後皆罷出不申候」と取り決めた。[24] ただし、「殿様御吉凶之節」や「御奉行様方御役替之節」に「罷出」ることは、「何卒只今迄通相勤申度」いと願い出ている。これらの願い出には、藩権力との関係を保持することで、大町年寄としての立場を確保しようとする意図がうかがえる。しかし少なくともこの時期以降、大町年寄たちは村落運営を執り行う「御用席」の場から表向きは排除されていくこととなったと考えられる。

安永七年の「御用」をめぐる一件は、大町年寄としての結合を弱めることとなった。というのも、約三〇年後の文化七（一八一〇）年「諸用書留帳」の冒頭には、以下のように記されている。[25]

大町年寄十人之儀古キ家筋ニ而古来之書付等も留之候所、三十年来等閑ニ相成候、世移り人替候而古法村法も難相分風俗相流候ニ付、此度仲間一統打寄相談之上古キ書付も写置、大町村方之儀も詮議いたし書残置申度、相談之上如此ニ候、以上

大町年寄十家は、「古キ家筋」であり「古来之書付」などを所持してきたが、ここ「三十年来等閑」になってしまったという。近年は「世移り人替候」ため、「古法村法」が不明になり「風俗相流」れる状況に陥っている。そこで大町年寄たちは、「一統打寄相談」をし、「古キ書付」や「大町村方之儀」について調べ直し、記録することを定めている。この定めに続き、入会地や水利、町の夜番や火消番にかかわる「古法」が逐一書き留められている。

以上、栗林五郎右衛門ら十家は、寛延年間における「本家相衰」に対応すべく、箪笥に保管された文書や「仁科家由緒之者共」という由緒を紐帯として大町年寄を形成した。その結合は、毎年頭の「定」の確認により維持がはかられた。しかし、安永七年の「御用」をめぐる藩からの規制や、文化七年の「三十年来等閑」といった事態は、結合を維持することの困難さを示している。仲間の結合を維持していくには、大町年寄として村落社会へ働きかけ

ることで、その存在を認知させていくことが必要であったと考えられる。それは、「由緒の実践」ともいうべき活動である。

四　由緒の実践 ── 村落運営へのかかわり ──

前節では、家訓書や由緒を通じて、栗林家あるいは大町年寄という「イエ」の存続がいかにはかられていたのかを検討してきた。これに対し本節では、視点を「ムラ」に広げ、栗林ら大町年寄たちの活動をとらえてみたい。具体的には、大町年寄の立場を保持するために取り組まれた由緒の実践として、三つの活動に注目する。①「年寄廻金」の運用、②村を訪れる宗教者への対応、③神事祭礼による由緒の共有化である。

(1)「年寄廻金」の運用

寛延二（一七四九）年正月に大町年寄たちが取り結んだ「定」には、「年寄廻金」にかかわる一節があった。その運用実態について勘定帳から読み取っておきたい。勘定帳では運用について、大町年寄および身元の「慥成ル者」の「入用」のため、「仲間相談」のうえで「一割五分」の利足にて貸し出すと定められている。[26] この時「年寄廻金」

（24）「諸用書留帳」安永七年七月（「栗林家（輪違）文書」三一三）。大町年寄たちが関与していた「御用」は以下の通り。①田畑検見の内見、②火災の節に人足とともに駆けつけ、③川除普請での指図、④夜番・自身番の指図、⑤庄屋元割賦への立会、⑥田畑の巡回、⑦作方につき村役人と相談、⑧願書・請書への連印、⑨他村との出入りで惣代を勤めること。

（25）「諸用書留帳」文化七年一一月（「栗林家（輪違）文書」三一四）。

（26）「年寄廻金勘定帳」寛延二年─宝暦六年（「栗林家（輪違）文書」二五二四）。

表1-4　宝暦六年の年寄廻金「夫捨」

金額	費目
25 両	子ノ春籾一同組中へ救
7 分	同冬大町極難へ救
1 分	石坂弥三左衛門へ救
1 分	伊勢御師婚礼祝儀
1 分	御祈祷御初穂
750 文	伊勢初穂たし
1 分 500 文	碁盤持碁盤
1 分 850 文	長屋修繕入用
368 文	薪野炭茶色々小使

合計：29 両 1 分 298 文
出典：注 26 前掲史料

として、十家が一分から一両までをそれぞれ出資した五両や、「諸所ゟ預り金」として三三九両三分などによる合計三四六両二二匁と銭一貫文が集められた。

宝暦六（一七五六）年を事例に、「年寄廻金」の収支を確認しておく。この年の支出として、「才覚金」（御用金）六六八両一分二朱など、六七五両一分八朱を計上している。収入としては、貸し金の回収や藩からの「ほうひ」（褒美）などにより五二五両三分八朱を計上している。差引一四九両二分の不足であり、「此代ニ、二百八十三両一分二朱、家屋敷田畑ニ而有」る分を処分して埋め合わせたという。

さらに、この年の「夫捨」（使い捨て）金の存在には注目してよい。表1-4では、「夫捨」計二九両一分二九八文の費目を一覧化した。「夫捨」金の大半が「一同組中」や「大町極難」など難渋者への「救」によって占められていることがわかる。このほか、伊勢御師への「婚礼祝儀」や、「御祈祷御初穂」なども見られるが、大町年寄たちと村を訪れる宗教者との関係性は次項で改めて検討する。

ここでは、大町年寄たちが「年寄廻金」を設立し、御用金や御救い金を負担していたことの意味を強調しておきたい。こうした費用を「大町年寄」名義で支出することは、藩および小前層にその存在と重要性を認識させることにつながったと考えられる。「年寄廻金」については、宝暦期以降の勘定帳が見いだせないため、その後の運用実態は明らかにならない。しかし大町年寄たちが幕末まで「献上」や「御救」を行っていた事実は、諸記録に散見される。たとえば文政八（一八二五）年の戸田家治城百年の折には、「大町組大町村十人」名義で「熊皮十枚」を藩へ献上している。[27] また天保八（一八三七）年の日記には、「御救稗割賦致し度相談致候所、割合出来兼候間、極々難渋之者江斗遣し可申与相談相定」めたという。天保の大飢饉のなかで大町年寄たちは、自身の負担を考慮しつつ「御救稗」を「極々難渋之者江斗遣し」ていたことがわかる。[28] その財源は、「大町村持高改帳」（天保六年、前掲）にあるように、大町年寄の小作地である「年寄地四石三斗八升六合」などで賄われていたと考えられる。

(2) 村を訪れる宗教者への対応

由緒の「実践」にかかわる第二の事例として、大町村を訪れる宗教者の存在に着目する。大町村には、若一王子権現という神社が存在していた。代々仁科家の信仰を受け、熊野権現の若一王子から勧進されたものといわれる。[29] 大町年寄たちの日記にも「仁科家熊野三所権現御信仰ニ而代々御参詣之上、王子へ御勧請被成候」とあり、仁科家と熊野権現との関係は認識されていた。[30] また若一王子権現は、宝暦期に刊行された『仁科三十三番詠歌』の一番札所に選ばれており、「みくまのを、こゝにうつして世をまもる、神と仏のめぐミとうとき」と詠われている。[31] 地域

(27) 「御祝儀御領分ゟ献上物書留帳」（「平林家文書」、注10前掲書、五四七頁）。
(28) 「御用日記寄合所」天保八年正月（「栗林家（輪違）文書」三一六）。
(29) 注10前掲書、六八八頁。
(30) 注25前掲史料、文化七年一一月。
(31) 『仁科三十三番詠歌』宝暦七年（「栗林家（輪違）文書」八一八）。この書物が出版された経緯や大町年寄たちとのかかわりは明らかでない。ただし「序」から、大町村弾誓寺の住職覚阿が発願者であったことが判明する。覚阿は、「国鉾の道の遠き」ことや「足行きの山のけはしき」ことにより、他国を巡礼できない「老人婦人の輩」が、「仏縁をむすひたまハん」と願って当該地域に札所を設けたという。

の人びとに親しまれていた神社であったといえよう。

こうしたゆかりのもと、大町村には高野山遍照光院より配札使僧が訪れていた。明和期と文化期の史料から、配札使僧と大町年寄たちの交流関係を把握できる。まず明和期の史料として、遍照光院の智剛から「仁科大町御年寄十人御衆中」に宛てた書簡が伝わる。[32]ここで智剛は、廻旦にあたり「先例之通、御組下人足伝馬無滞差出」すよう願い出ている。またその際には、「任先例、御祈祷之御札並軽少之土産」を進上するという。これに対し大町年寄たちは、「如先例、御初穂銀子一枚、御使僧へ青銅三十疋差遣」わしていた。[33]

さらに文化七(一八一〇)年付の「諸用書留帳」(前掲)には、配札使僧の廻旦にかかわる仕来りや書簡の写しが記されている。「高野山遍照光院之儀、仁科家御建立ニ付往古ゟ有候所当時者二十一年ニ一度宛役寺順郷被致候」と、このころの廻旦は二一年ごとであった。文化九年は廻旦の年にあたり、正仙院が配札に訪れた。大町年寄たちによる正仙院への対応として、「宿之儀ハ、十人ニ而順番ニ相勤」ており、「先方ゟ書状参申候、此方よりも返書遣シ」、「御布施之儀十人ニ而金三分、外ニ使僧へ二朱」を遣わしていた。さらに廻旦後には、大町年寄たちが遍照光院へ書簡を送っている。ここでは、「先例之通、御札殊ニ品々御土産被下、辱受納仕」と御礼を述べ、「正仙院様、此辺御旦那廻り御仕舞御帰国被成候得者、御安堵可被遊候」と、正仙院が無事に帰路についたことを報告している。

以上から、宿泊の世話や手紙のやり取り、「御布施」の献上などを行うことで、大町年寄たちは遍照光院による廻旦の窓口としての役割を果たしていた。さらに大町年寄たちが窓口となっていたのは、高野山だけではない。村を訪れる宗教者のうち、伊勢御師との関係も注目される。寛延二(一七四九)年九月には、廻旦にあたり伊勢御師の堤織部太夫が、「仁科大町御年寄中」宛て書簡と、御祓大麻を進上している。[34]さらに文政四(一八二一)年にも「何角与御町方江御役介相掛、御厚情を以無滞御旦廻相務、幸甚之至」と、無事に廻旦できたことについて御礼を述べている。[35]とりわけ文政期の書簡が、「文政四巳年、堤織部太夫殿廻旦被致候節之書状」と記された専用の桐箱に収められていることには注目してよい(口絵参照)。この書簡が、伊勢御師との関係を証明する根拠として大切に保管されていたものと解されるからである。

村落外部よりの来訪者から文物や情報をいち早く落手することは、地域外部とのつながりを背景とした権威を大町年寄たちにもたらしたと考えられる。塚本学は、松本藩上野組大庄屋中沢家の日記から、村役人が商人や武家など村の来訪者に応対しいち早くモノ・情報を入手することで、「村社会内での権威」を向上させていたと指摘した(36)。これをふまえつつも、大町年寄と高野山配札使僧との応対関係の場合、単に村役人というだけでなく、仁科家との由緒が介在していたことに特徴がある。大町村と遍照光院との関係は仁科家の勧進に由来し、大町年寄たちは「仁科家由緒之者共」として配札使僧に応対していた。とすれば「廻旦」の窓口としての役割を果たし続けていくことは、大町年寄としての立場が確保されるうえで重要な営みであったといえよう。

(3) 神事祭礼による由緒の共有化

第三に、神事祭礼の場において大町年寄たちの由緒が村落社会内に共有されていく事例を取り上げる。大町村では毎年六月、先述の若一王子権現と、大町組宮本村にあった宮本神明宮(伊勢内宮より勧進)で祭礼が行われていた。以下は、栗林弥五右衛門と横沢仁兵衛が松本藩郡所に宛てて祭礼の先例について報告した文書である(37)。

---

(32) 明和五年九月(「栗林家(輪違)文書」二五七一)。
(33) 「覚」明和五年一〇月(「栗林家(輪違)文書」二五七二)。
(34) 「栗林家(輪違)文書」二五三七、二五三八。
(35) 「堤織部太夫殿廻旦被致候節之書状」文政四年一〇月(「栗林家(輪違)文書」二五三五)。
(36) 塚本学「村を訪れるひと —— 一八・一九世紀信濃松本領のばあい —— 」(『近世・近代の信濃社会—塚本学先生退官記念論文集—』龍鳳書房、一九九五年)二八頁。
(37) 「大町村祭礼踊・狂言に付先例口上覚」文化一二年(「栗林家(輪違)文書」一一一六)。

六月十五日天王祭礼仕申候、同十六日宮本村祭礼ニ御座候所、是者大町村ゟ先例矢納と申馬一疋射手と申子供ニ支度為致、右馬ニ乗り人足大勢差添罷越申候、尤宮本村ゟ茂射手両人馬二疋右之支度ニ而罷出申候、天気宜候得者大町村老若男女参詣仕候、同十七日大町村祭礼、是者宮本村ゟ矢納射手両人馬二疋右之通支度仕大勢罷越申候、大町村茂射手一人馬一疋右之通之支度に而罷出申候、其外宮本村ゟ一統参詣仕候、
右宮本村祭礼・大町村祭礼矢納相済候者、未ノ刻ゟ未ノ中刻迄茂掛り申候、其後ニ而踊・狂言仕候得者、暮ニおよび夜ニ入申候

毎年六月一六日には宮本村、一七日には大町村にて祭礼があり、「矢納」(流鏑馬)と、踊・狂言が行われる。流鏑馬のため両村より「馬一疋」と「射手と申子供」、「人足大勢」が参加し、天気がよければ「老若男女」が見物にやってくる。昼下がりには流鏑馬が済み、そののちには踊・狂言が行われ、夜まで続くという。

この流鏑馬の射手を代々勤めていたのが、大町年寄であった。時代は降るが、明治維新直後に大町年寄たちが松本藩に提出した「出身書」を見てみよう[38]。ここでは、「仁品親王」により勧進された「宮本神明宮・王町権現」の「両宮御祭日、仁科家ゟ被差出候流鏑馬式并為警衛出役有之候事業を継、右式ハ十家之内より差出、十家一同為警衛出張」していたという。仁科家ゆかりの流鏑馬と警衛役を、自分たちが引き続き執り行ってきたと主張している。さらにこうした先例は、「数百年来連綿与相続」してきたともいう。

ただし、大町年寄が年番で射手を勤め始めた時期は、明確ではない。元文三(一七三八)年六月一七日の栗林忠直による日記には、「王子祭礼雨天故やぶさめ斗り相済、町渡物并踊ハ相延よし」と記されているが、大町年寄が射手を勤めたかどうかは定かでない[39]。大町年寄が射手を輩出した例を確認できるのは、管見の限り、天保一五(一八四四)年「宮本王子御祭礼帳」が最も古い[40]。これを記した栗林玉之丞は、冒頭で祭礼を執り行う際の心構えを以下のように戒めている。

御祭礼之義ニ候得者、先規之仕方有、右倣間違之無様能々相心得可相成、銭のいらぬよふ心得目出度相済様ニ念入取斗可申事、
身のほとをしれと教へし伊勢の神今にわらやの宮にましします、
皇大神宮之御心ニ叶候様御祭礼ヲ可致也

祭礼には「先規之仕方」があり、これを守ることで「銭のいらぬよふ心得、目出度相済様ニ念入取斗」らうべしという。さらに『道歌拾遺集』の一節や、「皇大神宮之御心」に言及することで、説得力を持たせてもいる。

こうした戒めに続き、祭礼七日前の六月一〇日に「栗林久太郎八才、別火」との記事が見られる。同様に嘉永四（一八五一）年にも、「六月九日ゟ別火、栗林政太郎五才、塩溜・さとふ・くわし等者呉申候、まん十・とふふ等呉不申」とある。(41) 久太郎（八才）や政太郎（五才）らは、射手を勤めるに際し、「別火」すなわち食事を別にしていた。その間は「さとふ」（砂糖）や「くわし」（菓子）などは食べてよく、「まん十」（饅頭）や「とふふ」（豆腐）などは食べてはならないなどの制限もあった。射手を勤める栗林家の子供たちは、身を清めていたことがわかる。こうした経験は、彼らにとって、大町年寄の家を継ぐものとしての自覚をうながしたと考えられる。と同時に射手を勤めることは、神事を通して家の後継者を披露する意味合いも持っていたといえよう。

(38)「大町十家出身書」明治三年ころか（「栗林家（輪違）文書」二五〇一）。
(39)「日記」元文三年六月（「栗林家（輪違）文書」一四五五）。
守屋毅は、化政期を境に、商品経済の発展による舞台の常設化や衣装・小道具の荘厳化など、村落の祭礼や芝居が新しい展開を迎えたと指摘する。それにはある程度の経済力が必要であるとすれば、荘厳化にともなって、祭礼における役割負担も村の有力者へと固定化していったと推測できる。守屋毅『村芝居―近世文化史の裾野から―』（平凡社、一九八八年）。
(40)「栗林家（輪違）文書」七九三。
(41)「宮本王子御祭礼流鏑馬射手諸書留」嘉永四年六月（「栗林家（輪違）文書」七九五）。

嘉永二年より明治四（一八七一）年まで大町年寄たちが順番で記した「流鏑馬諸事控順達帳」をもとに、流鏑馬の道具についても検討したい[42]。まず、大町年寄たちが一分程度の金銭を出し合い、「木綿」や「晒」、「笠張替」や「弓箭拵」など道具類の調達や修繕を行っていたことが確認できる。また嘉永三年の記事から、「鞍黒ニ竹之蒔絵、鞍真鍮、切付唐草付」や「馬幟緋羅、脊板金皮縁」などの馬具が揃えられていた。とりわけ「馬覆浅黄㊉紋一枚、馬桐油㊉印一枚」と、馬服には「㊉」の大町年寄合印があしらわれていたことには注目してよい（口絵および本章図1-1を参照）。豪華な馬具とともに射手あるいは警衛役を勤める大町年寄たちの姿は、流鏑馬を見物する人びとにその存在を誇示したと考えられるからである。

最後に、流鏑馬ののちに催されていた踊や狂言について言及しておきたい。踊や狂言は、村人たちにとって大きな楽しみであったようで、安政三（一八五六）年も藩へ開催を願い出、「お花半七」や「帯文桂川水」など七演目が上演された[43]。その際、踊・狂言を見物する桟敷の席次が注目される（図1-3）。この桟敷図では、大町年寄十家が一、二列目に陣取っている。一列目には、大庄屋や庄屋、麻問屋など特定の役儀が併記されたもの、二列目には長百姓とのみ記されたものの名前が見られる。それ以降には、大町年寄以外の与頭や庄屋たちが並んでいる。つまり踊・狂言を見物する場は、誰が一番よい席に座るのかが決められ、村落の序列関係を目に見える形で表現する空間となっていた。

仁科家の勧請にかかる、と大町年寄たちには認識されていた若一王子権現と宮本神明宮では、鏑流馬が執り行われていた。彼らは、自家の子供を射手として神事に参加させ、最前列で踊・狂言を見物していた。射手を勤める子供と鏑流馬を見物する子供、あらかじめ席次が決められた踊・狂言。こうした仕掛けで構成された祭礼空間に参加することは、「仁科家由緒之者共」たる大町年寄を中心に構成された村落秩序を身をもって実践し、身体化する経験であったといえよう。

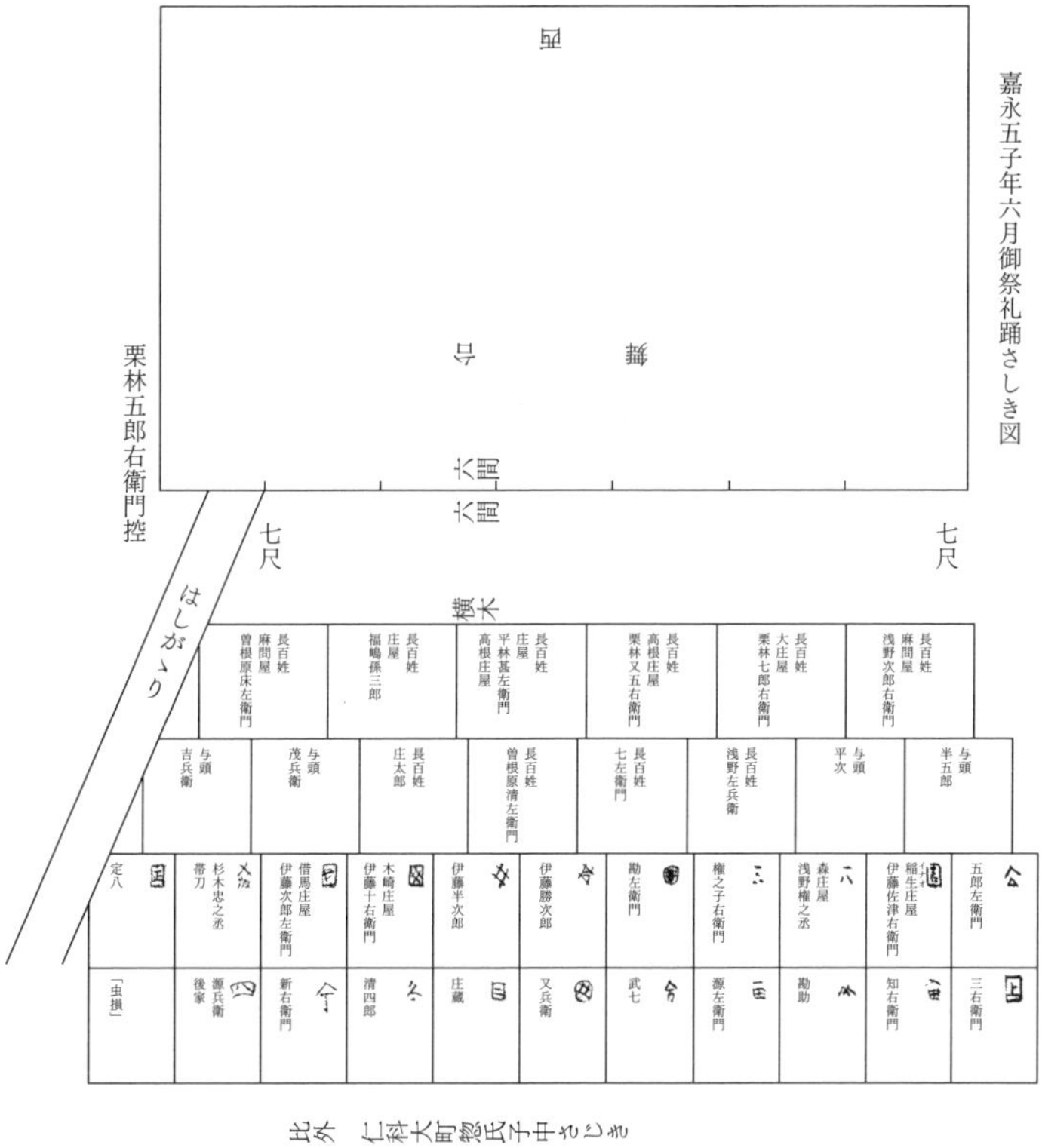

図 1-3 御祭礼さしき図（栗林家（輪違）文書、797）

五 維新変革への見通し

村落社会の階層分化が進行するなか、いかに自家の地位や名望を維持するかが、村役人層にとって重要な課題となっていた。栗林家当主の忠庸は天保6（一八三五）年、先祖の言葉や、数々の教訓を「潤屋全書」にまとめた。この家訓書には、家をいかに存続し繁栄させていくかという忠庸の切実な願いが読み取れた。一方栗林家ら大町村長百姓十家は、寛延年間より文書の保管や仁科家との由緒を紐帯とした大町年寄を取り結び、家の存続をはかっていた。しかしその結合を維持することは、必ずしも容易ではなかった。大町年寄

(42) 「流鏑馬諸事控順達帳　年寄中」嘉永二年—明治四年（「栗林家（輪違）文書」七九四）。
(43) 安政三年（「栗林家（輪違）文書」一八〇一）。

の「定」は、確認から約六〇年後の文化期には、「等閑」になっていたのである。結合を維持するうえでは、藩への献上や村の難渋者への御救い、村を訪れる宗教者への対応や神事祭礼を通じ、村落社会で由緒を実践することが肝要であった。

村役人層の自己形成についてはこれまで、知・情報の蓄積や文化的ネットワークの構築といった側面から検討されてきた。これに対し本章では、大町年寄たちが村落社会のなかで由緒を主張し、また実践することで、藩や高野山・伊勢、さらに小前層と関係を取り結び、自家の立場や名望の保持を目指す営みをとらえた。

こうした動きは、村落の外部と内部を結節する境界上に立ち、そこで行き交う知識や情報を掌握する媒介者としての力量にもとづくものであったと解される。先祖の言葉など家存続のための教訓を伝える家訓書や、大町年寄たちの「仁科家由緒之者共」という出処や来歴を伝える由緒は、過去の時間的外部から知・情報をもたらす媒体（メディア）と見なすことができる。さらに大町年寄たちは、藩や村を訪れる宗教者に対応し、空間的外部からの情報をいち早く入手していた。彼らは、時間的・空間的外部からもたらされる知・情報を掌握し、年寄廻金や神事祭礼などの形で村落内部へと配分あるいは具体化していたといえよう。こうした媒介する営みにより、栗林家や大町年寄としての立場が維持されていたのである。

と同時に、これら媒介する営みは、村の秩序が維持・再生産されるうえでも重要な役割を果たしていたと考えられる。すなわち、大町年寄の由緒は祭礼時の流鏑馬として実践されることで、村の文化を創出していた。一方「年寄廻金」は、難渋者への御救いとして還元されることで、小前層の生活を成り立たせる福利を実現していた。大町年寄たちの媒介する営みは、村の文化や福利を実現し秩序を保つ点で、「ムラの教育」とも密接にかかわっていたと解される。

それでは、以上のような媒介する営みにもとづく再生産のあり方は、維新変革の過程でいかに変容していったのか。この点については次章で詳しく検討するが、ここではその見通しを示しておきたい。明治二（一八六九）年一一月、松本藩は「府藩県一途之御政体」（府藩県三治制）という新政府の方針を受け、「是迄申付置候役儀一同差免」すると達した。(44)旧来の支配体制が廃止された時、大町年寄たちは自家の由緒や家格について取りまとめ、「心得書」を藩へ提出した。(45)

一、私共家筋之義者、慶長十九年小笠原秀政公以来、数百年数代御代々様　御憐愍を以格別厚御引立、莫大蒙　御高恩、年寄長百姓ハ家格、麻問屋ハ十家之内、附属・組手代・大庄屋・庄屋等も右ニ准被　仰付、連綿与相続相勤、大町郷中長者ニ相立、家内之者ニ至迄右ニ准、祖先之遺風不取失罷在候次第ハ、恐多候得共、譬を以申上候得者、御藩中　御席様・御用人御番頭様・御諸士様内種々御差別も有之、右以下内前同断、右尊卑上下之御格式御当人様ハ勿論、御家内様方迄自然与御差別被為在候通、随而　天朝宣下之御役儀初、　知事様ゟ被　仰付候御役儀迄、従来之御家筋軽重ニ寄被仰付、稀ニ御人撰御登庸も被為在候得共、御門閥無御座候而者、御隊下・御支配下御帰服も如何可有之哉、殊従天朝不拘門閥人才御登庸之御布告ハ御座候得共、門閥御廃止之義者無之、農中ニ而も右准軽重之礼節家内之者ニ至迄夫々差別も相立候次第ハ、全御代々様　御憐愍を以格別御引立被成下候ニ付、祖先以来代々之遺風を以万端応接仕候而も、聊不迷人心平和ニ周旋仕候

大町年寄たちにとっては、家ごとの「差別」すなわち家格関係や、「祖先以来代々之遺風」こそが、人心を迷わせずに村落運営を「周旋」するに欠かせないものであった。大町年寄たちは、松本藩内における家格の「御差別」に言及しつつ、「差別」や「遺風」が必要不可欠であると主張している。「人才御登庸」の布告があったとしても、「門閥」を廃止すべきでない。しかし「差別」や「遺風」を要として「周旋」されていた村落社会は、維新の変革により以下のような状況に陥っているという。

（44）「御用懐中日記」明治二年一二月（「清水家文書」A六七五八）。
（45）「心得書」明治三年（「栗林家（輪違）文書」二五〇二）。

旧冬一途之　御政体ニ而役儀御廃止被　仰出、家格ハ勿論代々之規槎悉取失ひ、村方一円軽重之差別聊無之様罷成候、次第ハ、先前ゟ大町郷之義ハ、十三ケ町有之一丁ニ世話人三人ツヽ、三役人・作世話・他村越庄屋等除、三役人ゟ申付候仕来ニ御座候処、当春右世話人之義丁内入札ニ相成候処、丁内ニ心得悪しき人別等有之、密ニ申合十家之内落札ニいたし、其外端々世わ人之義者、近来他ゟ来り百姓・職人・馬士等之者共与会合いたし、又者今般之御主意ニ而相立候村惣代抔も右様之ものニ相成其宅抔江参り候様、夫を以申越、無余義病気与申代人抔差出置候得共、家内老幼之男女共迄日々愁歎罷在、当今之形勢ニ而者、畢竟如何可相成哉、由緒有之家筋之者ハ布而災を生可申、彼是以悲歎差迫、御政体之弁も無之不顧前後頑愚之胸中、私俗之情実并志願之一助ニ相成候事件ハ引用仕、失躰不当之義者勿論、都而蒙　御裁制・御叱正度

維新変革にともなう役儀廃止により「家格ハ勿論代々之規槎悉取失」われ、大町年寄たちを追い落とそうとする「心得悪しき人別」も現れている。彼らは、村役人選出の「入札」の際、「密ニ申合」せて大町年寄を「落札」にしているという。また新たに「村惣代」などの役職に選ばれたものが、大町年寄たちを自宅へ呼びつけるので、やむをえず「病気」をもって代人を立てているという。「近来他」の土地よりやってきた人びとや、「百姓・職人・馬士」といった人びとの存在が、大町年寄を中心とした村の秩序を揺るがしていたことがわかる。大町年寄ら「由緒有之家筋之者」たちは、こうした事態を「災」と受け止め、「家内老幼之男女共迄日々愁歎罷在」と嘆いている。

維新変革により、由緒を軸に保持してきた「家格」が解体の危機に瀕した時、大町年寄たちは「愁歎」を表明した。彼らは「御政体之弁も無之不顧前後」としつつも、「格別御引立」を松本藩に願い出た。しかしその翌年には松本藩は消滅し、新たに筑摩県が置かれ、地域の「開化」が急速に推し進められる。そのなかで「家格」を保持・継承する方法も、再編を迫られた。

このことは特に、流鏑馬の神事に象徴的に示されている。『大町市史』によれば、伊藤重右衛門（大町組木崎村越庄屋）により維新後の流鏑馬「改革」が推し進められ、射手は大町年寄だけでなく一般の氏子からも選ばれるように

なったという。[46] この「改革」の一端がうかがえる史料として、大町組北原村・平林市郎兵衛が記した書留帳の一節を以下に掲げておく。[47]

一、当村祭礼六月十六日、十七日ニ御座候、流鏑馬長百姓ゟ差出し申候所、御一新ニ付長百姓御廃止《ハイシ》ニ相成候、左候得者、小前同様之百姓ニ御座候ハヽ、流鏑馬《ヤブサメ》当名主ゟ差出し呉《クレ》候様、小前一同ゟ申出候間、此段申 伺《ウカガイ》被下度奉願上候、以上、

明治四年辛未六月日

会計惣代・松木忠之丞
曽根原角兵衛
伊藤宗七郎

名主・曽祢原正三殿
同　平林盛治殿

松本藩御役所、願之趣申合次第之事

「御一新」以前、流鏑馬の射手は長百姓すなわち大町年寄が勤めていたが、長百姓が「廃止」となり「小前同様之百姓」の立場になった。そのため、射手も新たに置かれた「名主」に勤めて欲しいと、「小前一同」が申し出ているという。これに対し松本藩は、「申合次第之事」と、村内の話し合いに任せている。射手の選出原理について、重大な変化が生じていることに注意をうながしておきたい。すなわち近世段階では、

(46) 注10前掲書、六九二頁。筆者は、流鏑馬「改革」の経過を伝える史料を見いだせていない。しかし、ここであげた平林家「書留帳」に加え、注42で示した大町年寄間での馬具の順達記録が筑摩県成立直前の明治四年六月で途絶えていることも、「改革」の傍証となろう。

(47) 「慶応二年村方諸事書留帳」(平林節生氏所蔵)。

大町年寄の家に生まれたか否かという基準によって射手が選ばれていた。出自によって射手を勤め、同時にそのことが家の立場を誇示し名望を高めることにつながる状況である。これに対し維新後の射手は、名主という役職にあるか否かという基準によって選出されることが求められていた。ここには鏑流馬が、大町年寄という名望を証明し、家の立場を固める機能を喪失していく事態を読み取ることができるだろう。

地位や名望を保持するための近世的な手法が切り崩されていく一方、村落社会には「開化」政策が続々と流れ込んでくる。栗林五郎右衛門（のち球三）ら大町年寄たちは、こうした歴史的変動への対応を迫られていく。次章では、松本藩領へと視野を広げ、その対応の様態をとらえたい。

第二章

地域秩序の動揺と「開化」のきざし

――府藩県三治制期の松本藩――

一　「変革を生き延びた主体」に迫る――新設議事機関における「公論」――

本章では、「開化」の担い手が立ち現れる過程を検討する前提として、当該時期を生きた人びとにとって、維新変革とはどのような経験であったのかをとらえる。序章でも触れたように、維新変革と村落・地域の諸主体とのかかわりを問題とする地域社会論の領域では、「豪農」や「政治的中間層」などという把握方法により検討が積み重ねられてきた。これら変革主体をめぐる先行研究は基本的に、諸主体が維新変革を担いえたか否か、という問題枠組みによってきたといってよい[1]。これに対し本章では、諸主体が維新変革の趨勢をいかに受け止め、しのいだのか、いわば「変革を生き延びた主体」として、対象に迫りたい。それは、維新変革をめぐる多様な経験を浮き彫りにする試みと換言してもよい。

明治新政府は、諸大名に領地・領民を朝廷へ返還させ、新たに非世襲の知藩事を任命する「版籍奉還」(明治二年六月)などを通じ、府・藩・県の行政制度の画一化と中央集権体制の実現を推し進めていた[2]。これを受け全国各藩においても、藩政改革が展開されていくこととなる[3]。一連の改革により、近世的地域支配体制の抜本的な塗り替えが企図されていった。本章では、明治四(一八七一)年の廃藩置県により藩が消滅するまでの「府藩県三治制」期において、地域社会がどのように動揺したのか、その具体相をとらえたい。

その際、地域社会における媒介する役割と、それによって担保されていた身分や家格をめぐる権力的諸関係が、

(1)　松沢裕作「近世・近代移行期村落史研究の諸課題」(『歴史評論』七三一号、二〇一一年)六二―六三頁。
(2)　松尾正人『日本の時代史21　明治維新と文明開化』(吉川弘文館、二〇〇四年)。
(3)　宮地正人『幕末維新変革史　下』(岩波書店、二〇一二年)。

いかに変容したのかという点に着目する。前章で明らかにしたように、近世の村落および地域社会の秩序が維持・再生産されるうえで、媒介する営みが重要な役割を果たしていた。しかし府藩県三治制期に実施された一連の改革は、こうした近世的な秩序形成のあり方を根底から揺るがしていく。大町年寄たちは、「御一新」と称される事態を、「家格」や「代々之規様」に支えられていた地域秩序を解体する「災」と受け止めていた。維新変革を「災」と受け止める彼らの危機意識は、どこに淵源するのか。

志村洋は近年、幕末および明治後期を対象時期として、信濃国松本藩の大庄屋たちの身分・家格意識を分析している。第一に、大庄屋たちは、動揺する幕末期の政治過程に対応しつつ、「中間権力」としての役割を果たしてきた(4)。第二に、職分・身分・家格をめぐる彼らの意識は、明治三〇年代にいたってもなお根強く残っていた(5)。明治三一年の士族編入願一件には、旧大庄屋家の「漠然とした家格意識」が表明されていたのである。志村は、この一件と、身分・家格の保持が「大庄屋の職分にかかわる極めて現実的な課題」であった幕末期とを比較し、「身分制社会から市民社会へ」という変化を見いだした。

近世以来の大庄屋家のなかには、維新後も身分・家格に対する意識を保持する人びとが一定数存在していた。一方で大庄屋家は、名望家的存在として、「開化」の担い手を輩出してもいる。身分・家格意識の保持と、「開化」の推進という、一見すると相反するふたつの対応は、「開化」を担った大庄屋たちのなかでいかに整合していたのか。「開化」の担い手の生成過程を明らかにするためにも、府藩県三治制期――「身分制社会から市民社会へ」と変化する過渡的な時期――における諸主体の対応を、身分・家格意識に着目しつつ考察する。

こうした問題を考えるうえで重要な手がかりが、維新期に開設された議事機関である。というのも議事機関こそ、地域支配体制の変革を推し進める一方で、媒介者としての立場をもたらす新たな制度にほかならなかったからである。新政府は、明治二年三月、「公議輿論」の政治方針のもと公議所を開設した。公議所は前年正月より実施された貢士制度を前身とし、諸藩の執政や参政から選ばれた公議人が「開化」をめぐる諸問題を審議した。しかし公議所には立法上の権限が与えられておらず、審議の結果が法令に反映されることはなかった。(6) 政府による議事機関についてはー定の研究蓄積があり、「天下公論」「公議輿論」を制度化し新政府の正統性を担保する存在であったことなどが指摘されてきた。(7)

しかしその一方で、地方の議事機関については研究が手薄である。維新期の諸藩では、公議所開設など政府の動向に対応する形で、議事機関が簇生していた。(8) 松本藩も、明治二年四月に「議事局」を開設した。議事局は上下ふたつの局からなり、議事下局に「議事局出役」という職分が新設された。議事局出役には、「民情」を藩へ伝えること、藩の「公論」定立に携わることなどが求められた。在地社会と藩権力とのあいだに立ち、両者を媒介する職分であったといってよい。さらに議事局は、明治三年七月に議事所へと改組されたが、議事局出役の職分は議事所の下部組織である求言所に引き継がれ、翌年八月の廃県まで存続した。議事局出役という媒介者としての職分は、維新期松本藩の藩政改革に一定の役割を果たしていたといってよい。

本章で解明するのは、議事局出役たちが建議・定立していた「民情」・「公論」の内実である。彼らは、それぞれ

(4) 志村洋「幕末の軍夫・農銃徴発と大庄屋—松本藩を事例に—」（志村洋・吉田伸之編『近世の地域と中間権力』山川出版社、二〇一一年）。
(5) 志村洋「大庄屋の身分格式」（白川部達夫・山本英二編『〈江戸〉の人と身分5　村の身分と由緒』吉川弘文館、二〇一〇年）一五三頁。
(6) 藤井甚太郎「『公議所日誌附前編』改題」（明治文化研究会編『明治文化全集　第四巻　憲政篇』日本評論社、一九九二年）三—五頁。
(7) 公議所・集議院については、以下のような研究がある。宮地正人『幕末維新期の社会的政治史研究』（岩波書店、一九九九年）。山崎有恒「明治初年の公議所・集議院—議員の意識と行動—」（鳥海靖・西川誠・三谷博・矢野信幸編『日本立憲政治の形成と変質』吉川弘文館、二〇〇五年）。三村昌司「公議人の存在形態と公議所における「藩論」—三田藩を事例に—」（『歴史学研究』八四二号、二〇〇八年）。
(8) 信濃国諸藩でも、松本藩のほか、上田藩の議政堂上下局や松代藩の藩議院などが開設された。『長野県史　近代史料編　第一巻』（一九八〇年）。松代藩藩議院については、今村直樹「明治四年の藩議院と議員の活動」（荒武賢一朗・渡辺尚志編『近世後期大名家の領政機構—信濃国松代藩地域の研究Ⅲ—』岩田書院、二〇一一年）がある。

が抱えていた地域的な課題や利害に応じ、「民情」を建議し、「公論」を定立していたと考えられる。地域の諸主体が、維新変革という事態をいかに受け止め、生き延びたのか。議事下局における「民情」と「公論」を主たる手がかりとすることで、諸主体が変革の意味や作用をそらし、組み合わせていく様態を明らかにしたい。

松本藩の議事機関についてはこれまで、「保守的な藩政改革」という理解が示されてきた。たとえば上条宏之は、議事局開設を「藩政改革の第一歩」としつつも、「従来の閥格を根本的にあらためるにはいたらなかった」という。(9)また中村文も、「この時期の議事下局の議題・村方へ示された改革は旧体制内における改善」に過ぎなかったと評価している。(10)筆者は、こうした理解それ自体を否定するものではない。しかし当該時期を生きた人びとの視点に立った場合、議事局の開設はじめ一連の改革は、単に「保守的」という理解で片づけられる事態ではなかったと考える。そこで以下、大庄屋や庄屋、大名主や名主など村・町役人層を勤めた人びとが残した記録を手がかりに、府藩県三治制期における地域社会の変容過程を多面的にとらえ直してみたい。

二　議事局の開設と議事局出役の選出―地域秩序再編の萌芽―

松本藩は明治元年一二月(一八六九年一月)、議事局開設を領内に触れた。(11)

一、御家御政体漸々陵夷衰頽、殊ニ世上大一変、万緒輻輳闕事不少　御心痛被遊候折から、　王政御一新　御誓約之御趣意も有之、猶別紙之通被仰出候得者、御遵奉　聖意、御政体御一洗、御家風御振起被遊度　被思召候、順次御改正御施行可有之候得共、先ツ議事局御取建ニ相成候間、奉体認　朝意、上下心を一にし而、公平至当之人撰銘々独断、以封書預支配江可差出候事(中略)、

議事局出役、郡庁より申達、大町・池田両組者三人ツツ、外十組南町・北町より両人ツツ出役可致事ニ候得共、大町・池田者五六人、外十組・両町者四五人ツツ惣百姓入札ニ而可差出、其上御詮義在而、前書人員ニ相定候事

松本藩主・戸田光則（文政一一―明治二五年）は、昨今の「世上大一変」に「御心痛」であるという。そのなかで、「公議輿論」や「万機公論」など新政府の方針が示された。これを受け藩内の「御政体御一洗」を推進すべく、新たに議事上局と議事下局とを開設するという。上局は、君上匡救や長官検査を職務とし、重大之事件、公事、生産、開拓、出納の基本を議論し、有司の職位や賞罰に関係する。一方下局は、租税均平、無告憐恤、奸民懲創を職務とし、水利、開拓、堤防、生産を議論し、邑長の進退や賞罰に関係する。議事局を開設したうえで「諸職御変革御規側《則》相立」とされ、藩政改革を具体化する基礎として位置づけられていた。

議事局にはそれぞれ、議長・副議長各一人、議員五人が松本藩士から選出された。さらに下局には、議事局出役が置かれた。議事局出役の選出は、「公平至当」かつ「銘々独断」によるという趣旨のもと、「惣百姓入札」によって行うという。

ただし実際の「入札」は、全くの「独断」で行われたわけでは必ずしもないようである。というのも議事局開設の達が出されてのち、松川組大庄屋の清水又之丞（文政一〇―明治四四年）は郷目付より「議事局出役人撰入札」にかかわる「心得」を通達された[12]。すなわち議事下局の目的は、「上下心を一ニ致し上下之情を通、公論御定立」する

（9）上条宏之「近代松本の幕あけ」（『松本市史　第二巻　歴史編Ⅲ近代』一九九五年）六、一〇頁。
（10）中村文『信濃国の明治維新』（名著刊行会、二〇一一年）二〇九頁。
（11）議事局開設の経緯については「議事出役中日誌　第一」（「今井家文書」四〇四―七、松本市立博物館所蔵）を基本史料とした。本節で本史料から引用する場合は、出典を省略する。
（12）「御用留」明治元年正月五日（「清水家文書」A一二一、長野県立歴史館所蔵）。

ことにある。そのため議事局出役の人選も、「公平至当之撰」による必要があり、「一同入札」を申しつけた。しかし「末々ニ至候而事柄不相弁、彼是差支等」が生じ、「万一不当之人撰」となってしまった場合は、却って「御趣意」にもとることになる。そこで「先一村毎ニ申合之上入札致シ候もの取極置」き、「右之内にて猶御詮議之上」で出役を決めるという。つまり郷目付が示した「心得」とは、事情をわきまえない「末々」のために「不当之人撰」が生じることを防ぐため、誰を選ぶか「一村毎ニ申合」を行うべしというものであった。

以上のような「心得」のもとで行われた「入札」により、明治二年三月二七日、三〇人の議事局出役が任命された。その内訳は、大庄屋七人、大庄屋格・元大庄屋各一人、庄屋一七人、大名主三人、名主一人である。[13] 在方一二組中、現役の大庄屋が選出されたのは七組である。たとえば大町組では、大庄屋の栗林五郎右衛門や西沢穎吾ではなく、松崎村庄屋の高橋佐一兵衛、木崎村越庄屋の伊藤重右衛門、大町村庄屋の平林佐五右衛門が選出された。また町方でも本町・中町・東町の大名主三人ばかりでなく、東町枝町である下横田町名主の市川八十右衛門が選出されている。庄屋・名主からも議事局出役が選ばれていた事実は、旧来の序列関係が流動化し始めていた状況をうかがわせる。

こうした状況を現出させた点は、議事下局開設の持つ意味として注目しておきたい。このことにかかわって第一に、任命直後の議事局出役たちがまず取り組んだのは、「席順」の確定であった。すなわち大庄屋出身者の「席」は「是迄之通」ということで落ち着いたが、「格之分順席」を決めることができず、藩に伺いを立てたという(注13参照)。ここでいう「格」とは、大庄屋格のことで、大町組の高橋佐一兵衛が該当する。

第二に中町大名主の田中伝左衛門は、第一回の議会に際し、「御席左之通り」と席次を図で記録している(図2-1)。議事局出役一同が揃い「在方・町方対座」する際、人数が多かったため「中座相立、是者在方斗」であったと記されている。「議長」や「副議長」ら松本藩士の位置とともに、議事局出役の席次が「在」と「町」という表記で記録されている。

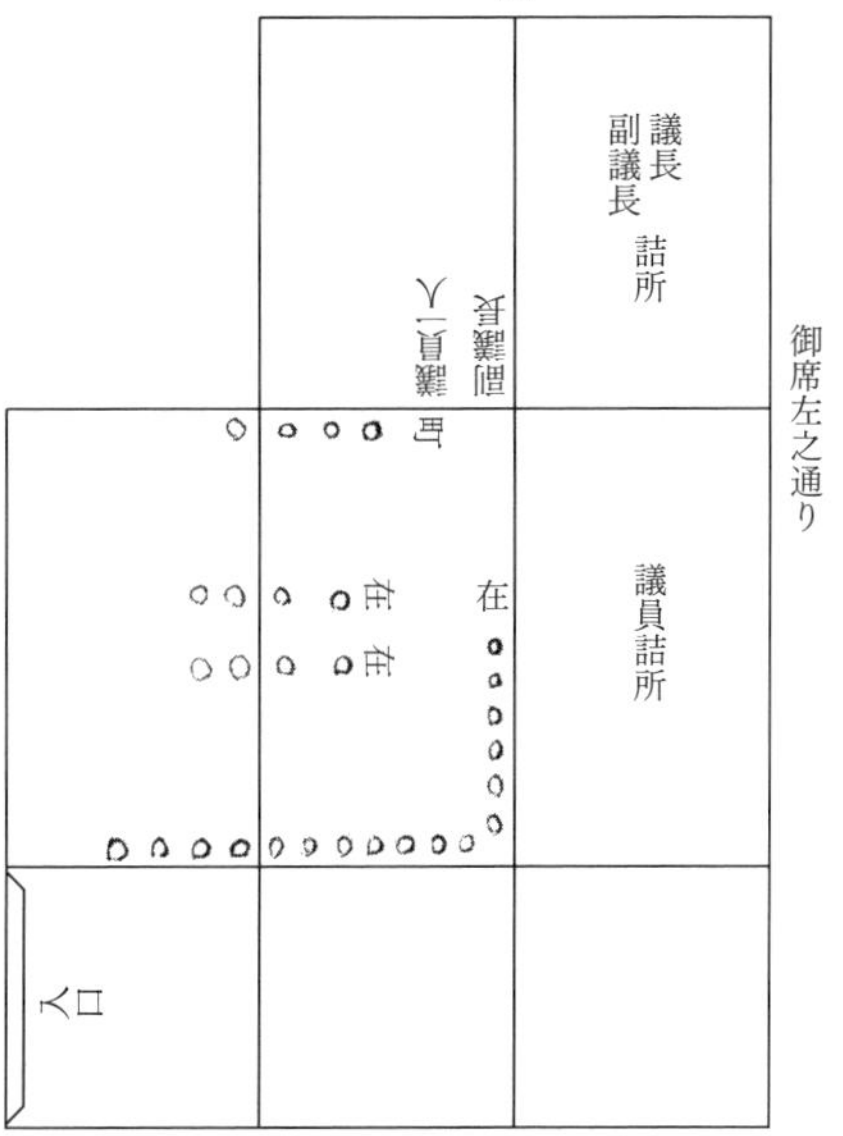

図2-1　議事下局での席次
出典：注11前掲史料

ここで、第一章で言及した安政五（一八五八）年の「御祭礼さしき図」を再び想起しておきたい（63頁）。「御祭礼さしき図」では、家ごとの席次に注意が払われて記録されていた。これに対し、議事下局の席次では、在方か町方かという相違により席次が記録されている。近世段階において、在方と町方の人びとがともに「対座」することはあまりなかった。とすればふたつの図を比較した時、家ごとの相違から在方・町方の相違へ、という序列関係に対する関心の変化を読み取ることも可能であろう。以上ふたつ

（13）「議事御用記」（「清水家文書」A一一四）では、明治二年三月二四日に議事局出役に任命された人物の姓名について、居住地と職分が詳細に記されている。全三〇人の一覧は後段で引用した通りであるが、①在方の大庄屋、②町方の大名主、③在方の旧大庄屋、④在方の庄屋・越庄屋、⑤町方の名主という順番で記されていることに注意をうながしておきたい。この順番により、維新期松本藩における在方と町方の序列関係が推測されるからである。大庄屋と大名主の序列関係については、次節第二項で改めて検討する。

高出組大庄屋・中田源次郎、庄内組同・折井勘五郎、岡田組同・金井条右衛門、山家組同・藤井助左衛門、成相組同・藤森善兵衛、嶋立組同・上条覚左衛門、松川組同・清水又之丞、本町大名主・今井六右衛門、東町同・笹井新助、中町同・田中伝左衛門、池田町村旧大庄屋・上原二野右衛門、長尾村庄屋・松岡次郎右衛門、岩原村同・山口彦兵衛、松川村同・一柳市野右衛門、下波田村越庄屋新村・上条四郎五郎、木崎村同断大町村・伊藤十右衛門、並柳村同断出川町村・中田藤右衛門、立田村庄屋・森本良右衛門、高松村同・高山綱五郎、上角影村同・平林善兵衛、押野村同・宮下孫左衛門、北入村同・百瀬記太郎、池田町村同・市川縫之丞、岡田町村同・橋爪多門太、白板村同・折井儀右衛門、下横田町名主・市川八十右衛門、右之通今廿七日被仰付候、席之儀我等ハ是迄之通被仰付候得共、格之分順席不相決伺置候、且又矢原村庄屋・臼井弥五左衛門、重柳村同断・等々力紋十郎、大町村同断・平林佐五右衛門、松崎村同断・高橋佐一兵衛、右四人同様御呼出ノ処、病気ニ而不罷出候

の事例は、大庄屋と大庄屋格、あるいは在方と町方のあいだで、新たな序列関係を取り結ぶ必要性が生じていたことを示唆している。

さて、新たに任命された議事局出役たちは、「是迄之御役御免」とされ、「勤役中給籾六俵」と「大庄屋格・大名主格」を与えられた。「御免」となったそれまでの職分は、基本的にその子弟や親類が継いだものと推測される。たとえば松川組の清水勘次郎は、「明治元辰年十二月廿五日代役被仰付、明治二巳年三月廿七日、親後ト大庄屋役被仰付」た。[14] 勘次郎は、議事局開設の触れにともない松川組大庄屋の「代役」に立てられ、次いで父の又之丞が議事局出役に任命された明治二年三月二七日に「親後ト」を継いだ。一方「議事出役中日誌 第一」によれば、町方では「代役今井俊之助計ニ而、笹井新助・田中伝左衛門両人倅未幼年ニ付、代役無之候得共、大輪伝右衛門・中川市郎兵衛両人有之ニ付、別段補欠不被仰付候」という形で引き継ぎが行われた。つまり本町の今井家は「代役」を立てたが、中町と東町の大名主は「補欠」を置かなかったという。

議事局出役の任命に際し、下局議長・近藤郷右衛門はじめ議員たちは、大庄屋として選出された七人、それ以外の在方一九人(うち四人は病気につき欠席)、町方四人、という形で別々に呼び出し、「議事下局規律」を下げ渡した。この規律ではまず、「会議ハ国是ヲ定ムルヲ以テ第一要務トス」といった目的が語られ、議員の任期や議事の細則、会日を「毎月七ノ日」つまり七、一七、二七日とすることなどが記されている。

また議事局出役の職務として、民情を「建議」すること、下げ渡された議案について「評論」することが定められている。松本藩が作成したものであるが、新政府議事体裁調局発行の『公議所法則案』(明治元年一二月)に倣っている箇所が多い。議案の可否を決する手順も、『法則案』の文面をほぼ踏襲している。すなわち、①議事局出役は下げ渡された議案について熟考し評論を加える、②次の会議でそれぞれの評論について質疑応答し第二次議案をまとめる、③さらに次の会議で投票により可否を決する、という手順である。こうして可否を決した議案は、「公裁」を経て藩政に活かされた。

たとえば明治二年六月五日付の民政局達は、「吉事出会」の扶助は一〇人まで、饗応は「酒出し一汁一菜」とすることなど、吉凶のあり方を具体的に規制している。[15]これは五月一七日の会議にて可決となった「吉凶事件」にもとづいて出された達であり、議事下局での決議が、藩の民政にある程度反映されていたといえる。この点、新政府の法令に影響力を持たなかった公議所と比べ、対照的である。

議事局出役の存在は、「吉凶事件」の扱いからも明らかなように、藩側にとっては民意をすくい上げて藩政に活かす意図があったと考えられる。というのも議員たちは、民情を伝達するよう議事局出役へ再三申し伝えている。たとえば副議長の神方新五左衛門は、「封内之義者何事も此局ニ而議スル」ので、「大庄屋・大名主・村役人・小前末々ニ至迄、善悪・邪正・賞罰」や、「極窮之村方ニ而救等無之候而者難及等之族」について、議員まで建議すべしと通達している。[16]

一方で実際に出役として選ばれた在方・町方の人びとは、議事下局という新しい制度をどのように受け止めていたのか。議事局出役たちは、任命ののちに「議事局退出、夫〻執政・議事両局・民政局懸り夫々宅廻りいたし、帰りニ一ツ橋松屋平蔵方ニ而、在町打混し申談事、祝ひニ一盃出候」という。つまり任命の御礼を済ませてのち、松本の松屋平蔵方にて祝杯をあげていることがわかる。ここからは第一に、「在町打混」じる状況それ自体が新しく、旧来の地域秩序が変動しつつある状況が垣間見える。第二に出役たちは、議事下局への参加を「祝」うべき事態として受け止めていた。このことは、会議に臨む議事局出役たちの姿勢にも現れている。たとえば池田組から選出された三人は、「四月廿七日、我等申合而御収納一条建言致ス」と、事前の「申合」を行ったうえで年貢収納の改革

(14)「(御用留)」(「清水家文書」A四五五)。さらに同史料の明治二年三月二七日付記事では、勘次郎が、組下村々の庄屋中に向け「親儀、大庄屋役御免、議事下局出役被仰付候跡、勤筋之儀自分江被仰付候間、可被得其意候」と、父の職分を継承したことを達している。

(15)注14同前史料。

(16)「議事集会録」明治二年四月七日(上原卓郎氏所蔵)。

案を提出している。[17]また町方の出役たちは、「五月六日、今井宅ニ而寄合いたス、尤町方計、銘々之精論打合せいたス、酒喰出ル」と、翌日の会議に向けて打ち合わせを行っていた。議事局出役たちは、局での議論に積極的に取り組んでいた。

三　維新期松本藩の社会状況

(1)　悪化する地域情勢

前節では、維新期松本藩の藩政改革として、議事局が開設される経緯を検討してきた。「公論」や「国是」を定める場である議事下局には、「民情」を藩政にすくい上げるべく、在町から「入札」で選ばれた議事局出役が置かれた。議事局出役という新たな職分の設置は、従来の序列関係に変動をもたらす一方で、出役に選出された人びとにとっては歓迎すべきことでもあった。それではこの時期、出役たちは、どのような「民情」に取り巻かれていたのか。議事下局での建議・評論の内容を分析する前提として、議事局開設前後の松本藩および周辺地域の情勢を把握しておきたい。

当該時期の松本藩が直面していた社会状況として、藩財政の悪化とそれにともなう地域運営の質の低下、贋金の蔓延などを契機とした農民騒擾の激化について確認する。まずは本節で取り上げる事項を中心に、明治四(一八七一)年に筑摩県が成立するまでの経過を時系列に沿ってまとめておこう。

慶応二年八月　　木曽騒動
明治元年正月　　大庄屋・大名主同席一件

一二月　議事局開設の達
明治二年四月　議事局開設
七月　飯田二分金騒動
八月　上田騒動、会田・麻績騒動
九月　小諸騒動
一二月　役儀廃止・士分取立一件
明治三年八月　議事局を議事所へ改編
明治四年七月　廃藩置県により松本県へ改称、議事所廃止
一一月　松本県廃県のうえ筑摩県へ統合

幕末の松本藩財政は、浦賀警備や二度にわたる長州出兵などの負担が重なり、きわめて逼迫していた。慶応三（一八六七）年における藩の負債総額は一三万両を越え、上達金・才覚金などの名目で領内から徴収された献金によって埋め合わせられていた(18)。ここで注目すべきは、献金額に応じて「御賞」が付与されていたことである。たとえば慶応四（明治元）年の松川組では、大庄屋の取次により「増役人献金」として総額二三〇〇両が徴収され、三一人が庄屋・与頭・長百姓・作世話役などの職分を与えられている(19)。

以上のような、村役人の〝インフレ〟状態は、地域運営の質を低下させた。というのも明治二年一二月に達せられた「大庄屋ゟ役人江演説書」では、「近年物価沸騰且及凡事多端」にともない「夫銭諸掛り」が嵩むなか、「役場

(17)　注16同前史料、明治二年四月二七日。
(18)　注9前掲書、八六二頁。献金の総額は、慶応二年時点で在町あわせて八万八〇〇〇両余りであった。
(19)　「役人増取調帳」（「清水家文書」A一八一）。

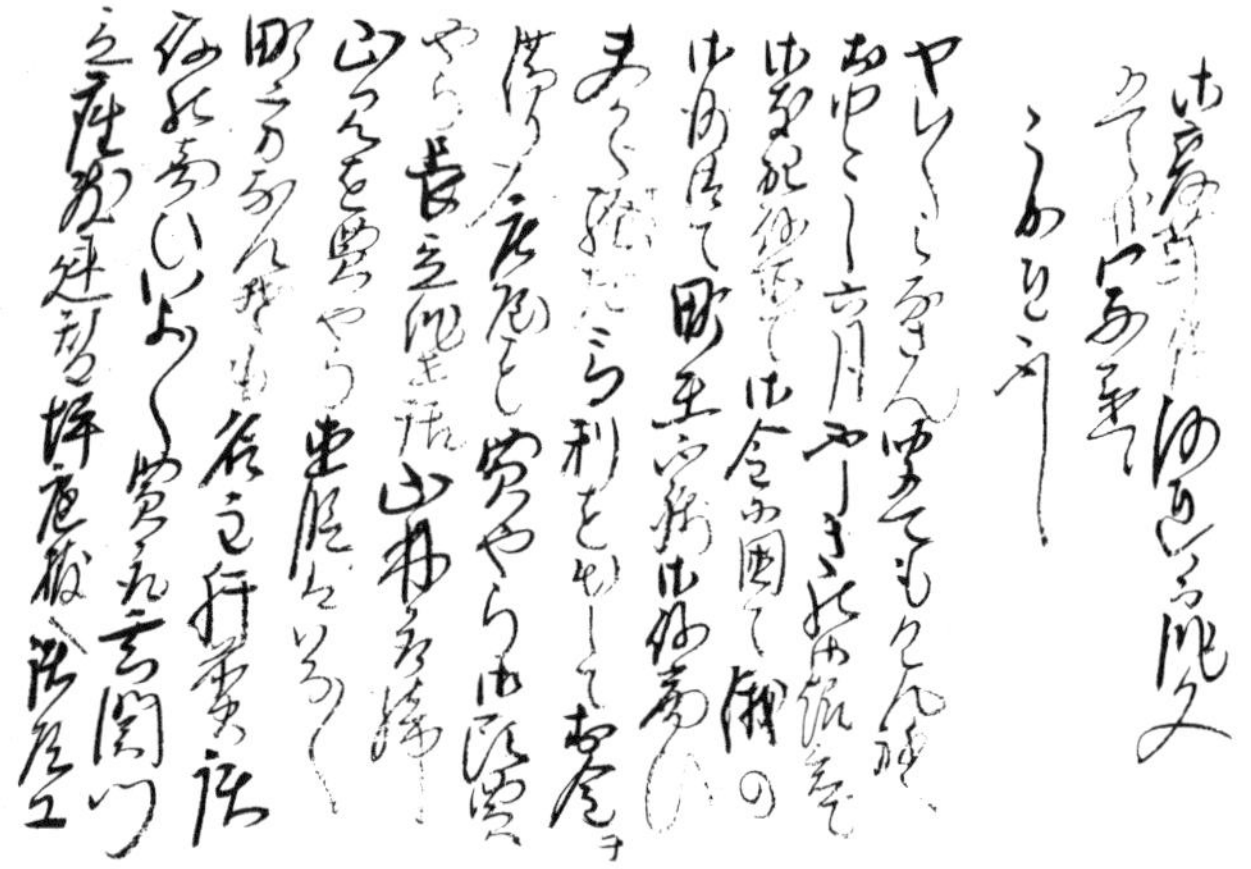

図 2-2　藩体制の動揺を風刺する戯れ唄（冒頭）

勘定疑惑」が生じ「彼是紛擾ヲ醸、甚以風儀不宜候」という。村役人とは「其村之師長」であり、「万端無依怙正路潔白ニ無之而者、威権も不相立、衆之畏服する所に至る間敷」と戒めている[20]。大庄屋たちが地域運営の心得を改めて説かねばならなかった事実は、村役人としての「威権」が揺らぎ、地域の「風儀」が悪化していた様子を物語っている。

さらに大町組千見村庄屋の永田家睦の書留から、新役人の急増が、村落にもたらした具体的な影響を読み取っておこう。永田はこの当時、「御変革ニ付、何れニ而作文有之哉、写置候」と、作者は不明であるが、以下のような戯れ唄を耳にしたという（図2-2）[21]。

ヤい〱ミなさん聞てもくんねへ、おと、し六月ふしきの御趣意で、御支配役所で御金に困て俄の御沙汰て、町在不残御役商ひ、夫から騒《サハキ》だ高利を出してお金ヲ借り入、庄屋を買やら、御頭買やら、長立・作世話・山林取締・山見を買やら、直段者いろ〱、町方なんぞも名主・肝煎諸役の商ひ、いよ〱買取玄関・門立・座敷建替、坪庭拵へ、諸道工買やら、夫より家内も言葉を改め、馬士方返事もそろ〱はい〱、便所へ行にも一腰きめこみ、霜かれえひすを見るよなつらしてきひ〱歩行よ、中にも格式御免のやつらは頭中陣笠、ケツトウ合羽にまちだか袴でてつ棒突立、おそろしけんまくひつくり仰天、馬より飛をり平伏いたして能くツラ見りや、庄屋ニ酒屋に質屋の化もの、たはけたこんだよ、殊更山見ニ成たる馬鹿もの御上の仰と一本きめこミ、夜昼朝夕御林見廻り、たま〳〵見附りやしつかととかめ、威光と権威ておどしてしかつていじめてりきんで、役所江引のとおどしを掛られ、弥心配親類組合内談致して、手寄を求めて賄賂をつかつて、漸詫入れ馬鹿らしこんだよ、村方寄合談事の度毎役場へ立寄、くそにもならない小田原評定、大酒呑たり大飯喰《クラツ》て村方迷惑、大政一新復古の御趣意にや似合ぬ役人、村方難儀で諸懸り倍まし、是ては小前も難儀に及んで、村々挙ツて夫銭ヲ調て引込掘出し大キに混雑、御支配役所も政事ニ困ツて当惑いたすよ

この戯れ唄は、増役人献金を「ふしぎの御趣意」や「御役商い」と評している。陣笠・合羽・袴を着込んで馬に乗る「庄屋に酒屋に質屋の化もの」を、「たはけ」と皮肉交じりに唄っている。特に新たに取立てられた山見は、「威光」と「権威」でおどしを掛け、賄賂を受け取っており、「馬鹿らし」いことである。また役場の寄合は、酒食に

---

(20)「御用諸日記」明治二年一二月（「折井家文書」二八、松本市文書館所蔵）。

(21)「公私諸日誌」明治三年初頭か（「永田家文書」九八、大町市文化財センター所蔵）。永田はこのほか、大町組切久保新田で起こった一件を記録している。明治元年六月に実施された増役人献金では、「役屋無之」家でも、二〇〇両で庄屋、八五両で組頭、三〇両で作世話役に取立てられた。これにより、「組内二百石已上之村方へハ、凡一人宛庄屋」が増員されたという。

一、右新役一件切久保新田新庄屋二人出来、壱人是迄組頭相勤候清吉と申者、古庄屋勝野与一衛門と不和ニ付、八月十日夜右与一衛門躮与市之丞頭取ニ而、不浄之品ヲ新役清吉居宅其外土蔵へ打込乱妨ニおよひ候処、大町御陣屋御詰へ願立ニ相成、御詮議之上右与一之丞入牢被仰付、其上格式御取放しニ相成、翌巳年九月親与一衛門御召出し、庄屋役并家格御取放し入牢被仰付候、珍敷事故控置事

切久保新田で新たに庄屋となった清吉は、以前から庄屋を勤めていた与一衛門と「不和」の関係にあった。そのため与一衛門倅の与一之丞が、清吉の居宅と土蔵へ「不浄之品」を「打込乱妨」に及んだ。この一件は大町陣屋の知るところとなり、与一衛門親子は庄屋役と家格を召し上げのうえ、入牢させられた。増役人献金を契機として組頭と庄屋の「不和」が顕在化し、暴力沙汰にまで発展していたのである。同様の事件が領内でどれほど起こっていたかは不明であるが、少なくとも増役人献金が、旧来の村落秩序を変容させかねなかったと考えられる。

耽るばかりで「くそにもならない小田原評定」である。こうした「大政一新復古の御趣意にや似合ぬ役人」の存在は、地域運営に支障をきたし、村方だけでなく藩までもが「当惑」しているという。

支配体制の動揺に加え、この時期の信濃国では、各地で農民騒擾が激発していた。とりわけ明治二年は、東山道官軍の通過や生糸買いつけにともなう贋二分金の蔓延、太政官札（不換紙幣）の強制流通、さらに凶作や物価騰貴を背景に、「〈世直し〉状況」の昂揚ともされる事態を迎えていた[22]。松本藩周辺でも、明治二年八月二五日から二七日にかけ、伊那県塩尻局下の会田村と乱橋村を発頭村とした「会田・麻績騒動」が起きた。穀相場の引き下げや贋二分金の不通用、村方三役の廃止などを訴えた下層農民たちは松本藩へも押し寄せ、保高組では大庄屋の轟伝右衛門や庄屋の等々力門十郎らを含む一四軒が焼失・打ちこわされた。松本藩が鉄砲隊を派遣してようやく鎮圧し、一五〇人余りが捕縛された。この騒動の背景には、明治に入り急激に持高を上昇させた地主や村役人と、下層農民との矛盾が存在していた[23]。

会田・麻績騒動の前後における地域情勢の動揺に対応する松本藩大庄屋たちについて、松川組の清水勘次郎を取り上げて検討しておきたい。清水は、騒動直前の明治二年八月、郷目付より組下村々へ倹約を説諭するよう申しつけられた[24]。この時清水は、「大町松川組説諭振之見込大意、右之通り之帳面御下ケニ付」と、下げ渡された説諭書を組下へ通達するとともに自身も筆写している。具体的には、「不陽気ニ付、兼而銘々心得茂有之通廉飯又者廉喰等為致、喰者喰延」ことや、「衣類おこり等無之」ことが説諭されていた。また村の「有徳者」には「米金を出して難渋者を救ふへ」きことを、また「難渋者」には「食物不足して容易ならさる場に至るへきを救助せられたる大恩に報ゆる」ことを説いている。さらに別段では、大町・松川組は「常々米穀払底の村柄」であるため、「銘々厚く取続き道を心懸け」ることで凶作を乗り越えるべきという。清水は郷目付の指示のもと、こうした説諭を組下村々へ行っていた。

さらに藩からの指示を実行するだけでなく、独自の対応も確認できる。大庄屋たちは、会田・麻績騒動について被害状況の報告などを行い、相互に情報を交換していた[25]。また清水は、騒動の翌日、組下村々へ以下のように達している[26]。すなわち「当組村々人別一人も他出不致」ことや、「悪党共押入」や「乱暴人押来」を防ぐため「村々夜番厳敷相立」ることを村々へ指示し、騒動から村を守ろうとしていた。さらに騒動後には、郡所へ「御検見」を願い「御定免御居置之上、一割御引」を実現したほか、「貧院御取立」の建設や「救助金」の分配を行うべく、組下の村役人たちと相談している[27]。

清水は、藩や組下と交渉・伝達を行うことで、悪化する地域情勢に対応していた。ここには、大庄屋の媒介する役割を遂行することで、安定した地域運営を目指す姿を見いだせる。しかしこうした行動の根拠となっていた大庄屋としての立場は、維新変革の進行にともない廃止に追い込まれていくこととなる。

(2) 職分・身分・家格をめぐる秩序体系の流動化

前項で言及した一連の事態が藩の地域支配体制を揺るがすのと並行して、村・町役人たちの身分や家格にかかわる序列関係も流動化していた。以下、こうした状況をとらえるため、大庄屋・大名主同席一件と、役儀廃止・士分取立一件というふたつの事例を検討しておきたい。

---

(22) 横地穣治『信濃における世直し一揆の研究』(横地穣治遺稿集刊行会、一九七四年)。
(23) 注10中村文前掲書、一一〇―一一八頁。
(24) 「(大町松川組説諭振之見込大意受取)」明治二年八月(「御用懐中日記」、「清水家文書」A六七五八)。
(25) 「会田騒動一件書状書付」(「清水家文書」A五六一二―一、二)。
(26) 「(清水勘次郎による達)」明治二年八月二六日(注14前掲史料)。
(27) 「口上」明治二年一一月(「清水家文書」A五六〇〇)。

①大庄屋・大名主同席一件（明治元年正月）

第一の事例は、明治元年正月一九日（一八六八年二月一二日）に大庄屋と大名主が殿中および藩役所に呼び出され「同席」する際、両者の席次をめぐって起こった一件である。(28)

この日、郡奉行・名越与五右衛門ら藩士一統のほか、藩主・戸田光則も臨席し、大庄屋・大名主に対し次のような「御意」が伝えられた。藩主は、このたび「京地において戦争、不容易時勢に相成」ったため、「近日出馬可致内存」であるという。しかし出馬のための「用途筋ニ付而者、勝手不如意」であり、「出張先差支なき様いたし度」く、大庄屋・大名主たちに「此節柄ヲ弁へ、尽心力」し「厚心得ヨ」と命じている。つまり呼び出しの用件は、戊辰戦争勃発に際し、藩兵の上洛と官軍への参加のため、御用金を献上させることであった。大庄屋・大名主らは、「御意」の達が済んでのち、藩役所へ場所を移し、郷目付の篠田彦右衛門らと面会した。郷目付らは、各人を「回席」して「大盃」で「御酒」を進めたという。そのなかで「只今之　御趣意者、御平常より二畳程　御進被遊而之御儀」であると、藩主が平常の面会よりも「二畳」ほど近づいていたことを強調し、御用金を献上するよう説得している。これに対し大庄屋・大名主らは、「御意冥加至極、誠ニ以難有奉存候」とし、「月々御仕送り」として三〇〇〇両を用立てることを決めた。(29)

以上が一件のあらましであるが、ここで注目したいのは、大庄屋と大名主の席次である。まず、「御意」を伝えられた場面での席次について、以下のように記録されている。

四ツ半時頃御玄関へ御呼込、九ツ時過頃御三之間へ相詰可申旨沢柳金五太夫殿より御申聞、尤貴様方先輩両三人御床ノ前ヲ後ニいたし一畳之内へ南向、夫より後輩者東より西へ向、大名主者南側北へ向、如此夫々御席へ相着候様御内意ニ付、則中田源次郎・折井勘五郎・金井条右衛門御床前ヲ後ニいたし西南へなゝめニ御座之間向、藤井助左衛門より上原市治郎迄東より御座之間向、大名主金井(今)六右衛門・笹井新助已下四人南側ニ而東より畳二畳之内へ、右孰も御

内意之通御席へ相着候処、御奉行・名越与五右衛門様始御一統御三之間北側へ御出席ニ相成、勿論中田源次郎与者少々其間御隔有之而已ニ候

席次をこと細かに指示する「内意」が、事前に伝えられていた。大庄屋のうち「先輩」にあたる中田源次郎（高出組）・折井勘五郎（庄内組）・金井条右衛門（岡田組）は、三ノ間の一畳目に着座し、西南から藩主のいる御座ノ間に向かう。「後輩」にあたる藤井助左衛門（山家組）ら八人は、畳の位置は明確でないが、「先輩」三人に続き東から御座ノ間に向かう。一方大名主六人は、南から入室し、三ノ間の東から二畳目に着座する。最後に、郡奉行ら一統は、三ノ間北側、中田ら大庄屋とは「少々」隔たった位置に着座した。以上の席次について、藩主が松本城二ノ丸書院に着座したと比定すると、図2-3のような並びになる。(30)

こうして「御意」の通達が滞りなく済んだ一方で、続く藩役所での郷目付との面会では、大庄屋と大名主との「同席」をめぐり、両者の意見が食い違いをみせる。

今日御役所ニおいて御酒被下候ニ付、我等与大名主席之儀ニ付、沢柳金五太夫殿より中田源次郎へ御申聞候ハ、貴様方南側大名主者北側対席、尤御奉行方も御先席者南之方へ御着座ニ付、右ニ而可然旨御申聞ニ付、同人御答申候ハ、是迄之御形大名主と一緒之節、私共南側ニ而先輩両人操上ケ御唐紙ヲ後ニいたし東向、夫ゟ打向ケ南側へ相並居、大

(28)「(御用留)」明治元年正月一九日（「清水家文書」A四五四）。
(29) 三〇〇〇両の内訳は、高掛分一八〇〇両のうち一〇五〇両が在方、七五〇両が町方で、人別御預分一二〇〇両のうち一〇五〇両が在方、一五〇両が町方であった。
(30) 松本城には、三ノ間が二か所存在し、それぞれ書院と居間に連なっている。このうち書院に連なる三ノ間は、「床ノ前」と隣接している。ここでは、「先輩」の大庄屋三人が「床ノ前ヲ後ニ」したとの記述から、藩主の所在が書院であったと比定した。なお三ノ間における藩主・大庄屋・大名主の位置関係については、後藤芳孝氏（松本城管理事務所）にご教示いただいた。氏の学恩に感謝したい。住田正・中川治雄・古川寿一『定本　国宝松本城』（郷土出版社、一九八八年）一四六頁。

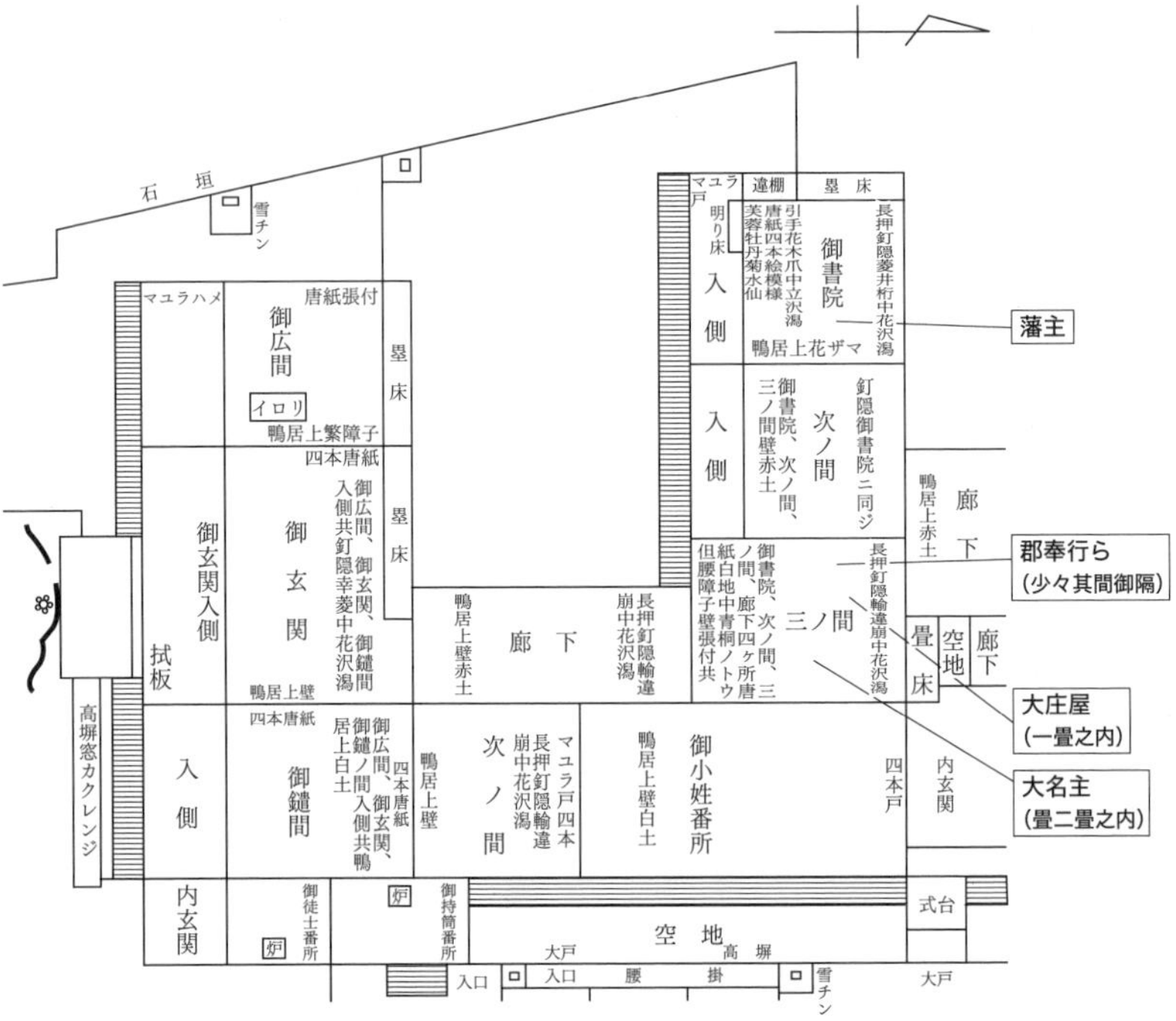

図 2-3　松本城三ノ間における大庄屋・大名主の席次

出典：『定本国宝松本城』(郷土出版社、1988 年) をもとに作成。

名主ハ北側一畳相除、二畳目より着(衍)着座之儀、先例之段申置候処、暫有而猶同御氏より大名主申立候者、先例対席之趣申聞候間、差掛り之儀夫ニ而席付候而も差支有之間敷御申聞ニ付、源次郎申立候ハ、以之外之儀、是迄此度差別有之儀者、其時々郷御目付方御承知之御事、殊ニ今日罷出候六右衛門始乍弁居、対席抔与大名主偽りを申立候儀、甚ダ以不得其意、左様之儀ニ而ハ同役共へ申談示候迄も無之、同席ハ蒙御免度強即答申上候、依之又暫有而同御氏ゟ貴様方先席一両人者被申聞候通西側より東向右へ御膳スハリ、次ニ西南側着座之三番席与大名主対席ニ而者如何ニ候哉、右之趣意ニ而も、マハリ大名主者一畳相除着座之形行ニ可相成旨御申聞ニ付、一同申談示之処、右之通ニ候ハヽ、差支も有之間敷ニよつて、此段申上則御席へ相着候

中田源次郎は、役所での面会に際し、奉行方と大庄屋は南側、大名主は北側という形で

「対席」とする旨を申し聞かされた。これに対し中田は、これまでは大庄屋・大名主が同席する場合、大名主の位置は「北側一畳相除、二畳目より」と決まっている。「先例対席」などという大名主側の主張は、「以之外」であると申し立てた。そのうえで、大庄屋と大名主に「差別」があることは、郷目付も大名主も承知のことであるにもかかわらず、「対席」という「偽」を申すならば同席はご免であると「強即答」した。中田の申し立てにより、大庄屋が「一両人」分だけ前に着座し、三人目から大名主と「対席」することで、大名主が「一畳相除着座之形」が保たれることとなった。

維新期における序列関係は、大庄屋の方が大名主よりも畳一畳だけ高かったといってよい[31]。と同時に、大名主たちは、大庄屋との「対席」を主張してもいた。畳一畳分の「差別」をめぐる大庄屋と大名主のせめぎ合いは、両者の序列関係が流動化しつつある状況を示している。

②役儀廃止・士分取立一件（明治二年一二月）

第二の事例は、府藩県三治制の実施に向けた役儀の廃止と、それにともなう大庄屋の待遇をめぐる一件である。明治二年一二月九日（一八七〇年一月一〇日）、以下の触れが松本藩戸部署より出された[32]。

今般府藩県一途之御政体ニ被仰出候ニ付、是迄申付置候役儀一同差免候間可存其旨候、今後名主・組頭之義者村高相当人員相定、村毎惣人別之内ニ而ソノ任ニ可堪もの旧役人并判頭共之入札を以更ニ可申付候間、銘々親戚不遜公平至

(31) 管見の限り、松本藩における大庄屋と大名主の家格関係は、未解明の課題である。本書では、維新期における両者の家格関係の一端を明らかにしたが、近世を通じて一貫していたとは考えていない。というのも、本町大名主を世襲していた倉科家は、元来小笠原氏家臣であり、同家所替え以来「松本御領主石川様・堀田様・水野様江御召抱ニ相成奉公仕候、御当家様江ハ御召抱ニ不相成候」というように、戸田氏入封まで武士身分であった。大庄屋・大名主に属する家の格式について、内部の差異も含めて明らかにすることは、今後の課題としたい。「乍恐以口上書奉願上候」明治三年閏一〇月（「今井家文書」八二〇八）。

(32) 注14前掲史料。以下、役儀廃止・士分取立一件にかかわる記述において、本史料からの引用は出典を省略する。

当之独断を以相撰入札差出可申候、尤右名主・組頭申付候迄者、是迄相勤候庄屋・組頭ニ而御用向差支無之様取扱、更ニ役儀申付候ハヽ、水帳者勿論役場ニ而取扱来候諸書物類無洩引渡可申事

「今般府藩県一途之御政体」が示されたことにより、従前の「役儀一同差免」とするという。そのうえで、「旧役人・判頭共」が「公平至当之独断を以相撰入札」により、新たに「名主・組頭」を選出すると達している。大庄屋・大名主を始めとする旧来の役儀から、入札による名主・組頭へという変化は、どのような意味を持つのか。前述の通り、議事局出役の選出も入札によっていた。しかし議事局出役は、基本的には家職化していた大庄屋・大名主の存続を前提としていた。これに対し名主・組頭の新設は、大庄屋・大名主の完全な廃止を前提とした点で、従来の地域支配体制を根底から揺さぶる事態と受け止められたことだろう。

さらに名主・組頭の入札は、議事局出役と比べてより厳格に執行されたと考えられる。松川組では、組下の役人たちが松川村蓮盛寺に集められ、役儀廃止の触れの直後に名主・組頭の入札が行われた。入札に候補者の姓名を記入させたうえで、「御同心衆、銘々之前迄被立出、直々請取」り、「一ケ村毎ニ袋」へ封印したという。藩の同心たちは、「申合等者御厳重被制、独断之事ニ候」と、改めて念を押している。こうした「厳重」さは、議事局出役の入札では見られなかったものである。

同月二五日には大庄屋一四人が郷目付に呼び出され、大庄屋廃止と「大名主并内御目見も同断御廃止」、さらに「是迄遣置候扶持并名字帯刀・挑灯・合印・諸役免除・独礼・一同礼一切廃止」を組下へ達するよう命じられた。役儀ばかりでなく、それにともなう身分的特権もすべて廃止されることとなったのである。

次いで藩側は、大庄屋たちの「累代之勤功」にかんがみ、「以来元之家禄を全離れ、武家ニ成候存意之もの者御徒士ニ被召抱」ると伝えている。廃止された身分の保証として、士分取立を申し出たものと考えられる。これに対し大庄屋たちは、この時点では、「御家来ニ相成其職を汚し候儀、恐縮之至」と士分取立を辞退し、「会所御用書夫々

封印取、始末いたし二十七日銘々宅江引取」った。(33) 大庄屋たちは、「素与リ不才之身分、従前之御役儀サヘ難相勤、心を痛メ候事」と、「配下一同諸身分御廃し被成候次第」に配慮している。つまり辞退の理由は、士分に取り立てられるには「不才」であること、ともに身分廃止となった「配下一同」の手前、安直に取立に応じるわけにはいかないことの二点である。

　大庄屋たちによる士分取立辞退についてはすでに、志村洋による指摘がある。(34) 志村は、大庄屋たちの対応に、在地の社会権力を維持するか、村を離れて士分を獲得するか、という「葛藤」を読み込んでいる。そのうえで辞退の背景として、①大庄屋たちの経営基盤とアイデンティティが出身地域に置かれていたこと、②幕末の従軍経験により戦場の死が現実的なものとなっていたことを指摘している。志村の指摘をふまえつつも、以下ではさらに、辞退以降の経過を検討しておきたい。

　藩側は、大庄屋たちの辞退を受け、翌三年正月二日に再度呼び出した。士分取立の一件は、藩知事の「大庄屋之役義是悲(非)御立置被成度」という「思召」であり、「朝廷江御周旋被遊」てもいる「不容易御詮議」である。そのため、「篤与勘考いたし、何れニも御召抱相願可然」と説得している。これを受けた大庄屋たちは、それほどの「思召」を断ることはできないと、士分取立に応じることを決めた。その際彼らは、士分取立を受けるにあたり、「心附之ケ条」を提出している。(35) 全八ケ条の「心附」は、これまで取り組んでいた「大庄屋役仕掛ケ御用」の継続や、「生

---

(33) ただし以下のように、池田組の市川清次郎のみ取立に応じる姿勢を示していた。「右之通御達ニ相成候得共、届之者無之ニ付、帰農可致旨申上ル、尤市川清次郎一人御召抱ニ相成段申上ル」。「御用触留」明治二年一二月（「折井家文書」一二七八）。

(34) 注4志村洋前掲論文、一〇頁。

(35) 注33前掲史料、明治三年正月七日。大庄屋たちがまとめた条件は、以下の通りである。①召抱の際は村役人を通さず直接呼び出しのこと、②旧大庄屋は士分としては新参者なので勤方諸事には別段御含み下さること、③家内二三男も御抱のうえ、一小隊とし出兵の際は一家一人限りとすること、④当分のあいだはこれまでの御用も継続し、戸部署と郡屋にも出入りを許可すること、⑤生産開拓御世話に携わりた

産開拓御世話」や「堤防并用水圦等下調掛」、「貧院御取立」に携わることなどを希望するものであった。ここには、藩権力と在地社会とのあいだで生産や水利、救恤などの地域運営を担う役割、すなわち媒介者としての立場を引き続き保持しようという意向が読み取れる。つまり大庄屋たちは、士分の獲得に加え、旧来の職分の保持を両立させる道を模索していたと考えられる。

こうして大庄屋たちが士分取立に応じたにもかかわらず、藩側はすぐに召し抱えることはなく、「御召抱御詮議」のあいだは「身分之儀都而是迄之通」とした。最終的には明治三年一〇月、「今般大御変革ニ付而者、迚茂御召抱ト申儀難出来」との判断により、士分取立は立ち消えとなった。「大御変革」により、旧来の職分や身分の消滅が現実のものとなったのである。

身分据え置きというきわめて不安定な扱いは、廃藩置県まで続いた。この間大庄屋たちは、身分の確証を求め、さまざまな働きかけを行っている。たとえば松川組の清水又之丞・勘次郎親子は、「我等家御役相勤来候年代覚、并家付勤功御賞左之通」などと、松本藩で大庄屋制が布かれて以降の由緒を取りまとめ、その扱いについて藩へ問い合わせている[36]。また明治三年四月付、大町組の栗林五郎右衛門(のち球三)より藤森(成相組)・清水(松川組)宛ての手紙の写しが残っている。栗林は、郷目付より以下のように申し渡されたという。旧大庄屋については「身分是迄之通り」という扱いであるものの、議事局出役については「席者是迄之通りニ被仰聞候、尤苗字帯刀者不相成旨被申聞候故、驚入候」と綴っている。議事局出役の身分について、「席」はこれまで通りの一方で、「苗字帯刀」が禁じられたことに対し、「驚入」っていたわけである。これを受けた大庄屋たちは、「精々申上候」などと、議事局出役の身分的待遇について、何度も藩側へ掛け合っている[37]。

前節で検討した通り、議事局出役という職分の創出は、新たな序列関係を取り結ぶ必要性を生じさせた。しかし大庄屋・大名主同席一件は、すでに議事下局開設以前より、大庄屋・大名主という旧来の役儀における序列関係も流動化し始めていたことを示している。さらに役儀廃止・士分取立一件からは、府藩県三治制の実施にともない、大庄屋家が代々積み重ねてきた勤功や御賞が失われていく過程が浮かび上がる。士分取立は、身分的特権の喪失に対する保証であったが、これも実現することはなかったのである。

四　議事下局における「公論」の特質

維新期の松本藩では、財政の緊迫や贋二分金の蔓延、農民騒擾の激発といった社会状況が生じていた。さらに、村・町役人層の立場の根拠となっていた身分・家格も解体しつつあり、彼らはきわめて不安定な立場に置かれていたといってよい。こうしたなかで、議事下局が開設され、民情の建議と民政の評論を職務とする議事局出役が置かれることとなる。本節では、議事局出役による建議・評論から、彼らが果たしていた媒介する役割の様態と、議事下局における「公論」の特質とをあぶり出したい。

いこと、⑥堤防并用水圴等下調掛りに携わりたいこと、⑦貧院取立掛りに携わりたいこと、⑧村方に残っている家内のものは支配を別段とすること。

(36) 第一章の末尾で言及したように、同様の動きは、組下の村役人層にも見られる。大庄屋が士分取立に対応していたのとほぼ同時期、大町年寄の十家は、自家の由緒を取りまとめ、藩へ「嘆願口上書」を提出していた。

(37) 史料の制約上、詳細な検討ができなかったが、町方の大名主も大庄屋と同様の状況に置かれていた。たとえば、明治三年正月七日には、「御徒士召抱」について「大庄屋・大名主一統寄合談事」が確認できる。また同年四月一二日には、「会合、身分之義猶申談候処、議員ニ而ハ宜鋪由」というので、「弥気乗《ノリ》タシ、殊ニ中ニハ帯刀ニ而礼廻リイタシ候」ものもいたという。これに対し市川八十右衛門は、本当に帯刀が許可されたならば「何寄」であるが、確かではないので「篤与探索之上可被致」とたしなめている。「市川八十右衛門出役中日記」(「市川家文書」八八九三、松本市立博物館所蔵)。

(1) 地域利害の反映

議事下局では、租税均平・無告憐恤・水利堤防など、規律に沿った議題が扱われていた。たとえば明治二年四月二七日(一八六九年六月七日)には、川除人夫の目論見や、領内の人員が他出する際には住所・姓名を記した白木綿を括りつけること、吉凶の酒食・贈答の廃止が議案として提示された。また五月七日には、布告書に振り仮名を付すことや、薪・板子の送付駄賃の増額、城下博労町の堤防・往還諸役免除、目安箱の設置、町方の備荒貯蓄が議題に上がった。

議事局出役たちは、こうした議題に取り組むなかで、困窮する下層農民への対応をはかっていた。たとえば清水又之丞(松川組)は、領内における「吉凶」(冠婚葬祭)や衣類の奢侈戒めを議事下局へ建議している[38]。清水は、「頃日米価追々高直此上凶作有之」場合は、「重大之事件与心配仕候」と懸念を表明している。また田中伝左衛門(中町)も、「奢侈御制禁を御布告」し違反者から過料を徴収し、「鰥寡孤独窮民之もの取救」に充てるべしと建議している[39]。この直後に会田・麻績騒動が起こっていることをふまえれば、両者は当時の社会状況を的確に認識していたといえよう。議事局出役たちは、悪化する地域情勢への危機感を共有しつつ、奢侈戒めや窮民救恤など諸課題の解決策を建議していたのである。

もっとも、彼らの意見が常に一致していたわけではない。在方と町方、あるいは組ごとの利害に応じた相違も生じていた。町方に紙幣一万両を貸し下げ、満水に備えて囲穀を設置するとの議案をめぐる在方と町方の評論の相違を見ておこう。五月七日の会議で、以下のような議案が下げ渡された。その内容は、「満水之節、町方江入穀無之其都度差支ニ付、紙幣一万両貸付、穀類買入備へサセ可申トノ建議アリ、可否精論スヘシ」というものである。町方への経済支援策ともいえる議題について、町方の議事局出役たちは、おおむね賛同したと考えられる。まず田中(中町)は、町方の困窮を述べ、「建議通り可然与奉存」と、全面的に賛成している。さらに一万両の運用案として、半分は町方の囲穀に充て、もう半分は「穀問屋始穀商売之もの、其他共元手薄之人別」へ一割五歩の利息にて貸し出してはどうかと建議している。[40] また市川八十右衛門（下横田町）も、議案に賛成し、田中と同様の運用案を提示している。[41]

一方在方の清水（松川組）は、町方の積極的な賛成意見に対し「在方ニテ差支有之間敷」と一応の賛意を示している。しかしその仕法は、脱穀前の「籾子」を囲い置き、必要に応じて「挽搗イタシ食」すべしという。もしも「其手数難儀タル旨ヲ思フ」ならば、「農事ニ血ノ絞ル御百姓ノ辛労」と「米穀ノ貴キ事」に思いを馳せよと主張している。[42] 清水は、質素倹約や備荒貯蓄を再三建議しており、町方に対しても粗食を心がけるよう釘を刺したものと解される。

さらに同じく在方であっても、組ごとで意見の相違が見られた。五月七日の会議では、川除人夫高の見積もりを大庄屋に委任すべきか否かという議案が評論された。この議案に反対したのが、折井勘五郎（庄内組）である。[43] 折井は、「都而大庄屋江委任ニ相成候而者、悪用等も罷通兼可申哉」と、大庄屋にすべて委任しては「悪用」の恐れがあるという。そのうえで、「目論見之儀者是迄之通堤防方ニ而相斗置、普請仕様之儀者大庄屋委任致置」と、目論見については郡所役人の堤防方に任せることを主張している。町方の田中も、「是迄通」との評論を行った。[44] 田中は、「在

(38) 注13前掲史料、明治二年四月二七日。
(39) 注11前掲史料、明治二年五月七日。
(40) 注11前掲史料、明治二年五月一七日。
(41) 「議事局建案類」明治二年五月か（「市川家文書」八六〇七）。
(42) 注13前掲史料、明治二年五月一七日。
(43) 注20前掲史料、明治二年五月七日。
(44) 注11前掲史料、明治二年五月七日。

方之義者聢与不相弁候」とし、「堤防入費等ハ兎角疑惑も有之」ため「町方者先ヅ是迄通り」でよいと述べている。

筑摩郡の折井や町方の田中による反対意見に対し、安曇郡北部の清水（松川組）や上原二野右衛門（池田組）は、賛成の立場を示した。まず清水は、人夫高目論見の大庄屋委任に「可然」と賛成し、さらに役負担について四ケ条の「仕法替」を提案している。(45) そのうち注目しておきたいのは、「屋丁持ノ者ヨリ出金、地元村へ相渡シ」、川除の予算に充てたいとの一条である。松本藩では、慶安検地以来、本百姓を「屋丁持」などと称し、屋敷一反歩分を「屋敷免」として年貢から免除し、代わりに軒役という夫役を課していた。これに対し清水は、「但出金者、屋丁籾其年ノ御直段ニ積リ、夫ヨリ何程軽減シ取立候事」を主張していた。つまり清水は、屋丁持の控除分である「屋敷免」を廃止し、川除の予算として出金させるべしと提案していたのである。

また上原も、「其組ニ寄甲乙有之」ため領内一般の問題として扱うことは難しいとし、池田組の事情に応じた仕法を提案していた。(46) そのなかで上原は、組負担の人夫と諸道具は、「屋丁一軒凡出金三両」と見積もり、年二回に分けて大庄屋が徴収してはどうかと述べている。清水と同様、屋丁持に川除予算を出金させることを提案している。

人夫高目論見を大庄屋委任とする議案は、ひとまず可決されたようである。その一方で清水や上原が建議した屋丁出金などの改革案は、改めて議案として取り上げられた。五月二七日の会議において、「堤防之儀先達而評論有之候処、其後建議何十人与申程有之、勿論旧来ノ仕法変革大事件ニ候間、尚如此ニ付別而精論可致旨御沙汰」が下されたのである。川除負担が「旧来ノ仕法変革」にかかわる「大事件」であるため、再度の「精論」が求められている。このうち、「川々堤防屋丁一軒ニ付年々籾一石宛差出之事件」について、折井（庄内組）は以下のように評論している。(47)

屋丁屋敷地之儀、慶安度御竿請以来、上納一反一歩宛被下置、御百姓安穏ニ住居仕居、依之堤防者勿論其外諸役相勤来リ候処、今般右頂戴之籾ふ銭差出而者、屋丁地御引揚之姿ニ相成人気如何与深ク心痛仕候、殊ニ屋丁勤方之義者堤

防斗ニ無之候得者、至当之義与不奉存候、且稀成洪水ニ而大破之場所有之候節、先々之通人夫并御入用普請被仰付、
平常者是迄通可致奉存候

折井はまず、慶安検地より屋丁が受けてきた屋敷免と軒役について言及する。そのうえで、屋敷免を「ふ銭」(夫銭)として差し出しては、屋丁の負担が増えることとなり、「人気如何」と「心痛」している。川除の予算を屋丁に割賦することは至当でなく、「是迄通」にすべしと主張している。

対して清水(松川組)は、五月七日に引き続き、屋丁出金を前提としてさらなる改革案を建議している。ここではその具体的な内容よりも、改革案に続く清水の見解に注目しておきたい。(48)

(45) 注13前掲史料、明治二年五月七日。五月七日の清水の建議は、屋丁籾の出金のほか、以下のような内容である。①屋丁の出金を運用する際は「他村疑念」を防ぐため検証として立会人を置くこと、②立会人は予算運用の検証以外にはかかわらないこと、③川郷により模様が異なるため具体的な変革案は改めて建議すること。

(46) 注16前掲史料、明治二年五月七日。同史料の六月七日付記録から上原は、池田組内の川除負担について以下のような改革案を提出している。高瀬川・中房川沿いの林中・内鎌新田・十日市場・青木花見四ヶ村の屋丁持三九軒半は、これまで「川越軒」と唱え、両川が満水で落橋した際に川越人足を勤める代わりに、組並普請を免除されてきた。しかし池田組は軒数が少なく、組並普請の際は「川越軒」以外の「屋丁之者一同難渋」している。そこで以後は、「川越軒」も平常時は組並普請に出役させたいという。上原は、屋丁出金の改革を主張すると同時に、池田組内で生じていた村ごとの川除負担の格差をも解消しようとしていたことがわかる。

(47) 注20前掲史料、明治二年六月七日。

(48) 注13前掲史料、明治二年六月七日。六月七日の清水の改革案は、以下のような内容である。①屋丁持より籾一石ずつ差し出させ川郷ごとに割賦すること、②川除普請が地元限りとなった「先年御改革」以前五ヶ年の入費をもって割賦すること、③他役を兼帯しない堤防方の設置については御詮議次第のこと、④川ごとに数十人の人夫を常備させる件は地元任せとすること、⑤川除の目論見には堤防方・川世話役のみならず地元村役人も参加すべきこと。

このうち②でいう「先年御改革」とは、天保一三(一八四二)年の川除普請にかかわる松本藩達を指すと推察される。松本藩は、この年の正月、「川除大破ニ罷成普請多故、屋丁持ハ勿論御領分一統全難渋候」ため、関係村々が費用や人足を負担する「自普請」を奨励し、藩

屋丁持ヨリ出金之儀ハ兼而私ゟモ申上候得共、猶愚考仕候処、是迄普請出人足之次第ハ其組其村仕来区々ニテ屋丁持之外、鍵役或ハ男役与唱品々ナレトモ、何れ助合ハ致シ罷在、然ルニ屋丁抔之者而已御免除有之与ハ乍申、出金ニ相成候ハヽ旧習相違ニ付、若不服ノ儀可有之哉、此頃御沙汰之通旧法変革大事件ニ御座候、当御局御取建ニ就而ハ、難有御趣意御布告ニ可相成与下々挙テ奉待趣候処、右弁ヘ候モノハ至当ニ可存候得共、不弁ヘノモノ悪説ヲ出シ夫々連立、方今ノ人気合若動揺等ノ儀ニ立至リ候而ハ、第一御趣意ニ悖リ、以後御政体ニ差響候哉与乍恐愚案仕候、依而前条助合等ノ次第ハ勿論、其余ノ件々篤与御探索全ク服候場御詮議ノ上、御布告ニ相成候様仕度、右見越之儀如何ニ相当リ候得共、総テ無忌憚建言仕候様益《（カ）》蒙仰、猶別而評論可致旨御沙汰ニ付、右愚存申上候、以上

清水によれば、議事下局の開設以降、「下々」はありがたい「御趣意」が布告されることを心待ちにしている。変革の趣意をわきまえるものは、屋丁出金を「至当」と受け止めるだろう。しかしなかには屋丁出金に「不服」を抱き、「悪説」を流して「動揺」を誘うものがいるかもしれないと危惧している。そのため、「鍵役」や「男役」など村ごとの役負担のあり方を勘案しつつ、「全ク服候場」すなわち一同が納得する形で布告を行って欲しいという。

明治三年二月、慶安検地以来の屋敷免を年貢対象地とし、「川除御普請入用金」として備え置くことが達せられている。[49] 屋丁出金をめぐる一件は、大筋では清水らの主張が通ったといえる。ここで注目しておきたいのは、評論のなかで清水が、みずからの主張を「旧法変革大事件」に沿うものと認識していたことである。ここには、維新変革の趨勢に巧みに便乗しながら、川除予算の確保を目指す姿勢がうかがえる。それは、「旧法変革大事件」の意味や作用を、組や村という地域利害に合わせて読み換え、推進していく実践と換言してもよい。

なお清水や上原がこうした建議を行った背景として、北アルプスの雪解け水が流れ込む高瀬川や鹿島川を有し、毎年複数回に及ぶ川除を行う必要があった安曇郡北部の地域特性を考慮しておきたい。[50] 清水らがこうした地域的課題を抱えていた一方で、筑摩郡の折井は利害を共有していなかったため、屋丁出金に反対したものと推察される。[51] 安曇郡北部と地域利害を異にしていた点は、在方の事情は「不相弁」としてこの問題には立ち入らなかった町方の

田中も同様といえよう。

(2) 解体する身分的特権・家格への対応

第二に議事局出役たちは、解体する身分や家格への保証を繰り返し藩に建議していた。前節で確認した通り、大庄屋・大名主など旧来の「役儀一同差免」となって以降、村・町役人たちの立場は不安定な状況に置かれていた。大庄屋出身の議事局出役たちは、「差免」の達直後の明治二年一二月二五日(一八七〇年一月二六日)、議事下局議員の河原曽一右衛門に「歎願」を行っている[52]。その内容は、「私共先役中重蒙御沙汰、其段申諭献金為仕、夫々役儀被仰付候者共之儀ハ右金子御下戻、猶又ハ夫々准シ候御所置可有之御座奉存候」というものである。ここで大庄屋出身者たちは、自分たちが藩の「沙汰」によって「申諭献金」させてきた新役人たちへの保証を求めている。新たに取り立てられた役儀が、数年と経たずに廃止となっては「悲歎之至」である。そのため献金を「下戻」すか、相応

の援助のもと複数の村や組が共同で行う「寄夫普請」を可能な限り控えるよう達している。清水は、「上下一同莫太之雑費」がかかるとして抑制されていた川除の費用を確保すべく、屋丁出金を主張していたものと考えられる。「(御用留)」天保一三年正月(「清水家文書」A四二九)。

(49) 「一、慶安度御検地以来、当御支配所之義ハ、百姓本家壱軒ニ付、上納壱反歩屋敷免ニ被下置罷在候処、今般御一新ニ付御廃止ニ相成、更ニ上納地ニ被仰付候事、但川除御普請入用金江御備へニ相成候触御達し」。注21前掲史料、明治二年二月。

(50) 『大町市史 第三巻 近世』(一九八六年)四五八—四八〇頁。

(51) もちろん、筑摩郡や松本城下が水害と無縁であったわけではない。松本城下には、田川や薄川、女鳥羽川などが集まっており、近世を通じてしばしば満水の被害に遭っていた。さらに屋丁出金をめぐる意見対立については、組ごとの屋丁持の軒数や石高の違いも考慮すべきである。本書では十分に掘り下げることはできなかったが、組や村ごとの差異を明らかにしていくことで、議事下局の「公論」を規定していた地域利害の重層性がより浮き彫りになるだろう。注9前掲書、三七六—三八一頁。

(52) 注13前掲史料、明治二年一二月二五日。

の「御所置」があってしかるべきと願い出ている。

議事局が議事所へ改組となってからも、同様の建議は跡を絶たなかった。明治三年九月に下げ渡された「当今御処置ニ相成候事件ニ付、下方情実ニ取当否如何」という議案に対する評論を見ておこう。この議案に対し清水又之丞（松川組）は、「御賞ニテ身分被仰付候モノ」および「献金ニテ役儀被仰付候モノ」の扱いについて、「御管内限リ従前ノ通リ身分被御居置」という他藩の例に言及しながら、「一同感服仕候様御所置」を求めている。[53] また折井勘五郎（庄内組）も、「従来被下置候身分等之御賞不残廃シニ相成候御儀」が「歎ケ敷」とし、「何卒一同感服」できる対応を求めている。[54] 清水と折井は、このほか、松本城下の「売女」廃止や「役人共給分」の増額についても評論している。しかし両者が「下方情実」にかかわる重要な問題として、身分・御賞の廃止に対する保証を第一にあげていたことには注目してよいだろう。

以上のような議事局出役たちの建議・評論を受け、藩側はどのような対応を取ったのか。清水の「議事御用記」に、具体的な対応が記されている。藩は、明治三年一二月に「真綿二袋」と「御書面添」を清水に下げ渡している。さらに翌四年八月の議事所廃止に際し、「是迄勉精」に応じて五両から一両が下げ渡されている。それまで藩が徴収してきた御用金や増役人献金などと比べ、はるかに低額である。しかし清水は、「職務御免漸致安堵大悦不過也、猶如此御重賞頂戴、誠ニ以難有事ニ存候」と記しており、当人にとっては一応「感服」できる処置であったと思われる。

(3)「学校」取立の建議と維新変革への期待

ここまでの検討から、議事局出役たちの建議・評論は、組・村や身分・家格にもとづく利害に大きく規定されていたといえる。議事局出役たちの意見は決して一枚岩でなく、在方や町方、組や村、あるいは身分など諸利害に応じ、対立／協調関係を取り結んでいた。議事下局の「公論」は、重層的な利害関係が絡み合うなかで創り出されていたのである。

こうした傾向の一方で、維新変革への志向性をうかがわせるものとして、市川八十右衛門（下横田町）の「学校」取立の建議に注目しておきたい。まず四月七日の会議において、具体的な内容や建議者の氏名は記されていないものの、「在町江学校相建度建言いたし候もの」が存在したとの記録がある。[55] しかし藩側は、「学校」の必要性を「至極尤之義」と認めつつも、この時点では「上ニ習ふ下ニ候へ者、不遠上ニも学校相建候間、其上、下方ニ而相建候方可然」と述べるにとどまった。つまり、「下」は「上」に「習」うものという前提のもと、まずは藩士の「学校」を優先し、追って在町にも取立てていくという。

四月七日の建議を行った人物こそ、市川であったと考えられる。というのも市川は、六月七日に以下のように「学校」取立を建議しているからである。[56]

諸宗寺院僧侶・出家・得道・住持と成候ニハ、随分博識・如法ハ勿論之事ニ可有之処、近来僧侶不如法ニ相成、容体而已ヲ飾リ内実破戒之所業、加之壇中ヘ勧金イタシ不出之者ハ却シ、且迷惑等申越候族も有之趣可憎之第一ニ候、依之愚考仕候ハ、先般奉献言候学校御取立被下置、右ヘ住持タル者罷出教師可致旨被仰付、教導相成候者ハ格別、難出来ものハ過怠金五両ツヽ、年々差出サセ学校入費ニ仕度、右ハ僧侶ヲ憎而已ニアラス、布而勉ニ相成往々博識秀才之者も出来可申哉ニ奉存候

まず中段の「先般奉献言候学校御取立」という文言から、市川は六月七日以前にも「学校」取立の建議を行って

---

(53) 注13前掲史料、明治三年九月二〇日。
(54) 注33前掲史料、明治三年九月二〇日。
(55) 注11前掲史料、明治二年四月七日。
(56) 注41前掲史料、明治二年六月七日。

おり、これが四月の「在町江学校相建度建言いたし候もの」に該当すると考えられる。このことを確認したうえで、建議の内容を検討していこう。市川は、本来は「博識・如法」であるべき僧侶が、近年「不如法」に陥っている事態をもっとも憎むべきと批判している。これに対し市川が提示した「愚考」は、僧侶を「学校」に「教師」として出仕させ、教導の役目を果たせたものは格別、果たせなかったものには「過怠金」として五両を差し出させるというものであった。周知の通り松本藩では明治三（一八七〇）年以降、水戸学の影響を受けた藩知事・戸田光則のもと、激しい廃仏毀釈が断行されていった。[57] 市川は、仏教への批判が高まる状況を背景に、僧侶を「学校」取立の経済的・人的な資源として転用することを建議していたのである。

ここで市川が、明治二年という時期に、在方・町方への「学校」取立による「博識秀才」の育成を藩へ提案していた事実に注目しておきたい。[58] というのも松本藩が学校取立に本格的に取り組んだのは、廃県直前の明治四年に入ってからである。すなわち明治三年一二月、藩校崇教館が藩学と改称し、次いで在方・町方への学校取立を進めていった。[59] 翌四年一月、藩学は、在方の「用捨籾」や町方の「窮院差金」の半分を「郷学生徒支用并ニ書籍購入等」に充当することを藩へ願い出ている。[60] また「市中富有」から奇特金三五〇〇両を集めたうえで、年二割で貸与し、その利息を学校の維持費用にしてはどうかと伺い出ている。[61] さらに「郷貢生」として、在町から「貧富門地ニ拘ラス、資質純良才知鋭敏ニシテ強記ノ者」を組ごとに選出し、学校へ通わせる試みも確認できる。

松本藩の学校取立は、実現することなく、廃県を迎えた。その計画は、利息徴収という維持費用の調達方法にも明らかな通り、続く筑摩県の県学・郷校設立の基盤となっていく。一方松本藩が学校取立に乗り出す以前、政府はすでに、「府県施政順序」（明治二年一〇月）にて「小学校ヲ設ル事」を指示している。他府県に目を向ければ、京都では番組小学校が開校し、あるいは沼津兵学校や福井藩藩校明道館では近代学校教育の確立に向けた諸改革が実施されていた。[62] こうした「先進」的な動きに比べた時、松本藩の対応は遅れを取っていたともいえよう。しかしそれだけに注目すべきは、藩の消極的な対応とは対照をなす形で、在方・町方の人びとが「開化」の担い手となっていったことである。そのなかで町方名主として唯一議事局出役に選出された市川が、藩の教育改革に先駆けて「学校」取立を建議していた事実には注目しておきたい。市川の建議は、実行に移されることはなかったが、維新変革への期待とそれに続く「開化」への志向性を胚胎していたと考えられるからである。

五　「保守的改革」に垣間見える〝したたかさ〟――筑摩県体制へ――

維新期の松本藩では、地域情勢の悪化に加え、大庄屋・大名主の畳一枚をめぐる席次争いや、役儀廃止にともなう士分取立一件のように、村・町役人層の序列関係も流動化していた。こうしたなかで開設された議事下局は、議事局出役たちに、地域秩序再編のきざしを実感させるとともに、地域の民情を藩へ伝達するという職分を新たにも

(57)　小松芳郎「維新期における松本藩の廃仏毀釈」(『長野県近代史研究』四号、一九七一年)。
(58)　市川の念頭には、育成すべき「博識秀才」としてどのような階層があったのか。そのことを示す傍証として、市川は、布告書へ振り仮名を付すべきか否かという議案(五月七日下げ渡し)について、「読カタキ文字多ケレハ、末々迄習学之志も相発し可申」との理由で反対している。この評論と「学校」取立の建議とを直結させることはできないが、少なくとも市川は、「末々」にいたるまで「習学之志」を抱くべきであると考えていた。注41前掲史料、明治二年五月七日。
(59)　千原勝美『信州の藩学―近世の儒学全研究―』(郷土出版社、一九八六年)。
(60)　『長野県教育史　第七巻　史料編一』(一九七二年)四三一頁。
(61)　注60同前書、四三二―四三三頁。この伺いは、「議論不条理ニ付、採用不相成候事」と棄却されている。
(62)　熊澤恵里子は、幕府の洋学研究機関である蕃書調所や開成所など幕末維新期の教育を、単なる「前史」としてではなく、近代学校教育制度の生成過程のなかでとらえ直した。とりわけ中央との連携を密にし、国家による教育の近代化に積極的に関与した地方の役割として、静岡藩沼津兵学校や福井藩藩校明道館における学校改革や教育活動について分析を加えている。熊澤恵里子『幕末維新期における教育の近代化に関する研究』(風間書房、二〇〇七年)。

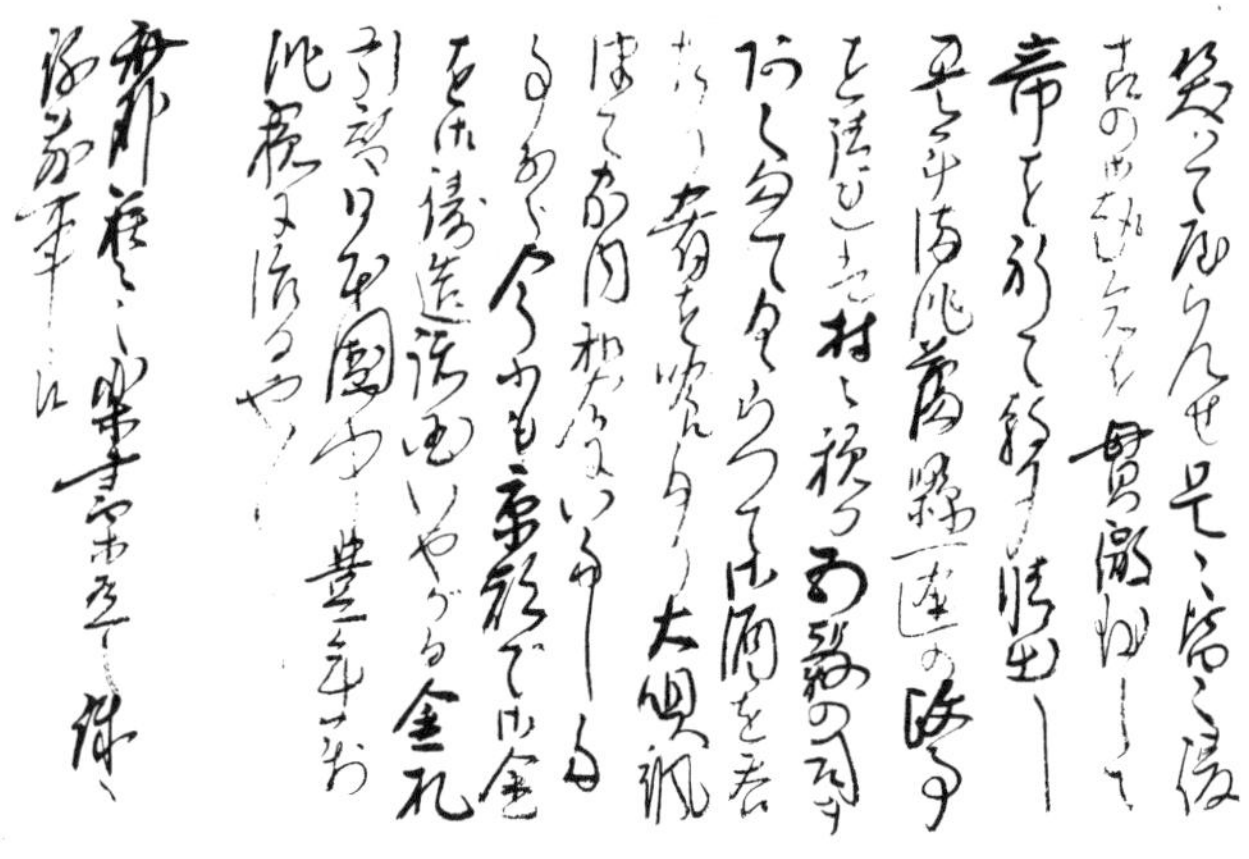

図 2-4　藩体制の動揺を風刺する戯れ唄（末尾）

たらした。議事局出役たちは、窮民救恤や質素倹約の建議・評論などを通じ、藩と在地社会とのあいだに立つ媒介者として、地域情勢の安定化を目指していくこととなる。

と同時に議事下局の「公論」は、複数の利害関係が絡み合うなかで構成されていた。議事局出役たちは、一方で川除負担をめぐり組や村の利害を衝突させ、他方で喪失した身分的特権の保障を求め共同で建議していたのである。それは、「御一新」の趨勢のもとで旧来の体制を画一的に塗り替えるのではなく、諸主体が立脚する身分的・地域的利害に応じ、「旧法変革大事件」の意味を読み換え、そらしながら、具体化していく実践であったといえよう。とすれば一見すると「保守的」に映る一連の改革には、維新変革の変動を生き延びようとする彼らの〝したたかさ〟を読み取ることができる。

しかし府藩県三治制から廃藩置県へといたる政治過程は、松本藩体制とそのなかでの身分や家格、序列などをめぐる秩序編成のあり方を根底から解体していった。藩知事の東京移住が伝えられた直後の明治四年七月（一八七一年九月）、松本城内の諸道具や武器が払い下げられた。松川組の清水又之丞は、その状況を以下のように記している(63)。在方・町方から「多人数相集リ入札ニテ夫々御払受」となり、「太鼓御門・御天守下等ニテモ同断、誠ニ以御時節奉恐察、落残之次第也」という。太鼓門や天守までもが競売にかけられる「落残之次第」とは、清水ら大庄屋たちが置かれていた状況でもある。大庄屋の役儀と身分的特権が廃止され、士分取立も立ち消えとなった。さらに「是迄勉精」への代償として藩が下げ渡したのは、わずかな金銭に過ぎなかったのである。こうして「落残」した大庄屋たちの一部は、失われた自家の優位性を保持した形で地域秩序を再編すべく、「開化」を担っていかざるをえなくなる。

その一方で地域社会には、維新変革を「落残」として経験した大庄屋たちに対し、批判的なまなざしが向けられてもいた。以下は、大町組庄屋・永田家睦が書き留めた戯れ唄の後半部である（図2-4　前半部は第三節で引用）[64]。

去年御趣意も変革致て公事も出入も賄賂ニやいけない、親方なんそも不残御廃止シ、今ではあのざま無役の親方よいきび〳〵、年中無腰で親父か死だりおかこを呼とき一腰御免ん《ママ》だ、近頃聞には御徒士の取立たまされ仕事で今にも御廃止シ、其時皆さん笑ツてやらんせ、是々皆々復古の御趣意を貫徹致して、帝を祈て朝夕精出し豊年満作、藩県一途の政事を請れは村々穏か五穀の司ヲあくまてくらつて御酒を呑たり肴を喰たり、大唄諷つて家内和合にいたしたるなら、今にも京都で御金を御鋳造、諸国いやがる金札引替、日本国中豊年満作穏に治るや〳〵

ここでいう「親方」とは、大庄屋を指す。役儀が廃止され、無役となった元大庄屋たちの「あのざま」を「よいきび」（良い気味）と冷笑している。さらに士分取立一件は、「たまされ仕事」であり、廃止となったら「皆さん笑ツてやらんせ」とも唄っている。こうして元大庄屋たちを風刺したうえで、「復古の御趣意」により「家内和合」や「豊年満作」が実現するともいう。

（63）注13前掲史料、明治四年七月二二日。

（64）注21前掲史料。この戯れ唄を書き留めた永田家睦は、「此外種々之楽書等有之、誠ニ珍敷事ニ候」と記している。近世前期よりの千見村庄屋家である永田が、「御役商ひ」で成り上がる新役人や維新変革に動揺する上役の大庄屋をどのようにまなざしていたのか。「誠ニ珍敷」という言葉に込められた意味を検討することは、今後の課題としたい。

この戯れ唄には、旧来の地域秩序への批判的認識と、その裏返しとして「御一新」への期待が込められている。こうした現実認識が、「開化」の担い手が立ち現れるもうひとつの道筋となったと考えられる。町方名主として議事局出役に選出された市川八十右衛門による「学校」取立の建議は、「御一新」への期待を先駆的に示していた。さらに市川以外にも、成相組大庄屋分家の藤森寿平の動向が注目に値する。藤森は、明治三年九月に「学校」設置を藩に建言し、却下されると私財を投じて郷学の設立・運営に取り組んでいった。藤森による近代教育への取り組みには、「開化」を通じて新たな地域秩序を再編成していこうとする志向性が見いだされるだろう。

本章では、維新変革が家格や身分、村や組といった諸要素で構成されていた近世的な地域秩序を流動化させていく過程をとらえてきた。こうした過程を通じ、存在形態を異にする諸主体が「開化」へと連なっていく状況が準備されていったと考えられる。そこで次章では、近世段階における立場の違いに着目し、諸主体による「開化」への多様な取り組みを検討していく。

〔付記〕本書校正中、最新の研究成果として、三村昌司「近代日本における政治的主体の形成―明治前期の議事機関から―」(『日本史研究』六一八号、二〇一四年)を得た。三村は、議員間の関係性および議論のあり方への着眼から議事機関を検討し、選出者と選出母体の意見の一致が前提となる以上、明治前期には議員が一個の政治的な意志を持った主体として認められる契機は見いだしがたかったと評価している。本章では、議事局出役たちの評論・建議を媒介する営みとしてとらえた。政治的主体の端緒的契機という観点に立った場合、彼らの行動に政治的意志を読み込むことができるのか。今後の課題としたい。

第三章 「開化」の担い手の生成過程
――「開化」へと連なる複数の道筋――

一　「開化」への向き合い方を規定したもの

近代学校の設立事業は、地域の「開化」を推進する重要な施策のひとつであった。しかしそれだけに、近代学校は「文明化」の象徴として、地域の人びとにとってはきわめて異質な存在であり、時には「文明への反乱」の対象ともなった。[1]政府の近代教育政策は、「農民的要求」とは経済負担の面でも教育内容の面でも隔っていたことにより、「小学校毀焼事件」に発展する地域も存在した。[2]

こうした隔りを埋めるべく、荒井明夫らが解明したように、「府・藩・県の地域政治指導者たち」は、地域住民に向けて就学告諭を発信し、各地で多様な就学の論理を展開した。[3]それでは就学告諭の論理は、地域住民にいかなる影響力・説得力を持ちえたのか。「開化」を強力に推し進めようとする行政と、急激な変化に即座に適応しえたわけではない地域住民とのあいだで、両者を媒介したのはどのような存在なのか。その実態を把握するには、「地域政治指導者たち」と一括するのではなく、学事の担い手たる発信主体に、固有名詞レベルで迫る必要があろう。

荒井らも言及するように、近代学校設立をめぐる学事の担い手は、各府県の官吏ばかりでなく、区戸長や学区取締、学校世話役などの役職に任命された人びとを含んでいた。官吏以外の人びとは、儒者や医師など郷学建設を牽引した知識人的存在と、「其土地ノ居民名望アル者」（「学制」第一〇章）、すなわち在地の名望家層とに大別できる。従来の教育史研究では、ともすれば前者の知識人的存在に主たる関心が払われてきた。[4]近代教育にかかわる理念や

（1）　ひろたまさき『文明開化と民衆意識』（青木書店、一九八〇年）。
（2）　石島庸男「西讃農民蜂起と小学校毀焼事件」（鹿野政直・高木俊輔編著『維新変革における在村的諸潮流』三一書房、一九七二年）。
（3）　荒井明夫編『近代日本黎明期における「就学告諭」の研究』（東信堂、二〇〇八年）六頁。
（4）　久木幸男・山田大平「郷学福山啓蒙所の一考察」（『横浜国立大学教育紀要』二九集、一九八九年）。

要求を明確に表明しえたのが、そうした人びとであったからである。一方坂本紀子は、近世以来の「地域支配者層」として「社会経済的優位性」を有する学区取締が、近代学校の設立基盤を組織化する過程をとらえた[5]。坂本は、静岡県の湯山家を主たる対象とし、在地の名望家層が学事担当者として果たした役割を具体的に解明している。

以上のようにこれまで、地域の学事担当者の多様な動向がとらえられてきた。しかしその一方で、彼らの存在は「地域政治指導者たち」や「地域支配者層」などと一括して把握され、「開化」に取り組んだ諸主体の差異については関心が示されていない。近代学校の導入にかかわる学事を担った「其土地ノ居民名望アル者」は、村役人として地域住民に対する「優位性」を有するものだけでなく、文化人や商人など多様な人びとで構成されていたはずである。

幕藩体制から明治国家体制への再編は、地域を取り巻く大状況(外部)の変容であり、身分関係や、大庄屋/庄屋、本家/分家などの家格関係で構成された地域秩序を足もとから掘り崩す事態であった。かかる事態において、存在形態を異にする諸主体が、いかなる過程で「開化」の担い手へと転身していったのか。また彼らは、近代学校の設立をめぐりどのような位置関係にあったのか。これらの論点に即しながら、「開化」の担い手における重層性を把握し、その意味を考察すること。これが本章の課題である。

以下第二節では、筑摩県の「開化」には旧藩以来の役人層だけでなく、新たに台頭するものも連なっていたことを示し、近世・近代の連続性を担い手の視点から解明する。そのうえで第三節では、前者の例として栗林球三、後者の例として藤森寿平と市川量造を取り上げ、その具体的な活動を検討する。こうした作業を通じ、近世以来の存在形態や相互に取り結ばれていた重層的な位置関係が、「開化」への関与の様態をいかに規定していたのかを解明したい。

二　筑摩県における「開化」事業とその担い手――近世からの連続／非連続――

前章で見た通り、幕末維新期の松本藩では、議事局の設置や旧来の役儀改廃、士分取立一件など、近世的な地域秩序が大きく変動していた。こうした状況のなか大庄屋たちは、それまで保持してきた媒介者としての自己認識・職分意識を再確認する動きに出ている。まずはその経過を確認しておきたい。

明治二年一二月二五日（一八七〇年一月二六日）、大庄屋たちは、藩側からの士分取立の申し出に対し「只管辞退申立」てたのち、「会所御用書等夫々封印取始末いたし、廿七日銘々宅江引取」った(6)。彼らは、大庄屋としての威信の源泉でもあった「会所御用書」をどのように「始末」したのだろうか。大庄屋たちは、士分取立実現の目処が立たず、自家の立場が不安定な状態に置かれていた明治三年閏一〇月、会所に集まった。会合を呼びかける手紙では、「万一御病気御差支等有之候とも、極々心配之義故呉々も無間違御出席可被下候」と、必ず出席するよう念押しされている(7)。

この会合において旧大庄屋たちは、享保から明治まで連綿と書きためてきた会所御用留を分配し合っている。以下は、その際に彼らが認めた連署である（原漢文、図3-1）(8)。

（5）坂本紀子『明治前期の小学校と地域社会』（梓出版社、二〇〇三年）二六―二九頁。
（6）「（御用留）」明治二年一二月（「清水家文書」A四五五、長野県立歴史館所蔵）。
（7）注6同前史料、明治三年閏一〇月八日。
（8）この連署は、複数の大庄屋家に現存している。家ごとに保存状況は区々であり、また若干の異同や誤記がある。そのためここでは、筆者が見いだしえた文書を対照し翻刻した。各家の所蔵状況は以下の通り。大町組栗林家版、「（大庄屋某記録分掌保管に付旧大庄屋請書）」（「栗林家（輪違）文書」一九一五、大町市文化財センター所蔵）。大町組西沢家版、「（維新に付大庄屋会所記録鬮取分預り保管に付誓詞）」（「西

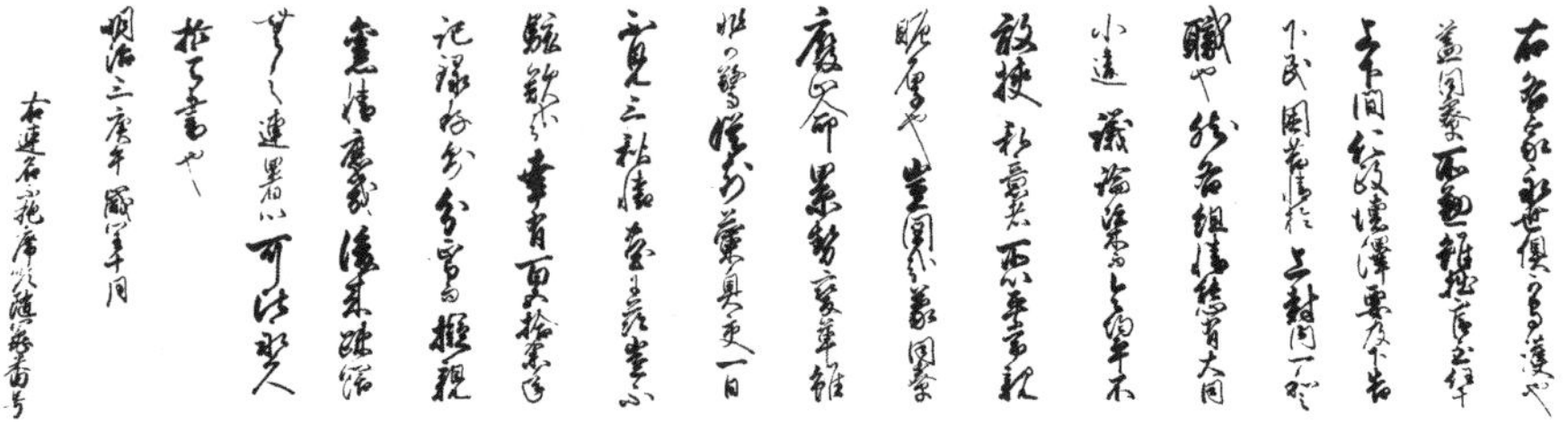

図 3-1　御用留分配の際の連署（後半部）
出典：「清水家文書」A5829

去巳歳十二月二十五日、役儀廃止せらるにより、旧記を分配する様、鬮にて提げ去る、
（中略：御用留を年代ごとに分配した記録）、
右各家永世倶に守護すべきなり、蓋し同寮勤める所拙宦の至りと雖も、上下の間に任じ、仁政徳沢を下に及ぼすを要し、下民困苦の情を上に告げ、封内一和之職なり、然れども各組情態大同小違の議論有り、概して其均平し、敢て私意を挟まざるは、平常親昵厚き所以なり、豈図らんや同寮廃止の命を蒙り、累勢の変革驚くべきに非ずと雖も、従前暈《(蘊カ)》奥の交り、一日見わざれば三秋の懐いを尽す、茲に豈駭歎せざらんや、幸に百五十余年の記録有りて存す、則ち分ちて、親旧の情に擬え、後来疎濶之無きを庶幾い、連署して以て永久誓書に比すべきなり、
明治三庚午歳閏十月、
右連名は席順に抱《(拘)》わらず鬮番号に随う

旧大庄屋たちは「各家永世倶に守護すべき」ものとして、会所で保管してきた御用留を「分配」した。彼らにとって御用留は、「仁政徳沢を下に及ぼすを要」し「下民困苦の情を上に告」げる「封内一和之職」を勤めてきた証である。と同時に、相互の「親昵」により、組ごとの「大同小違」を「均平」してきた「同寮」意識も記されている。旧大庄屋たちは、維新変革による地域秩序の動揺を「豈駭歎せざらんや」と嘆きつつ、「百五十余年の記録」を分配することで「親旧の情に擬え、後来疎濶之無きを庶幾い、連署して以て永久誓書に比すべき」と誓い合っていたのである。

この連署には、安定的に地域を運営してきたという、旧大庄屋たちの職分意識が明確に示されている[9]。それは、藩と在地社会とのあいだを媒介することで安定した地域運営に携わる職分である。こなれているとはいいがたい漢文体には、近世以来の役儀の廃止を伝えられ、自家の優位性を担保してきた御用留を「始末」せざるをえなくなったことへの緊張感が垣間見える。御用留は年代別に分配されており、明治の新たな国家体制のもとではそれ自体としては実務的な意味をほとんど持たなかっただろう。しかし旧大庄屋たちにとって、御用留は、自家が地域運営の担い手であったことの大きな証であった。御用留の分配には、「封内一和之職」と表現される職分意識と同時に、維新の変革で自家の立場が根底から脅かされていることへの危機意識がうかがえる。こうした身分・家格に対する旧大庄屋たちの強烈な意識は、明治の世になったとはいえ簡単に捨て去れるものではなかったといってよい。それでは彼らの職分意識は、「開化」へといかに接続し、あるいはしなかったのか。維新変革にともない自家の立場や相互の関係が変動するなかで、諸主体が「開化」の担い手へと転身していく過程を検討していきたい。

廃藩置県の翌月明治四年八月、旧松本藩主・戸田光則は東京へ移住した[10]。一一月には筑摩県が成立し、参事に就任した永山盛輝のもと、学校設立や新聞発行など地域を「開化」に向かわせる諸施策が展開されていったのである。藩体制解体による役儀廃止を「駭歎」した大庄屋たちは、筑摩県の「開化」事業にどのように関与していったのか。表3-1では、松本藩大庄屋本家出身者および類縁者について、本章で主に取り上げる諸事業への関与の有無を一覧にした。

まず、一四の大庄屋家について、明治元年六月時点での当主と、明治三年閏一〇月の御用留分配の連署者をまと

沢家文書」四八八、大町市文化財センター所蔵)。松川組清水家版、「乗」(「清水家文書」A五八二九)。

(9) 同様の職分意識は、町方でも共有されていた。市川八十右衛門(下横田町名主)は、議事下局での建議において、その地域の人物(「其支配」)による地域運営を主張している。他地域の人物(「他支配」)では、「他之子ヲ育か如」きもので「上下共情合薄く自然与怠惰ニ至」るためである。「大名主・庄屋惣役人改廃ニ付建言」明治二年ころか(「市川家文書」八四五三、松本市立博物館所蔵)。

(10) 「(知事様東京出立)」明治四年八月二五日(「議事御用記」、「清水家文書」A一一一四)。

表 3-1　大庄屋本家出身者と類縁者の「開化」事業への連続性

			大庄屋廃止前	御用留分配	学事担当職	区戸長	新聞誌世話掛	下問会議員
No	組	姓	明治元年	明治 3 年	明治 5、6 年	明治 6 年	明治 6-7 年	明治 6 年
1	大町	栗林	五郎右衛門 [球三 1836]	球三	球三（区）	球三（戸）	球三	球三
2	大町	西沢	穎吾 [1842]	岩之助	—	—	—	—
3	池田	関	六郎右衛門 [1822]	六郎右衛門	—	—	—	—
4	池田	市川	嘉左衛門	清次郎	—	—	清次郎	—
5	松川	清水	又之丞 [又居 1827]	勘次郎 [1852]	滋見（校） 又居（区）	又居（戸）	滋見	又居
6	保高	轟	伝右衛門 [左右司 1827、伝か]	左右司	伝（校）	伝（区）	伝	伝
7	長尾	丸山	円十郎 [1827]	円十郎	—	—	湊	—
8	成相	藤森	善兵衛 [善平か]	善一郎 [1844]	寿平 [1835]（校）、 善平（校）	善平（戸）	善平	—
9	上野	中澤	権右衛門	権右衛門	—	—	—	—
10	高出	中田	源次郎	伊奈之助 [1834]	—	—	—	—
11	嶋立	上条	覚左衛門	弥次蔵 [1844]	覚麿（校）、 四郎五郎（校）	四郎五郎	四郎五郎	四郎五郎
12	岡田	金井	条右衛門	小弥太 [1849]	—	—	—	—
13	庄内	折井	勘五郎 [伊織 1839]	伊織	深見（校）	深見（戸）、 庄司（戸）	庄司	—
14	山家	藤井	助左衛門	与次郎 [1843]	佐次郎（校）	佐次郎（区）	佐次郎	佐次郎

出典：①生年「御用触書留」は（「折井家文書」）、②大庄屋廃止前は「（御用留）」、③御用留分配は「乗」（「清水家文書」）、④学事担当職は「雑志」（「萩原家文書」）、「筑摩県学校設立概略」（名古屋大学教育科学発達図書室）、⑤区戸長は「旧筑摩県下大区改正ニ付達指令」（長野県立歴史館、明 6-1A-4）、北安曇郡役所『北安曇郡誌』（信濃毎日新聞社、1923 年）853 頁、南安曇郡編『南安曇郡誌』（南安曇郡教育会、1923 年）540-544 頁、⑥新聞誌世話掛は「明治六年　博覧会新聞誌書類留」（長野県立歴史館、明 6-1A-6）、⑦下問会議員は「下問会議書類」（長野県立歴史館、明 6-1A-9）。居住組と姓が同じで、大庄屋本家出身者であることが推測される人物も記載した。丸山湊（No. 7）、上条覚麿（No. 11）、藤井佐次郎（No. 14）がこれに該当する。また、清水滋見（No. 5）、藤森寿平（No. 8）、上条四郎五郎（No. 11）、折井深見・庄司（No. 13）は、大庄屋の分家筋に該当する人物である。

[　] の名前は別名、数字は生年である。学事担当職欄の「校」と「区」は学校世話役と学区取締を、区戸長欄の「区」と「戸」は区長と戸長を表す。

めた。両者に異同があるのは、議事局出役選出により大庄屋職を子弟や親類へ譲ったためと考えられる。学事担当職とは、明治五年四月の県学・郷校設置に際し筑摩・安曇郡から任命された学校世話役四五人と、「学制」発令にともない明治六年に中学区ごとに置かれた学区取締三四人である。続いて明治六年の大区小区制実施に際し、大区に区長、小区に戸長が置かれた。筑摩県は三〇の大区と一九九の小区に分割され、うち旧松本藩領は一〇の大区と七四の小区に再編された。区長の職務は、「学校・病院ヲ創立」や「鰥寡孤独ヲ扶助シ并水利堤防・道路修繕・荒蕪開墾」などについて「正副戸長、学区取締等ト協議」しこれにあたることであった[11]。新聞誌世話掛は、『信飛新聞』の購入・勧奨や新聞社への資本出資のため、明治七年一月時点で一四四人が任命された。最後に下問会議は県庁に置かれ、明治六年九月から同九年の廃県まで開かれた県の民政にかかわる諮問機関である。県内の区長や学区取締など「区内名望アル者」を中心に六一人が、「人民ノ代議人」として選出された。議員は、「凡ソ議事ノ要専ラ土産ヲ開キ公利ヲ興シ、上下ノ情好ヲ通暢スル」ことを職務とし、学事推進や河川修繕、窮民救恤や地域殖産などの諸課題を議論した[12]。

表3-1では事実関係について未だ不詳の部分はあるものの、旧大庄屋たちの「開化」事業への関与のあり方は一様ではなかった。つまり、旧大庄屋に着目する限り、「開化」事業の担い手へそのまま移行したと一概にはいえない。連続している家が見られる一方で、家や人の交代、相互の関係性の変動といった断絶も生じていたのである。

表3-1にもとづき、「開化」事業への連続性について、大まかな類型化を試みたい。まず大町・松川組の栗林・清水家など、大庄屋がそのまま「開化」事業の担い手に移行した例がある（No.1、5）。栗林球三は、戸長や学区取締などとして多様な事業にかかわっていた。清水又居（又之丞）も同様に、学区取締として二五村の小学校を管轄し

(11)「大区設置並区長事務取扱につき筑摩県達」明治六年（『長野県史　近代史料編　第二巻（一）』一九八四年、五〇頁）。

(12)「下問会議仮章程」明治八年八月二八日（「下問会議留」明八―一A―三、長野県立歴史館所蔵）。

ていた[13]。清水は明治六年一〇月に、「学校以今設立ニ不相成村々至急行届」や「元資金」の取り集め、「教員未定校」の取り調べのため四日間で一一村を巡回している。清水は新聞誌世話掛ではないが、「新聞二十一号ゟ二十四号并ニ附録一枚計五枚ツヽ毎学校へ配賦之義、知新社ゟ申参候間、各小区戸長元ニテ夫々御配達可被下候」と、担当校に『信飛新聞』を購読させていた。「信飛新聞代価皆済書」として「金四円」(「信飛新聞十三号ゟ三十九号迄ノ代価ノ内」)や「金九拾四銭八厘」(「八年中新聞代価残金」)などの支払い記録があり、自身も新聞購読者であった。さらに清水は、下問会議員として民情をふまえた建議を行っていた。たとえば「窮民村内ニ救助之法設立ノ事」について、「民費」の疲弊を根拠に「官費ヲ以御救助被下」るよう建議している。清水は議事局出役時代と同様に、地域的課題の解決に取り組んでいたのである。

栗林と清水は、近代学校の設立はじめ実に多様な「開化」の担い手であった。それにもかかわらず、栗林家(輪違文書(約二〇〇〇点)にも清水家文書(約四〇〇〇〇点)にも、ともに近世段階では手習塾などの教育機関の設立や運営にかかわった事実を示す史料が全く見いだせないことに注意をうながしておきたい。栗林や清水における「開化」への連続性を理解するためにはむしろ、前節までに見た通り、両家が大庄屋や議事局出役を勤め、御用留を持つ家であった事実こそが重要である。この論点については、栗林の活動を取り上げ、次節で改めて検討する。

維新変革による地域秩序の動揺を「駭歎」していた旧大庄屋のなかには、栗林・清水家とは対照的に、積極的な「開化」の担い手を輩出しなかった家もある。池田組の関・市川家では、「開化」事業への関与がほとんど確認できない(No.3、4)。市川清次郎が新聞誌世話掛を勤めていたほか、明治九年の村吏名簿に池田町村副戸長として関恒治の名前が確認できるにとどまる[14]。志村洋の研究によれば、「幕末期の池田組を政治的に主導したのは、組最上層の豪農ではなく中小の豪農」たちであり、関・市川両家の政治的ヘゲモニーは低下していたと考えられる[15]。両家はこの時期、家の個別経営を優先しており「開化」の諸事業へ積極的には関与していなかった可能性が高い。たとえば関家の文書目録には、明治期の史料として「学校地代金利子」など学校関係の文書が数点確認できるのみで、栗林や清水のように学校巡回や教員確保などの活動を行っていた形跡は見られない[16]。

大庄屋のなかでも、地域「開化」の担い手に移行した家が存在する一方で、「開化」とのかかわりが薄かった家もある。さらに、本家でなく分家、大庄屋・大名主でなく庄屋・名主から担い手が輩出された例も見られる。藤森寿平は、成相組大庄屋（No. 8）の分家出身で幕末段階では地域支配にかかわった形跡がないものの、筑摩県政期には学校世話役の安曇郡「惣代」などを勤め、学事を担った。また慶応二（一八六六）年時点で大町組木崎村越庄屋であった伊藤重右衛門（重一郎）は、筑摩県第十二大区区長として栗林球三（同区学区取締）とともに地域の「開化」を推進した[17]。

一方町方では、松本下横田町名主の市川八十右衛門・量造親子が注目される。幕末の松本藩において、大名主は大庄屋より格式が低く、名主は村・町役人のなかでも低い家格にあった。このことは前章で確認した通りである。それにもかかわらず八十右衛門は、名主として唯一議事局出役に選出され、地域支配体制の改革や在町への学校取立を建議していた。さらにその倅・量造は、学校世話役を勤めつつ新聞創刊や下問会議設置の建言を行うなど、多様な事業に領域横断的に関与した。以上、藤森と市川の活動については、節を改めて検討する。

各類型に属する主体の動向を検討する前提として、身分的出自の違いが経済的格差にかかわる問題でもあったことを確認しておきたい。「県会議員沿革表」に記された所有地価は、清水又居が五一〇九円一六銭である（明治一二年）

（13）「公用記」明治七年一二月二九日、「信飛新聞皆済書」明治一〇年（「清水家文書」A二四九、C四五）。
（14）「明治九年八月　筑摩県下村吏人名」（有賀義人編『復刊信飛新聞』復刊信飛新聞刊行会、一九七〇年、四〇九頁）。以下、『信飛新聞』からの引用は、すべて同書による。
（15）志村洋「近世後期の地域社会と大庄屋制支配」（『歴史学研究』七二九号、一九九九年）九七頁。
（16）志村洋氏より関家文書目録の提供を受けた。氏の学恩に感謝したい。
（17）「村々庄屋組頭印鑑帳」慶応二年一二月（「栗林家（輪違）文書」三三七、大町市文化財センター所蔵）。

のに対し、藤森寿平は七三九円三二銭（明治一三年）、市川量造は五七二円四四銭（明治一二年）である。[18] さらに明治二六年の旧大庄屋家の「納税額」を確認すると、栗林家が七九円五一銭八厘で清水家が一二五円五九銭四厘、関家が三八三円六九銭二厘で藤森本家が一一一円余である。[19] これに対し藤森分家（寿平家）は一八円余と桁が違う。さらに市川量造は、「開化」の諸事業への投資により「財政的に潰滅的な打撃を受け」横浜へ移住しており、この年の納税額は不明である。[20] 以上のデータは時期が遅く明治ゼロ年代の状況にそのままあてはめることはできないが、経済的な格差が存在していたことは推測できよう。

三　学校教育をめぐる名望家たちの重層性

筑摩県は明治五年二月（一八七二年三月）、「学校創立告諭書」を発した。[21]

国家之富強ヲ謀ルハ人民之智力ヲ磨励スルニ有之候得共、僻地ニ至リ候テハ従前学校ノ設ケ等十分行ハレ兼候ヨリ、雄飛ノ才徳ヲ存スル者モ若クハ池中ノ物ト相成候儀モ有之ベクト憂慮ニ不堪候間、今般管内各処ニ学校ヲ創立シ、臣民一致勉強ノ力ヲ尽シ、他ニ率先シテ報国ノ実ヲ顕サシメントス、宜シク有志之者ハ力ヲ積ミ財ヲ出シ、早ク学校ヲシテ盛大到ラシメン〻ヲ偏ニ期望スル所ナリ、

壬申二月、筑摩県庁［印］

ここでは、「国家ノ富強」を「人民ノ智力」にもとづくものと位置づけ、「学校」により「臣民一致勉強ノ力ヲ尽」させ、「報国ノ実ヲ顕サシメン」ことが目指されている。「国家」を前面に打ち出す一方で、「雄飛ノ才徳ヲ存スル者」の登用が強調されている。ここには、「学問は身を立るの財本」とする「学制序文」と共通する近代学校観がうか

がえる。「学制布告書」では、学校設立のための膨大な資金を人民に支出させるため、個人の「立身出世」が強調され、「国家の為」という論理はむしろ否定されていたのである。(22)

以上の理念のもと、筑摩県における学校設立は推進されていく。筑摩県は、「学校創立告諭書」の布達とともに、「旧松本治下一同、町方・旧塩尻治下一同、一組二人ヅヽ」を呼び出し、教育事業に「尽力可致旨」を申し渡した。その際、県からの出金とともに、「一万三千両程、有志ヨリ寄《(奇)》特積金ニいたし、一割五分利足」を差し出させる形により一九五〇両の出金を求めている。(23) さらに同年四月には松本に県学一校、筑摩・安曇郡に郷校一〇校の設置を決定し、筑摩・安曇両郡で四五人の学校世話役を任命した。「学制」発令後、学校世話役の一部は中学区を管轄する学区取締に任命され、また学校ごとに学校世話役が改めて置かれた。

前節でも見たように、これら学事担当者のなかには、旧藩以来の大庄屋層に加え筑摩県政期に新たに台頭してきた人物も存在した。本節ではそのうち、三人の学事担当者を取り上げる。すなわち、第一七番中学区（安曇郡北部）の学区取締を勤めた栗林球三、学校世話役を勤め「学制」下では教員兼学事掛として学校運営に取り組んだ藤森寿平、「学制」下の学校世話役を勤めた市川量造、この三者の活動を軸に検討する。これにより、前節で示した担い

(18)　「県会議員沿革表」（手稿版）年不詳（長野県議会図書室所蔵）。
(19)　「信濃名誉人名録」明治二六年一月（「清水家文書」A二四七六）。
(20)　有賀義人『信州の啓蒙家市川量造とその周辺』（凌雲堂書店、一九七六年）六五三頁。
(21)　「御布告日記」明治五年二月二五―二七日（「永田家文書」一四三、大町市文化財センター所蔵）。なお「学校創立告諭書」は、『長野県教育史　第七巻　史料編一』（一九七二年、六〇六頁）にも翻刻されている。『長野県教育史』が依拠した高山出張所事務文書では、二月二〇日付となっており、安曇郡北部千見村の永田家とは布達が届く日数に若干のずれがあった。
(22)　荒井明夫は、こうした論理が「国家権力主体の隠蔽」であったと指摘している。荒井明夫「近代日本公教育成立過程における国家と地域の公共性に関する一考察」（『教育学研究』七二巻四号、二〇〇五年）五一頁。
(23)　「小学校取立てにつき旧藩永続金割賦内訳」明治五年二月（注21前掲書、六〇七―六〇八頁）。

手における多様性が持った意味を、「開化」事業の展開および諸主体の立場性や関係性から検討したい。

(1) 栗林球三の就学勧奨

栗林球三は、旧大庄屋が引き続き「開化」事業の担い手となった典型例である。栗林は、天保七(一八三六)年、代々大町組大庄屋を継承してきた家に生まれた。[24] 文久元(一八六一)年より廃藩まで大庄屋を勤めた栗林は、大町村戸長や下問会議員、博覧会世話掛や新聞誌世話掛、学区取締など多様な「開化」事業を兼担した。

まず、栗林らが郷校十番大町小校(入徳館とも)の開設を進める前提として、幕末維新期における当該地域の教育状況を概観しておこう。手がかりとするのは、大町小校で教鞭を執っていた山西孝三の回想記である。[25] 山西は、天保五年に幕府直参の家に生まれ、戊辰戦争では彰義隊に加わった経験を持つ。その後名古屋に滞在していた折、大町村庄屋兼商人の伊藤重一郎の招きに応じ、大町村で私塾を開いたという。[26]

山西によれば、大町は「安曇郡ノ古来史上有名ノ地」として、「児女就学ノ景況ハ其盛況ナル」ものであった。六日町の泰年寺で小松礼治(松本町人)が「二百名已上ノ男女生徒ヲ父子二人ニシテ教授」するなど、四軒の手習塾が存在していた。[27] また山西自身も、「寺子屋ヲ卒リテ家業ヲ助ル青年輩ノ為メニ読書ノ教授ノ為シ居タレバ、門生三十人アリタル」という。松本藩時代に整備された教育状況を背景として明治五年四月、大町村は郷校十番の設置場所に選ばれた。その際旧松本藩陣屋が、「仮学校」に転用されることとなった。[28]

以下は、山西の回想のうち、大町小校開設の様子を伝える箇所である。

> 是ニ於テ大町ハ安曇郡ノ古来史上有名ノ地ニシテ、旧藩治ノ際モ出張ノ陣屋ノ置レテ郡内ノ事務ヲ扱ハレシ所ナレバ、第十ノ小学校ヲ創立スベキ所ナリト指定セラレタリ、此時学校世話役ヲ命ゼラレシハ大町ニテ栗林球三、伊藤重一郎、松崎村高橋平一郎ト、上一本木清水滋見、松川村一柳氏ナリシ(中略)、県令ハ時日ヲ定メテ開校ノ届出ヲ促サルルヲ

以テ、旧陣屋ヲ以テ仮学校ト定メ老夫（山西のこと―引用者注）ヲ以テ教師ヲ依托セントセシモ伊藤氏ガ肯セザルヲ以テ他ヨリ人ヲ聘スルコトトナリ、伊那郡高遠藩士ニテ文人的遊学者ノ長尾無墨トイフヲ得テ来リ、此ニ開校ノ日ヲ定ムル、生徒ハ一人モ無シ、式ヲ挙ルヲ得ザリシ故ニ、一同ハ老夫ニ迫リテ成式ヲ請ハレタリ、老ハ当時寺子屋ヲ卒リテ

(24)「栗林戸籍ニ関スル書類」明治一九年春（「栗林家（輪違）文書」九〇七）。
(25) 山西孝三『学びの糸ぐち』（手稿版）年不詳（大町西小学校所蔵）。
(26) 山西の略歴については、「山西翁寿碑」（大町市常盤上一本木、大正七年建立）を参照した。
(27) 手習塾設立の時期はいずれも安政以降で、明治五年に廃止されている。「教育沿革之部（乾）」明治一八年（明一八―F―一二―一、長野県立歴史館所蔵）。
(28) 旧松本藩陣屋に大町小校が置かれた経緯は明らかでない。しかし、ある程度の広さを有する旧陣屋を郷校に転用することで、新築にかかる費用を節約する意図があったものと推察される。というのも大町村にほど近い池田町村でも、同様の動きが見られるからである。以下は、池田町村で学校世話役として郷校開設に携わった市川恭蔵と上原仁之衛が県に提出した「乍恐口上書」の控えである。

先境被仰出候建校之儀、御布告ノ赴奉拝承、頑愚ノ賤民ニ至ル迄漸々　朝意ヲ奉戴シ、係ル御仁徳ノ御代ニ逢フヤ実ニ難有儀ト専ラ奉畏悦候、此時ニ当テ安曇郡池田町ノ儀ハ近郷中央ノ地ニシテ便利第一ノ場、加之従前　御代官所ト唱エ街内東側ニテ殿小路ト号シ、南面ノ間口八間、裏行七間半ノ建家有之、旧来組方里正中集会所ニテ有之候処、方今不用ニ付組方里正予メ集会、価物ニ計度ト議シ、既ニ近日其期ニ及ヘキ勢ヒ遺憾至極ニ奉存候、右建家新ニ造立イタシ候得ハ凡四・五百円、即今売物ニ当テ百円位、可惜之甚也、殊ニ旧組方高割出金結構イタシ候事故ト、組方小校ニ備至当ノ儀ト奉存候、就而ハ別紙人員ノ内両三輩ノ里正エ右建家ヲ以テ小校ニ可備儀被仰付度奉存候、敬白、

安曇郡池田町村・市川恭蔵
上原仁之衛

―三月、

両者はまず、池田町村が「近郷中央ノ地」であり「便利第一ノ場」であることをもって、郷校を誘致している。そのうえで、「不用」となった「御代官所」を売却しても一〇〇円ほどにしかならないのに対し、新たに新築すれば四、五〇〇円はかかるため、郷校に転用することが「至当」だと申し出ている。学校世話役たちは、旧藩時代の建物を転用することで、郷校の開設を推し進めていたことがわかる。「御用諸日記」明治四年四月より（「上原卓郎氏所蔵）。

家業ヲ助ル青年輩ノ為メニ読書ノ教授ノ為シ居タレバ、門生三十人アリタルユヘ、之レヲ出校セシメヨナリ、仍テ其趣ヲ伝ヘタレバ、父母一同ヨリ入校ヲ拒テ出デ、老夫ニ依托セシナレバ他人ノ教ヲ要セズ云々ト、止ヲ得ズ老夫ハ家毎ニ至リテ父母ヲ説諭シ、自身校務ニ預ルヲ以テ、自宅ニテ教フト学校ニ教ルト所異ナルノミ、吾教フニ於テハ異存アルベカラズト、父母ハ云ク先生ガ学校ヘ出ラレテ従前ノ如ク教ヘ玉ハルナラバ入校セシムベシト、漸ク三十人青年ヲ老夫ガ引率シテ六月廿五日ヲ以テ、形ノ如ク開校ノ式ヲ挙タリ、県達ニハ開校トノミアリテ指定セル式法モ規則モナケレバ、当日ハ床ノ間ヘ孔子ノ像ヲ掛ケ献供ヲ厳ニシ、村吏・世話役・父兄・生徒・有志等ニ参拝セシメ、長尾氏論語ヲ講ゼラレ老夫ハスナハチ学文ノ大躯ヲ話シ聴カシメタル

山西は、「此時学校世話役ヲ命ゼラレシハ、大町ニテ栗林球三・伊藤重一郎」であったと回想している。しかし明治五年四月時点での学校世話役四五人の名簿には、栗林の名前は記されていない（前節表3−1）。栗林は、大町村戸長として大町小校開設にかかわったと考えられる。

開設に際し、山西が門弟を大町小校に入校させようとしたところ、「父母一同」は山西がいるのだから「他人ノ教ヲ要セズ」と、はじめは同意しなかった。これに対し山西が、「父母ヲ説諭シ自身校務ニ預ルヲ約束」し、ようやく開校にこぎ着けたという。六月二五日の開校式では、「式法モ規則モナ」かったため、「床ノ間ヘ孔子ノ像ヲ掛ケ献供ヲ厳ニシ」、世話役や父兄などに「参拝」させた[29]。こうした状況は、手習塾や私塾など旧来の教育機関が地域に根づいていたからこそ、近代学校が地域住民に歓迎されなかったものと解される[30]。

栗林らはいかに大町小校の開設を進めていったのか。まず、開設にあたり定められた「学校創立仮規則」がある[31]。ここでは、「第十番小学校」および三分校の所在地や担当教師が割り振られている。ただし、「右概ネ仮定スト雖モ、銘々臨気《（機）》応変ニ而就学可致」とされ、開設計画は漸進的なものであったことがわかる。さらに、「創立金ナドコ、二三年いふべからす」と記されている。それは「創業人気ヲ破ラハ成立ナシガタ」いためであり、当面は「コレマテ大町通途ノ法ヲ以テ教師ヘ勝手次第タルベシ」という。ここで、この時点からわずか三年ほど前には会田・

麻績騒動が起こっており、松本藩の大庄屋たちがその対応に追われていた事実を想起しておきたい（前章第三節）。栗林らは、時に騒動へと発展しかねない地域住民の「人気」に対する生々しい記憶のもとで、郷校開設を進めていたといってよい。

次に、「開校之日」という文書がある。[32] 本史料ではまず、「四月七日、男学校・入徳館、同八日、同・小松氏・泰念寺、同九日、女学校・越智氏・寄合所、同十日、同・近藤氏・荒神」と、各校の開校日が記されている。本校に旧高遠藩士の長尾無墨が新たに招かれたほか、小松礼治・越智彦七・近藤基はいずれも松本藩時代より大町村にて手習塾を営んでいた師匠である。

さらに本史料では、新たに建てられる予定の郷校がどのようなものであり、なぜ必要かが説かれている。栗林らこの地域の学事担当者たちが、地域住民に対し就学を勧奨するために作成したものと考えられる。たとえば、登校の際は「羽織袴ハ礼服ナレバ用ベキ」とされる。しかしその一方で、「貧困ノ者ハ謝礼モナクテモヨロシク、着服

(29) 宮坂朋幸は、京都府郡部を対象に、明治初年における開校式の実態を解明している。宮坂によれば、明治初年の開校式は地域の人びとが集まる場であり、「学制」が説くような個人の立身治産というよりも、「孝経」などを通じて家の繁昌や先祖父母への孝行が告諭されていた。宮坂朋幸「明治初年の開校式―京都府を事例として―」（『教育文化』二二号、同志社大学社会学部教育文化学研究室、二〇一三年）。

(30) 明治初期、地域で「郷土農村振興事業の一翼として開設した学校の教育」と、「欧米教育の翻訳直輸入でしかなかった当時の政府の教育政策」とのあいだには大きな隔たりが存在していた。木槻哲夫「篤農と小学校（2）―明治初期・教育関心の一考察―」（『地方史研究』一五巻三号、一九六五年）六一頁。

(31) 「学校創立仮規則」明治五年ころか（「栗林家（輪違）文書」一七）。

(32) 「開校之日」明治五年ころか（「栗林家（輪違）文書」六）。本史料には、年が記されていない。しかし『信飛新聞』（第三号、明治六年二月）には、「安曇郡大町村第十小校講義」の様子が報じられており、すでに大町小校は開校していた。よって本史料は、少なくとも明治六年二月以前に作成されたものと考えられる。ちなみにこの記事では、「講議ノ日、婦人三四輩打連レ来リテ講席ニ列リ聴聞ス、時ニ先生日本外史関原ノ役ヲ講シ（中略）、方今御維新ハ、整治億兆ノ人民ヲシテ各々其処ヲ得セシメ玉ハントノ御旨趣、其厚徳天地ト彊《カギ》リナキ事マテ懇《コン》々説諭《セツユ》セシカバ、皆潸然トシテ感涙ヲ流シ、其情実ニ仏家ノ法談ヲ聞テ鼻打チカムガ如ク」であったと報じている。

モソノマヽニテヨロシク、少シモ心配ニ及ハザル事」との配慮も見られる。これに続いて、郷校の目的が以下のように語られている。

右之日ニ各々ソノ志ニマカセテ、男女共何レヘナリトモソノ便利ニシタガヒ入門ヲイタサセ可申事、但従前ソノ師ヘ入門イタシアリシモノハ其侭ニテ可ナリ、女子ノ分ハ改メ女校ヘ入門セシム可キ事、(中略)

一、学文ノ儀ハムヅカシキ事ヲ教ズ、先ハ手習・算用・手紙ノ類何レモソノ身ソノ身ノ家業ノ助トナル様ニイタシ候事、

但シ聖賢ノ道ヲ学タク思モノハ、ソノ望ニマカセテ教導イタスベキナリ、(中略)

右何レモ浮々タル学文ヲ教ズ、国ヲ富シ村ヲ賑シ家ヲ盛シメンタメノ事ヨリ外ハ教ユベカラサルノ法ニ候間、各々僻見ヲステ、子ヲ教テ家業ヲツガシムベキ事ニ候事

まず女子の教育について、「女校ヘ入門セシム可キ」としている。先にみた「学校創立仮規則」でも、「八十三区女百七十二人」のため三分校のうち弾誓寺が「女学校」とされ、また「中年之婦人ニ而助教」を雇い入れると定められている。大林正昭らによれば、幕末から明治初頭にはすでに、『西洋事情』などの書物を通じて西洋の女子教育にかかわる情報が広く一般に伝えられていた[33]。栗林らがこうした情報に接していたのか、また「女校」でどのような教育内容が想定されていたのかについては不詳の部分が多い。しかし、次節で詳しく検討する藤森寿平の「学校」構想では女子教育への言及がないことをふまえても、栗林らがこの時点で「女校」設置を計画していたことには注目しておいてよいだろう。

一方で、「従前ソノ師ヘ入門」しているものの扱いを、「其侭ニテ可」としていることも重要である。というのも筑摩県は、明治五年から六年にかけ、手習塾や私塾など近世的教育諸機関の漸進的な廃止の方針を示していた。たとえば明治五年七月には、従前の手習塾では「平生之用文字のミ相教」えられるため「青雲出身之才力ある者も池

中之者与相成候儀、不少哉ニ相聞へ」るため、「不日手習師匠与相唱候者一端相廃」すると予告している。(34) かかる方針について川村肇は、「郷学設立の一定の前進を見つつ、さらにその障害を乗り越えて前進するために人材登用政策を正面に掲げて、民衆の立身出世による生活安定への願いを吸収する形で郷学設立を説諭している政策側の姿勢」を読み取っている。(35) こうした政策状況のなか、栗林らが「従前ソノ師」でも構わないとしていることは、創設期の過渡的な対応であったといえる。

大町小校では、どのような教育が行われようとしていたのか。教授内容は「ムヅカシキ事ヲ教ズ、先ハ手習・算用・手紙ノ類」を中心に、「家業ノ助」となることを目指すという。その一方で、望みのものには「聖賢ノ道」に導くとも説かれている。しかしまずは「浮々タル学文ヲ教ズ、国ヲ富シ村ヲ賑シ家ヲ盛シメ」るので、「各々僻見ヲステ、子ヲ教テ家業ヲツガシムベキ事」と就学を勧奨している。その教育観の力点は、「聖賢ノ道」や「国ヲ富」が語られているにせよ、まずは「村」や「家業」の再生産と安定に置かれている。山西の回想で見たように、旧来の教育機関に親しみ、近代学校教育を必ずしも歓迎しない地域住民が多く存在していた。栗林らは、こうした地域の現実に即した形で就学の必要性を説き、郷校の開設を進めていたのである。

栗林は、戸長の立場で大町小校開設に携わったのちも、改めて学区取締に任命され一一村三五校という広大な範囲を管轄した。学区取締としての職務は主に、担当村々への学校設立資金の収集や就学勧奨、試験の視察などであっ

(33) 大林正昭・湯川嘉津美「幕末・明治初期における西洋女子教育情報の受容 ── 近代日本西洋教育情報の研究(第4報)──」(『広島大学教育学部紀要 第一部』三五号、一九八六年)。

(34) 「手習師匠廃止につき筑摩県達」明治五年七月(注21前掲書、六四一頁)。なお筑摩県は、約半年後の明治六年三月、「教育ノ道万事一範にするため「従前私塾・家塾等」を「亘悉ク相廃止」するよう達している。「私塾・家塾開業願いにつき県達」明治六年三月(『長野県教育史 第九巻 史料編三』一九七四年、九四頁)。

(35) 川村肇『在村知識人の儒学』(思文閣出版、一九九六年)六〇頁。

た。そのなかで、栗林による巡回説諭の多くが、各校の学校世話役や正副戸長たちの求めによるものであったことには注目してよい。たとえば明治八年九月に中土村副戸長・横川才蔵らが栗林に提出した「請学事勉励説諭書」を見てみよう。(36)

(前略：学校世話役五人の氏名) 小子共謹而書ヲ栗林亜兄ノ足下ニ呈ス、抑廟朝挽回以還、文明頓ニ開ケ学事ノ盛ナル実ニ我国一般ノ大幸之ニ過グベカラズ、然ルニ当校創立以来生徒不就学ノ多キハ勿論、其就学ノ者ト云𪜈不参勝ニ而敢テ勉励セズ、是無他其親々旧弊ノ未タ解ケザルニ依ル也、僕世話役ノ任ヲ辱クスルヲ以テ精々説諭ヲ加フルト雖𪜈更ニ用ユルアラズ、加之前顕ノ五名我同役ナレバ衆ニ先ンジ尽力スベキニ、豈斗却テ衆ニ先ジ其就学ヲ損シ願(頑)夫ト共ニ巣窟ヲ同シ各其子アルモ敢テ学ニ就ケズ、依テ僕共頻リニ之ヲ諭シ且其任ニカナワサルヲ責ルト雖𪜈亦猶不顧、何ゾ其他ノ願(頑)夫ヲ諭スニ遑アラン、是自然不振ノ基ナリ、方今斯ク文明ノ世際シ斯如クノ体裁ナラハ、所謂有名無実ニシテ有共無が如ク、大ニ地方ノ昇生ニ愧《ハス》ルノミナラズ、第一廟朝ノ憲慮ニ悖リ我等他日不尽力ノ故ナラント厳譴ヲ蒙ランヿ必セリ、伏テ願クハ亜兄ノ威ヲ以テ右五名ヲ速ニ足下ニ致シ、篤ト説諭ヲ加ヘ厳命ヲ蒙ラバ、彼平心(身)低頭シテ其子ヲ学ニ就ケ、其徐威願(頑)夫ニ及ボシ皆以学ニ就ケシメ、其業ヲ盛大ニシ愚盲ノ智識ヲ開達シ以テ国恩ニ報ゼンヿヲ希望ス、頓首再拝

横川らは、「文明」が開け学事も盛んであるのに、中土村では「其子アルモ敢テ学ニ就ケ」ない学校世話役が存在することを問題視している。これら世話役たちは、横川ら「同役」の「説諭」では態度を改めてくれないという。そこで「願クハ亜兄(栗林―引用者注)ノ威ヲ以テ右五名ヲ速ニ足下ニ致シ、篤ト説諭ヲ加ヘ厳命ヲ蒙」らせて欲しいと願い出ている。

栗林の説諭に、学校世話役たちを学事に向かわせうる「威」が期待されていたことは、強調しておきたい。「亜兄」と呼ばれ、地域住民に対する「威」を持つ根拠には、大庄屋として近世より藩と在地社会との媒介者的役割を果た

してきた栗林家の歴史的経緯があったと考えられる。とすればその後継者である栗林には、「封内一和之職」(本章第二節)を勤めてきたものとしての立場上、学校設立はじめ多様な「開化」事業を兼担することが期待されたと考えられる。

(2) 藤森寿平の「学校」設置建言

藤森寿平は、天保六(一八三五)年生まれで、成相組の大庄屋藤森家の分家出身である。[37] 藤森の手になる年表には、「分家して質屋古手商を業とす、此頃身代質物凡八百円余、借シ金百円、入揚ケ六十俵、当所にて二番手身代なり」とある。藤森は、内山真弓や古曳盤谷ら松本藩の国学者や歌人と交流があり、京都(文久元年)や北越(文久二年)、横浜(文久三年)や江戸(慶応二年)などを遊歴した。ここで、藤森家には御用留など村方支配にかかわる文書が見られず、紀行文や書画、詩稿などがほとんどであることを指摘しておきたい。[38] つまり藤森は大庄屋分家の出身として、村政にかかわるよりも在村の文化人的な存在であったといえる。

残された紀行文のうち、文久三(一八六三)年の「諏訪紀行」には、藤森の世情認識が見いだせる。[39] 七月には、松本藩預所和田村名主の窪田畔夫(天保九—大正一〇年)と「夜共に物語り、時世のさまざまおそろしく浅間しき」と語り合っている。諏訪への道中では、助郷役を勤める中山道の人びとを見て「いにしへ聖の世には、民をつかふに時をもてすとかきくに、時もなくかくせめつかわるゝは、実にも世は末になりけり」と嘆いている。また宿代につい

(36) 「学事雑箋」明治八年九月二日(「栗林家(輪違)文書」三〇一)。
(37) 以下、藤森の略歴は「ささ栗」年月日不詳(「藤森家文書」九三、豊科郷土博物館所蔵)によった。
(38) 中野正實「藤森桂谷遺墨・研究資料目録」(私家版、一九九一年)と、藤森家への調査による。藤森の旅日記については、口絵も参照のこと。
(39) 「諏訪紀行」文久三年(宮坂亮編『藤森桂谷遺墨遺稿集』藤森桂谷遺墨遺稿集刊行会、一九二九年、一三七—一四〇頁)。

て、「今は一夜やどりに足三百文、あるは四百文のとぞいふなる、いまだ三百年たゝぬうちに、かくも変る世にもあるかな」と驚いている。こうした世情について藤森は、「乱世にもおよばんか」や「泰平に似て泰平にはあらず」と批判的な認識を示していた。しかし文久段階では絵画修業を志し、「月花山水に一世をまかせたる身」と自己規定し、特別な政治的行動は起こしていない。

幕藩制社会に対する藤森の批判的認識は、「御一新」に対する期待の高まりにつながる。新政府軍の江戸進軍を耳にした藤森は、「世の中の一変後、古の大御代と移り、人の心もやかてむかしにかへり、物の値もひきゝにつきなん」と記しており、「御一新」を高く評価していた(40)。

こうした期待感のなかで藤森は、明治三（一八七〇）年九月に「小学」設置を松本藩へ建言した(41)。

今王政復古ノ時ニ当リ往古敦厚ノ風俗ニ挽回セントスルヤ、先一郷ニ小学ヲ健（建）サセラレ、村長子弟ヲ集メ先皇国ノ道ヲシラシメ而孔子ノ道ニ及フ、壮年ノ者ニハ農桑ヲ勤ムルノ暇簡便ヲ以一字不盲ノ愚民トイヘトモ五倫ノ道ヲ教諭シ御布告之旨趣叮嚀刻解セハ、追年追月治隆俗美千歳ノ古風カヘリ二百年ノ悪習ヲ一洗スルニ可至、且漸々人苗ヲ養フニ至ツテハ名ヲ竹ハクニタル、人英不出ルモシルヘカラス、村学御取立ノ策ハ一ヶ組一ヶ所寺院ヲ見立学文所トス、篤実温厚ノ書生ヲ撰ミ教導トス、書生并ニ学校雑費ハ凡三十俵ト見テ是ヲ一村ニ応シ割符ス、若不足ノ分ハ富農又社寺ヨリ出サシム、

一、御封内数箇ノ寺院元来愚夫愚婦ヲ教誡スル任タル処、只旦越ヲムサホルヲ業トシ妻ヲ畜ヘコウリヨウニ飽キ農桑ヲ事トス、実ニ犴民ヨリモ甚シ、右寺院ノ風習立ナヲサントスルニ、先官命ヲ以其行状御正シ、有之甚シキハ放チク又ハ退院ナサシメ、其寺料後住取極メ迄ハ学校ノ給トナス、一村多寺分ハ合寺トナシ学校ノ料トナス、其外分限ニ応シ学校料ヲ出サシム、社司モ又ロク〳〵小民ト利ヲ争フ時節ニアラス、是又分ニ応シ料ヲ出シ、寺院共ニ子弟ヲシテ学文研窮セシメハ、漸々敝風立ナヲリ可申ト奉存候、村学矩則ハ已ニ他藩ノ振合モ有之、御探索ノ上御定メニ相成候様奉存候、誠恐誠誼頓首頓首

明治三庚午秋九月
安曇郡成相新田町村　寿平

藤森は、「小学」に「村長子弟ヲ集メ、先皇国ノ道ヲシラシメ而孔子ノ道ニ及」ばせることを急務とし、「愚民」には「五倫ノ道ヲ教諭シ御布告之旨趣叮嚀刻解」させるべしという。藤森が「小学」に期待しているのは、「二百年ノ悪習」の一洗と「名ヲ竹ハクニタル、人英」の輩出である。

「小学」設立に向けた方策についても、具体的に語られている。用地や校舎については、寺院を転用することが想定されている。というのも封内の寺院には、本来の役目である「愚夫愚婦ヲ教誡スル任」を放棄しているものが存在する。こうした寺院に対しては、まずは「官命」により行状を正し、甚だしい場合は退院させ、「学校ノ給」とすべきである。神社についても同様に、「小民ト利ヲ争フ」ものが存在することを批判し、「学校料」を拠出させ、子弟に「学文研窮」させれば「敝風」も改善するという。寺社を「小学」に転用させる構想については、松本藩ではとりわけ廃仏毀釈が激しかったことと関係していたとも考えられる。この点は、前章第四節で取り上げた議事局出役・市川八十右衛門の「学校取立」の建議とも共通している。最後に、「村学矩則」については、「他藩ノ振合」を探索したうえで定めるべしという。以上のように藤森は、「王政復古」の時勢を歓迎し、村落に「往古敦厚ノ風俗」をもたらす拠点として、「小学」設置を建言している(42)。

(40)　「戊辰寝覚のすさび」明治元年（「藤森家文書」五二）。
(41)　「明治三年学校設置建白書控」明治三年九月（「藤森家文書」九一）。
(42)　入江宏は、近世的郷学と区別する形で、維新期郷学の基本的性格を以下のように規定した。①地域の名望家による組織化、②太政官・府藩県の勧奨に呼応、③有志の拠金にもとづいている、④官への届け出、認可の形式、⑤寺院や会所等公共的施設を学舎とする、⑥漢学を中心に皇学・洋学を加味した教育内容、⑦近代学校への転換・吸収。藤森の「小学」構想および実践社は、入江のいう維新期郷学の基本的性格におおむね該当するものであったといえよう。入江宏「郷学論」（『研究紀要』一六号、宇都宮大学音楽科、二〇〇九年）二七頁。

もっとも、この建言は藩に容れられなかった。松本藩が在町への学校設立に消極的であったことは、前章の議事下局にかかわる検討で明らかにした通りである。藩の消極的な姿勢に対し藤森は建言の翌年、元高遠藩儒の高橋敬十郎（天保七—明治三七年）を招聘し、みずから郷学「実践社」を設立した。高橋は、実践社に招かれた経緯について、「辛未春三月偶々北遊シ、安曇郡新田町村藤森寿平ヲ主トス、寿平蚤ニ朝意ノ文教ニ注クヲ知リ、且貞（高橋—引用者注）ノ論流頼ルナキヲ愍ミ、元松本藩庁ニ告ケ私学ヲ開キ村童ヲ誘招シ貞ヲシテ句読ヲ授ケシム」と回想している。[43] ここからは、藤森が「朝意ノ文教ニ注ク」というみずからの問題認識に応えうる人物として高橋を招いたこと、および実践社の設立が「元松本藩庁ニ告」げられていたことを確認しておきたい。

実践社は、新田町村の法蔵寺境内の正授軒を間借りする形で運営されていた。その当時の様子について、以下のような回想が残されている。[44]

> 正授軒は、八畳二室、六畳一室、四畳一室、外に勝手があつた丈で、開塾後二か月を出ないうちに、塾生は二十名以上にもなり、塾舎も狭くなつたので、新田の円証寺を借り受けて、此に移転した。其塾生は安筑二郡のみでなく、他府県人の来り学ぶものもあつて、遂に五十名以上に達した。依て白山（高橋敬十郎—引用者注）は高遠から更に井上、稲垣等を招いて、授業を助けさせたのである。

実践社は塾生を順調に増やしていったようで、設立後二か月もしないうちに二〇人を越え、正授軒だけでは手狭になったという。そこで「岩原の山口氏の宅」や「一日市の長徳寺」など安曇郡南部の村々に分教場を設け、高橋ら高遠藩士が「出張授業」をしていたという。

実践社の設立・運営資金について、明治五年九月に藤森が母に宛てた書簡では、昨年に「学校入用と本ヲ仕入」のため「㊅本家ゟ借金百両」や、「飯田ゟ十五両カリ」ており、後者は「書画にてかへし申候」という。[45] また会計簿には、「書画会」や「寿平小遣ひ」などと並び、「五両内二両五月分」など高橋へ月俸を支払った記録が確認でき

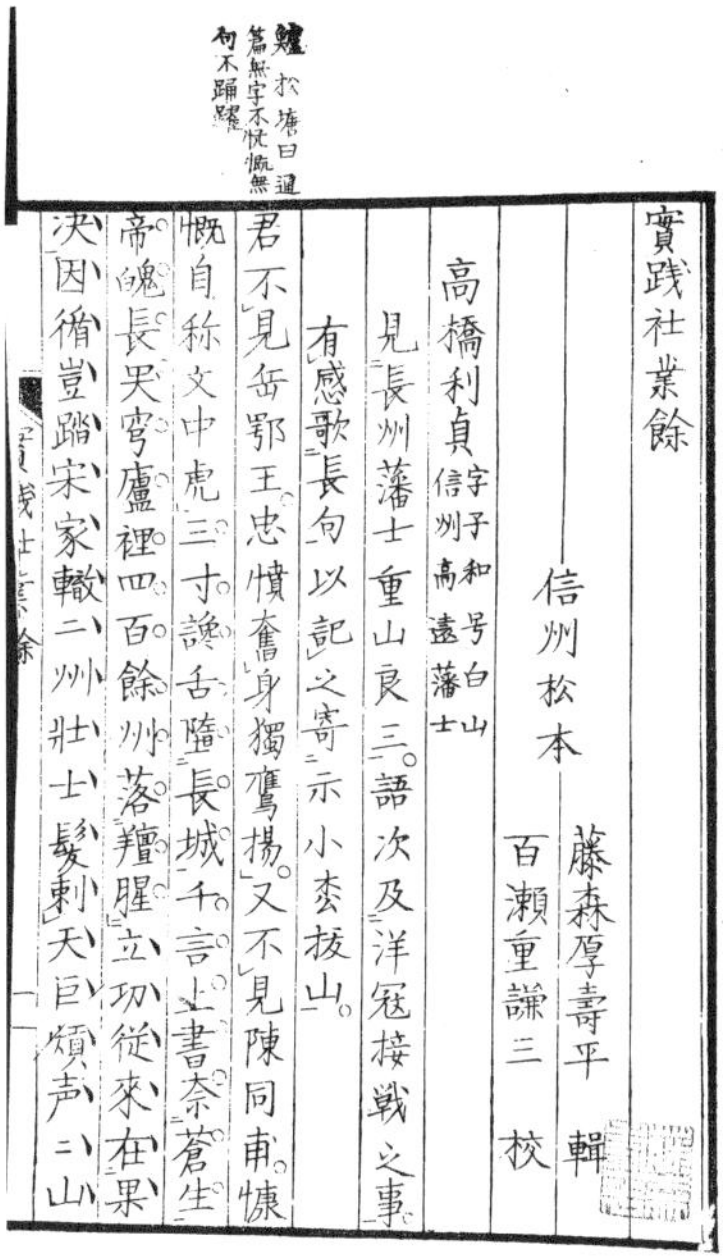

實踐社業餘
信州松本　藤森厚壽平　輯
百瀬重謙三　校
高橋利貞字子和号白山信州高遠藩士
見長州藩士重山良三。語次及洋冦接戦之事
有感歌長句以記之寄示小杏拔山。
君不見岳鄂王忠憤奮身獨奮揚。又不見陳同甫慷
慨自称文中虎三寸譏舌噛長城千言上書奈蒼生
帝魄長哭穹廬裡四百餘州落羶腥立功從來在果
決因循豈踏宋家轍二州壯士髮剌天巨熕声二山

図3-2『実践社業余』
編集は藤森寿平、校正は百瀬謙三（安曇郡明盛村一日市場耕地）による。

る。(46)

実践社で学んだものの詳細な構成は、史料的制約から十分に明らかでない。しかし「読書生」の名簿が残り、藤森や小穴、飯沼や曽根原など筑摩・安曇郡の村役人層と見られる姓名が記されている。(47)実践社では、こうした階層の子弟を中心に、手習いや素読などの基礎的教育が行われていた。

さらに注目すべきは、漢詩集『実践社業余』(48)の刊行である（図3-2、および口絵参照）。この

(43)『信飛新聞』六号、明治六年六月。
(44)注39宮坂亮編前掲書、四七三—四七四頁。
(45)「桂谷遺墨書簡雑文」明治五年九月（「藤森家文書」九四）。
(46)「実践社会計方控」明治四年四月（藤森美恵子氏所蔵）。
(47)「読書生人名録」明治四年三月（「藤森家文書」一一一）。
(48)『実践社業余』明治四年九月（「藤森家文書」五五）。
この書物の内容については、千原勝美の研究がある。千原は、『実践社業余』に収録された漢詩をもとに、その詩作に対する姿勢や、文化的力量を分析している。千原によれば、藤森らの漢詩は「総じて時世や詠史・送別に関するものよりも、自然や身近に関わるものが多い」という。さらに、「詩形上から見る限り斉整され」ており、「実践社に集まった塾生・社友たちの詩における唱和の貴重な実績であり、詩的表現力を獲得した重要な証明」と指摘される。そして、このような文化的力量は、「白山の教導によるもの」と推測している。千原勝美「漢詩集『実践社業余』考」（『信州大学教育学部紀要』四九号、一九八三年）。

表3-2　『実践社業余』参加者の出身地・身分ごとの人数

	松本	安曇郡	筑摩郡	高遠藩	その他	計
士族	2	0	0	6	2	10
村人	0	24	1	0	0	25
その他	1	1	0	0	2	4
計	3	25	1	6	4	39

出典：注48前掲史料

書物は、叙言を含め三四丁からなり、三九人による一四八首の漢詩が収録されている（うち「附録」四人七首）。漢詩を寄せたひとりである小沢直太は、「実践社済々多士、皆富藻思、発為詩、溢為文、裒然成冊、簡抜其詩、以欲為集、謀醵資上梓、有故、将廃、翁奮然、抛私貨、自書稿、附剞劂、経年漸成」と回想している[49]。つまり実践社には多士済済の人びとが集まっており、漢詩集出版の機運が高まっていた。しかし、資金が思うように集まらなかったため、「翁」すなわち藤森が私財を投じ、みずから稿を認め、板刻することでようやく上梓にこぎ着けたという。

表3-2では、『実践社業余』に漢詩を寄せた人物の出身地と身分的出自についてまとめた。『実践社業余』は藤森ら安曇郡の「村人」による漢詩が多く掲載されていたことがわかる。また、「士族」では高遠藩が多いものの松本藩からも二人参加していた。松本藩からは、双燕と号する人物（名は万代、千石室人女）など女性も参加していることが注目されるが、現在のところ詳細は不明である[50]。そのほかの地域には、飛騨国高山藩や伯耆国米子藩、長門国豊浦藩の人物も見られる。『実践社業余』の見返しには、「明治四年秋九月梓」、「莘田村爨蔵版」と印刷されている。また藤森が認めた叙言では、実践社の「講習之暇」に皆で詠った「一百余編」の詩を一冊の書物にまとめることで、「慕平生之交誼、於斯集」という。『実践社業余』は、実践社に集ったメンバーの「平生之交誼」の証として編まれたことがわかる。

以上から藤森は、実践社において「村長子弟」の養成を行う「小学」構想をみずから実践していたといえる。さらに藤森の教育活動は、基礎的教育ばかりでなく、高橋ら他地域の儒者を招聘することで、「出張授業」や漢詩集の出版にも及んでいた。この意味で実践社の営みは、藤森が大庄屋分家の文化人として築いてきたネットワークを基盤としていたといえよう。

さらに筑摩県成立後の明治五年一、二月ころ、藤森は高橋とともに改めて「学校」設置を建言した。(51) この建言の署名の順番は、「安曇郡成相新田町村・藤森寿平、筑摩県貫属士族・高橋敬十郎」である。まずは建言の前半部分から、藤森らの課題意識について検討しておこう。

封建ノ制門閥ヲ賢トシ凡庸ノ徒乳臭政ヲ執リ英俊ノ士衰老職ヲ得ス、人才ヲ蔽塞シ冠履倒置ヲ為スコト殆ト三百年、(中略)此時ニ当リ苟モ廷意ヲ領シ自己ノ私ヲ忘レテ　皇国ノ公ニ奉シ志力ヲ尽シテ以テ報恩ヲ図ルモノハ是臣民ノ職分ナリ、然レトモ、世禄ノ家ハ前栄ヲ回顧シテ活計ニ心ヲ苦シムルコト猿鳥旧林ノ菓実ヲ懐フガ如ク(中略)、嘻々天下ノ臣民皆是ノ如キハ誰ト共ニ国勢ノ衰弱ヲ挽回センヤ、是皆文化開ケス、知見博カラス、忠信誠実ノ心薄スク、忼慨憂国ノ気乏シク、一家ノ私アルヲ知テ全国ノ公アルヲ知ラサルノ弊ニシテ、皇国ノ至患ナリ

「英俊ノ士」であっても「門閥」にあるものでなければ職を得られない「封建ノ制」が解体し、これからは「臣民ノ職分」を果たしていかねばならないという。こうした時代にもかかわらず、「前栄ヲ回顧」する「世禄ノ家」のような「一家ノ私アルヲ知テ全国ノ公アルヲ知ラサルノ弊」が未だ存在することへの懸念を表明している。藤森らは、かかる課題意識から新たに「学校」を設置し、「国勢ノ衰弱ヲ挽回」しうる人材の育成が急務であると主張する。

(49) 注39宮坂亮編前掲書、五三九—五四〇頁。

(50) 双燕については、明治六年四月に催された古曳盤谷の古希の寿宴を報じた『信飛新聞』(五号、明治六年五月)にその名が見られる。ここでは、「松本仙石氏ノ娘十四才」とされ、「書画ヲ善クシ、揮写座客ヲ感セシム」と評されている。松本藩士には、仙石磯之助(御預所同心、五石二人扶持)など仙石姓が数人見られるが、双燕との関係は明らかでない。浅井洌『松本藩譜』明治五年(松本城管理事務所所蔵)。

(51) 「県学郷学設置につき建言」明治五年(『長野県教育史　第八巻　史料編二』一九七三年、八五八—八五九頁)。

建言の後半では、藤森らの「学校」構想が以下のように語られている。

夫国ヲ治メ民ヲ化スルハ教ヨリ先ナルハナク、教ヲ施スハ学校ヨリ先キナルハナシ（中略）、伏冀ハ管内ニ諭シ、或ハ富有ノ金ヲ募リ或ハ入学謝金ノ多寡ヲ計リ、急速県学・郷学ヲ創立シ、草野ノ細民ニ至ルマテ、和漢歴史ノ大概、小学且国律・布令・太政官日誌等政体ニ関渉セル切要ノ書并ニ西洋訳書等ヲ熟読セシメ、人倫ヲ明ニシ聞見ヲ博メ宇間ノ形勢事実ヲ審ラカニシ、人民自カラ起興シテ陋習ヲ慚愧シ開明ヲ欽羨シ維新更始ニ勉進スルノ端ヲ開キ、一畝ノ田ヲ耕シ一行ノ書ヲ読ム、皆国家ノ公ニ奉スルノ心ヲ以テ一家相頼リ同舟相救フガ如ク、偏ニ将来ノ強盛ヲ目的トセハ、国気自ラ振ヒ人才自生シ、千歳不抜ノ御基本相立チ申ベクト奉存候

明治三年の「一郷」規模での「小学」構想に対し、ここでは「国家」規模での教育構想が提起されている。第一に「学校」の対象には、「富有ノ金」を集め「入学謝金ノ多寡ヲ計」ることで、「草野ノ細民ニ至ルマテ」が想定されている。そこには、先の「村長子弟」と「愚民」とを弁別する姿勢は見られない。第二に「学校」の主眼が、「政体ニ関渉セル切要ノ書并ニ西洋訳書等」を読ませることで、「国勢ノ衰弱ヲ挽回」し「国家ノ公」を担う「人才」の養成に置かれている。「愚民」の教育を「御布告之旨趣叮嚀刻解」させるにとどめていた「小学」構想からは、大きく変容していよう。[52]

こうした「学校」構想は、どこまで実現可能であったのか。藤森家の蔵書目録から、このことを検証しておきたい。[53]藤森は、『日本外史』（天保一五年版）や『皇朝史略』（文政九年版）などの歴史書や四書五経はもちろん、『太政官日誌』（明治二年版）や『新律綱領』、『改定律令』（いずれも明治七年版）などを所有していた。藤森の蔵書には、「政体ニ関渉セル切要ノ書」に該当する書物が数多く含まれていたといえる。もっとも藤森がこれらの書物をどのように読ませようとしたのかは、建言の時期の史料からは明らかにならない。

ここでは藤森らが、「学制」発令の直前、十分な実現可能性とともに「学校」構想を提起していたことを特筆し

ておきたい。それは、「愚民」と「村長子弟」が「一家相頼リ同舟相救フガ如ク」、ともに学びあうような「学校」の構想である。ここに、「封建ノ制」への批判的認識から、旧来の地域秩序の再編を目指す藤森の志向性を見いだすことができよう。

と同時に、「草野ノ細民ニ至ルマテ」を「国家ノ公」を担う主体に育成しようとする構想には、教育により「国家ノ富強ヲ謀ル」筑摩県の「学校創立告諭書」に共鳴する側面を読み取ることも可能かもしれない。ただし筆者は、藤森と県(政府)の近代教育をめぐる志向性が、完全に重なっていたとは考えていない。藤森の「学校」構想は、「政体ニ関渉セル切要ノ書」を教育に組み込んでいる点に特徴がある。藤森は、維新変革および「開化」を契機として地域秩序再編の機運が高まるなか、「愚民」も「村長子弟」もともに「政体ニ関渉セル切要ノ書」を学びあい、「国家ノ公」に関与していく道を志向していた。藤森の志向性は、教育を通じた政治参加への回路を希求するものと換言してもよい[54]。いわば政治的な主体の養成を視野に入れた藤森の教育観と政府の教育政策との懸隔は、のちに顕在化していく。ただし両者の懸隔を明らかにするには、藤森の教育活動が自由民権運動に連なっていく過程に目を向ける必要がある[55]。この論点については、第六章で改めて考察する。

---

(52) 藤森の「学校」構想は、儒者である高橋との交流が大きな影響を与えていたと考えられるが、両者の関係性については現在のところ未詳である。なお、高橋の教育活動については、名倉英三郎「研成学校記 ―― 教員白山高橋敬十郎 ―」(『比較文化』一一号、東京女子大学比較文化研究所、一九六五年)を参照。

(53) 中野正實「藤森桂谷文庫目録(改訂版)」(豊科郷土博物館、一九八四年)。

(54) 高久嶺之介は、丹波国山国郷大野村の名望家・河原林義雄を取り上げ、身分制の解体や文明開化の謳歌を経験した豪農商たちが、「国政参加への希求」を抱き、自由民権運動に身を投じていく姿をとらえている。河原林は村役人(名主)出身であり、藤森とは地域秩序における立場性を異にするが、両者は「国政参加への希求」を有している点では共通していよう。高久嶺之介『近代日本の地域社会と名望家』(柏書房、一九九七年)一四六頁。

(55) 藤森は明治八年ころ、「学校ノ設村落ニ及ヒ新築ノ美僻地ニ輪換ス、太平ノ象トナサンカ、曰ク非ナリ」と記している。藤森は、「造化ここではひとまず、本節の内容に即して藤森の動きをまとめておく。旧藩時代の藤森が村政にかかわっていた形跡は確認できない。しかしその反面、幕末期には各地を遊歴するなかで幕藩制社会への批判的認識を養っていた。また多地域からの儒者招聘や「本家」からの借金百両で、みずから実践社を運営した。こうした活動にこそ、大庄屋分家の文化人的存在という立場から養われた、藤森の媒介者としての力量が垣間見える。

筑摩県が県学・郷校の設置を決定した際、学校世話役の安曇郡「惣代」に選ばれたのは、大庄屋の藤森善平ではなく、その分家の寿平であった。(56) さらに実践社は、郷校五番新田小校から「学制」下小学校の成新学校へと展開し、藤森は教員兼学事掛としてその運営に携わった。(57) 大庄屋分家という身分的出自を持つ藤森は、筑摩県の新たな地域支配体制のもとで「前栄ヲ回顧」する「世禄ノ家」を批判し、近代教育事業を担っていった。ここでいう「世禄ノ家」には、旧大庄屋家も含まれうることに注意をうながしておく。本章第一節でみたように、御用留の分配など家格保持に向けた彼らの動きは、まさに「前栄ヲ回顧」するものと見なせるからである。とすれば、旧来の地域秩序を教育によって再編していこうとする藤森は、まさに「御一新」を象徴する存在であった。

(3) 市川量造の新聞・下問会議建言

市川量造は弘化元（一八四四）年に松本城下深志町下横田の名主の家に生まれ、一九才の時には蚕種紙売り込みのため横浜に滞在した経験を持つ。(58) 市川による千包単位での「万金丹」取引の記録が残されており、維新後も商いを生業とした。(59) 明治五（一八七二）年には松本下横田町副戸長に就任し、翌年には「戸長兼学校・病院・博覧・新聞・勧業」など多岐にわたる「開化」事業にかかわっていた。(60)

栗林球三や藤森寿平とは異なり、学事担当者としての市川については、明治六年八月の学校世話役就任が確認できる程度で、学校教育にかかわる具体的な活動を伝える史料が見いだせない。しかし市川の学事担当者としての特徴は、諸職の兼担にこそあるといってよい。たとえば市川は、松本旧城下町の商人を中心に結成された松本博覧会社の惣代として、学校教育の成果である作文や習字を博覧会で展示させていた。これは、「博覧場中活発々ノ展観」と「学生」の「憤励鞭撻ノ一助」として、両事業を充実させる仕掛けであった（次章で詳述）[61]。こうした活動のあり方は、市川の存在形態に強く規定されていたと考えられる。

市川は、栗林のように大庄屋出身者として地域住民を説諭する立場にも、藤森のように文化人的存在として在村の教育を担う立場にもなかった。その代わり市川の活動拠点は、県庁や松本城、開智学校などが建ち並ぶ「開化」の中心地たる松本にあった。町方商人たちとともに諸事業を相互に連関させつつ、地域の「開化」を推進していたことが、市川の特徴である。

諸職兼担と諸事業の相互連関という特徴は、市川が中心となって創刊・開設させた新聞と下問会議にも該当する。『信飛新聞』は、「学校創立」（一号）や「勧学変俗」（一一号）、「学校営繕費拠出褒章」（三八号）など、毎号のように各地の学事について報道し、その推進をうながしている。また第一回の下問会議では、窮民救恤や地域殖産などとともに、「学校此上就学ノ者ヲ勧奨シ、村家ニ不学ノ者無ク、一層盛大ニ開ク、急務ノ事」という議題が提示されて

ノ物ヲ生育スル」には「自主ノ真理ヲ保チ、自由ノ公理ヲ存ス」る必要があるという。ここに、自由民権運動に参加していく藤森の課題意識を垣間見ることができる。「用拙塾時代桂谷遺墨紙片」（「藤森家文書」九九―二）。

(56)「県学・郷校取建てにつき筑摩県へ学校世話役答申」（注21前掲書、六一五頁）。なお、惣代ではなかったものの、藤森善平も安曇郡の学校世話役に任命されている。

(57) 南安曇教育会編『藤森桂谷の生涯』（南安曇教育会、一九八二年）。

(58) 注20有賀義人前掲書、三頁

(59)「万金入荷」明治六年、「万金仕立帳」明治七年（「二木家文書」七〇、七一、松本市文書館所蔵）。

(60)「雑用誌　第二号」明治七年八月（「市川家文書」八九〇七）。

(61)「（作文展示願い）」明治八年一〇月（「明治八年　博覧会之部」明八―一―B―三、長野県立歴史館所蔵）。

いる。[62]

諸事業の連関という特徴と同時に新聞と下問会議で注目すべきは、旧来の地域支配体制とそのなかで大庄屋たちが担っていた「封内一和之職」（本章第二節）のありようそのものを大きく変容させたと考えられることである。以下、この観点から検討を進めていきたい。両事業の嚆矢となったのはいずれも、市川が窪田畔夫（旧松本藩預所名主）らとともに行った建言である。

市川と窪田が明治五年七月、「旧筑摩県令永山盛輝君ニ対シテ密ニ新聞発行ノ件ヲ談」じたところ、「県令深ク之ヲ嘉シ」たという。[63]一〇月には市川と窪田を惣代とする知新社より『信飛新聞』が創刊され、「原資十円ツヽノ出金」と新聞購読を職務とする新聞誌世話掛が任命された。[64]『信飛新聞』創刊の目的は「瑣々タル僻地」である筑摩県に「公典俚諺ヲ問ハス見聞ニ随ヒ収録シテ四方ニ布示ス」ることであると、「緒言」で述べられている。

『信飛新聞』の紙面構成は明治九年の廃刊までほぼ一貫して、①政府や県の布告・布達、②県下雑報、③投書の順であった。①にかかわって、「僻在ノ村々ニ至リ候テハ、旧来ノ弊習ニテ速ニ了解難致」く、「不知不識犯罪等ノ者モ有之儀ニ立至リ、実ニ至痛至憂ノ事」との筑摩県布達がある。[65]「僻在ノ村々」には、「開化」政策を理解することができず、それとは知らず「犯罪」を犯してしまうものがいるという。こうした状況のなか筑摩県は、布令の周知を喫緊の課題としていた。この課題に応えることが、『信飛新聞』の役割のひとつであったと考えられる。というのも、「公聞」や「東京府下公達」、「県下公聞」など、『信飛新聞』には創刊当時から政府や県の政策に関連する記事が多く見られる。さらに紙面が四段組みとなった一三号からは、巻頭に「官令」などといった欄が設けられ、筑摩県や中央政府の布告・布達類が掲載されている。

記事掲載ばかりでなく、知新社では、布令の印刷・販売も行われていた。まず知新社社員であった萩原次郎太郎の日記には、「御布告代料御下ケニ相成」と記されている。[66]さらに印刷・頒布業務にかかわる文書が、窪田家に現存する。以下は、布令印刷業務について窪田畔夫が筑摩県に提出した文書である。[67]

知新社ニ而、御願申上御下渡之　御布告・御布達書之儀、是迄之分過半売残ニ相成、当惑仕候間、何卒右惣数納高之義、村々より御取立、代価三ケ（分）一納ニ御容捨被成下置候様奉懇願候、当時御摺立置分共御下ケ被下候ハヽ、即御上納可仕候、尚今後者人相書之類ヲ取除キ、　御布告達之分、毎号二十通ツヽ一割之手数料ニ而、御下渡被下置候様奉願上候

窪田は、これまで知新社によって印刷されてきた布令が、「過半売残」っていることに対し「当惑」している。そのため今後は、毎号二〇通ずつを「一割之手数料」にて下げ渡して欲しいと願っている。さらに以下は、印刷方より窪田へ送られたと思われる文書である。(68)

御布告書上木仕摺料、一枚ニ付三厘ツヽ之値ニ奉申上置候処、諸職方紙仕入等、可成丈ケ手詰ニ仕候間、今般一枚ニ付二厘二毛ツヽニ而、御引受申上候

印刷方は、「御布告書」の印刷経費が一枚につき八毛削減できたと報告している。少しでも経費を減らそうとしていた知新社の関係者たちの姿が垣間見える。以上の二史料から、布令の印刷は、必ずしも利益の出る仕事ではなかった。知新社は、布告・布達の売れ行きが芳しくないことに「当惑」しながらも、一枚一枚の経費を切り詰めつ

---

(62) 表3-1⑦前掲史料、明治六年九月。
(63) 松沢求策「松本新聞沿革略史」(『松本新聞』六〇一号、明治一三年二月二三日)。
(64) 表3-1⑥前掲史料、明治六年九月一二日。
(65) 「新聞勧奨ノ事」明治六年八月一〇日(『管内布達全書』明七―三A―一、長野県立歴史館所蔵)。
(66) 「新聞掛記録」明治七年三月二九日(「萩原家文書」個人蔵)。
(67) 「以書付奉願上候」明治七年七月二三日(窪田稔氏所蔵)。
(68) 「以書付奉申上候」年不詳一月二六日(窪田稔氏所蔵)。

つ、その印刷業務を請け負っていたのである。

それでは、新聞事業や布令の印刷・頒布は、その担い手たちにとってどのような意味を持ったのか。このことを考える手がかりとして、近世における御用留の記録と、近代における新聞・布令の印刷・頒布には、ある共通性が存在していることを指摘しておきたい。つまり両者は、ともに上(藩や政府・県)が発する地域支配にかかわる情報を記録し、伝達する仕事である。いずれも、為政者と在地社会とを媒介するメディアといってよい。

しかしこうした共通性の反面で、大庄屋廃止の際には地位の証明として分配されていたように、御用留は特定の役儀にある家だけが独占できるメディアであった。それは地域支配にかかわる知識や作法の情報源であると同時に、媒介者としての立場を担保する力の源泉でもあった。これに対し『信飛新聞』は、原則として「定価三銭」を支払えば誰でも購読することができた。経営が必ずしも順調でなかった初期の新聞事業は、県・政府からの政治的な情報をみずから掌握し、在地社会へと媒介することを求めた人びとに支えられていたのである。[69]この意味で知新社による事業の出資者・購読者は、筑摩県の新たな地域支配体制のもとで、「仁政徳沢を下に及ぼす」(本章第二節)職分の保持・獲得を目指すものたちであった。

次に下問会議の設置もまた新聞と同様、市川や窪田ら五人の建言によるものであった。以下は明治五年二月に提出された下問会議設置の建言「乍恐以書付奉申上候」の後半部である。[70]

御治下之広遠なる、各地風俗之厚薄未た洗除にも難相成や、万々一壅蔽寃枉之義も出来候ては、御明庁之御累共相成、遺憾之義に奉存候間、有志之者共聊献芹之微衷をも奉言上度、素より御国事へ関渉仕義は無忌憚可申上義、勿論之事に御座候得共、其次第に寄御繁務中多人数罷出候折柄、訴庭にては差支之義等有之、衷情不相伸、却て如何之御聞取にも可相成かと箝黙いたし、随て正大之御主意も阻格仕義不少奉存候、就ては御庁之門前に御下問之場所御設け被為遊候はゝ、十分之存意申立、御採択御取捨被下置、下情通暢之御一端にも可相成奉存候、此段乍恐奉献言候、以上、

壬申二月七日、

和田村　久(窪)保田畔夫
金井村　青木禎一郎
東条村　山本親衛
下横田町　市川量造
白板村　折井深見

建言者たちは、筑摩県の「広遠ナル、各地風俗之厚薄未タ洗除ニモ難相成」い状況について懸念を表明している。そこで「御下問之場」を設けることで「下情通暢之御一端」をはかるべしと主張した。県はこの建言を受け、下問会議設置と「区長・学区取締は勿論、村々正副戸長、学校世話役及教員、神官・僧侶、凡才幹ある者は士民に不拘選挙」による議員選出を達することとなる。

五人の建言者のうち、折井深見（庄内組）以外は下問会議員となっている。つまり、「存意申立」てることで「下情通暢之御一端」を担う主体には、建言者たち自身が含まれていたと考えられる。市川は第一回会議の献策にあたり、「門閥ヲ問ハズ、辱クモ身議員ノ班末ニ列シ、等シク下問ノ条款ヲ拝承奉リ、実ニ感胆限リアル可カラズ」と、

（69）逆に新聞事業に出資しないものは、紙上で「開化」に逆行する存在として住所・実名つきで批判された。この点については、次章で詳述する。
鈴木淳によれば、維新期には御用留の情報量が爆発的に増え、布令の正確な伝達もままならなかった。活版印刷技術の導入は、村・町役人たちが布令記録の負担軽減を求めたことが一因であるという。鈴木淳『日本の近代15　新技術の社会誌』（中央公論新社、一九九九年）三七―五八頁。

（70）「下問会議記録（筆写版）」（「市川家文書」八六一―九）。この建言は本来、片仮名で記されていたと考えられる。しかし筆者は、第一次史料を見いだせていないため、ここでの翻刻は筆写版に従った。

議員に選ばれたことへの「感胆」を表明している。[71]「門閥」不問に対する市川の「感胆」は、親の八十右衛門が議事下局で表明していた建議とともに、藤森寿平の「学校」設置建言にも共有されうるものであったと考えられる。

その一方で前節の表3−1から、旧松本藩大庄屋のうち下問会議員に選出されたのは、類縁が推測されるものも含め五人にとどまる。こうした事態は彼らにとって、近世から維新期にかけて自家が保持してきた媒介者としての優勢を相対的に低下させるものとして受け止められたのではないか。さらに下問会議員六一人には、一七人の士族が含まれている。松本藩時代の議事下局では、藩側から提示された議案について在方町方の議事局出役が建議していた。これに対し下問会議では、士族と平民がともに県からの下問について議論する状況が生まれていたのである。とすれば下問会議も新聞と同様、「下民困苦の情を上に告」(本章第二節)げる職分のありようを変容させるものであった。

『信飛新聞』発行や下問会議設置に向けた市川らの動きは、新たに成立した県とのパイプを掌握しようとするものであったと解される。布令を県下へ報道する新聞と、「下情」を県へ建議する下問会議。これらは、幕末維新期における御用留や議事下局などに変わり、筑摩県の地域支配にかかわる情報を掌握・配分する新たなメディアであった。この意味で、従来の「封内一和之職」のありようが、「開化」の進展により変容していったといえる。そのなかで市川らは、県(政府)の諸施策をいち早く察知・掌握し、筑摩県における新たな媒介者的立場の獲得を目指していった。こうした市川らの存在は、薩摩から赴任した永山盛輝ら県当局にとっては、地域の「開化」を円滑に進める窓口的な存在であったとも考えられる。[72]とすれば市川らの動きには、為政者と在地社会とを媒介することで、安定した地域運営につとめる近世の村・町役人層と同様の職分意識が通底しているともいえよう。

しかしこうした連続性の一方で、市川らの台頭それ自体が、地域秩序における立場性や関係性の変動を引き起こす存在ともなっていたことを指摘しておきたい。第一に、これまで再三指摘してきた市川の身分的出自にかかわる問題である。新聞や下問会議の建言を行うなど、多様な「開化」事業を牽引した市川は、村・町役人層のなかでも格式の低い名主の出身であった。第二に、下問会議と新聞の建言には大庄屋・大名主経験者が参加していない。表3‐3では、両事業の建言者・世話掛について、居住地と身分的出自を一覧化した。下問会議建言者五人の内訳は、松本藩在方一、町方一、預所三人である。このうち、大庄屋との類縁者は折井深見（庄内組折井家分家）のみで、大名主では類縁者を含めひとりも見いだすことができない。さらに、市川と窪田による『信飛新聞』創刊の建言の直後、新聞誌世話掛に任命された一一人の内訳は、松本藩在方四、町方三、預所二、幕領（伊那郡）一、高島藩町方一人である。下問会議と新聞ともに、旧藩の領域にかかわらず、複数の地域で建言者・世話掛が確認できることに注意をうながしておきたい。

名主出身でありながら、県が主導する「開化」に積極的に接続していく市川の存在は、旧大名主・大庄屋らに危機意識を抱かせたと考えられる。というのも彼らは、前章で明らかにした通り、自身の席次について畳一枚分にまでこだわるほどの強烈な身分・家格意識を有する存在であった。改めてその一例をあげれば、大庄屋会所の御用留では、松本藩役所へ呼び出された際に用件の内容以上に、誰がどこにどのような順番で座ったのかが事細かに記録されている(73)。この記録をつけたのは松川組大庄屋の清水又居であり、また栗林球三も大町組大庄屋として同席して

(71) 注70同前史料。

(72) たとえば市川は、「筑摩県ヲ松本ニ置レタルハ明治四年ノ頃ナリケリ、長官ニハ権令永山盛輝トナン云ヒケル、或時県官一同ヲ慰労セラレ酒会ヲ賜ハリケル」と、永山主催の「酒会」に参加し、そこで詠まれた和歌などを記録している。ここには、県当局に接近する市川の姿がうかがえよう。「雑記」年不詳（「市川家文書」八九〇六）。

(73) 松川組大庄屋であった清水又之丞は、藩士と対面した際のやり取りを以下のように記している。大庄屋たちが、藩士との位置や距離について、非常に敏感であったことがわかる。「御用留会所」慶応二年八月一五日（「清水家文書」A一二三）。

御用番御引取、無間茂猶御三之間江罷出候処、御月番都築三太夫殿間遠ニ有之候間、何連も是へ与被仰、勿論前以郷御目付ゟ御内意有之ニ付、二之間上之敷居際三尺程隔ニ行ニ列座、郷御目付御差添ニ而、御月番三太夫殿ゟ御用番御口達之趣御演説有之、燗酒茂用意ニ付盃茂為替度候間、暫休息いたし居、用意出来次第尚服一抔之談示可致旨被仰聞

表3-3　下問会議・新聞の建言者・世話掛の姓名・居住地・身分一覧

下問会議の建言者５人（明治５年２月）		上条四郎五郎	島立組、下波田村越庄屋
窪田畔夫	松本藩預所、今井組、和田町村名主	萩原次郎太郎	松本藩預所、今井組、荒井村名主
青木禎一郎	松本藩預所、会田組、金井村名主	石田甚内	松本藩預所、川手組
山本親衛	松本藩預所、会田組	高橋平一	大町組、松崎村庄屋
市川量造	松本城下、下横田町名主	伊藤重一朗	大町組、木崎村越庄屋
折井深見	庄内組大庄屋折井家の分家	小町谷英太郎	高遠藩、上横町
『信飛新聞』創刊当初の新聞誌世話掛11人（明治5年7月）		土橋善造	高島藩、下桑原町
伊藤文七	松本城下、博労町名主	窪田畔夫	松本藩預所、今井組、和田町村名主
神田久蔵	松本城下、非大名主	市川量造	松本城下、下横田町名主

出典：下問会議／注70前掲史料、新聞創刊／注63前掲史料、居住地・身分／「（区分村名並びに名区帳）」（「下今井村桃井家」938、国文学研究資料館所蔵）、「文久三　松本町々役人判鑑」（「今井家文書」40130、松本市立博物館所蔵）。

いた。身分や家格に対する意識は、このふたりにも共有されていたといってよい。すでに見たように、清水と栗林はともに学事担当者であると同時に、新聞や下問会議の担い手でもあった。両者が、筑摩県の体制下でも「封内一和之職」を担う家としての立場を保持しようとするならば、市川らが提唱する「開化」事業へ参加せざるをえなかったといえよう。

四　「開化」の主導権をめぐる補完と競争

従来の研究では地域の学事担当者について、「地域政治指導者」などと一括される傾向にあり、諸主体の多様性が持つ意味は十分に解明されてこなかった。これに対し本章では、彼らが立場や出自を異にする多様な人びとで構成されていた事実を示した。大庄屋などとして維新の変動に対応しつつ地域の運営を担っていた人びとは、松本藩における地域秩序の解体と中央集権化の進展を、みずからの職分とそれにともなう地位を根底から揺るがす「駭歎」すべき事態と受け止めていた。こうした危機意識から、大庄屋の本家出身者が「開化」へと連続していった例として、栗林球三や清水又居がいた。もちろんその動きは一枚岩ではない。大庄屋であっても「開化」への関与がほとんど確認できず、自家の経営を優先したと考えられるものもいた。さらに、筑摩県政期に新たに台頭していくものも存在した。近世では地域支配と無縁であった大庄屋の分家出身の藤森寿平や、村・町役人のなかで低い家格にあった名主出身の市川量造である。

担い手における多様性は、「開化」事業の展開および当事者たちにとっていかなる意味を持ったのだろうか。栗林と藤森の活動を横に並べた時、近世以来の地域秩序における立場性や相互の関係性は、「開化」の担い手としてのあり方に強く影響していたといえる。栗林が「国ヲ富シ村ヲ賑シ家ヲ盛シメン」と地域住民に説きつつ、学事を推進する一方で、藤森は「国勢ノ衰弱」に関心を持ち「国家ノ公」の担い手たる「人才」の育成を目指して具体的な教育内容を提起していた。

栗林が藤森のように教育の中身にまで立ち入った構想を提起していた事実は、確認できない。逆に藤森が栗林のように地域住民に就学を勧奨し、また広範な地域で複数の学校を管轄した形跡も、確認できない。大庄屋としての威信を背景としながら為政者と在地社会との媒介者的役割を果たしてきた栗林と、分家出身の文化人として封建制への批判的思考を養ってきた藤森。近代教育をめぐる両者の位相は、政治や経済、文化といった諸側面で近世段階に形成された存在形態によってかなりの程度規定されていたと解される。ただしこの時点では、両者の学事への関与は必ずしも矛盾するものではない。むしろ位相を異にする多様な諸主体による学事への関与が相互補完的に機能して、教育近代化という新たな試みの意味を地域社会に媒介する原動力となった。

このことは、町方名主の出身として、学事だけでなくさまざまな事業を同時に兼担していた市川にも該当する。市川は、町方名主の出身者として、松本を中心とした「開化」の潮流を形成していくこととなる。市川による諸活動のなかでも新聞・下問会議は、政府や県の布令と県下の民情とを媒介する新しいメディアとして、旧来の地域運営のありようを変容させた。市川らが両事業を建言した際、旧大庄屋・大名主の関与がほとんどなかったことは重要である。両事業の建言には、窪田畔夫ら松本藩預所や幕領、高島藩など、旧藩の領域を越えた人びとがかかわっていた。

他領域とのネットワークを基盤とした活動は、高遠藩出身の高橋敬十郎とともに実践社を運営し、「学校」設置を建言した藤森にも共通する。新聞や下問会議を通じて県とのパイプを掌握する市川と、「学校」を通じて「封建ノ制」を解体する藤森。両者はともに、地域秩序の再編を目指していく存在であったと解される。こうした志向性を持つ藤森と市川は、大庄屋出身の栗林や清水にとって旧来の職分と地位を脅かしかねない存在であったといえる。そこには、松本藩から筑摩県への再編過程において、地域社会における立場性や関係性が変動し、出自を異にするものたちが「開化」の主導権争いを繰り広げる状況が生じていた。こうした事態を生み出したことこそが、「開化」を担った主体の生成過程で、担い手における存在形態の多様性が持つ意味であった。

本章では、諸主体の多様な存在形態に着目し、「開化」の諸事業へ接続する複数の動きをとらえてきた。「開化」を担った諸主体は、旧来の社会体制が根底から動揺するなか、個々の存在形態に応じ、学校や新聞のみ、あるいは複数の事業に同時に関与していった。その過程をふまえれば、学校設立へいかに関与するかが、教育への期待や理念にかかわる側面だけでは把握しきれない問題であったことを示せたと考える。すなわち、近代学校の設立はじめ「開化」の諸事業ひとつひとつが、その担い手にとっては近代社会においていかに名望や立場を確保し、生き残っていくかという問題と直結していたのである。

以上、近世段階では多様な立場性や関係性を有する諸主体が、幕末維新期における地域秩序の変動のなかで、学事担当者として「開化」に連なっていく過程を検討してきた。ここで筆者は、栗林や藤森、市川らが、政府や県が打ち出す上からの「開化」政策をそのまま地域へと媒介していたとは、考えていない。彼らは個々の媒介する力量と置かれていた立場に応じ、「開化」の意味を読み換え、加工していた。さらに相互の懸隔は、これ以降顕在化していくこととなる。次章からは、彼らが「開化」をいかに媒介していたのか、その具体相を解明していきたい。

第四章

相互連関する「開化」の諸事業

――学校・新聞・博覧会――

一　「開化」の広がりから近代学校をとらえ直す

明治ゼロ年代、すなわち「開化」の時代において、学校教育の定着はいかにはかられていたのか。この問いを、地域社会における学事担当者の活動と意図に即して解明することが、本章の課題である。とりわけ名望家たちが、学校設立と同時に複数の事業を兼担していた事実に着目し、彼らの多様な動向と相互の連関性について検討したい。

前章では松本藩から筑摩県への再編過程において、名望家たちが近代学校はじめ「開化」の諸事業を担っていく様態を明らかにした。彼らが「開化」に連なっていく道筋は、近世以来の存在形態に応じて、多様であった。ここでいう存在形態とは、大庄屋の本家や分家、また町方名主兼商人などの立場と、それにともなって蓄積されてきた固有の媒介する力量とを指す。栗林球三、藤森寿平、市川量造といった三人の主体に即して分析を行った前章に対し、本章では、「層」としての名望家たちの動向に着目する。すなわち、多様な「開化」事業を同時に担っていた名望家たちの存在である。諸事業を横断する名望家層の動向は、市川量造に象徴される。市川は、学校世話役と同時に、「新聞誌世話掛」や「博覧会世話掛」などを兼担していた。

実はこの時期、複数の「役」や「掛」を兼担する名望家たちにより、多様な諸事業が「開化」の名のもとで相互に連関しつつ推進されていたと考えられる。たとえば明治八（一八七五）年四月、安曇郡大町村で催された博覧会の願書には、「今ヤ学校ノ設ケ非ルナク、故ニ此設ケ有レハ又必ス博覧場ヲ張リ、千器万具ヲ陳列シテ、井蛙固陋ノ管見ヲ脱セスンハ有ル可ラス」とある。(1)また同郡一日市場村でも、「朝廷維新ノ際ニ方テ大中小学校ヲ置キ、新聞局・博覧場ノ設、一モ人民ノ智職《識》ヲ開達スルニ非サルモノナシ」と、博覧会開催が学校設立や新聞発行に関連づけて宣

（1）「奉願書大町博覧会社」明治八年四月（「明治八年博覧会之部」明八―一Ｂ―三―一、長野県立歴史館所蔵）。

図4-1　松本博覧会錦絵（原本多色刷り、日本銀行貨幣博物館所蔵、口絵参照）

言されている。[2]

さらに図4-1は、第一回松本城博覧会（明治六年）を描いた錦絵である。「県学開智学校」や「新聞局知新社」、「医黌兼病院」などに囲まれ、「開化」に向かう松本旧城下の町並みに、博覧会の様子が描かれている。まさに「開化」の諸事業の展開と広がりが、目に見える形で図像化されている。「病院」が記されていることからもわかるように、この時期に展開していた「開化」事業は学校・新聞・博覧会だけではない。しかし本章では、ひとまずこれら三事業の連関性に着目したい。

それでは、こうした視点にはどのような意義があるのか。荒井明夫らが解明したように、近代学校が設立されていくうえで、各地でおびただしい数の「就学告諭」が発せられ、学校教育とはどのようなものであり、いかに必要であるかが説かれていた事実は重要である。[3]というのも地域の状況に応じて就学をうながす多様な「論理」が必要とされたことは、学校教育が地域住民にとって馴染みのないものであったことを示しているからである。

そのうえで、地域に浸透させるべき「開化」事業が、学校だけではなかった事実を見逃すべきではない。地域の「開化」

は、学校ばかりでなく、新聞や博覧会などの諸事業を横断する形で進められていたのである。あらかじめ学校だけに視点を限定するのではなく、事業相互の連関性に着目する。こうした着眼により、「開化」の一手段としての近代学校が、地域社会の現場でいかに位置づいていったのかが、「実態」に即して明らかになろう。

ここで「開化」の諸事業を同時に担う名望家層の存在は、当該時期の各地方にも一定程度共通する特質であったことを確認しておきたい。たとえば現在の長野県北部にあたる旧長野県では、学校世話役が博覧会事務取締を兼担し、また新聞勧奨も同時に期待されていたことが確認できる[4]。このほか、区長として学校行政や地租改正に取り組んでいた滋賀県の事例や、地域殖産の導入につとめつつ学校設立運動を行った額田県（現愛知県東部）の事例なども報告されている[5]。

従来は、教育史、新聞史、博覧会史などの視角から「開化」の諸領域が個別に検討されてきた。そのため、多様な「開化」の連関性およびその一環としての近代学校の位置が正面から検討されてきたとはいいがたい。ただしそのなかで、学校設立と教導職との関係性を論じた先行研究が存在する。坂本紀子は、静岡県の学区取締・湯本半七郎が教導職を兼担していたことに注目し、説教内容から「地域と自身の安穏と致富」という近代学校への期待を析出した[6]。また谷川穣は、宗教や教化など隣接領域を「踏み台」としながら、近代教育制度が「国民」形成の回路と

（2）「博覧会規則書　信濃国安曇郡一日市場博覧会社」明治九年四月（「明治九年博覧会一件」明九―二B―二―一、長野県立歴史館所蔵）。
（3）荒井明夫編『近代日本黎明期における「就学告諭」の研究』（東信堂、二〇〇八年）。
（4）「成議案」「藤井伊右衛門日記中学校設立ほかの記事」「長野博覧会」（『長野県教育史　第九巻　史料編三』一九七四年、三〇六、四一〇、一一二一頁）。
（5）高久嶺之介『近代日本の地域社会と名望家』（柏書房、一九九七年）、高木俊輔『明治維新と豪農―古橋暉皃の生涯―』（吉川弘文館、二〇一一年）。
（6）坂本紀子『明治前期の小学校と地域社会』（梓出版、二〇〇三年）。

して社会に定着していく過程を解明した[7]。

坂本・谷川両氏の研究をふまえつつも、先の錦絵は、教導職だけではなく、新聞や博覧会など諸事業との連関から近代学校をとらえ直す必要を示唆していよう。そこで三事業の連関性を見通す方法として、学校・新聞・博覧会を「開化」のメディア（媒体）と見立てる[8]。すなわち三事業の役割はともに、政府が発する「開化」にかかわる情報を地域社会へと伝達することにあった。ただし次節で検討するように三事業はそもそも、伝達する内容も対象も異なる別々のメディアである。しかし市川の存在に象徴されるように、地方の現場で具体化される際、その担い手となったのは同じく名望家層であった。つまり彼らの媒介する力量こそが、諸事業が相互に連関しつつ展開する状況を生み出していたと考えられる。とすればメディアとしての特性に注目し三事業を横断的に見通すことで、名望家層が「開化」を地域社会に媒介する具体相とともに、そのなかでの近代学校の位置と意味を浮き彫りにすることが可能となろう。

二　筑摩県における学校・新聞・博覧会の展開

本節では、筑摩県の学校と新聞、博覧会の事業展開について概観する。まず筑摩県における近代教育事業は、明治五年四月（一八七二年六月）における松本一県学、筑摩・安曇郡一〇郷校の設置を嚆矢とする。この際、筑摩・安曇の両郡で四五人の学校世話役が置かれ、郷校の設置場所の選定や設立資金の収集に携わった[9]。その多くは、続く学制下でも学区取締や学校世話役として引き続き学校事業にかかわっていった[10]。さらにそのうち少なくとも三〇人は、いずれも近世の村・町役人、あるいは手習塾や学問塾の関係者であったと推定される[11]。

県学・郷校は、「学制」下の小学校へ転用され、学区取締と、各校に学校世話役が置かれた。「学制」が定める学区取締の職務は、「専ラ区内人民ヲ勧誘シテ務テ学ニ就カシメ」ること、「一切其受持所ノ小学区内ノ学務ニ関スル事ヲ担任」することなどであり、三〇程度の小学区を担当すると定められている（第八章）。地方官が「其土地ノ居民名望アル者」から選出・任命することになっていた（第一〇章）。

筑摩県は、明治六年一月一七日、「学区取締ヲ置ク事」を命じた文部省第六号にもとづき学区取締を任命していった。[12] すなわち同年二月には、清水又居（安曇郡）や萩原次郎太郎（筑摩郡）らが学区取締に任命されている。[13] また安曇郡の栗林球三が同年五月九日に任命されており、順次増員されていったことがわかる。[14]「筑摩県学校設立概略」（前掲）によれば、明治七年九月時点で、筑摩県には全三四人の学区取締が存在していた。一七番中学区（安曇・筑摩郡）九人のうち、五人が県学・郷校設立にかかわった学校世話役である。

（7）谷川穣『明治前期の教育・教化・仏教』（思文閣出版、二〇〇八年）四頁。
（8）こうした視点は、辻本雅史の「教育のメディア史」に示唆を得たものである。辻本は、学校を「知の伝達」の媒体たる「メディア」と見なしている。ここから、子供を取り巻く商業的な電子メディアなどとの関係性から学校の姿をとらえ直し、教育像の再構成が可能になると論じている。辻本の構図に学びつつ、「開化」のメディアの一環としての近代学校の姿を浮き彫りにしてみたい。辻本雅史『思想と教育のメディア史―近世日本の知の伝達―』（ぺりかん社、二〇一一年）一四三頁。
（9）「県学・郷校取建てにつき筑摩県へ学校世話役答申」（『長野県教育史　第七巻　史料編一』一九七二年、六一五頁）。学校世話役の隠岐吉枝は、「学校御創立之元金」をまとめた記録を遺している。「明治五壬申三月　第二十三区　学校御創立加入人員控　潮村潮沢村」（隠岐弘子氏所蔵）。
（10）「筑摩県学校設立概略」明治七年九月二四日（名古屋大学教育科学発達図書室所蔵）。
（11）飯沼源次郎『松本平手習師匠』（川越印刷所、一九二四年）や、筑摩・安曇地域の自治体史による。現段階では出自不詳のものもいるので、三〇人という数字は今後増える可能性がある。
（12）「明治六年御布告第一号」（「栗林家（輪違）文書」六八四―一、大町市文化財センター所蔵）。
（13）「懐中［　］」（「萩原家文書」個人蔵）。「由緒他」（「清水家文書」C七一―四、長野県立歴史館所蔵）。
（14）「学校要款」（「栗林家（輪違）文書」二三六）。

一方で「学制」下の学校世話役は、学区取締の管轄下に置かれた。ただし学区取締とは異なり、「学制」には学校世話役にかかわる規定が見られない。学校世話役の職務について、時期はやや下るが、明治九年四月「学校主管人・同世話役事務章程」が、筑摩県における学校主管人と学校世話役の職務を定めている。[15] 学校主管人とは「各校世話役実直人望アル者」から選ばれ「校務ヲ整理セシメ之レヲ世話役ノ席頭ト」するもの、学校世話役とは「該校ニ関スル事務ヲ整理シ、村内ノ学事ヲ進メ、人和ヲ得ルヲ以テ任トスル者」であると、それぞれ規定されている。[16] 以上から学校世話役は、各学校に置かれ、担当小学区の住民と学事について直接的な交渉を行う役職であった。[17]

第二に新聞発行では、前章で述べたように、明治五年に筑摩郡和田村の学校世話役の窪田畔夫と、松本下横田町副戸長の市川量造が筑摩県に建言を行った。[18] 同年九月、新聞誌世話掛一一人が任命され、一一月に『信飛新聞』が創刊された。明治七年一月までに、筑摩県下全域で一三三人の新聞誌世話掛が新たに増員された。この一三三人には、「原資十円ツヽノ出金」が期待されていた。巻頭の「緒言」から、筑摩県外で「都鄙遠近ニ錯出ス」る新聞創刊の動きに応え、県下の「瑣々タル僻地」にまで「大智識ヲ拡」めることが『信飛新聞』の目的であった。[19] 『信飛新聞』の紙面構成は一貫して、政府や県の布告・布達、「県下雑報」、投書の順であった。このうち、特に「県下雑報」と投書については本章第四節で詳しく検討する。

ここでは、『信飛新聞』創刊時の様子を「松本新聞沿革略史」から読み取っておこう。

最初信飛新聞ト号シ社名ヲ知新社ト称シテ、第一号ヲ発兌セシハ、実ニ明治五年第十一月二十七日ノ事ニソアリケル、而シテ之カ発意者タルモノハ窪田畔夫・市川量造ノ二氏ニシテ、同年七月ノ交ニ於テ旧筑摩県令永山盛輝君ニ対シテ密ニ新聞発行ノ件ヲ談セシニ、県令深ク之ヲ嘉シ、同年九月二十四日ヲ以テ県庁ノ召還ニヨッテ、伊藤文七・神田久蔵・上条四郎五郎・萩原次郎太郎・石田甚内・高橋平一・伊藤重一朗(郎)・小町谷英太郎・土橋善造・窪田畔夫・市川量造ノ諸氏、都合十一名ヲ庶務課ニ出頭セシメ、高木・渡邊ノ両君自ラ出席シテ、更ニ当県新聞掛リヲ命セラル、爾来諸君ノ戮力ニヨッテ初メテ本局ヲ中町ニ設ケ、漸ク其冬ニ至ッテ第一号ヲ発兌シ、続テ毎月一部宛ヲ刊行スルト雖圧、当時人民ノ蒙昧ナル、知新社ノ社字ヲ看テハ稲荷ノ神社カト疑ヒ、門扉ニ掲クル投書函ヲ看テハ社前ノ賽銭箱カト想ヒ、到ル者ハ拝ヲ為シ、拝スルモノハ賽スルノ状況ナルカ故ニ、僅ニ二百余部ヲ出版シテ之ヲ各書林ニ配附シ発売セシムルト雖圧、一人ノ之ヲ買フ者ナク、一銭ノ本社ニ入ルモノナク、毎号二百余部ノ新紙ハ、空シク数十個書肆ノ棚晒シト化シ去レリ

『信飛新聞』の創刊は、前章で確認したように、市川量造と窪田畔夫の発案によるものであった。両者の申し出を受けた県が、新聞誌世話掛を任命していく様子がうかがえる。創刊当初の『信飛新聞』は、毎月一部三銭にて販売されたが、「一人ノ之ヲ買フ者ナ」き状態であった。「当時人民ノ蒙昧ナル、知新社ノ社字ヲ看テハ稲荷ノ神社カ

---

(15) 名古屋大学教育科学発達図書室所蔵。学校主管人は、明治九年一月に開智学校で開かれた学区取締会議にて設置が定められた役職である。この役職は、「世話役多員ナルニヨリ随テ校務ノ整理不行届ノ向有之候」ため、「校務振興ノ良法」として置かれた。注4前掲書、三二三頁。

(16) 学校主管人の職務は、以下の通りである。①生徒の勤惰を学区取締へ報告、②教員・生徒の出欠早遅記録、③生徒の昇級・入校・退校を学区取締へ報告、④学校出納の管理、⑤布達類の回達、⑥諸調書類の提出、⑦教員・助教・授業生の怠惰の忠告、⑧教員以下給料の管理、⑨書籍・器械の管理、⑩学校管理につき学校世話役との協力、⑪主管人出勤簿の管理。一方学校世話役の職務は、以下の通りである。①受持戸の就学勧諭、②受持戸の元資金収集、③日番または月番による学校事務、④試験・学区取締廻校への立会い、⑤出納表調への立会い、⑥営繕・器械調査、⑦村内学事につき村吏・主管・伍長らとの協議。

(17) 磯辺武雄によれば、学校世話役は教育近代化のため筑摩県が独自に設けた、「末端の最も直接的な教育事務担当者」であった。磯辺武雄「学制期筑摩県の教育行政組織に関する一考察」(『アジア文化研究』九号、二〇〇二年)一三頁。
ただし、学校世話役のみが「末端」の「直接的」な学事担当職であったのかという点には疑問が残る。というのも学区取締の萩原次郎太郎は、明治六年五月一六日、「学校小世話人見込」として五九人の名簿を「正副戸長、学校世話役」に対し提出している。「学校小世話人」は、「学校掛として庶務率先速ニ開校相成、且永続之仕法等相立候」ことを目的として、各村落に一〇人前後が置かれていた。「学校小世話人」が学校世話役とは異なる役職なのか、その位置づけについては今後の課題としたい。「雑志」(「萩原家文書」)。

(18) 松沢求策「松本新聞沿革略史」(『松本新聞』六〇一号、明治一三年二月二三日)。

(19) 以下、『信飛新聞』からの引用は、すべて有賀義人編『復刊信飛新聞』(復刊信飛新聞刊行会、一九七〇年)による。

ト疑ヒ」、あるものは門前で拝礼をし、またあるものは投書箱に賽銭を投げ入れていたという。そのため「二百余部」は空しく「書肆ノ棚晒シ」となっていたという。『信飛新聞』および知新社が、筑摩県の人びとにとっていかに馴染みのないものであったかを示している。

このような状況に対し、新聞を普及させるためいくつかの措置が講じられた。まずは新聞縦覧所がある。知新社は二階建ての建物で、「楷上ヲ製本場に為シ、楷下ヲ縦覧所ニ相用ヒ」ていた。筑摩県庁の門前にも縦覧所が設けられ、「日誌御布告及各方新聞誌等、普ク為致歴覧」ようとしていたことが確認できる。(20)このほか、新聞を「一小区一冊ツ、買請」けるべきことが、区戸長に向けて布達されてもいた。(21)

第三に、博覧会の発端となったのは、明治五年に市川量造が筑摩県へ提出した建言である。市川は、「海外博覧会ノ盛ナル言ヲ待タズ、近頃都下博覧会行レテ」いるのに、「遠境僻地」の筑摩県では「其盛事ヲ目撃スル稀ニシテ遺憾」であるから、松本城を「博覧館」に転用してはどうかと建言した。(22)翌年九月に博覧会世話掛六一人を中心に松本博覧会社が設立され、この時期の「博覧会ブーム」の担い手となっていく。筑摩県の県下各地では、同年一一月の第一回松本城博覧会を皮きりに、明治九年の廃県まで、計二六回の博覧会が催された。

それでは、筑摩県下博覧会はどのような論理に支えられていたのか。以下は、松本博覧会社が発行した「松本博覧会規則」(明治六年)の序言である。(23)

伏テ惟レハ、　皇室中葉ヨリ以降紀綱其紐ヲ解キ、(中略)乃チ天下ニ大赦シ、維新ノ政ヲ唱ヘ、海外ト好ヲ通シ、其短ヲ舎(捨)テ其長ヲ取リ、其火技ヲ練リ其器械ヲ摹シ、以テ　国家不虞ノ万一ニ備フ、而テ後チ天下ノ蒙頑ヲシテ正智見ヲ闢カシメントス、是ヲ以テ鄙トナク都トナク庠序林ノ如ク、之ニ申ヌルニ博覧会ヲ以ス、嗚呼　廟堂ノ、教導ニ於ル、謂ツヘシ、委セリト、今夫レ　筑摩県ハ故ノ松城ノ外層ニ在リ、其子壁ハ巉焉トシテ深塹ニ沈ミ、其望ハ崒トシテ雲衢ヲ払フ、今ノ時ニ方リ苟モ之ヲ用ヒテ博覧場トナサハ、則其上ハ以テ遠ク山水ノ勝概ヲ尽スヘシ、其下ハ以テ海内外ノ偉観ヲ邏列スヘシ、或ハ以テ耄倪ノ鬱悒ヲ写シ、或ハ以テ翠髪ノ識見ヲ弘ム、豈教導ノ一助トナスニ足ラサ

ランヤ

まずは、「維新ノ政」の時代に「庠序」すなわち近代学校が「林ノ如ク」設立された状況が意識されている。松本博覧会社は、こうした状況に呼応すべく、松本城を「博覧場」として用いるという。そのうえで博覧会は、「耄倪」(老人や子供)や「翠髪」(若い娘)の見聞を広めることで、「教導ノ一助」になるとされている。こうした人びとを「教導」すべく、「新発明ノ器械」など「学術工業ニ裨益アル」品物が、博覧会場で陳列されようとしていたのである[24]。また博覧会の入場券は、「一枚其値二銭」であった。『信飛新聞』(一一号、明治六年一二月)は、「闔県人民喧伝呼応シ老ヲ助ケ幼ヲ携へ、開場へ輻輳スル者日々四、五千人」と、会場の様子を伝えている。

子供を対象に近代教育を施す学校、県の「僻地」にまで布告・布達や「県下雑報」を報道する新聞、「耄倪」や「翠髪」への「教導ノ一助」としての博覧会。三事業はそれぞれ、異なる情報を異なる経路で異なる対象に伝えており、本来は別々のメディアであった。しかしその担い手には、一定の重なりが認められる。次節からはこの事実が持つ意味を考察していきたい。

(20) 「第三五号　縦覧所設立ノ事」明治六年一一月一四日(「管内布達全書」明七―三A―一、長野県立歴史館所蔵)。
(21) 「(新聞誌取計いにつき各区長へ達)」明治六年九月一九日(「明治六年　博覧会新聞誌書類留」明六―一A―九、長野県立歴史館所蔵)。
(22) 「筑摩県博覧会建言書」(「市川家文書」一一八六五、松本市立博物館所蔵)。
(23) 「筑摩県下松本博覧会規則」明治六年一〇月一〇日(注21前掲史料)。
(24) 「奉願書(博覧会開催仕度)」明治八年四月(注1前掲史料)。

三　学校・新聞・博覧会の担い手と活動実態

前節で見た三事業を担ったのは、学区取締や学校世話役などの学事担当職、新聞誌世話掛、博覧会世話掛といった諸役を勤めた人びとであった。本節ではまず、彼ら世話役・掛が各事業のなかでどのような役割を果たしていたのかを、活動資金の面から考察する。

学校設立の資金については、「官員ニ於テモ此民ト倶ニ力ヲ積ミ、学校ヲ盛大ニ至ラシメ」と、県官員の援助があった。(25) こうした動きは、民間からの「私費」出資の「呼び水」であったとも評価される。(26) しかしそうであったにせよ、学校設立事業は官員の出資による援助があったことを強調しておきたい。さらに学事担当者には、給料の支給が実施もしくは検討されていた。まず学区取締の給料については、「月ニ四円ト相定メ、是ヲ折半シ、民費ト委託金ノ内ヨリ給与ス、半額ハ県庁ヨリ下ケ渡」されていた。(27) つまり月給四円が、民費と委託金より折半で支出されることになっていた。

一方学校世話役については当初、「各村有志ノ者ヲ選抜シテ学校世話役ノ任ヲ授ク、給料ナシ」と、無給であった。(28) しかし少なくとも、その支給が検討されていた事実を指摘しておきたい。以下は、学区取締の清水又居と栗林球三が県へ提出した文書である。(29)

各学校駸々盛大ニ趣キ、生徒示(亦)頻リニ進歩相顕レ候儀、全ク厚キ御勧誘ノ御教示ニ出ツル処ニシテ、随テ村々正副戸長・学校世話役ノ輩尽力、且ハ教員ノ憤励ニ依ル儀ト奉存候、然ルニ右世話役ノ輩給料一切無之、実ニ農事専務ノ銘々其業ヲ抛チ、学校造営新築等ニ至テハ長々勤労千苦万苦、一朝之義ニ無之、又交番或ハ出庁其外　公務百事勉強仕候処、給料ハ勿論毛代等モ更ニ無之ニ付、追々苦情モ相聞エ、此ノマヽニテハ自然勉励ノ気モ脱漏可仕哉ト、実ニ心痛

仕候、孰モ学校保護ノ役員ニ付、左ニ愚存申上候

学事推進における正副戸長や学校世話役の役割が、高く評価されている。彼らは、「銘々其業」を「抛」って学事に「尽力」していたという。清水たちは、それにもかかわらず学校世話役が無給では、「自然勉励ノ気モ脱漏」してしまうと、「心痛」を表明している。裏を返せば、無給であるために、学事に消極的な学校世話役が存在していたとも考えられる。そこで清水たちは「愚存」として、「各校元資金利子ノ内、一ヶ月五円ヲ以テ世話役ノ給ニ仕度」と願い出ている。こうした願い出に対し県は、「書面之趣ハ当今詮議中ニ付」と回答している。実際この問題は、「学校世話役ニ給ヲ与フル件」として下問会議で取り上げられたが、「各校ノ適宜ニ任スル事ニ決ス」との結論に落ち着いた。(30) 以上から、学校設立に対しては県官員の資金援助があり、学区取締には給料が支給され、また学校世話役には支給が検討されていた。

一方、新聞・博覧会は世話掛自身の出資で運営されていた。知新社の経営計画について、「新聞局規則并見込」

(25) 「官員の学校加入金につき高山出張所へ筑摩県回章」(注9前掲書、六一三頁)。
(26) 谷雅泰「資金調達の方法」(注3荒井明夫編前掲書)一八八頁。
(27) 「学区取締事務仮章程」明治七年六月二九日(名古屋大学教育科学発達図書室所蔵)。
(28) 注10前掲史料。
(29) 「記(学校世話役への給料支給願)」明治七年一一月七日(「栗林家(輪違)文書」二一五)。
(30) 「下問会議留」明治八年九月(明八―一A―三、長野県立歴史館所蔵)。学校世話役への給与が実現しなかった背景には、学校ごとの経済的格差があったと考えられる。たとえば、伊那郡名古熊村副戸長の伊藤小平治の書留帳には、下問会議への意見として、「未タ資金モ足サルモノ多シ、右等ノ校ト雖モ必世話人ナキヲ得ス、其世話人江五円給ヲ与フル「尤モ難シトス、偶資金有余ノ校アリトモ、甲ハ給ヲ与ヘ、乙ハ与ヘサルトセハ、却テ不平ノモノトナラハ、然ハ未タ給ヲ与フルニ至リ申間敷哉」と綴られている。「御布告留帳」明治八年三月二五日より(山本英二氏所蔵)。

からまとめておこう。[31] この史料から新聞発行の資金として、新聞誌世話掛の「原資十円ツ、ノ出金」による「金千百円原資金」と、「一ヶ年五万冊ヲ発行シ、須鬻シテ得ル所」の「金千五百円」が想定されていた。

新聞誌世話掛は、実際に新聞発行に携わるものと、その経営を支える出資者とに大別される。知新社では、「編集者」や「社長」、「印刷方」や「逓送方」といった役職が設けられていた。これら知新社社員に加え、ひとりにつき一〇円を出資する新聞誌世話掛が存在していた。この世話掛が急激に増えるのは、明治六（一八七三）年末ごろからであった。というのも、「新聞局規則并見込」において、「新タニ命ヲ請シ者」として一二六人があげられているからである。新聞誌世話掛のひとりであった萩原次郎太郎の日記には、当時の経緯が記されている。[32] この年の一二月一五日、新聞誌世話掛として「百二十人程」が「命」を受けた。その夜、松本今町の福寿屋で集会が開かれ、「御一名江、金拾円ツ、御出料被成下、社長より證券差出シ、年々社益ヲ以テ、御返償可致」との説明があった。ただし実際は、「原資金」の集まりは順調ではなく、「県令深ク之ヲ痛ミ、即チ明治七年ノ春ニ於テ、管内ノ富商豪農凡百有余名ニ諭シテ」、ついに七〇〇円余りの原資を集めるにいたったという。[33] 知新社の経営資金は「官費ヲ不仰」という方針のもと、新聞誌世話掛自身の出資によっていたことがわかる。[34]

一方博覧会の運営資金は、史料的制約から必ずしも明らかでない。しかし明治八年に松本博覧会社が提出した「奉願口上之記」から、世話掛自身が運営資金を負担する様子が見いだせる。[35]

博覧会之儀、一昨年以来両度之開莚盛大ニ被行、市中商家之潤沢不少、庶民観（歓）喜仕候、然ルニ其主タル社中種々之苦情ヲ生シ、昨秋ノ会開モ模様而已ニテ終ニ不得開場、遺憾至極ニ奉存候、尤前顕両度之開莚ニテ二千円余之失費相立候処、社中平分之割合ニテハ出金難及族有之ニ付、有徳之手元ニテ貧ヲ助ケ、等級ヲ以テ集金ノ積リ及商議、夫々分限ニ応シ等級割合候処、僅ノ等級ヲ論シ何分集金不相成、夫カ為ニ数度之寄合連々社費相嵩、唯今ニテハ最初見込之集金ニテハ計算難相立、既ニ小野組ヨリ借用金之内モ未タ五百円不納、其他仕払残モ不片付、殆ト当惑仕候博覧会は、「市中商家之潤沢」に寄与し、「庶民」に歓迎されているが、当の松本博覧会社では、会の運営のために「二千円余之失費」が生じ、「有徳者」を中心に返済している。しかし、出金の割合をめぐる対立により、未だ「五百円」や「其他仕払」が残り、「当惑」しているという。これにより社中には「不平之場」も生じているため、「一同御召出シ、博覧根元御旨意之場、熟与御説諭」して欲しいと願っている。こうした願いに対し筑摩県は、「畢竟博覧之主意タル、同心協力智識開達ノ路ヲ開義ニテ、世話掛中圭角ヲ生シ候テハ不相論義」とはしつつも、「説諭致、鼓舞作興」させたのみで、資金援助を行った形跡は見られない。

以上、学校設立では県官員の資金援助や給料の支払いが見られた一方、新聞・博覧会事業の資金は世話掛の自己負担であった。このため次節で見るように、新聞・博覧会ではより多くの購読者・入場者を呼び込むための仕掛けが必要となった。

もちろん、新聞・博覧会事業において筑摩県が果たした役割も無視できない。まず筑摩県は、各事業の世話役・掛を任命した。特に「学制」下の学校世話役と新聞誌・博覧会世話掛は、既存の世話役・掛の推薦をもとに筑摩県が任命する形式が多く見られた。たとえば、学校設立資金の取立てや教師を新たに受け入れるには「当校世話役之義、無人ニテハ不行届」のためという理由で、既存の学校世話役が増員を願い出ていた[36]。また筑摩県下の「好事家」と「金満家」から選出された博覧会世話掛候補者の名簿を受け、「博覧会世話掛申付候条、精々尽力可相勤候事」

(31)「新聞局規則并見込」明治七年一月(「明治七年　勧業博覧会之部　全」明七―三A―五、長野県立歴史館所蔵)。
(32)「新聞掛記録」(「萩原家文書」)。
(33)注18前掲史料。
(34)「(権大属より権令へ上申)」月日不詳(注21前掲史料)。
(35)「奉願口上之記」明治八年二月二日(注1前掲史料)。
(36)「(学校世話役増員願書)」年不詳一一月二日(「栗林家(輪違)文書」三―一七)。

などと任命することが筑摩県の第一の役割であった。[37] 第二の役割は、行政としての支援である。新聞事業では、先述した縦覧所の設置や新聞勧奨の布達に加え、『信飛新聞』を名古屋鎮台など他県へ売り込んでいた。[38] また、県下の神社や他県への博覧会出品の呼びかけ、松本城の利用（陸軍省へ）や博覧会の撃剣興行（大蔵省へ）の可否をめぐって政府と交渉していた。[39]

三事業は、県に任命された各世話役・掛により、県の布達にもとづいて推進されていた。つまり県は、世話役・掛の活動に公的な性格を付与し権威づける役割を持っていた。これら県の支援は、三事業が展開するうえで大きな推進力になったと考えられる。たとえば、序章でも紹介したように、博覧会世話掛や学校世話役、新聞誌世話掛や蚕種世話役など数多くの役職を命じられたため、「閑暇無之、事務行届不申、必至当惑仕候間、博覧会世話役御除」を願う声もあった。[40] こうした諸職兼担の負担を嘆く声が上がるなか、筑摩県の支援は、世話役・掛からより多くの協力を取りつけ、各事業を円滑に推進させる役割を果たしたといえよう。

以上、政府や県の「開化」政策の実現に向けた世話役・掛たちの動きをとらえてきた。彼らは、相互の推薦という形で三事業にかかわり、特に新聞・博覧会事業は世話掛自身の出資によって賄われていた。三事業が展開するうえで、彼ら名望家層の果たした役割が大きかったといえよう。

それでは、各世話役・掛の人的構成にはどれほどの重なりが見られるのか。管見の限り、彼らについて史料から確認できるのは各事業に関与していた人物の人数にとどまり、固有名詞まで判明することは少ない。そのなかで筑摩・安曇郡では、明治五年四月の学校世話役の任命記から、四五人の姓名が判明する。さらに明治六年作成の名簿により、筑摩・安曇郡の新聞誌世話掛一三〇人、博覧会世話掛九四人の姓名が判明する。これらの史料により、筑摩・安曇郡に限られるものの、学事担当者の新聞・博覧会事業へのかかわりをある程度は解明できる。

表4-1から、「学制」以前の学校世話役では、一九人（四二%）が新聞誌世話掛を兼担していた。一方、博覧会世話掛の兼担者は三人（六%）と少数である。新聞誌世話掛から見ると、学校世話役と博覧会世話掛の兼担者の割合は

表4-1　筑摩・安曇郡の3事業の兼担状況
（明治5、6年時点、括弧内は%、小数点第1以下切捨）

	専任	学新	学博	博新	学新博	合計
学校世話役	21（46）	19（42）	3（6）	—	2（4）	45
新聞誌世話掛	86（66）	19（14）	—	23（17）	2（1）	130
博覧会世話掛	66（70）	—	3（3）	23（24）	2（2）	94

出典：注17、21前掲史料

同程度である。また三事業すべてを兼担していたものは、二人である。

三事業には三割から五割まで幅はあるものの、兼担者の存在が一定数認められる。このうち学事担当職との兼担者には、新聞・博覧会事業で中心的な役割を果たしていたものが少なくない。第一に、明治五年九月に知新社設立にかかわった新聞誌世話掛一一人のうち、七人が学校世話役である。[41]第二に、第一回松本博覧会を建言し、松本博覧会を運営した市川量造は、三事業すべての担い手である。

もちろん、新聞・博覧会事業の中心的な担い手には、専任者も含まれていた。明治七年一〇月より廃刊まで『信飛新聞』編集長であった金井潭（天保一一―明治四一年）は、幕末維新期には江戸に遊学し横浜毎日新聞に寄稿していた。また、市川らと共に「松本博覧会社惣代」であった河野百寿（天保三―明治四〇年）は、松本の薬種業堺屋に生まれ維新期には信濃国諸藩の銭札発行に携わった。河野は、博覧会のほか勧業社（明治六年）や農事協会試験場（明治一六年）の開設にかかわり、地域の産業振興を進めた。[42]学事担当者たちの一部は、性格を異にするこうした専任者とともに三事業にかかわっていたのである。[43]

(37)「博覧会新聞誌世話掛名簿」明治六年九月（注21前掲史料）。
(38)「新聞誌勧奨ノ事」明治六年一二月（注20前掲史料）、「新聞之義ニ付名古屋鎮台文信」明治七年一一月（注31前掲史料）など。
(39)「（諏訪社ほか四社へ達按）」年月日不詳、「本丸并天主拝借之儀ニ付伺」明治六年九月二〇日、「大蔵省へ届」明治六年九月二九日（いずれも注21前掲史料）など。
(40)「奉願口上書」明治八年二月二八日（注1前掲史料）。
(41) 一一人の内訳は、学校兼担六人、博覧会兼担三人、三事業兼担一人、専任一人である（注18前掲史料）。
(42) 金井と河野の略歴は、『松本市史　上』（一九三三年）七七五―七七六、七八一―七八二頁による。
(43) 明治一三年に松本で結成された民権結社「奨匡社」の名簿に、金井は掲載され河野は掲載されていない。のちの民権運動をひとつの契以上のような学校・新聞・博覧会の担い手における「入れ子」状況は、明治一〇年代には変容・解体していくと考えられる。『信飛新聞』は明治九年に廃刊し、約二か月後に民権派新聞『松本新聞』として再出発する。一方博覧会は、明治一〇年の第一回内国勧業博覧会以降、勧業の趣旨を強めていく。明治一〇年代になると、新聞と博覧会はそれぞれ機能分化を遂げていく。「開化」のメディアとしての共通性よりも、対象や手法に関わる固有性が明確な形で意識されるようになったといってもよい。しかしそれだけに、明治ゼロ年代の、学校・新聞・博覧会の兼担者の存在が際立つのではないか。なぜなら兼担者の存在は、三事業それぞれの領域があいまいな状況において、「開化」の方略が模索されていたことを示唆すると考えられるからである。そこで次節では、兼担者の具体的な動向に即して、三事業間の連関性を検討したい。

四　諸事業を兼担する学事担当者たち

(1)　新聞事業と学事担当者

新聞誌世話掛を兼担していた学事担当者、萩原次郎太郎を取り上げる。萩原は天保三(一八三二)年に筑摩郡和田村に生まれ、明治一二(一八七九)年に没した。学を好み詩をよくし、嘉永六(一八五三)年には和田で家塾古梅園を開いた。[44]この塾の出身者数人が、学事担当職を勤めている。萩原自身も、学区取締と新聞誌世話掛(いずれも明治六年)を兼担した。また松本博覧会にも、「快鹿《ママ》ノ角」を出品している。[45]

萩原の活動が記された史料には、明治五年四月から一二月までの日記がある。これらは、「萩原次郎太郎日記」として『長野県教育史』(九巻)に収録されているが、学区取締としての記録のみが抄録され、新聞誌世話掛関係の記事は「中略・新聞掛ノ記録ホカアリ」などと省略されている。以下、この日記について、未翻刻の記事を用いつつ検討していく。なお以下で萩原の日記から引用する場合は、出典を省略する。

明治五年四月、学校世話役に就任し、「学制」発令以後も学区取締として学校事業を推進していた萩原が新聞誌世話掛に就任したのは、翌年九月のことである。「新聞社取立被仰付」て以降、萩原の日記には「新聞社詰」や「新聞局出勤」という記録が現れ始める。その日数は、多い時で月の半数に及ぶ。知新社での萩原の仕事には、「看板認メ」や、知新社への「新加入金取立ニ付、受取書調印」、筑摩県官吏との「御布告代料」のやり取りがあった。このほか萩原は「新聞草案」を執筆しており、『信飛新聞』にどのような記事を載せるのかは、基本的には知新社が決めていた(46)。

『信飛新聞』にはどのような記事が見られるのか。第一に、『信飛新聞』の「県下雑報」欄を検討しておきたい。前章で述べたように『信飛新聞』は、中央政府や筑摩県の布令を県下に伝える役割を担っていた。もっとも、『信飛新聞』の紙面は、布令だけで埋め尽くされていたわけではない。特に一三号以降、「公聞」・「官令」欄の次に「県下雑報」欄が設けられ、紙面でも中心的な位置を占めていく。たとえば、「書ヲ読習フ事モ叶ハ」なかった老人のために布令へ振り仮名を付す筑摩郡南新村小校教師・武居彪(一二号、明治七年一月)や、孤児を援助し学校へ通わせる松本博労町富商・伊藤文七などの記事があげられる(二五号、明治八年一月一〇日)。こうした「美談」の一方で、殺人事件に発展した夫婦喧嘩(一号、明治五年一〇月)や、遊ぶ金をねだった所「口ヲ極テ其無頼ヲ罵」られたため養母

機として道を分かっていく人びとが、明治ゼロ年代には「開化」事業のなかに混在していた。有賀義人・千原勝美編『長野県自由民権運動奨匡社資料集』(奨匡社研究会、一九六三年)一一二―一一八頁。なお奨匡社をめぐる諸主体の動向については、第六、七章も参照のこと。

(44) 『和田の歴史』(一九九五年)八四八頁。

(45) 「続錦雑誌」明治七年(「佐藤家文書」個人蔵)。

(46) もっとも県は、記事草稿に若干の修正を加えることもあった。(注21前掲史料)。

を殺害した放蕩息子（九号、明治六年一〇月）など、「醜聞」記事も見られる。これら「県下雑報」の多くが、住所と実名つきで報じられていたことは強調しておきたい。

『信飛新聞』の記者は、これら「美談」や「醜聞」をどのように収集していたのだろうか。「県下雑報」を概観すると、その多くが「ト云フ」や「ノ由」といった形で終わっていることに気づく。つまり、「県下雑報」の情報源は、まさしく町の噂話であったといってよい。たとえば、「或ル割烹舗《チャヤ》」で「筑摩県ノ景況モ困ツタ者ダ」と話していた呑み客は、「果《ハテ》コンナ話ヲシテ若シ新聞ノ報告者ニデモ聞カレルト直ニ載セラル、ゾ」と警戒する（八七号、明治八年一〇月六日）。また投書欄には、「憎れ児国に憚る（新聞記者）」という都都逸も見られる（一二四号、明治七年三月四日）。「醜聞」報道が実名つきである以上、これらの警戒心は当然の反応であったといえよう。読者の警戒心は、知新社の記者も認識していたようである。というのも、「旧知《ともだち》から此間も、弊社の聞紙ハ淫奔《いんほん》の事ばかり出すから信飛新聞じゃアない、淫靡《いんひ》新聞だ」と、揶揄されたとの記事が見られる。しかしこの記者は、「淫印の事ハ成丈出すまい」といいつつも、続けて「何処の婦人」から教えられた「桐原耕地の或る細君」の不義密通を掲載するのである（四五号、明治九年五月二七日）。以上の記事からは、自分の「淫印の事」が報道されることには警戒心を抱きつつも、「醜聞」を楽しむ読者の姿がうかがえる。「県下雑報」には、町の噂話的な情報を扱うことで、より多くの購読者を獲得しようとする知新社の戦略的意図が垣間見えよう。

と同時に「県下雑報」は、知新社が「開化」の媒介者たる地位を掌握し、「開化」と非「開化」を弁別する権力的な地位をもたらすことになったと考えられる。以下は、『信飛新聞』の「緒言」である。

銘々無限ノ大智識ヲ拡ムルハ、新聞誌ニ若クモノナシト云ヘル泰西人ノ旨ヲ取テ、新聞ノ私局ヲ開クモノ都鄙遠近ニ錯出ス、実ニ勧懲ノ良規ニシテ新智ヲ発スル之ニ加フルモノ無カルヘシ、我筑摩県管下ノ如キハ瑣々タル僻地ナレトモ亦宇宙間ノ一塊土ナレハ、風土ノ醇醨・人事ノ得失、可愕、可悲、可笑、可楽、可勧、可懲モノ無キニアラス、因テ此度会社ヲ結ヒ、県庁ノ許可ヲ乞ヒ、公典俚諺ヲ問ハス、見聞ニ随ヒ収録シテ四方ニ布示ス、是亦昭代開化ノ一班ヲ見ルニ足ランカ

「無限ノ大智識ヲ拡ムル」や「昭代開化ノ一班ヲ見ル」といった理念的側面以上に、知新社が、物事の善悪を決める「勧懲ノ良規」を自任していることに注目しておきたい。ここでいう物事の善悪の基準は、「開化」か非「開化」かに置かれている。たとえば、山本賢治が東條学校（筑摩郡）へ「入用金ナンゾモ大分無利子デ取替タリ、寄付金モ出シ」たことについて、「該校ノオ仕合デゴザリマス」と評価している（一一七号、明治九年二月五日）。その一方で山口学校（筑摩郡）の学校世話役が「不勉強ニテ先頃モ松本へ呼出サレ」た件については、「山間ノ人情旧慣ノ脱シ難ク、学校世話役ニ充ル人器モ得難キ故」と非難する（八七号、明治八年一〇月六日）。これらは、学校世話役の行動を評価する「勧懲ノ良規」としての役割を果たす記事といえるだろう。

こうした「勧懲ノ良規」は、新たな新聞誌世話掛を獲得する重要な契機ともなっていたと考えられる。『信飛新聞』の後継紙である『松本新聞』は、読者に対し一〇円の寄付を募り、その見返りとして「請取証券」を発行していた。明治一二年九月、一〇円の新聞代を支払った清水又居（北安曇郡）は、「此券所持ノ御方ハ、本人ハ勿論家族ニ至ルマデ、稀有ノ事件ト美事ヲ除ク外ハ、一切本社新聞紙へ記載致ス間敷候事」との証券を受け取っている。[47] つまり『松本新聞』は、一〇円を寄付したものについては、「稀有ノ事」と「美事」以外は記事にしないと約束していた。ここには、「勧懲ノ良規」を背景に、一〇円の寄付を引き出そうとする知新社の戦略がある。もっとも、この戦略は『松本新聞』のものであり、『信飛新聞』で同様の「証券」が発行されていた証拠はない。しかしここで知新社が、新聞誌世話掛から一〇円ずつの資金援助を募っていたことを想起しておきたい。この事実をふまえれば、『信飛新聞』

(47)「請取証券」明治一二年九月二七日（「清水家文書」C二六―二）。

も『松本新聞』と同様、「勧懲ノ良規」を支配することで、新たな新聞誌世話掛を獲得しようとしていたと推測できるのではないだろうか。

新聞誌世話掛には、大区長や学区取締などが任命されていた。これらの人びとにとっても、一〇円の資金援助は、かなりの負担であったと考えられる。とすれば新聞誌世話掛を増やすために「勧懲ノ良規」をちらつかせることは、有効な戦略であっただろう。さらに『信飛新聞』は、「各校教員、区長、学区取締、正副戸長、学校世話役等」によって「解義諭示」されていた[48]。つまり、知新社が「勧懲ノ良規」を握ることで、新聞を読み聞かせる人びと自身が「悪」とされかねない状況が生み出されていたのではないか。

「県下雑報」は、単に町の噂話を伝え多くの読者を獲得する仕掛けであっただけではない。新聞誌世話掛となることが期待されていた人びとにとっては、一〇円を支払って「開化」の側に立つか、または非「開化」として実名つきで「醜聞」を流されるか、という選択を迫る「勧懲ノ良規」であった。

『信飛新聞』の記事として第二に、投書欄の役割に注目しておきたい。知新社は、明治六年九月一二日に「憲力(権)ヲ仰かされは難被行」と、六件の改革案を筑摩県に提出した[49]。そのなかに、「小学教員ヲ始、御管内有志之徒は、論説并珍談等投書又は寄送致し呉候様、仕度候事」という一条がある。『信飛新聞』には無署名や筆名での投書が多く、寄稿者の構成は明らかでないものの、「学校生徒」の勉強をうながすものや、授業方法を論じたもののように、学校教育にかかわる投書が多い[50]。

時には、投書欄で議論が交わされていた。その一例として、就学時間について取り交わされた投書を紹介しておこう。七七号の投書欄で桐原得馬(学校世話役)は、学校の「就学時間ノ短キヨリ、反テ弊害アラン」と主張した(明治八年八月二七日)。これに対し八〇号で、「得馬君ノ説ハ善(学業ノ進歩ヲ指ス)ヲ好ム」ものではないと、関口友愛が学校教員として反論している(明治八年九月八日)。このように、『信飛新聞』投書欄は、学事担当者が議論を深める場ともなっていた。

ここでもう一度、視点を萩原次郎太郎に戻そう。萩原が、知新社での活動に加え、「吉見村開校ノ義ニ付罷出」や「欽明学校試験ニ付同所ニ行」、「学校敷地伺書認」など学事関係の仕事をも同時にこなしていたことを改めて強調しておきたい。学区取締としての仕事のなかでも、担当の学校に『信飛新聞』を購読させていたことが注目される。萩原は受け持ちの学校へ、「信飛新聞、二十号、二十一通、付録添、右之通御順達申上候、御引取之上、金員御送致可被成候事、明治七年十二月七日、学区取締」と通達している。これは、筑摩県の新聞勧奨布達にもとづくものであった。

筑摩県は、明治六年八月に以下のような布達を発している(51)。

新聞誌ノ世ニ裨益アル、人民ヲシテ知識ヲ広メ疑惑ヲ解クモノ此冊子ニ如クハナシ（中略）、就テ者、従来学校ヲ創置スルノ村々ハ校費ヲ以必ス買入レ、課業ノ間ニ教員講義シ、人民ヲシテ世間開化ノ景況ヲ相示可申、其余之村々ニテモ、申合買入戸長ニテ同様解諭致度事有之候（中略）、各校教員、区長、学区取締、正副戸長、学校世話役等ニテ、厚

(48)「（新聞学校にて購入の事）」明治六年八月一〇日（注20前掲史料）。

(49)「新聞誌局之義ニ付見込之條々」明治六年九月一二日（注21前掲史料）。

(50)『信飛新聞』一六、五〇号、明治七年一一月一日、明治八年五月一一日など。

(51)「新聞勧奨ノ事」明治六年八月一〇日（注20前掲史料）。鈴木俊幸によれば、この布達は「国家の制度に裏打ちされた「学校」「教員」という新しい装置による教化の具」と「江戸時代以来の伝達システムによる周知」とを期待したものであった。鈴木俊幸「明治前期における書籍情報と書籍流通—信州北安曇郡清水家の書籍購入と兎屋誠—」（松塚俊三・八鍬友広編『識字と読書—リテラシーの比較社会史—』昭和堂、二〇一〇年）二四四頁。また八鍬友広も、明治初期の学校について、同様の指摘を行っている。八鍬は、小千谷学校（柏崎県）の「学校日誌」（明治二—五年）の内容を分析し、その全体的な構成を明らかにした。八鍬によれば、「学校日誌」の記事の大半を占めるのは、地方行政や国政にかかわる布告・布達類であった。ここから八鍬は、小千谷学校について、「近世的な御用留の世界から『官報』や新聞などのメディアへの転換における過渡的な段階に位置付く」と評価した。八鍬友広「小千谷学校「学校日誌」を読む—郷学と小学校のあいだで—」（『書物・出版と社会変容』六号、二〇〇九年）一〇六頁。

申合村内ノ者共、老幼婦女子ニ至ルマテ、学校或ハ戸長宅へ取集解義諭示可致

学校を持つ村では「校費」によって新聞を購入し、「課業ノ間」に教員が読み聞かせを行うよう指示している。正副戸長などに加え、学事担当者たちが新聞普及の担い手となることを期待している。さらに、この布達では「教員講義」の対象が学校に通う子供だけでなく、「老幼婦女子ニ至ルマテ」含まれている。もっとも、講義を聴きに行ったものは、実際にはそれほど多くはなかったようである。永嶺重敏は、「読書国民」誕生の画期として明治初期の新聞解話会をあげつつも、「解話会はどの県においてもきわめて人気が悪く」、成果は少なかったという。[52] 筑摩県でも、明治七年一月に神戸村で開かれた教員による布告読み聞かせの出席名簿には男性名が確認できるのみで、「老幼婦女子ニ至ルマテ」というにはほど遠かったと推測される。[53] しかし少なくとも、それを望めば誰もが学校で新聞を〝聴く〟ことができる状況が出来上がっていたことは指摘できよう。

以上のように新聞と学校は、「開化」のための事業として密接に連関していた。しかし、新聞が読者を獲得するため、醜聞記事を掲載したこと、および寄稿・投書者として教員に着目したことには、のちにこの二事業の連関が綻びていく契機が胚胎していた。

(2) 博覧会事業と学事担当者

次に、博覧会世話掛の活動から学校の姿を見るために、市川量造を取り上げる。市川の活動は、前章で見たように多岐に渡り、明治六(一八七三)年時点で「戸長兼学校・病院・博覧・新聞・勧業」にかかわっていた。[54] 市川は、新聞・博覧会事業の発端となる建言を行うなど、両事業の中心人物であった。「新聞局惣代」や「松本博覧会社惣代」として、市川の名前が確認できる。[55] その博覧会世話掛としての活動を見ると、出品物や会場をめぐる県や博覧会事務局との折衝から、博覧会社への資金提供まで、博覧会運営にかかわるあらゆる業務をこなしていた。[56]

第一に市川ら松本博覧会社は、どの博覧会でも「附博覧会」を併催していた。その内容は、「演劇興行」や「人形興行」、「囲碁将棋会」などである。[57]附博覧会のなかでも「実伝演劇」は、「往昔忠孝烈婦仁人君子功跡其実ニ亘ル者ヲ演シ、以田児野婦ノ曾テ人間ニ這個道理アルヲ知ラサル者ヲ透奘シテ、其象眼ヲ開クノ階梯トナサン」という趣旨のもと、特に盛り上がりを見せていた。松本博覧会社は、「演劇掛」を社内に置き、「附博覧演劇場新築ノ儀、兼テ御許容ヲ蒙リ、北深志町十番丁江建築仕候」と、松本城下に「演劇場」を建設するほどであった。[58]また、伊那郡の動きも注目される。上飯田村士族の中島定次郎は、「為差品も不相見、其実博覧会ニ托シ演劇興行重モノ相催」したいと、飯田出張所へ願い出た。[59]これに対し筑摩県は、博覧会事業が「素ゟ開化之一端タル御旨趣之旨」を篤と説諭し「精々可致注意」と、指示している。[60]この事例は、目ぼしい品物が揃わずとも、演劇興行だけで博覧会を開催しようとする動きがあったことを示している。

博覧会世話掛たちが附博覧会演劇に熱を入れていたことの背景には一方で、演劇興行の高い集客力があった。博覧会に足を運んだ人物の日記には、展示の記事が見られない。その代わりに「博覧会四月五月、右ニ付、裏町正行

(52) 永嶺重敏『〈読書国民〉の誕生―明治30年代の活字メディアと読書文化―』(日本エディタースクール出版部、二〇〇四年)一七四頁。
(53) 「神戸村布告読聞カセ出席者名簿」(「丸山恵司家文書」三九六、松本市文書館所蔵)。参加者は副戸長や学校世話役を含む六六人である。
(54) 「雑用誌　第二号」(「市川家文書」八九〇七)。
(55) 「記」明治六年九月二五日、「新聞局盛業見込書」明治六年一二月三日(いずれも注21前掲史料)など。
(56) 「奉願口上之記」明治六年九月二八日(注21前掲史料)、「記」明治八年六月(「市川家文書」一三八)など。
(57) 「(伊那郡飯田博覧会附博覧会御届　演劇ほか三件)」明治八年九月二〇日、「奉願」明治八年一一月一三日(いずれも注1前掲史料)など。
(58) 「口上之記(附博覧演劇役者来着仕候ニ付興行仕度候)」明治八年五月八日、「(附博覧会興行願いの戸長奥印の有無)」明治八年七月二四日(いずれも注1前掲史料)。
(59) 「(演劇興行重の博覧会願出につき)」明治九年四月六日(注1前掲史料)。
(60) 「(演劇興行重の博覧会につき)」明治九年四月一二日(注1前掲史料)。

寺ニ大芝居、江戸役者也」や「一日市場村ニ博覧会付、芝居有之」などと、演劇興行のことばかりが細かく書かれており、その集客力は魅力的であったと考えられる(61)。

他方で、当時の筑摩県において芝居が置かれていた状況にも注目する必要がある。この時期の筑摩県では、村落の祭礼で行われる芝居が、地域の「開化」の妨げとして批判の対象となっていた。以下は、明治六年二月に筑摩県が出した布達である(62)。

村ニ不学ノ人ナク智識ヲ開キ材芸ヲ長シ生ヲ治メ産ヲ興シ学ヲ昌ニスルニ至ルヘシ、此時ニ当リ、少壮之輩ハ勿論寸陰ヲ惜ミ学術磨励可致処、猶頑陋之弊習ニ泥ミ閑暇ヲ得レハ、徒ラニ歌舞妓・手踊或ハ演劇等ヲ習ヒ、村内ニ於テ致興行候族有之趣ニ相聞ヘ以之外之事

「寸陰ヲ惜ミ学術磨励可致」き時に、「徒ラニ歌舞妓・手踊或ハ演劇等」の「致興行候族」は「以之外」だという。また、村祭りの担い手であった「若者」の活動や、「俳優」の出入り、神社境内での「角力」や「芝居」を制限する布達が立て続けに出されている(63)。これらの布達には、村祭りの資源を、「開化」に振り向けようとする意図がうかがえる。村の舞台を教導職説教の場に転用することや、「講仲間金」を学校に寄付することが勧められていたのである(64)。

さらに旧来の民衆娯楽と学校との関係にも言及しておきたい。この時期の就学告諭は、芝居を含む「旧習」を否定することで学校設立や就学を勧奨していた(65)。筑摩県権令の永山盛輝も、「劇場ノ学校ニナリタル事ヲ愁フル」地域住民を「甚タ心得違ノ事」と否定し、学校設立を諭していた(66)。永山の説諭について、新しい舞台が「一幕モ紋リ揚ス、学校ニ成タルコソ、イト無慈悲ノ苛政ナリト怨言ヲ吐ク」人びとも存在していた事実を見逃してはならない。ここで、永山が芝居を単に否定するだけでなく、「学校盛ノ村々ハ、取糺ノ上(芝居を—引用者注)免許スヘシ」としていることは重要である。論理の次元でいくら芝居を排除しようとしても、現実に学校設立へ地域住民を動員する

には、芝居の求心力に頼る必要があった事実を示しているからである。
第二に、博覧会世話掛たちの活動として、会場において学校教育の成果を展示する試みが注目される。つまり、筑摩県下博覧会のいくつかでは、学校に通う子供の作文や揮毫が展示されていた。以下は、この企画について松本博覧会社が筑摩県へ提出した願書である。(67)

博覧会筵ノ際、毎校一纒メ各校ノ優等生ヲ撰出シ或ハ作文或ハ揮毫ノ人員ヲ総ヘ、会場物品受附所ニ之ヲ報シ、契子ヲ附シテ予メ時日ヲ期シ置キ、該校々ノ教員ヲシテ優等生ヲ引率セシメ、各校看客群衆ノ目前ニテ其業ヲ試ミ師範校教員ノ鑑定ヲ仰キ、等ヲ別チ以テ場中ニ貼出セハ、実ニ博覧場中活発々ノ展観ニシテ、学生ノ業ニ於ル自他ノ比較小集小量ノ卑心ヲ脱シ、憤励鞭撻ノ一助トモナリ、一挙両得ノ策ト想像止ム能ハスト雖、亦此レ閣下保護ノ賜ヲ奉戴シテ成スニ非スンハ何ソ事成ルヲ得ン、伏冀クハ開智学校ヲ始トシテ普ク町村各学校エ書ヲ明示シ玉ハンヿヲ奉懇願候

子供の作文・揮毫展示は、市川ら松本博覧会社が企画したもので、「博覧場中活発々ノ展観」と子供の「憤励鞭撻ノ一助」が目的であった。実際に、学区取締へ子供の作品の取りまとめが要請されており、この計画は実行され

(61)「景満年譜」文化二年—明治一八年(「務台家文書」、『三郷村誌Ⅱ』二〇〇九年、七三二—七三三頁)。
(62)「天長節御祝日芝居聞届件」明治六年二月二四日(注20前掲史料)。
(63)「第四号　俳優乞食不立入ノ件」明治五年五月二八日、「第五号　従来村民若者ト唱ルヲ禁」明治五年六月、「第十九号　神社境内角力芝居禁スル件」明治七年九月二四日(いずれも注20前掲史料)。
(64)「第八号　村内舞台ヲ説教所ニ用ユル件」明治六年二月八日、「講金ヲ学校ニ付スルノ件」明治六年三月二〇日(いずれも注20前掲史料)。
(65)高瀬幸恵「旧習の否定」(注3荒井明夫編前掲書)。
(66)長尾無墨『説諭要略』(筑摩県、明治七年、のち唐沢富太郎編『明治初期教育稀覯集成』二輯三、雄松堂書店、一九八一年所収)二七—二九丁。
(67)「(作文展示願い)」明治八年一〇月(注1前掲史料)。

ていた[68]。とりわけ「作文或ハ揮毫ノ人員ヲ総ヘ」て、「看客群衆ノ目前ニテ其業ヲ試ミ」させていたことは、注目に値する。博覧会が、作文や揮毫を展示することで学校教育の重要性と必要性を来場者にアピールする場ともなっていたと考えられるからである。

さらにこの企画は、諏訪郡の博覧会でも確認できる。以下は、その様子を報じた記事である。

諏訪郡学校世話役・瀧澤正行・平林秋声相議シ、書画器物小博覧会ヲ桑原町千之学校ニ開キ、生徒ヲシテ席上揮毫セシメ、其善キヲ撰ヒ憲覧ニ備ヘ褒辞アリタリ、其中五、六才ノ幼児アリ、或ハ狡童《ワルキコ》ノ志ヲ改メ励業スルアリ、之レ皆ナ政教ノ徳沢ナラズヤ(『信飛新聞』八号、明治六年九月)

同郡の学校世話役たちは、千之学校にて「書画器物小博覧会」を開き、生徒たちに「席上揮毫」させたという。記事は、会場で学校教育の成果が披露されることを、「政教ノ徳沢ナラズヤ」と賞賛している。この「小博覧会」の会場が、小学校であったことは重要である。博覧会は学校を会場とすることで、学校とは縁遠かった人びとが学校に足を踏み入れる機会となっていたと考えられるからである。

博覧会と学校とのあいだでは、以上のような連携がはかられていた。しかし一方で、博覧会も学校も支持者を集めるために旧来の民衆娯楽である芝居に頼っていたことには、のちに連携が綻んでいく契機が胚胎していた。そこで次項では、三事業間の連携の綻びについて検討する。

(3) 近代学校と新聞・博覧会との綻び

近代学校は、新聞や博覧会と連携しながら、地域社会に展開していた。しかし三事業の連携は、何の障害もなく推進されていたわけではない。学校と、新聞・博覧会との連携には、綻びの萌芽が生じていたことは見逃せない。この萌芽こそが、近代学校の特性が地域社会のなかでより明確に意識される契機となったと考える。そこで以下では、こうした綻びの萌芽をいくつか指摘したい。

第一に、『信飛新聞』の「県下雑報」欄と投書欄を取り上げる。『信飛新聞』は多くの購読者を集めるため、布告や布達類だけでなく、住所・実名つきの醜聞記事を掲載していた。と同時に投書欄は、学事担当者たちが学校のあり方について議論する場でもあった。しかしその議論は、時に教育行政への批判に発展することもあった。関口友愛（教員）が、学校教育における試験制度を批判したのである。以下は、関口による投書である。

嗚呼我明府ノ耳目聡明ト雖、師範校ノ教師老練ト雖、豈能ク一時ノ試験ヲ以テ其熟否ヲ定メ優劣ヲ決スルヲ得ンヤ、我輩ハ終ニ其誤ナキヲ保証スル能ハザルナリ、我輩之ヲ聞ク、耕耨ノ事ハ請フ之ヲ農夫ニ問ヘト、生徒ヲ知ル我輩恐クハ其受持教員ニ若ク無カルベシ（『信飛新聞』八五号、明治八年九月二八日）

関口は、「聡明」な政府や「老練」な教師であろうとも、どうして「一時ノ試験ヲ以テ其熟否ヲ定メ優劣ヲ決スル」ことができようか、と主張した。この投書により関口は、「学校生徒ノ試験ヲ論シ投書致ス科、讒謗律第四条、官吏ノ職務ニ関シ誹謗スル者ニ依リ、編集人金井潭ノ従ヲ以テ論シ罰金五円申付ル」と罰せられた（九六号、明治八年一一月一一日）。こうした醜聞や教員による教育行政批判は、学校で購読され読み聞かせられる記事としては、不都合な内容であったと推測される。

第二に、博覧会における子供の作文や揮毫の展示について再び取り上げたい。この企画に対して、高島学校（諏訪郡）在勤の青沼正大が『信飛新聞』投書欄で批判している（一〇六号、明治八年一二月二一日）。青沼は、ある噂を道路で耳にしたという。すなわち、「博覧会場中ニ掲示スルトコロノ作文ハ、管内ノ人民ハ勿論他邦ノ人民ニ至ルマデ縦覧スル」もので学校の名誉にかかわるため、「各校争テ生徒ノ作文ヲ焦思苦慮シテ改刪補正シ」ているという

（68）「稟告」明治八年一〇月（「明治八年学事雑箋」、「栗林家（輪違）文書」三〇一）。

噂である。この「改刪補正」に対し青沼は、「夫レ学校ハ実益ヲ起スタメニ設置セシモノニシテ、虚誉ヲ起スタメニ設置セシモノニアラズ」と憤っている。青沼の投書から、博覧会における作文や揮毫の展示は、子供の「憤励鞭撻ノ一助」とはならないとする見方があったといえる。青沼によれば、「改刪補正」された作文を褒められた生徒は、「吾復タ刻苦黽勉スル憂ナシ」と勉強を怠る恐れがあるという。博覧会における作文と揮毫の展示が、学校教育を阻害してしまうことへの青沼の懸念を読み取ることができよう。

第三に、博覧会の演劇興行がある。演劇興行は、芝居が「開化」に馴染まないものとして否定されるなか、博覧会に来場者を呼び込む有効な仕掛けであった。しかしそうであるからこそ、博覧会演劇と学校教育とのあいだには綻びが生じていた。博覧会後の松本市中の様子を報じた記事を見てみよう。

旧歳《キョネン》松本博覧会の時、演劇《シバイ》のありしより市中の子供等が男女の差別更になく、二八や十九の少壮《ワカ》迄《ツズ》十番丁の正行寺境内ニ集り演劇の真似をするそうですが、こんな事を真似ずにどうか学校の真似でもすればいゝ（『信飛新聞』一〇九号、明治九年一月）

ここで記事になっている正行寺とは、すでに博覧会の観客の日記で確認したように、「江戸役者」が附博覧会演劇を上演した場所である。子供たちにとっては、「演劇」の真似をする格好の場所であったに違いない。そんな子供たちに対し知新社の記者は、「こんな事を真似ずにどうか学校の真似でもすればいゝ」と非難している。ここには、「学校」と「演劇」とを対極的なものとする考えが表明されていよう。

五　複合的な「開化」と近代学校の空間的析出

ここまで明らかにしてきた事実をふまえ、①三事業への関与はその担い手にとっていかなる意味を持ったのか、②近代学校が地域に展開するうえで新聞・博覧会とどのような連関性を持っていたのか、という観点から本章の内容をまとめよう。その際、三事業がいずれも「開化」のためのメディアであったという共通性と、その対象や伝達方法の違いにかかわる固有性の両方に着目したい。

第一に、三事業にかかわることは名望家たちにとってどのような意味を持っていたのか。子供を対象として近代教育を施す学校、「老幼婦女子ニ至ルマテ」に布告・布達や「県下雑報」を報道する新聞、「耄倪」や「翠髪」への「教導ノ一助」としての博覧会。三つのメディアは、それぞれ異なる情報を異なる経路で異なる対象に伝えていた。「開化」のメディアを掌握することは、名望家たちが、「開化」に向かう県や政府の動きを敏感に察知しつつ、そこに積極的にかかわることで、「開化」の時代においても地域の媒介者的役割を果し続けようとする動きであった。

名望家たちが各事業を推進する際、近世以来の村・町役人としての地域的結合がひとつの基盤となっていたことを指摘しておきたい[69]。つまり三事業への関与は、その担い手が近世より蓄積してきた地域の文化的政治的主導権を保持し、地域全体の地盤沈下を防ぐべく、地域社会の「開化」を推進しようとしたものであった。その際本章で見たように、名望家たちが、本来は別物であるはずの諸事業を同時に担い、相互に連関させることで「開化」を推進していた事実には注目してよい。諸事業を横断する名望家たちの活動は、まさに媒介する営みそのものであったと

（69）　安曇郡で学区取締や博覧会世話掛を勤めた栗林球三と清水又居は、大庄屋であった。また町方でも、伊藤文七や市川量造（ともに学校世話役、新聞誌・博覧会世話掛）らにも名主としての交流があった。第二章を参照。

いえるからである。

それでは第二に、近代学校の設立は、新聞や博覧会との連関性のもとで、いかに推進されたのか。創設期の学校は、新聞を〝聴く〟ことができ、また時に博覧会が開催される場でもあった。この意味で学校は「開化」の拠点として、まさに村の情報センター的な役割を果たしていたといってよい。その一方、学校設立の進捗や就学する子供の様子、学校運営にかかわる議論が新聞で伝えられ、あるいは学校教育の成果としての作文や揮毫が博覧会で展示されていた。これは学校が、新聞や博覧会で伝えられる「開化」の情報そのものでもあったことを示している。以上は、学校・新聞・博覧会における「開化」を地域社会へ浸透させるための連携であった。近代学校は、新聞や博覧会との連携のもと、「開化」のメディアの一環として地域社会に展開していたのである。

しかし、学校・新聞・博覧会の連携には、綻びの契機も胚胎していたことに留意されたい。これら綻びは、相互の連携が解体し、地域社会のなかで三事業の機能分化が明確になる契機であったと考えられる。学校についていえば、新聞・博覧会との連携の綻びにより、近代学校とはどのような情報を誰に伝えるべきか、その特性が明確化したのではないか。教員による教育行政批判の投書や子供の「虚誉」を引き起こしかねない作文・揮毫の展示は、新聞や博覧会を充実させるとしても、学校教育からは排除されねばならなかった。また、色恋や刃傷沙汰を報じる醜聞記事や子供が真似をする附博覧会演劇も、人びとを「開化」に呼び込む力があったにせよ、学校教育には馴染まないものとされていた。

そもそも創設期の学校は、新聞購読や博覧会のため地域の人びとが集まる場でもあった。ここで、近代学校が「開化」を伝えるばかりでなく、「酒宴」を催す場としても利用されていた事実を紹介しておこう。安曇郡北小谷本校教員代の山西(竹中)孝三は、明治九(一八七六)年七月に大網文校の試験を巡廻した際の様子をまとめ、学区取締の栗林球三に提出した。以下はその一部である。(70)

午飯ニ退校之処、世話役ヨリ茶ヲ玉ハル旨申出候ニ付辞《ジ》退ニ及候ヘ共、世話一同面謁《エツ》ヲ願フト申スユヘ控席ニ着座候ヘバ、時間移リテ生徒ハ入来リソロヘ候ヘバ、コレヲ外方雨中ヘ遊歩ヲ申付テ、盃盤ヲ持参ニ及ヒ、武田十代彦上座ニテ各世話役列席、酒ヲ玉ハル木大盃ニテ各々初メテ〳〵ト称シテ盃ヲ玉ハリ候ユヘ、試験中校内ニテ酒宴ノ義ヨロシカラズ、且ツ参看人モコレ有ル中ニテ外見モヨロシカラズト申候ヘドモ、聞入ナク漸々酔底《テイ》モ相見エ、後武田十代彦学校ノ事ニ付云云申出シ、主管人ト争ヒ不都合ノ至ニユヘ、下拙ハ席ヲ立チ教場ニ入リ試業ニ及候処、控席ニテハ未タ酒ヲ止メズ、十代彦酒興ニ乗シテ大声ニ何カ云云、其マヽニテ退出ノ様子、再ヒ参看ニハ出ラレズ候、尚便所ヘ下リ候ヘハ、控席ニハ酒器盃盤トリミダレ、其儘ニテ甚タ見苦キ事ニテ候ナリ、午後第七時試験終ル

学校世話役たちは、昼食のため一時退校した山西を控席に招き入れた。山西は、「茶ヲ玉ハル」という世話役の申し出を断りきれず、集まってきた生徒たちを「外方雨中ヘ遊歩」させ、控席にとどまった。ここで、大網村で戸長を勤めていた武田十代彦が登場する。武田を「上座」として列席した世話役たちは、「初メテ〳〵」と、山西とともに「酒宴」を催そうとしたのである。山西が、「試験中校内ニテ酒宴ノ義ヨロシカラズ、且ツ参看人モコレ有ル中ニテ外見モヨロシカラズ」と制止するのにも耳を貸さない。山西は席を立ち「試業」に向かったが、そのまま「酒宴」を続けていた武田は酔いつぶれ「再ヒ参看ニハ出ラレ」なかった。その後の控席は、「酒器盃盤トリミダレ、其儘ニテ甚タ見苦キ」様子であったという。

以上は、創設期の学校が、地域の人びとにとっていかに受け止められていたかを示す好例といえよう。つまり近

(70)「枝校巡回日記」明治九年七月三日(「栗林家(輪違)文書」三八八)。
なお山西により「不都合ノ至」と非難された武田らが、学校運営に協力しない人物であったとしてしまうのは、一面的な理解であることに注意をうながしておきたい。というのも本史料からは、武田が単に「不都合」な人物であるだけでなく、村民から頼りにされる一面も持ち合わせていたと考えられるからである。六日の記事では、「十代彦ヲ主管ニモスルトキハ学校モ一層振起スベキヤ」と、武田を学校主管人に推薦することが検討されている。これに対し、既存の主管人は「私共ハソレガ宜シイト存候」と答えている。

代学校とは、その設立・運営にかかわっていた学校世話役たちにとって時に「酒宴」を催す場ですらあった。大網支校における武田らの振る舞いは、児童・生徒としての子供と教員としての大人だけから構成される近代学校の空間イメージが、この時点では明確に共有されていなかったことを示していよう[(71)]。学校・新聞・博覧会が、各領域の境界を曖昧にしたまま、まずは相互に連携して「開化」を推し進める状況が存在していたことは、見逃せない事実である。

学校・新聞・博覧会など「開化」の諸事業への関与は、その担い手にとって、外部(「中央」)から流れ込む「開化」の情報を掌握し、みずから地域内部へと流通させることを意味した。担い手たちは、学校・新聞・博覧会などの諸事業を推進することで、地域社会に「開化」の趨勢を広め、地域住民をその現場に呼び寄せようとしたのである。しかし、明治政府が打ち出したそのままの形で「開化」を地域に浸透させることは、困難であった。新聞での醜聞記事や博覧会での芝居に端的に示されていたように、「開化」の対象である地域の人びとに合わせて、情報の内容や伝達の方法を変える必要があったからである。この意味で三事業が相互の連携のもとで推進される状況とは、その担い手である名望家層の媒介する営みにより生み出されたものにほかならない。

しかし学校・新聞・博覧会はもとより、個々の特性を全く異にするメディアである。そのため三事業間の連携には、綻びが生じざるをえなかった。相互の綻びを契機とし、醜聞記事や芝居からは明確に切断された学校教育のイメージが、より明確に浮かび上がっていったのではないか。それはすなわち、児童・生徒たる子供に近代教育を伝達するメディアとしての近代学校の「あるべき姿」が地域社会の現場で析出されていく過程であったと考えられる。こうして三事業の機能分化が明確化するなかで、諸事業を同時に担っていた名望家たちも、どの領域にかかわるのかを分岐点としつつその道を分かっていく。それは彼らの媒介する力量が、変容を迫られる事態でもあった。その過程については、明治一〇年代に視点を移す第六章以降で詳しく検討することにしたい。

(71) 森重雄は、創設期の近代学校が教授内容はおろか微細な身体動作までが不明確な「がらんどうの空間」であり、学事担当者は「ラジオ局のない世界でラジオの使用を迫られた人びと」であったと指摘する。こうした歴史的文脈のなかに、本章でとらえた担い手の「入れ子」状況や三事業の連携を位置づけることも可能であろう。森重雄「モダンのプラティック─教育行動と近代─」(森田尚人・藤田英典・黒崎勲・片桐芳雄・佐藤学編『教育学年報2 学校＝規範と文化』世織書房、一九九三年)二八九頁。

第五章

地方博覧会に見る「開化」の特質

——古器物・芝居・市場——

一　「開化」の象徴としての博覧会

前章では、地域社会における多様な「開化」の展開過程のなかで、名望家層が媒介者としての役割をいかに果たしていたのかを明らかにした。すなわち名望家たちは、本来は性格を異にする多様なメディアを相互に連関させつつ「開化」を媒介していた。

しかし名望家たちの媒介する営みは、諸メディアの連関という「開化」の伝達方法だけに見られるものではない。彼らは、「開化」の意味や作用そのものをも読み換え、また新たにつけ加えてもいたのである。その様態を解明することが、本章の課題である。そのための手がかりとして、明治ゼロ年代に全国各地で開かれた地方博覧会を取り上げたい。というのも地方博覧会の主な担い手は名望家層であり、彼らが直面していた課題とその解決に向けた活動をとらえるに有効な素材と考えられるからである。しかしそれにもかかわらず、明治ゼロ年代の地方博覧会については研究蓄積が十分とはいいがたい。

明治期の博覧会はこれまで、歴史学や社会学などの領域で取り上げられてきた。そこでの主な対象は、万国博覧会や内国勧業博覧会など国家単位の博覧会であり、第一回内国勧業博覧会（明治一〇年）以前の、地方博覧会を取り上げた研究は必ずしも多くない(1)。吉見俊哉も、「審査制度の導入や輸入機械の展示などはっきりとヨーロッパの博覧会を意識した（中略）おそらく唯一の例外」として京都博覧会をあげつつも、「地方博の多くは、実際には江戸時

（1）吉田光邦編『万国博覧会の研究』（思文閣出版、一九八五年）。国雄行『博覧会の時代―明治政府の博覧会政策―』（岩田書院、二〇〇五年）。伊藤真実子『明治日本と万国博覧会』（吉川弘文館、二〇〇八年）。福間良明・難波功士・谷本菜穂編『博覧の世紀―消費／ナショナリティ／メディア―』（梓出版社、二〇〇九年）。

代の開帳や物産会、薬品会に近く、いまだ見世物的な性格を色濃く残していた」と評価するにとどまる。[2]

しかし全国各地で、明治四（一八七一）年から同九年までのあいだに、少なくとも五〇回以上の博覧会が開かれていた。[3] その開催地は、東京や京都といった中央都市だけでなく、和歌山や新潟、金沢や松本といった地方都市にまで及んでいることが重要である。加えて、地方博覧会の多くは、政府や県の協力を得つつも、当該地域の住民自身が主な担い手であった。[4] これら地方の動きは、パリ万国博（明治九年）や文部省博覧会（明治五年）、ウィーン万国博（明治六年）など海外や中央の動きへの対応であったと考えられる。こうした「博覧会ブーム」について、江戸的な性格を残していたとの評価だけでは、考察が十分に深められたとはいいがたい。

一方、明治ゼロ年代の地方博覧会については、有賀義人の業績があげられる。有賀の研究では、筑摩県下博覧会の歴史的意義が勧業博覧会との比較のもとで評価されている。有賀は、「県の中心的都市だけで」なく「後の郡単位の範囲」でも博覧会が催された点を、筑摩県下博覧会の特徴とした。しかし、その出品物の大半は「骨董品」であり、「筑摩県下の博覧会の理念は、日本の資本主義発展の理念といまだ意図的には直結していな」く、「文明開化的な啓蒙の段階での範疇の博覧会に、とどまっていた」という。[5] 有賀は、明治一〇年代以降の内国勧業博覧会の前史として「啓蒙時代の役割」を果たしたと評価した。

有賀以降も、明治ゼロ年代の地方博覧会、特にその出品物については十分な分析がなされていない。たとえば、和歌山博覧会（明治五年）で「千利休和歌（徳川家）」と「酢（粉川村）」が並んでいたことも、「その雑多性自体が、明治の段階では、新しい」という評価にとどまる。[6] これらの研究では、海外の万国博覧会や政府主導の内国勧業博覧会にどれだけ追いついているかという視点から、地方博覧会がとらえられてきた。また近年、上条宏之が吉見の議論を援用し、筑摩県の「一日市場に明治前期に局地的市場圏が開かれ、併せて文化・教育・産業の総合的観点から地域博覧会が開催され」ていたと指摘した。[7] しかし、「総合的観点」の内実が十分に説明されておらず、博覧会の担い手の視点に迫る分析が必要だと考える。

以上のようにこれまでは、明治ゼロ年代の地方博覧会について、近世的なものから近代的なものへ、という「近代化」の過程として把握されてきた。これに対し本章では、その担い手の視点から内在的に博覧会の姿をとらえ直す。[8]すなわちこの時期、一見「開化」とは無縁に思える近世的なモノやコトが、「開化」の象徴たる博覧会の場に登場していた。こうした事態は、名望家層とその媒介者的力量によってこそ創り出されていたと考えられる。この仮説を実証するため本章では第一に、博覧会の開催を支えた担い手たちの意図や目的を検討する。第二に、「骨董品」が展示の中心であったことの意味を改めて検討する。最後に、地域社会の文脈から博覧会の姿をとらえ直す。

(2) 吉見俊哉『博覧会の政治学―まなざしの近代―』(中央公論社、一九九二年、のち講談社学術文庫、二〇一〇年)一三〇―一三一頁、引用は二〇一〇年版。
(3) 有賀義人『信州の啓蒙家市川量造とその周辺』(凌雲堂書店、一九七六年)三〇頁。
(4) 横山秀樹「新潟県における明治時代の博覧会・博物館史」(『国学院大学博物館紀要』五号、一九八〇年)。工藤泰子「明治初期京都の博覧会と観光」(『京都光華女子大学研究紀要』四六号、二〇〇八年)。並木誠士「京都の初期博覧会における「古美術」」(丸山宏・伊従勉・高木博志編『近代京都研究』思文閣出版、二〇〇八年)。
(5) 注3有賀義人前掲書、五二―五三頁。このほか、有賀の業績として「筑摩県管下博覧会とその史的意義」(『信濃』二二巻一〇号、一九七〇年)も参照。
(6) P・F・コーニッキー「明治五年の和歌山博覧会とその周辺」(注1吉田光邦編前掲書)二五六―二五七頁。コーニッキーは、明治ゼロ年代の地方博覧会と、近世の物産会、本草会、書画会との連続性に言及しており、この点は示唆的である。筑摩県下博覧会についても、博覧会開催の歴史的文化的な背景を解明する必要がある。今後の課題としたい。
(7) 上条宏之「明治前期における局地的市場圏と地域博覧会―奨匡社自由民権運動の経済的文化的基盤―」(『長野県短期大学紀要』五九号、二〇〇四年)一四頁。
(8) 筆者と同様の視点に立った研究として、野中勝利の研究があげられる。野中は、明治ゼロ年代に城址で開かれた博覧会を分析し、その担い手の意図が「博覧会の開催そのものよりも(中略)、城址の開放や天守閣の保存を志向していた」と指摘した。しかし、「この時期の地方博覧会が勧業という主旨に至っていない状況」をもって、出品物については論じていない。野中勝利「明治初期に城址で開催された博覧会に関する研究」(『日本都市計画論文集』四一巻三号、二〇〇六年)九一二―九一三、九一六頁。

二　筑摩県下博覧会と博覧会世話掛

筑摩県下博覧会は、廃県までに少なくとも計二五回催されている。このうち、博覧会が最も多く催されたのは、県庁のあった松本である。松本の博覧会は、明治六（一八七三）年の一一月一〇日から一二月二四日まで松本城天守櫓で開かれた第一回松本博覧会を嚆矢とする。

明治五年八月に筑摩県は、それまで県庁として利用していた松本城を、競売により処分しようとしていた。筑摩県権参事・荒木博臣は、老朽化した松本城を「取払、跡地へ更に県庁造営仕度」と、大蔵省へ伺い出ている。[9] こうした動きを受け、松本城下下横田町の副戸長・市川量造が、博覧会の開催を建言した。前章までに見たように市川は、松本城下町で代々名主を勤めていた家柄で、建言を提出した当時は新聞誌世話掛や学校世話役などに就いていた。[10] 市川の建言書では、博覧会開催の目的が以下のように語られている。[11]

海外博覧会ノ盛ナル言ヲ待タズ、近頃都下博覧会行レテ人々開知ノ益少ナカラズ、一日ノ遊目十年ノ読書ニ勝レルノ謂ヒ実ニ誇談ニアラサルナリ、去玍遠境僻地ニ至テハ其美ヲ目撃スル稀ニシテ遺憾ニタヘス候ニ付、同志者申合、筑摩県下ニ於テ適宜ノ会ヲ開キ、古器旧物ヲ集メ、諸人ヲシテ縦観セシメント存候得共、善所ナキヲ以テ因循イタシ居候処、此頃城内天守櫓破却ノ命アリテ代価二百三十余円ニテ、既ニ落札相成候趣承及候、右ハ数百年前ノ建築ニテ、当時他邦ニ対シテハ敢テ誇示スルニ足ラスト雖モ、僻邑中ニ在テハ頗ル壮構ナルモノニテ、且其地高敞、遠眺、快闊、人意ヲ開広スヘクノ所ニシテ、博覧館ニ用ルニハ尤適当ト奉存候（中略）、暫ク之ヲ以テ衆庶遊観ノ地トナシ、龍動キリスタルパレス・維也納ミユゼエム等ノ如キニ見做サンニ、必スシモ妨碍スル所アルニ非ス、苟モ造築観美ヲ喜ンテ茅屋粗室ヲ悪ムハ自然人情ノ趣クトコロ、彼ノ富国強兵ト唱フルモ、畢竟耳目ノ自由ヲ得ント欲スルノミ、願クハ落札金員ハ同志者ヲ募リ、併セテ地租ヲモ相納可申候間、自今十ヶ年右破却ノ命ヲ弛へ（メ）、拝借被　仰付候様仕度、然ル上ハ春暖叢生ノ候ヲ待チ博覧会ヲ興行シ、上ハ　天恩ノ寛宏ヲ奉仰、下ハ衆庶ノ所望ヲ遂ケ、難有仕合ト奉存候、威厳ヲ冒涜シ懇願仕候故、恐惶ノ至ニ堪ヘス、頓首謹言、

壬申十一月廿七日

第八区下横田町副戸長・市川量造（印）

近年では博覧会が盛んに開かれ、人びとが「開知ノ益」を享受している。その一方、筑摩県のような「遠境僻地ニ至リテハ其美ヲ目撃スル稀」なため、「同志」を募り松本博覧会を開こうとしていた。市川は、「古器旧物」を展示品として想定していた。しかし会場として「善所」が見つからないなかで、松本城「天守櫓破却ノ命」が下った。松本城は、「他邦」に対して誇ることはできないものの、「僻邑中ニ在テハ頗ル壮構」であり、「博覧館」として再利用するに適当である。そこで市川ら「同志者」の出資により「代価二百三十余円」および地租を納めるので、松本城を博覧会場として「拝借」したいと願い出ている。

こうした願いを行った市川の念頭には、「海外」や「都」が置かれていたことがわかる。具体的には「龍動キリスタルパレス」（ロンドン・クリスタルパレス）や「維也納ミユゼエム」（ウィーン・ミュージアム）である。ここには、「海外」―「都」（東京）―筑摩県という、「開化」をめぐる序列的関係（ヒエラルヒー）を読み取ることができる。この点、市川が筑摩県を「遠境僻地」と見なしていたことからも明らかである。同様の意識は、第一回松本博覧会の様子を描いた錦絵にも示されている（前章図4―1および口絵参照）。[12]この錦絵に付された文章では、「山国《さんこく》の一僻県《いちへきけん》、見《み》ると

（9）「県庁新規造営之儀に付伺書」明治五年六月二四日（「松本城博覧会」（筆写版）、「市川家文書」一三八、松本市立博物館所蔵）。
（10）「雑用誌　第二号」明治七年八月（「市川家文書」八九〇七）。
（11）「建言」明治五年一一月二七日（「市川家文書」一一八六五）。
（12）「松本博覧会錦絵」（日本貨幣博物館所蔵）。

ころ少《すくな》く知《し》らんと為《す》るに物乏《ものとぼ》し、故《ゆえ》に士人《どじん》をして知見多《ちけんおお》から令《しめ》んと、竟《つひ》に有志会社《ゆうしくわいしや》して博覧場《はくらんちやう》を開《ひら》」いたという。地域の人びとを「士人」と見なし、それを「開化」する「有志」者としてみずからを位置づけている。さらに、「既《すで》に本朝にも東京《とうきやう》に早《はや》く此会《このくわい》を開《ひら》けり、因《よ》りて是《これ》に倣《なら》ひ本年十一月十一日より旧本城《きゆうほんじやう》天守宝閣《ほうかく》中に開筵《かいえん》し」たという。「有志」を自任する市川たちは、「海外」や「都」を中心とした「開化」の趨勢に乗り遅れまいと、「山国の一僻県」たる筑摩県で博覧会を開こうとしていた。

市川の建言に対し筑摩県は、翌六年一月二七日に「陸軍省所属之場所、且入札へ落札之上ハ難聞届、博覧会所之儀者、寺院等之中借請可申立事」と却下した。そこで市川は同年九月二〇日、「永く拝借難相成御義に候はゞ、一時博覧中拝借被仰付候様、伏而奉懇願候」と、改めて願い出た。(13) この建言が、筑摩県に受け入れられ、第一回松本博覧会が開催の運びとなった。以下は、博覧会開催の決定に際して発せられた筑摩県の布達である。(14)

> 抑《ソモく》博覧会《ハクランクハイ》ハ、智識《チシキ》《チエ》ヲ発明《ヒラキ》シ、学術工業《ガクモンコシラエルモノ》ニ裨益《ヒエキ》アルハ、喋々《ヤカマシク》贅言《ゼイゲン》《ムダコト》ヲ竢《マタ》ズ、今般管下有志ノモノ集議《ソウダンスル》シ、松本ニ於テ、博覧会興《オコシ》行致度段、願出候ニ付、聴届、来ル十一月十一日ヨリ、凡三十日ヲ限リニ、開筵《カイエン》《ハジメル》候條、自他ヲ論ゼズ、天産《テンサン》《オノツカラノモノ》人造《ジンゾウ》《ヒトノツクルモノ》ノ物種ヲ始メ、新機器《アタラシキウツハ》、古器物《フルキモノ》等、所持ノ者ハ、速ニ此会ニ輸送《ユソウ》《ヲクリ》シ、好士ノ討論《トウロン》ヲ仰キ、物ノ栄誉《エイヨ》《サカエ》ヲ四方ニ馳《ハ》セ、広ク《ヒロク》世間ニ知ラシメ、倶《トモ》ニ盛大ヲ謀《ハカ》ルベシ、是レ人生利用ニ資益《シエキ》《タスケ》アル通儀《ワケ》ニシテ、決《ケッシ》テ疑《ウタガ》フヘカラサル者ナク、会場規則、物産差出方等ノ儀ハ、不日上梓《ハンニイタス》ノ上、夫々可及ニ頒告《ハンコウニ》《フレ》一候得共、先此旨《マツコノムネ》為ニ心得一、相達スルモノ也(中略)、
>
> 明治六年九月廿七日
>
> 筑摩県権令・永山盛輝

永山は、このたび開催の運びとなった博覧会の意義を以下のように語っている。博覧会の目的は、「智識ヲ発明シ、学術工業ニ裨益アル」ことである。そのために、「天産・人造ノ物種」を始め、「新機器」や「古器物」などを所持

するものは、博覧会に出品し「人生利用」の助けとすべしという。以上のように、市川の建言では「古器物」のみであったのに対し、「新機器」など多様な品物の展示が想定されている。こうした県の意図は、「学術工業ニ裨益」という博覧会の目的によるものと解される。博覧会の理念と「古器物」をめぐる、市川ら担い手と県との認識のズレこそが、本章を通じて検討したい問題である。

県の許可を得た市川ら「有志」者たちは「博覧会世話掛」に任命され、筑摩県下博覧会の担い手となっていった。筑摩県は明治六年九月、「同心協力鼓舞作興セシムルノ見込ミ」によって作成された名簿にもとづき、博覧会世話掛を任命した[15]。これ以後も、「当県貫属士族本町居住、岡本甚吾、右之者、博覧世話役被仰付度奉願候」などと、既存の世話掛の推薦にもとづき、博覧会世話掛が増員されていった[16]。

第一回松本博覧会時の博覧会世話掛の数は、松本城下で六一名、安曇・諏訪・伊那郡で四六名である[17]。その多くが松本城下および県下の名望家たちであったと考えられる。たとえば、新聞局知新社社長として『信飛新聞』（明治五―明治九年）や『月桂新誌』（明治一二―明治一四年）などの発行にかかわった窪田重平（天保一三―大正六年）がいた。また、安曇郡大町村の戸長として学区取締や新聞誌世話掛を勤めていた栗林球三もいた。前章で検討したように、博覧会世話掛のなかには新聞発行や学校設立など、同時に複数の事業に取り組んでいたものが存在していた事実は重要である。

第一回松本博覧会に際し、博覧会世話掛を中心に松本博覧会社が結成された。ここでは、「博覧会事務一切ニ関シ、

(13)「松本城借受御願」明治六年九月二〇日（注9前掲史料）。
(14)「松本博覧会に付達」明治六年九月二七日（「明治六年　博覧会新聞誌書類留」明六―一A―九、長野県立歴史館所蔵）。
(15)「（博覧会世話掛設置に付）」明治六年九月（注14同前史料）。
(16)「記（博覧会世話掛増員に付）」明治六年九月（注14前掲史料）。
(17)「博覧会新聞誌世話掛名簿」明治六年三月三〇日（注14前掲史料）。

且社友不作法ヲ検シ、役員総而指揮スルノ権」を持つ「照管」や、「外客対談ノ事務ヲ要ス」る「応接」、「書翰逓送・規則頒布等ヲ要ス」する「書記」など一〇の「分課」が置かれた[18]。前章でも見たように、博覧会の運営にかかわる資金は、松本博覧会社が負担していたと考えられる。明治八年一〇月に県へ提出された報告書から、経営の一端を改めて読み取っておこう[19]。

去ル明治六年、旧本城内ニ於テ博覧会ヲ発起セシヨリ、開場既ニ四次ニ及ヘリ、然レ𪜈初メ新ニ場ヲ設ケ営繕其他諸費ノ多キ、弐千余円ノ負債ヲ生シ、屢之ヲ商量シテ千計万謀尽スト雖モ、勢イ自カラ烏合ニノ事皆乖離ス、更ニ済了ノ日ヲトスルニ由ナシ、爰ニ於テ本年六月、有志者一層奮発シテ、有名無実ノ社員ニ係セス負債若干金ヲ担当シ、速ニ之ヲ済了スルヲ得タルナリ

この報告の時点で、松本博覧会はすでに四回催されていたが、その「負債」が「弐千余円」に膨れ上がっていたことがわかる。そのため「烏合」であった博覧会社は「乖離」しかけたが、「有志者」の「奮発」により返済できたという。以上の経緯で、県からの資金援助があったことは確認できない。つまり博覧会は、世話掛たち自身が出資し、営んでいた事業であった。このことは、改めて確認しておきたい事実である。

第一回松本博覧会閉会後の筑摩県布達では、同会が「衆庶ノ力ヲ借テ遠ク誉声ヲ馳、近ク壮観ヲ取ニ、看客ノ裨益不少」ること、松本に加え飯田でも博覧会の動きがあり「続々此盛挙アル、実ニ愉快ト云フヘシ」とされている[20]。同会は一定の成功を収めたといえよう。そして、第一回松本博覧会以降、県下各郡で博覧会社が結成され、博覧会が催されていく。

筑摩県下博覧会の多くが、開催にあたって規則書を作成していた。その体裁はいずれも共通している。第一回松本博覧会を例にすれば、冒頭に序言が述べられ、続いて入場券「一枚其値二銭」とされている。さらに、「売物ノ値ハ墨」、「所蔵物ノ値ハ朱」にて出品物の値段を表記することや、「火薬ナドノ如キ危キ者」の出品禁止など出品

物の扱いにかかわる規定が見られる。(21)

規則書の作成過程については必ずしも明確でないが、第一回松本博覧会については、「松本博覧会規則草稿」が残されている。これは、博覧会社によると思われる規則書の草稿が筑摩県庶務課に提出され、訂正が加えられたものである。(22)さらにその印刷も、筑摩県の印刷掛で行われていた。(23)この規則書は印刷後、筑摩県下の全域に配布され、管見の限りでは、筑摩・安曇・諏訪・伊那郡の各区長に計六八二冊の規則書が「下ケ渡」されていた。(24)この規則書の配布が、松本博覧会への出品をうながすとともに、翌年以降に県下各地で開催された博覧会のひとつの契機となっていった。筑摩県下博覧会で作成された規則書には、「本県ノ規則ヲ模倣シ」(25)や、「本県松本及ヒ飯田既ニ博覧ノ会

(18)「博覧会社事務分課役員表」明治六年九月か(注14前掲史料)。本文で紹介した役職のほかには、「司記」、「展観」、「照券」、「検工」、「商員」、「攢計」、「助生」が置かれていた。
(19)「博覧会社則并連名簿」明治八年一〇月一八日(「明治八年　博覧会之部」明八―一B―三―一、二、長野県立歴史館所蔵)。
(20)「博覧会布告第六六号」明治七年一月一三日(「明治七年　勧業博覧会之部」明七―三A―五、長野県立歴史館所蔵)。
(21)「筑摩県下松本博覧会規則」明治六年一〇月一〇日(注14前掲史料)。規則は全二〇条から成り、その内容は以下の通りである。①開催月日、②開場時間、③入場料、④入場方法、⑤展示品差送、⑥展示品売買、⑦展示品につける名札、⑧売買につき手数料、⑨粗大または臭気ある品物の処分、⑩新発明の器械の取扱、⑪天造の奇物の取扱、⑫使途不明品の取扱、⑬奇石異木などの取扱、⑭展示品の観覧方法、⑮火薬禁止、⑯重器などの取扱、⑰品物毀壊時の保証、⑱展示品の受付所、⑲展示物の輸送料、⑳展示品の返送方法。
(22)注14前掲史料。「松本博覧会規則草稿」は、刻印のない原稿用紙によって作成されている。筑摩県作成の文書はいずれも「筑摩県」の刻印が見られるため、この「草稿」は松本博覧会社によるものであると推測される。また、筑摩県からは「松本故城」から「松本城本丸天守櫓」に、「解クル」を「送クル」に訂正している程度で、大きな変更は見られない。
(23)「(博覧会規則書摺立之義御庁活字ニ而御摺立被成下置度奉願上候)」明治六年一〇月一〇日(注14前掲史料)。なお、「紙代并ニ諸費等、可奉差上候」とあり、費用は博覧会社が負担していた。
(24)「御願」、「記」、「博覧会御規則書御下ケ願」明治六年一〇月二二日(注14前掲史料)。
(25)「木曽福島博覧会規則」明治七年七月(注20前掲史料)。

ヲ設ケ、大ニ壮麗ノ観ヲ極ム、都鄙此挙アル、実ニ未曾有ノ盛事ト謂ツヘシ、我郡同志ノ輩其挙ニ倣ヒ[26]」などといった表現が散見される。先行して催された博覧会に「倣」おうとする意識がうかがえよう。

博覧会世話掛たちは、地域社会を「開化」に向かわせる「有志」という自意識のもと、博覧会運営にかかわっていった。第一回松本博覧会の開催が市川の建言を嚆矢としていたように、筑摩県下博覧会は、海外や都市の動きに敏感に反応した名望家たちの力量によるところが大きかった。彼らは、博覧会社を結成し、会の運営資金をみずから負担して博覧会を開催していたのである。

三　「古器物」を展示するということ

もっとも、県が期待していた「新発明ノ器械」の陳列は、筑摩県下博覧会では必ずしも多くなかった。先行研究でも指摘されるように、明治ゼロ年代の地方博覧会の主な出品物は「骨董品」であった。前述のように、従来の研究ではこの傾向について、明治一〇年代以降の勧業博覧会に未だ追いついていない「骨董博覧会」と評価されてきた[27]。しかし、「骨董品」という用語は正確ではない。史料のうえでは、「古器物」や「珍奇物」という言葉が用いられている。このことからも、これまで「古器物」展示の意味が看過されてきたといえる。これに対し筆者は、「古器物」こそが、地方博覧会の重要なコンテンツであったと考える。

前節で市川の建言と筑摩県の布達との比較から確認したように、両者のあいだには博覧会の理念と「古器物」をめぐる認識にズレがあった。つまり博覧会の展示品として、市川の建言では「古器旧物ヲ集メ」ることが想定されていたのに対し、筑摩県の布達では「古器物」ばかりでなく「天産・人造ノ物種」や「新機器」があげられていた。市川は、ロンドンやウィーンの博覧会に言及していることからも、「古器旧物」ばかりが博覧会であったわけでは

表5-1　松本博覧会と西京博覧会における出品物の比較

信州伊那郡より松本博覧会出品物（明治6年）	
産物（17種21点） 小田原形塗椀、同木地、白木綿、真綿、煉羽二重、生糸、晒紙、切元結、輪元結、唐扇、榧、胡桃、煎茶、石炭、陶器、白土、金砂 諸家所蔵物品（63種83点） 牧渓山水、古銭、狩野祐清筆離宮採蓮図幅、天竜河産陽石、文徴明書、古銅磬、経山寺古瓦、探幽筆達磨、御綸紙園原長者号、武田信玄兜前立、蘇東坡書、豊太閤御朱印、雪舟筆渡唐天	神、宮本武蔵筆程伊川像林道春賛、浮田一蕙筆楠公像、英一蝶筆獅子、貝原益軒書、明仇英筆、長曽根虎徹入道作刀、蘓東坡愛玩瑞渓硯、大雅堂筆山水、古瓦、文徴明林羅山石川丈山書、熊沢蕃山書、非殿司筆達磨、古鈴、牧渓筆孔雀、蒋嵩筆山水、明唐寅筆酔翁亭岳陽楼、武田信玄短冊、朱文公真筆、明呉麟達磨像明哲賛、尹良親王御筆大般若経、有栖川韶仁親王御筆、賀茂真淵翁筆、古鈴楠正成公所持鎮宅霊府神、探幽筆鐘馗、土佐光起筆紫式部牡丹猫、契沖阿闍利筆牡丹詠歌、千宗且翁消息、太宰純書、チヤン琴、伊藤仁斎書、蛇骨、古銅蝦蟆、古鏡、木偶、太宰古瓦、料紙硯箱探幽斎画梶川蒔絵、物徂徠書、小田海僊画、天造物石類、同矛石、鏃石、斧石、神代文字、唐栖公権真蹟、楊月礀筆龍画、土佐光起筆竜田川画、信濃守藤原国広作刀、本居宣長筆桜画賛、唐剣
松本博覧会社より西京博覧会出品物（明治7年）	
産物之部（38点） 廻シ挽鋸、諏訪小倉帯地、同袴地、寒製紅白心太、蕨漬、薇漬、虚蕗漬、雹石、氷餅、氷蕎麦、宮本小判紙、奉書紙、五色素麺、重糸湯葉、岩茸、烏川原砂、刻煙草、葉煙草、	山蚕糸、山繭、山蚕蝶、同卵種籠、生糸、竹細工類、皮蕎麦、挽抜蕎麦、踏皮裏、紺白仕立踏皮、麻苧類、同布類、杉赤杣斤板、生糸製造リヤンドリ器械、楮、薄荷、績木綿、手拭地、蕨粉、長薯 珍奇物之部（5点） 県社綾王之面、小烏丸刀、綱切丸刀、洗馬村ニテ穿チタル上代之刀、双頭鹿

出典：「信州伊奈郡飯田産物・安戸村産諸家所蔵物品」、「西京博覧会出品目録」（注14、20前掲史料）。

ないことを当然認識していたことだろう。それでは、「古器旧物」を展示するとした市川の建言には、どのような意図が込められていたのか。

市川ら松本博覧会社は、勧業博に追いついていなかったために「学術工業ニ裨益」ある博覧会を開けなかったのではなく、あえて開かなかったと考えられる。ここで、松本博覧会（明治六年）と京都で開かれた西京博覧会（明治七年）のため、松本博覧会社が調達した出品物を比較したい（表5−1）。

松本博覧会についてはまず、伊那郡からの出品物取調の記録がある。この史料には「産物」として、「小田原形塗椀」や「白木綿」、「晒紙」や「陶器」など一七種二一点の品物が見られる。しかしそれ以上に、「武田信玄短冊」や「豊太閤朱印」といった「諸家所蔵

（26）「高嶋博覧会規則」明治七年五月（注20前掲史料）。
（27）注3有賀義人前掲書、六四頁。

物品」六三種八三点が目立つ。ここから、松本博覧会の出品物の中心は「古器物」であった。また、第二回松本博覧会（明治七年）の「松本博覧会列品表」はそのすべてが、「三十六歌仙手鑑」や「鹿角刀掛」など、「諸家所蔵物品」で占められている。[28] この「列品表」には、出品物の目録が所蔵者つきで掲載されている。なかには図が挿入され、「此物用ル所其証ヲ審カニセズ、依テ其形ヲ模写シ以テ四方ノ観客ニ問ハントス」などと、用途を尋ねる品物もあった（図5―1）。「列品表」の発行は、「此場ニ於テ陳列スルモノ固ヨリ以テ人智識ヲ弘ムルヲ本トスレハ、看者宜ク其形ヲ弁シ、其理ヲ究メ、或ハ疑ヒアレハ之ヲ問ヒ、誤リアレハ之ヲ正シ、其品評スル」ことを奨励した博覧会規則にもとづいていたと考えられる。いずれにせよ「列品表」は、博覧会を宣伝するためのパンフレットであったと考えられる。

また、松本博覧会の来場者による手記では、出品物が絵入りで記録されている（図5―2）。[29] この人物は、「武器之部」や「銅鐵之類」などの「古器物」を中心に、「動物之部」や「産物」に興味を抱いたようである。以上の事実から松本博覧会では、「古器物」こそが、博覧会の目玉であり、来場者を惹きつけていたといえよう。

一方で、西京博覧会への出品物について、松本博覧会社が明治七（一八七四）年三月八日付で作成した目録には、「産物之部」三八点と「珍奇物之部」五点がまとめられている。同じ松本博覧会社によって集められたにもかかわらず、松本博覧会と比べ、西京博覧会への出品物はその構成が逆転していることがわかる。

ここで注目すべきは、「諸家所蔵物品」を博覧会に出品させることが、必ずしも容易ではなかったことである。第二回松本博覧会の直前に博覧会社は、「実ニ今日ニ至テ、御管内ノ出品一物モ無之、当惑居候」と、筑摩県に訴えている。[30] この文書から、博覧会開催の一週間前まで陳列品の収集が難航していた。

市川ら松本博覧会社は、こうした困難な状況下で、「諸家所蔵物品」の提供を以下のように求めていた。[31]

聞ク、古ノ賢主ハ珍器奇禽ヲ宝トセス、今ハ則仮ヲ以テ其智見ヲ闡ク、嗚呼是モ一時ナリ、彼モ一時ナリ、其拘泥ス

(28)「松本博覧会列品表第一―四号」明治七年（注20前掲史料）。
(29)「続錦雑誌」明治七年（「佐藤家文書」個人蔵）。
(30)「各区博覧会世話掛」明治七年四月八日（注20前掲史料）。
(31)「筑摩県下松本博覧会規則」明治六年一〇月一〇日（注14前掲史料）。

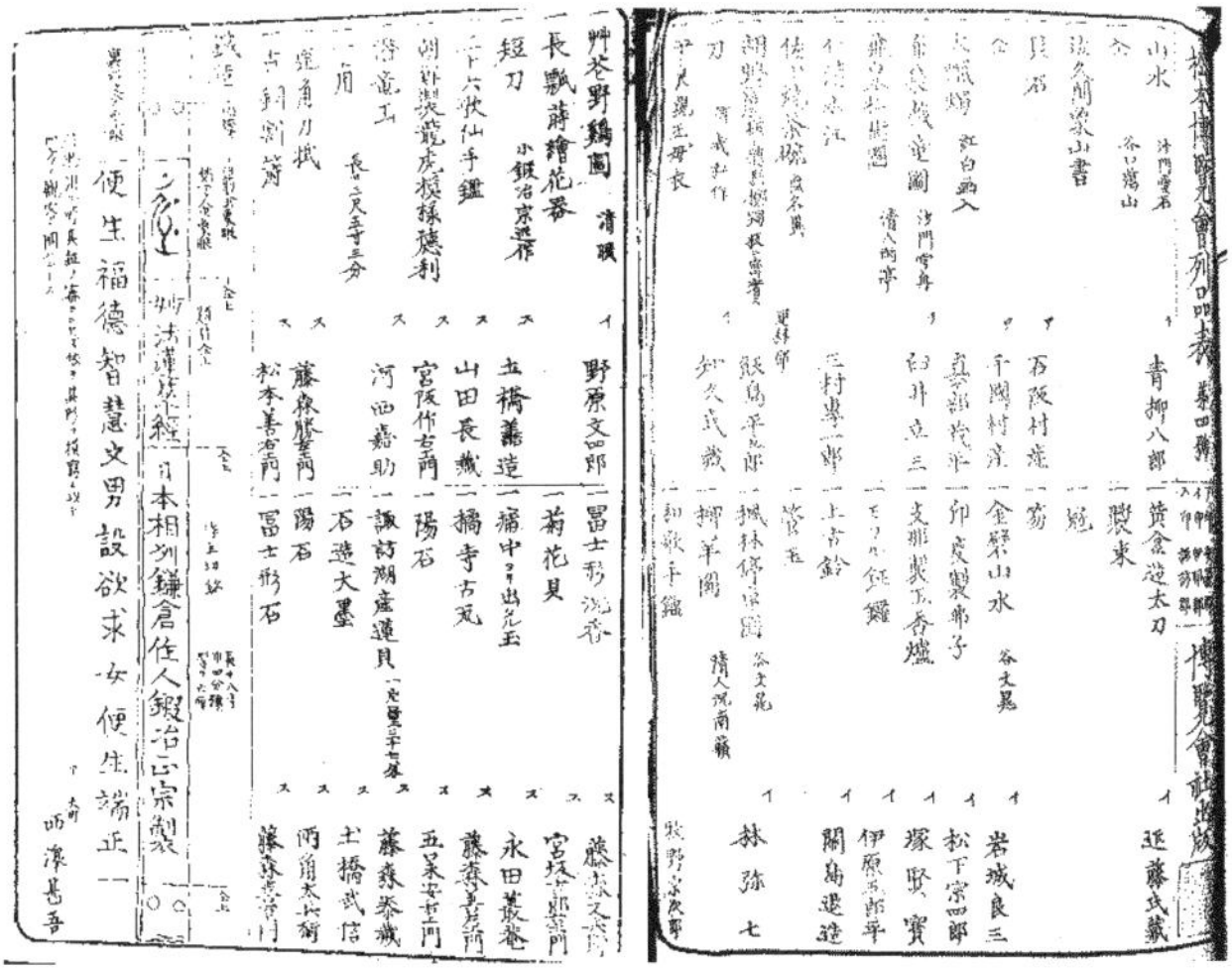

図 5-1　「松本博覧会列品表」（第 4 号）

出典：注 20 前掲史料

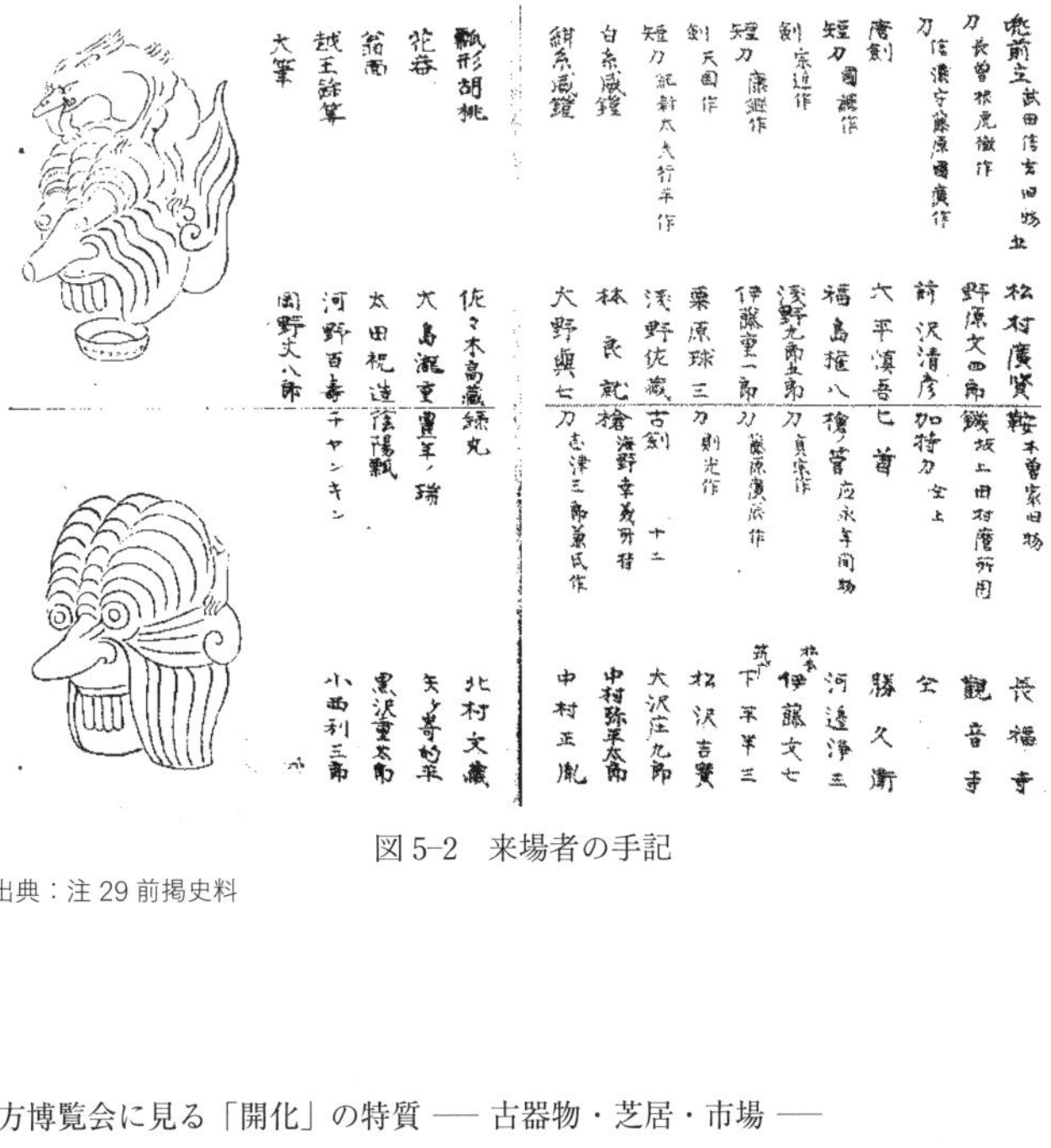

図 5-2　来場者の手記

出典：注 29 前掲史料

ヘカラサル此ノ如シ、庶幾クハ自今以後四方ノ君子、斯ノ物ヲ覧テ其迹ニ耽ラス、以テ其智見ヲ闡クノ一助トナサンコトヲ

つまり「古ノ賢主」が「珍器奇禽ヲ宝トセス、今ハ則仮ヲ以テ其智見ヲ闡」いたように、博覧会に出品協力せよ、と呼びかけている。ここでは、博覧会における「古器物」の陳列を正当化する論理として、「智見ヲ闡ク」ことが持ち出されている。さらに松本博覧会社は、「諸家所蔵物品」を展示するために、筑摩県の協力を仰いでいた。たとえば筑摩県は、「貴社伝来之古器・宝物・古書物等神宝之外収拾シ、此場(博覧会場―引用者注)ニ出し、広ク人民ニ可為遂閲見」と、諏訪社など県下の神社へ博覧会出品を呼びかけていた。そうすることで、「社頭之著敷名誉ヲ播スル之一助ニも」なるという。(32)

こうした働きかけに対し、出品者の側はどのような対応を取ったのか。諏訪神社宮司の岩本尚賢の動向に注目しておきたい。(33)市川は、明治七年三月八日、「有名之珍器」である諏訪神社宝物の「綱切丸」を西京博覧会に出品させたいと県に申し出た。そこで「飛脚ヲ以申越、拝借」したいので、筑摩県に「御添翰」の発行を願い出た。(34)諏訪神社の岩本は、筑摩県が発行した「相渡可申旨御書面之趣」もあるため綱切丸の貸し出しに応じたが、その際の注文が興味深い。(35)

右太刀(綱切丸―引用者注)之儀者、客歳什宝取調帳ニ載セ、教部省ヘモ差出置候品ニ而、是迄神官之外為取扱候儀無之、勿論昨年御県下博覧会之節モ伺之上神官一名差添持参、庶務課御中ヘ御引渡シ申、別段御庁御土蔵ヘ御預リ置可被下旨ニ而差出候儀、此度ハ飛脚之者ヘ相渡差出候モ、余リ軽率之様相心得、勿論神官之内一名相添差出可相伺儀ニも御座候ヘ共、明十日ハ一社之大祭ニ而一同致奉仕候事ニ付、不能其儀一応及御問合候

岩本によれば、綱切丸は「什宝取調帳」に掲載され、「教部省ヘモ差出置候品」であり、これまでは神官以外は

取り扱うことができなかった。昨年の松本博覧会に出品した際も、神官一人をつき添わせ、県庁の蔵で保管してもらったほどである。それにもかかわらず今回は「飛脚之者」に輸送を任せるとは「余リ軽率」であると、品物の取り扱い方を見直すよう県へ問い合わせている。

諏訪神社の宝物を松本博覧会社へ貸し渡す際に、岩本が教部省とのつながりに言及する例はこれだけではない。明治八年に松本の深志神社で開かれた「神宝博覧会」閉会後の八月二二日、岩本は教部大輔・宍戸璣と、筑摩県権令の永山盛輝に宛てて文書を提出した。前者では神宝博覧会への出品物を「返納相改無相違受取申候」ことが報告されている。(36)後者では、以上の旨を教部省へ届け出たことが報告されている。

岩本の行動は、深志神社の対応と比較した時、対照的である。深志神社が神宝博覧会へ出品する際には、「右之通、今般博覧場江出品仕、不苦義ニ御座候」として、出品目録を筑摩県に提出しているのみである。これに対し諏訪神社は、綱切丸の取り扱いに注文をつけ、教部省とのつながりを強調しつつ、「神宝」を出品していた。ここに、「智見ヲ闡ク」という、「開化」の文脈に沿った新たな権威・価値を獲得しようとする意図がうかがえる。このことは、出品だけでなく会場を提供した深志神社についても同様であろう。博覧会は、出品者側の権威・価値の獲得という思惑を動員することで成り立っていたのである。

---

(32)「(諏訪社ほか四社へ達按)」年月日不詳(注20前掲史料)。出品物には「物主何国何郡何所何某ト詳記」されていた(注14前掲史料)。

(33)谷川穣によれば、岩本は権大講義として教導職に就いていた。神道勢力の保持・拡大を目論む岩本は、「布告講読と教導職説教のセット」を建言し、筑摩県に接近した。こうした岩本の行動は、結果的に、「「教育」が「教化」を介して「宗教」を〈踏み台〉にしてゆく」状況を生み出したという。博覧会にかかわる岩本の動きも、神社勢力の保持・拡大という意識のなかにあったと考えられる。谷川穣『明治前期の教育・教化・仏教』(思文閣、二〇〇八年)一七四頁。

(34)「以書付奉願上候」明治七年三月八日(注20前掲史料)。

(35)「(綱切丸出品に付飛脚余り軽率之様相心得)」明治七年三月九日(注20前掲史料)。

(36)「博覧会出品御届」明治八年八月二二日(注19前掲史料)。

松本博覧会社は、勧業を主旨とした博覧会開催が可能であったにもかかわらず、筑摩県の協力を仰ぎ、出品者との巧みな交渉を重ねながら、「古器物」を展示の中心に据えていた。つまり博覧会世話掛たちは、明確な意図のもとで、あえて「古器物」中心の博覧会にこだわったと考えられる。この意図を理解するために有効な手がかりとなるのは、神宝博覧会（明治八年）の「博覧会興行之願」である。筑摩県に提出された願書には、その開催の主旨が以下のように述べられている。(37)

八月一日ヨリ十日迄、南深志町深志神社境内ニ於テ国幣神社県社ヲ始メ郷村社ノ宝物ヲ陳列シ小博覧会ヲ開キ申度奉存候、従来偏土ノ人情、兎角神宝ノ如キハ、附会ノ妄説ヲ唱ヘ属目従観スルモ、暗ニ神罰之尊大ヲ恐レ、或ハ匣中ニ秘シテ人ノ看ヘカラサルモノトス、方今開明何ソ之ヲ空シク匣中ニ蔵センヤ、博ク衆ニ観セシメ、以テ智識ヲ開発セシムヘク、是レ博覧会ノ世上ニ行ル丶所以ナリ

神宝博覧会の目的は、これまで「暗ニ神罰之尊大ヲ恐レ」るあまり「人ノ看ベカラザルモノ」であった「神宝」を、「博ク衆ニ観セシメ」ることにある。ここには、普段は目にすることのできなかった「神宝」を博覧会場に陳列し、「方今開明」を知らしめようとする意図が見て取れる。こうした意図のもと、諏訪神社の綱切丸の価値は、神官しか取り扱うことができなかった「神宝」から、飛脚でも持ち運ぶことができる「展示品」へと変容させられていったのである。ここに、「神宝」をめぐる「礼拝的価値」から「展示的価値」へという変容の過程を見いだすことも可能であろう。(38)

「古器物」を広く展示することには、それまで秘されて目にすることの少なかったものを観客の眼前にさらけ出すことで、「開化」の時代を実感させる意味があった。『信飛新聞』投書欄（一二二号、明治九年二月二五日）の「包《つゝ》み蔵《カク》せし大事の物を初会以来《コノカタ》あけひろげ（博覧舎陳列）」という都都逸にも、この実感が読み取れる。この意味で、松本城が松本博覧会の会場であったことも示唆的である。というのも、藩政時代に庶民が松本城へ入ることは、まず

なかったからである。とすれば、旧時代の権威そのものであった松本城に足を踏み入れ、従来「秘宝」として秘匿されていた「古器物」や「神宝」を一望することは、筑摩県の人びとにとっては「新時代」の到来を実感する、驚くべき体験であったに違いない。

筑摩県下博覧会では、書画骨董ともいうべき「古器物」が主な展示品であった。しかしこのことは、筑摩県下博覧会が明治一〇年代以降の勧業博覧会に追いついていなかったためではない。事実、松本博覧会社が西京博覧会のために調達した出品物の中心は、「産物」であった。これに対し筑摩県の人びとにとって、松本城で「古器物」を一望する体験の方が、新時代を実感するに、より説得的であったと考えられる。「神宝」はそれまで、何年かに一度の祭礼で各寺社の内側でのみ公開されていたと考えられる。一方博覧会では、会場で様々な「神宝」や「古器物」を一望することが可能となった。江戸時代の見世物と明治ゼロ年代の地方博覧会では、展示されていた品物は同じであったとしても、その見せ方が大きく変化していたのである。

四　地域社会と博覧会

前節で見たように、「神宝」や「古器物」を博覧会場に展示することの正当性は、史料のうえでは「方今開明」と結びつけられて主張されていた。この意味で、明治ゼロ年代の地方博覧会は地域「開化」の事業であった。しかしその一方でこの時期の博覧会は、「開化」だけではとらえきれない側面を持っていたと考えられる。博覧会関係

---

(37)「博覧会興行之願」明治八年七月一七日（注19前掲史料）。
(38) ヴァルター・ベンヤミン『複製技術時代の芸術』（佐々木基一訳、晶文社、一九九九年、原著は一九三六年）。

の史料からは、少しでも多くの観客を動員しようとする博覧会世話掛の意図がうかがえるからである。彼らは、海外や中央の博覧会をそのまま模倣するのではなく、地域の文脈に合わせて博覧会の意味を読み換えていたと考えられる。そこで本節では、「芝居」と「市場」に着目し、地域的な状況との関連性のなかから地方博覧会の歴史的意味をとらえ直したい。

(1) 民衆娯楽と博覧会

筑摩県下博覧会ではいずれも、「附博覧会」が併催されていた。「松本博覧会規則」（注14前掲史料）によれば、「博覧会裏種々ノ奇観ヲ羅列」することで、「人ヲシテ其鬱結ヲ解キ、其神気ヲ伸ヘシメ」ることが附博覧会の目的とされている。具体的には、鳥獣魚虫、植物、文墨、演史、実伝演劇、競馬、撃球、撃剣、都盧術が想定されていた。ただしこれらすべてが実際に催されていたわけではない。たとえば撃剣について筑摩県が大蔵省に問い合わせた際、「人民一般職業之障害ト相成、自然流弊不少儀ニ付、難聞届候」と、開催が認められなかった[39]。

前章で確認した通り、芝居や角力などが「開化」の対極にあるものとして白眼視されるなか、附博覧会は高い集客力を有していた。このことをふまえ以下では、附博覧会演劇の内実について検討しておきたい。というのも附博覧会演劇は、名目こそ博覧会であったが、その内実は旧来の民衆娯楽と大きく違わなかったと考えられるからである。試みに、附博覧会の願い出がもっとも多かった明治八（一八七五）年三、四、五月の興行の内容とその願人を一覧化してみたのが表5-2である。ここであげた願書の宛名はすべて「筑摩県権令永山盛輝殿」であり、第三回松本博覧会や第二回飯田博覧会などに際して提出されたものである。

表5-2から附博覧会として、「軽業興行」や「都盧術」のような大道芸、「演劇興行」などが催されていた。その一方では、「舶来写真目鏡」や「電信気（器）」など、新器械と目される品物も披露されていた。これ以外にも、高島博覧会（諏訪郡）では美濃国より「松岡五三郎外弟子共」を雇い、「子供芝居興行」が行われていた[40]。

表5-2　明治8年3、4、5月における附博覧会演劇願の一覧

月日	興行の内容	願人
3.23	南深志町旧本立寺境内拝借仕演劇仕度	博覧会世話掛山崎庄三
3.27	旧大手張番所路東五間・南北八間拝借仕、軽業興行致度	博覧会幹事西郷元久
4.4	北深志町八番丁北神社地ニ於テ、写真大眼鏡興行致度	博覧会社惣代勝久衛
4.7	北深志町一番丁枡形明地ニ於テ、舶来異獣一疋・舶来鳥ホコン両品観覧為仕度	博覧会社惣代勝久衛
4.8	北深志町一番町中柴昌儀拝借有之候旧大腰掛ニ於テ、東京生人形観覧為仕度	博覧会社惣代勝久衛
4.8	北深志町一番丁枡形明地ニ於テ、舶来写真目鏡観覧為仕度	博覧会社惣代勝久衛
4.8	北深志町二番丁七十九番明地ニ於テ、舶来ヲヽム四羽・米利堅産ヒシ一疋・南京産モウケ一疋、右三種観覧為仕度	博覧会社惣代勝久衛
4.10	北深志町旧大名町北御堀端東西三間・南北三間拝借仕、山嵐観覧為仕度	博覧会社惣代勝久衛
4.13	峰高寺ニ一ヶ所・直雄裏木小屋一ヶ所於テ、都合二ヶ所ニ演劇興行仕候	椙本愿蔵、一色英馬
4.19	北深志町二番丁七十九番明地ニ於テ、写真大眼鏡観覧為仕度	博覧会社惣代勝久衛
4.19	一、手品・正念寺、一、手品・主税町、一、電信気・峰高寺、右之於場所為附博覧会興行仕候	博覧会社惣代一色英馬、秋元里見
4.20	一、鸚鵡鳥、一、鮫右之通於テ峰高寺ニ、為附博覧会興業仕候	博覧会社惣代一色英馬、秋元里見
4.22	一、揚弓・荒町士族田中半治郎、一、楊弓・峰高寺、一、唐犬・峰高寺、右之通於ニヶ所興行仕候	博覧会社惣代桜井仕
4.24	都盧術・四百七十番地、生人形・二百六十五番地ニ所設、附博覧会仕度	安曇郡大町村博覧会社惣代伊藤正ニら
4.24	一、揚弓、右於主税町ニ興行仕候	博覧会社惣代太田郁蔵
4.27	一、七人芸・主税町、一、目鏡・峰高寺、右之通於両所、博覧会日中時間規則之通興行仕候	博覧会社惣代桜井仕
4.30	一、玉子吹・峰高寺、一、山カラ鳥芸・同所、一、魚類・主税町、一、雷震鳥・峰高寺、右之通博覧会中規則之時間興行仕候	博覧会社惣代小林克己
4.30	一、写真鏡・荒町士族北原覚、右之者於テ宅ニ博覧会中時間規則之通興行仕候	博覧会社惣代栖川緑三郎
5.7	一、鶏卵吹、主税町ニヲイテ、右之通博覧会中時間規則之通興行仕候	博覧会社惣代椙本藤四郎

出典：注19前掲史料

(39)　「(撃剣興行難聞届候事)」明治六年一〇月二五日（注14前掲史料）。

(40)　「(子供芝居興行仕度)」明治七年五月一三日（注20前掲史料）。

さらに一日市場博覧会（安曇郡）では、専用に建てた「踊小屋」で、「浄瑠璃・手踊り・品替り」が催されていた。(41) 一日市場博覧会について『信飛新聞』は、以下のように報じている。(42)

一日市場《ひといちば》ノ博覧会も新作《しんさく》ノ芝居《しばい》ヲ催シ随分入《ずいぶんい》リガアル由、是《これ》ハ旧松本水野氏在城《ざいじやう》ノ時分《じぶん》苛政《むごいしかた》ニテ人民《じんみん》塗炭ノ苦《くる》シミ、中萱村《なかがや》ノ嘉助《かすけ》ト云百姓強訴《ひやくしやうごうそ》セシガ、旧幕圧制《きうばくあつせい》ノ時《とき》ナレバ終《つい》ニ処刑《しおき》トナリ、程《ほど》ナク水野氏モ改易《かいえき》トナリ願訴《ねがひ》ノ件《こと》ハ嘉助ノ情願通《じやうぐわんとほ》リニ改《あらたま》リ、土地人民《とちじんみん》ノ苦《く》ヲ救《すく》ヒシ事ガラヲ佐倉宗吾《さくらそうご》ニ見立《みたて》テ仕組《しくみ》タルトノ事、定テ面白《おもしろ》クゴザリマショウ

旧松本藩領域に伝わる百姓一揆の伝承「加助騒動」（貞享三年）に取材した芝居が上演される予定であるという。「子供芝居」や「浄瑠璃手踊り」、そして加助騒動の芝居などは、「附博覧会」という名目でなければあるいは県に規制されていたかもしれない。とすれば附博覧会は、「開化」により制限されていた民衆娯楽に代わる行事として、人びとを博覧会へと招き入れるに大きな力を持っていたに違いない。

博覧会の担い手たちは、民衆娯楽をも包含する概念として「開化」の意味を読み換え、また加工することで、地域住民を「開化」へと誘っていった。ここに、彼らの媒介者としての役割を読み取ることができる。

（2）市場と博覧会

本項では、明治八（一八七五）年九月と明治九年四月に博覧会が催された一日市場という地域（安曇郡明盛村のうち）を取り上げたい。というのも一日市場博覧会が、当該地域の「開化」を目的とするだけでなく、地域的な事情を特に反映していたと考えられるからである。その規則書では、「小博覧会」の目的が次のように記されている。すなわち「博覧会者新智ヲ発スルノ階梯ニシテ海内外専ラ行」われているが、「僻遠ノ生民者粗流声ヲ聞而已」である。そこで「古器物及ヒ書画・新機関且該校生徒ノ揮書等」を「老稚ニ至迄従観セシメ」ることで、「愚風ヲ一洗シ、漸次人々ノ智識ヲ弘メ」たいという。(43) この博覧会で注目すべきは、第二回の出品物において、「邦内洋外ノ動植機器」

や「社寺ノ什宝」などに加え、「地方ノ物産」が加えられていることである。(44) これらの品物の一部を、「売物ハ朱ヲ以テ其値ヲ記ス」と、売買していたことには注目してよい。

実際に、明治九年四月に足袋や木綿などを取り扱う「土地物産之市場」開催の願書が出されている。(45) その会期は同年の五月一、二日の二日間であり、博覧会（四月二五日―五月一〇日）の日程に含まれている。つまり一日市場では、博覧会の会期に併せて「土地物産之市場」が企画されていたのである。さらにこのほか、この年の一日市場では市場や祭礼などさまざまな催しが開かれていた。表5―3では、明治九年に一日市場で開かれた催しをまとめた。博覧会開催の七日後には、馬市も開かれている。さらに、「市神祭礼」や「蚕影山大神ノ祭典」といった祭礼も企画されている。

博覧会と市場は、一日市場の博覧会世話掛たちにとって、同じ文脈で営まれていた事業であったと考えられる。というのも一日市場は、その地名に示されているように、明治四年まで「繭市場」が、明治元年まで「馬市場」が開かれていた。享保六（一八二一）年の郷鑑によれば、「当村古之大市立申候得共、度々焼払潰れ申候、其後七拾五・六年先迄、市立申候得共潰れ候由申伝候」という。(46) さらに近世後期においても、一日市場が商取引の場であったこ

（41）「附博覧会之御願」明治九年四月二二日（「池上家文書」個人蔵）。
（42）『信飛新聞』一三八号、明治九年四月二九日。ただしこののち、「新作演劇中萱嘉助ノ仕組ハヨク聞ケバ出来ナカツタサウデゴザリマス」と報じられている。『信飛新聞』一四一号、明治九年五月一一日。明治期における加助顕彰は、自由民権運動が盛り上がる一〇年代に本格化する。この点については、第七章にて詳しく検討している。
（43）「奉願口上書（一日市場博覧会開催願）」明治八年八月（「明治九年博覧会一件」明九―二B―二―一、長野県立歴史館所蔵）。
（44）「一日市場博覧会規則」明治九年四月（注43同前史料）。
（45）「御届書（土地物産之市場）」明治九年四月二五日（「池上家文書」）。
（46）「享保六辛丑年十一ケ村郷鑑」（「白木家文書」個人蔵）。

表5-3　明治9年の一日市場における催し

会期（月日）	催しの内容
4.25–5.10	一日市場博覧会
4.3	市神祭礼
5.1–5.2	土地産物ノ市
5.1–5.3	蚕影山大神ノ祭典
5.17–5.21	馬市
7.21–7.23	蚕景山大神ノ祈祷
8.2	繭糸ノ市場
8.17–8.31	馬市
10.8–閉会日不明	一日市場小博覧会
六月ヨリ九月迄ノ間	繭糸ノ市
三月ヨリ十月迄一ノ日	夜店
	其外古手類諸器械ノ寄競市

出典：「池上家文書」。『信飛新聞』（138号、明治9年4月29日）。県の許可が確認できたものには下線を引いた。

とを断片的に確認できる。[47]しかし、明治維新から廃藩置県にいたる変動のなかで、これらの市は一時的に休止せざるをえなかった。

こうした事態に対し当該地域の博覧会世話掛たちは、明治六年以降、「繭市」や「馬市」の再開を県へ立て続けに願い出ている。そのなかには、「博覧会社中」の三溝晴見や、「博覧館」建設のため土地を提供した百瀬謙三などが名を連ねていた。一日市場の博覧会世話掛たちは、一日市場における市場の再興を目論んでいたのである。[48]

明治六年には、「旧御支配中え願上御免相成、既ニ一時辛未（明治四年か——引用者注）年迄繭市場等相開」いていたものを、「尚又従前之通り市場相立申度」と願い出ている。[49]また明治七年九月には、「安曇郡第九大区八小区明盛村之内一日市場耕地」の三溝晴見ら八名が、馬市の再興願いを県へ提出している。三溝らによれば一日市場では、「七ケ年以前辰（明治元年——引用者注）年迄、毎年一会ツヽハ毛附与相唱最寄之地江馬市相立」ていた。そのため、「当村之儀者、産物之市場ニ而他方江対シ最寄便宜之地ニ付、右市場之名唱御許容被成下置候」と、馬市の再興を願い出ている。[50]

後者の馬市再興願書の末尾には、県の回答が記されている。県は、「一耕地ニテ願出候者不条理ニ付、一村協議之上、村吏連印ニテ可伺出候事」と、村全体で協議のうえ、再び願い出るよう求めた。そこで三溝らは、翌一〇月に改めて再興願いを提出する。一〇月の願書は、県の回答に応える形で、「第九大区八小区安曇郡明盛村」の一三名が連印している。「一日市場耕地」の名義が抜け、明盛村全体による願い出の形を取っている。

さらに注目すべきは、明盛村ばかりでなく、「第十二大区一小区安曇郡大町村願人・西沢義一（印）、同・曽根原勘次（印）、副戸長・福嶋孫三郎（印）、戸長・栗林球三（印）」と、大町村の人びともこの願書に連印していることである。三溝ら一日市場の人びとと同じく、栗林ら大町村の人びとも、馬市再興の運動を展開していた。すなわち栗林らも、「安曇郡者牝牛・牝馬多ニテ、別而十二大区中ハ当歳馬産物ニテ、年々甲斐・駿河・尾張・美濃等ヨリ馬喰渡世ノ者、入来売買候処、休市ニ相成馬持ノ者一同困難候」ため、「従前之通馬牛市開業仕度」と願い出ていた。(51) 明盛村と大町村は、馬市再興という共通する地域的利害のもと、共同で県と交渉していたことがわかる。

さて、明盛村・大町村連名の一〇月付願書を見てみよう。(52)

当県御管下安曇郡農民耕業ニ相用、其他運輸ニ相用候馬之義、従前仕来ニ而毎歳一会ツヽ、毛附与相唱、最寄之地江馬市相立（中略）、近来其儀無之自然産出之駒売捌、又求ルノ道も大ニ其便ヲ得ス困難ニ仕候者不少、依而年々五月、十月馬市相立、正当正路ニ売買為致候得者、庶民之弁利ニ相成、土地幸福与も奉存候、随而当郡明盛村之内一日市場耕地、併ニ大町村之儀者、諸産物之市場ニ而、他方江対シ最寄便宜之地ニ付、第九大区ヨリ十二大区迄之内申談儀行届候間、右両所江馬市場之名唱更ニ御許容被成下置候様奉願上候、聊私欲私意等ノ義ニ而者無之、百事人民之弁利ヲ得セシメントノ厚　御主意ニ基キ候素志ニ御座候間、概略法則相添奉差上候間、此段出格之以御詮議、願之通　御許可被成下

(47)「繭買人願書」弘化四年（「丸山家文書」個人蔵）、「奉願口上之覚（作間稼足袋裏商願）」文久二年（「白沢家文書」個人蔵）。
(48) なお、ここで名前が登場する百瀬謙三は、第三章における藤森寿平の「学校」設置建言ですでに登場している。すなわち百瀬は、実践社で出版された『実践社業余』の校正に携わっていた。実践社の関係者が、博覧会の担い手でもあったわけである。
(49)「奉願上書（繭市場再開願）」明治六年七月七日（「池上家文書」）。
(50)「馬市之願書」明治七年九月（「池上家文書」）。
(51)「第十二大区一小区安曇郡大町」明治七年一〇月七日（「池上家文書」）。
(52)「奉願口上記」明治七年一〇月（「池上家文書」）。

度、正副戸長連印イタシ奉懇願候、以上

これまで安曇郡で毎年開かれていた馬市が停止していることは、地域住民にとって「困難ニ仕候」としている。これに対し、「最寄便宜之地」たる明盛村一日市場耕地と大町村にて「正当正路」の取引を行う馬市を再興したいと願い出ている。こうした願いは、「第九大区ヨリ十二大区迄之内申談」によるものであり、「私欲私意」ではなく「百事人民之弁利」をはかろうという「素志」にもとづいていることを強調している。

三溝や栗林らがいう「正当正路」とは、どのような意味なのか。この願書には、市場の運営にかかわる「法則書」が添付されている。全五ヶ条からなり、以下の規則が定められていた。①馬市は毎年五、一〇月に大町村と明盛村にてそれぞれ開かれること、②売買にあたり馬一頭につき一〇銭の税を納めること、③五月の大町村馬市では貸馬市を併催すること、④馬の売買は代金を記録し「不実意無之様」取りはからうこと、⑤「御主意之趣」にもとらないよう市では「猥ニ酒食等不仕」こと。[53] 市場の取締や納税を厳重にするといった諸規則には、県の意向に沿う形で市場を運営し、市場再興を目指す願人たちの意図が読み取れる。彼らにとって馬市再興は、「正当正路ニ売買為致候得者、庶民之弁利ニ相成、土地幸福」を実現するものであった。

明治八、九年の一日市場博覧会の開催は、これら市場再興という地域的な課題と連動しながら起こった動きであったと考えられる。前述のように、三溝ら市場再興で中心的な役割を果たしていたものの多くが、博覧会にも同時並行でかかわっていた。[54] 「開化」事業である博覧会が開かれることは、一日市場が「正当正路」の市場にふさわしい地域であることを県にアピールし、市場再興という地域的課題の解決に寄与したと考えられる。とすればその担い手たちにとって、市場再興と博覧会開催は、いずれも「土地幸福」、すなわち地域の福利や活性化を実現する事業であった。博覧会の開催は、この地域に人を集め、市場と地域の活性化に貢献した。この意味で一日市場博覧会は、地域運営と緊密に結びつくなかで営まれていたのである。

ここまで、芝居と市場を切り口として博覧会の姿を検討してきた。芝居などは「開化」の反対物として筑摩県による規制対象となる一方で、近世より親しまれてきた民衆娯楽であった。また維新期の変動により一時休止していた市場の再興は、一日市場の活性化のため当該地域の喫緊の課題であった。

博覧会の担い手たちは、「開化」の趨勢を利用しつつ、そこに民衆娯楽や市場という地域的要求の実現を盛り込んでいた。それは、近世的なものを過去の遺物として一方的に切り捨てるのではなく、むしろ工夫を凝らして活用し、再編しながら「開化」を受け入れていく動きである。彼らは、近世的な要素を組み合わせることで、「開化」の意味や作用をずらし、加工しながら地域へと媒介していたといえよう。ここに、名望家たちの媒介者的力量を見いだすことができる。つまり媒介者としての立場・資質こそが、「開化」に対応した形で地域の現実を新たに創り出していく力の源泉であった。換言すれば、地域の文脈に合わせて「開化」を実現することは、その担い手が地域の運営主体としての立場を獲得し、その主導権を確立することにつながったと考えられる。

五　「開化」への誘導と村落運営

本章では、筑摩県下博覧会の担い手たちによる動向をとらえることで、明治ゼロ年代の地方博覧会の歴史的意義を検討してきた。この時期の地方博覧会は、名望家たちが海外や中央で盛り上がる博覧会の動きに対応し、地域の

---

(53)「法則書」明治七年一〇月(「池上家文書」)。なおこの法則書には、大町村願人惣代・西沢義一と戸長・栗林球三、明盛村願人惣代・三溝晴見と戸長・等々力与八が署名している。

(54)「(市場規文)」明治七年四月(「池上家文書」)、「奉願口上書(一日市場博覧会開催願)」明治八年八月(注19前掲史料)。ここでいう中心的な役割とは、市場開催の書類に名前を連ねていたことや運営書類を保管していたこと、諸雑費を負担していたことを指す。

人びとを「開化」へと誘導すべく営まれた事業であった。しかし一方で、地域社会の状況に応じて開催されていたことは見逃せない。「骨董品」中心という特徴は、地域の人びとを「開化」へ誘うに十分な説得力を持っていた。さらに、芝居などの民衆娯楽が批判対象となるなかで、免許された民衆娯楽として附博覧会演劇が開かれていた。最後に、市場再興という地域的課題との密接な関連のなかで博覧会が営まれていた。明治ゼロ年代の地方博覧会は、地域社会の「開化」事業であると同時に、各地域の文脈に応じてその意味が読み換えられて運営される、という二面性を持っていたのである。

明治ゼロ年代の地方博覧会を担ったのは、各地の名望家たちであった。彼らの多くはこの時期、同時に学校設立や新聞発行にも取り組んでおり、地域社会の「開化」を中心的に推し進めていた。こうした諸活動の一環として、民衆娯楽や市場の再興といった地域の文脈にひきつけた博覧会が開催されていたのである。博覧会における民衆娯楽・市場併催の背景には、その担い手たちが地域の人びとの心をつかみつつ地域の「開化」を効果的に推進する姿があった。この意味で明治ゼロ年代の地方博覧会は、その担い手にとって、明治の「新時代」に対応した形で地域社会を運営していくひとつの手段であったといえよう。

第六章

明治一〇年代における近代学校の模索

――名望家層と民権派教員――

一　「開化」の浸透と学校教育の構想

本章では、明治ゼロ年代の状況から時期を下り、明治一〇年代に視点を移す。というのも地域の「開化」がある程度浸透し始めたこの時期においてこそ、学校教育にかかわる多様な可能性が提起されるとともに、新たな学校制度の枠組みとの懸隔も次第に明瞭になっていったと考えられるからである。名望家たちは、近代社会の到来に対応した形で新たな地域秩序の再編・創出を試みていた。そのための拠点として、個々の現実的課題に応じた近代学校のあり方が模索されていくこととなる。

周知のように明治一二（一八七九）年、全国画一的な「学制」の見直しや自由民権運動の盛り上がりを背景に、第一次「教育令」が公布された。こうした状況について佐藤秀夫は、「日本近代公教育史上稀にみる「自由化」政策の時代」であったと評している[(1)]。公立小学校の教則編成権が現場の教員や学務委員に委ねられるなど、各地域の状況に応じて教育の「自由化」がはかられていたのである。

当該時期を対象とした先行研究では、近代教育のあり方をめぐる多様な可能性が解明されてきた。民権運動にも参加した教員たちについては、分厚い研究蓄積がある。なかでも片桐芳雄は、民権運動を近代日本初の教育運動と位置づけ、その可能性と限界を検討した。そのなかで『月桂新誌』で展開された「自由教育」をめぐる討論をもとに、長野県の教員たちが「地域の現実の混乱のなか」で「新しい教育のあり方を模索していた」と評価した[(2)]。また

（1）　佐藤秀夫「学校観の系譜」（『教育学研究』四五巻二号、一九七八年、のち小野雅章・寺﨑昌男・逸見勝亮・宮澤康人編『教育の文化史1　学校の構造』阿吽社、二〇〇四年に所収）九六頁、引用は二〇〇四年版。

（2）　片桐芳雄『自由民権期教育史研究―近代公教育と民衆―』（東京大学出版会、一九九〇年）一一八頁。

軽部勝一郎は、従来の運動論的な観点とは異なり、「伝統的な教育観」を近代的なものへ塗り替える存在として民権派教員を位置づけた[3]。さらに近年の成果として、梶山雅史らの教育会史研究がある[4]。梶山らによれば、一八七〇年代から八〇年代にかけて、各府県で様々な「教育会」が開設され、教員たちが主体となって近代教育のあり方を模索していた。なかでも千葉昌弘は、宮城県における教育議会の「源流」に民権運動が存在したことを明らかにし、両者を連続性のうえに位置づけている。

一方、鈴木理恵は、広島県で代々神職を世襲してきた井上家の人びとが、急速な近代化を進める行政と「旧慣を捨て難い地域住民との緩衝」となりながら、教員や学務委員として学校教育の普及に大きな役割を果したと評価した[5]。鈴木は、「準・地方名望家[6]」とも位置づけられる近世以来の「地域文化人」が、地域発展への願いを持ちつつ近代に教員へと「転身」していく過程を解明した。

公教育制度の変遷や民権運動に着目し教育状況を把握する研究と、鈴木のように特定の地域や家に着目し近世から一八八〇年代までを一貫した視座でとらえる研究は、これまでほとんど交わってこなかったと考える。確かに近代教育の普及過程において、民権運動の担い手や「地域文化人」など諸主体のかかわり方は多様であった。この意味で両者は、教育をめぐる位相を異にしていたといってよい。しかし彼らが同じ地域に住む人びとである場合、そこには何らかの関係が存在したと考えられるが、この点を問題にした研究は必ずしも多くない。そのなかで坂本紀子は、静岡県の民権運動において、商権獲得による地域発展への志向性と、国会開設運動への志向性とが混在していたことに着目した。坂本は、学事を推進した「地域支配者層」と、民権運動の担い手たちが「学校教育普及の必要性については見解の一致を見ていた」という[7]。本章でも、基本的には坂本の視点を継承する。ただしその際、坂本が「一致」点としてとらえた志向性をさらに掘り下げる。これにより立場を異にする諸主体相互の関係性と、そのなかで模索されていた学校教育にかかわる多様な可能性をとらえたい。

序章で定義したように、本書が対象とする名望家層には、鈴木のいう「地域文化人」と同時に、村・町役人のような政治的力量や、豪農のような経済的力量を背景とした名望を有するものも含まれる。いずれも、行政と地域住民とのあいだで「緩衝」の役割を果たしたと考えられる。しかし名望の質が多様である以上、「緩衝」のあり方もまた異なっていたはずである。名望家層として対象を設定し、これまでは個別に検討されがちであった諸主体の活動を同時に見通す。これにより、教育にかかわる複数の構想や活動と相互の重層的な関係性をあぶり出し、そのなかで名望家層が占めた位相を地域社会の文脈から把握することが可能になろう。

かかる目的を達成するため本章では、藤森寿平と栗林球三を主に取り上げる。第三章で検討したように、藤森は松本藩成相組（安曇郡南部のち南安曇郡）大庄屋の分家出身であり、幕末期は絵画修業のため諸国を遊歴した経験を持つ(8)。維新後の明治四年にみずから郷学・実践社を設立・運営し、旧高遠藩儒の高橋敬十郎とともに村役人層の子弟を教育した。さらに翌年には筑摩県に対し、新たに「学校」を建設し、「封建ヲ壊リ門閥ヲ廃シ」、「国勢ノ衰弱ヲ挽回」しうる「人才」の育成が必要だと建言した(9)。筑摩県の県学・郷校設置に際しては、安曇郡学校世話役「惣代」に任命され、実践社を郷校五番新田小校に転用した。明治一三年の四月には教員として民権結社・奨匡社に参加し、また同年一月から一二月までは長野県会議員としても活動した。

一方栗林は、松本藩大町組（安曇郡北部のち北安曇郡）大庄屋の本家出身であり、同組最後の大庄屋であった。筑摩

(3) 軽部勝一郎「自由民権期における近代学校成立過程の研究―岩手県遠野地方を事例として―」(『日本の教育史学』四七集、二〇〇四年)。
(4) 梶山雅史編『近代日本教育会史研究』(学術出版会、二〇〇七年)。
(5) 鈴木理恵『近世近代移行期の地域文化人』(塙書房、二〇一二年)四八三―五二〇頁。
(6) 「地方名望家とはいえないかもしれないが、豪農・地方名望家たちと連携しつつ、地域の発展を図った存在」。渡辺尚志編『近代移行期の名望家と地域・国家』(名著出版、二〇〇六年)六五四頁。
(7) 坂本紀子『明治前期の小学校と地域社会』(梓出版社、二〇〇三年)一七九―一八〇頁。
(8) 南安曇教育会編『藤森桂谷の生涯』(南安曇教育会、一九八二年)。
(9) 「県学郷学設置につき建言」明治五年(『長野県教育史　第八巻　史料編二』一九七三年、八五八―八五九頁)。

県成立後は、教育事業だけでなく、戸長や村会議員として地租改正や地域殖産など多様な近代化事業にかかわった。郷校十番大町小校を設立するなかでは、地域住民の「人気」に配慮しつつ、新しく開設される学校では「浮々タル学文ヲ教ズ、国ヲ富シ村ヲ賑シ家ヲ盛シメ」ると、その必要性を説いていた[10]。栗林が自由民権運動に参加した形跡は見られない。しかし栗林による教育活動は明治一三年九月、北安曇郡の民権派教員らが展開した職業学校の設立運動へと連続していく。

藤森と栗林は、同じく大庄屋の家系に属しながらも、前者が分家、後者が本家という立場の違いもあり、その経済力についても差があった。すなわち両者の所有地価は、藤森寿平の家が七三九円三二銭（明治一三年）である[11]。これに対し、栗林球三の家は三二四二円一六銭（明治一七年）と、桁が違う[12]。以上から、藤森は中農層かつ「地域文化人」、栗林は豪農層かつ「政治的中間層」[13]とさしあたり規定でき、ともに「開化」を担うことで地域社会における名望を集めていった存在である。

次節からは、藤森・栗林が「学制」期から「教育令」期にかけて展開した教育にかかわる活動を検討していく。その際、安曇郡（明治一二年に南北安曇郡に分割）という地理的な諸条件（環境や位置など）をふまえつつ、教育をめぐる相互の位相を解明する。

二 「学制」期の担い手たち

(1) 藤森寿平と成新学校変則科における教育実践

藤森寿平が設立した実践社は、筑摩県の郷校設置政策のもとで新田小校へ転用され、「学制」下でも成新学校（明治六年）、豊科学校（明治九年）と改称しつつ存続した。藤森は、明治一四（一八八一）年まで教員や学事掛としてその運営・管理に携わっていた。明治七年作成の「官立学校設立伺」では、成新学校の学科は尋常科のみで六三人（男五三人、女一〇人）の生徒が通っていた。[14]教員には学事掛を勤めていた藤森のほか、筑摩県士族がひとりいた。この伺に付された履歴書によれば藤森は、「大中小学免状無シ」で支那学を学んだという。

この時期の動きとして注目すべきは、明治八年の成新学校変則科（以下、変則科と表記）設立である。変則科は、「学制」下における学校の一形態でありながら、長野県の「自由民権思想を培養したるもの」とされる。[15]こうした評価は、変則科が後に長野県の民権運動を主導した松沢求策などを輩出し、藤森自身も奨匡社設立に関与していた事実から確認できる。また久木幸男は、変則科が近代公教育の枠内にありながら「意識的に民権思想の育成をはかっており、通常の漢学塾から民権派が輩出したというケースではない」点で「教育史上きわめて特色のある存在」と指摘している。[16]ただし久木も、変則科とその担い手であった藤森について立ち入った検討は加えていない。

変則科設置の基盤となった藤森の課題意識として、明治八年ころに記された紙片がある。[17]ここで藤森は、「学校ノ設村落ニ及ヒ、新築ノ美僻地ニ輪換ス」といえども、「太平ノ象」は実現されていないと記している。藤森の現状認識は、「学校新築ノ美アッテ学事益不進」というものであった。それでは「太平ノ象」を実現するには、いか

(10) 「開校之日」明治五年ころか（「栗林家（輪違）文書」六、大町市文化財センター所蔵）。
(11) 「県会議員沿革表」（手稿版）年不詳（長野県議会図書室所蔵）。
(12) 「明治十七年　所有地畦畔調」（「栗林家（輪違）文書」八八三）。
(13) 志村洋・吉田伸之編『近世の地域と中間権力』（山川出版社、二〇一一年）。
(14) 「官立学校設立伺」明治七年（明七―一A―一三―二、長野県立歴史館所蔵）。
(15) 丸山福松『長野県政党史　下』（信濃毎日新聞社、一九二八年）五三一頁。
(16) 久木幸男「明治儒教と教育―一八八〇年代を中心に―」（『横浜国立大学教育紀要』二八集、一九八八年）二六七頁。
(17) 「用拙塾時代桂谷遺墨紙片」（「藤森家文書」九九―二、安曇野市豊科郷土博物館所蔵）。

なる教育が必要になるのか。

夫レ造化ノ物ヲ生育スル、千殊万異、有機無機ヲ論セス、各其天賦ノ性質ヲ発展シ、相共ニ資益シテ相妨碍セス、山高水深柳暗花明、各其気象ヲ呈シテ、造化ヲ賛成シ、自主ノ真利《理》ヲ保チ、自由ノ公理ヲ存ス、今也日本国民権ノ自由漸ク行ハレ国会ノ自由モ亦端緒ヲ開ケリ、開化ノ政駸々乎トシテ方ニ真域ニ至ラントス、益々多幸多福ノ実象ヲ発現シ、恰モ旭日ノ地平ヲ出テ瞳ニ赫々端睨スヘカラサルノ勢アルヲ見ル

つまり「造化ノ物ヲ生育スル」には単に美しい学校を建てるだけでなく、「自主ノ真利《理》ヲ保チ、自由ノ公理ヲ存ス」る必要があるという。それは、おのおのが「天賦ノ性質ヲ発展」させ、「相共ニ資益シテ相妨碍セス」という関係性を築いていくような教育のあり方である。

藤森のこうした課題意識は、「民権ノ自由」や「国会ノ自由」といった表現に見られるように、民権運動の高揚を背景に養われた側面があったと考えられる。しかしその一方で藤森は、第三章で検討した通り、幕藩体制への批判的認識のもと実践社を設立運営し、教育を通じて新たな地域秩序の再編を目指していた。とすれば、維新以来の「開化」への取り組みの延長上に、変則科の併設が位置づいている。それでは藤森は、変則科においてどのような秩序を模索していたのか。以下、変則科における実践を検討していこう。

変則科で教鞭を執ったのは、のちに奨匡社に参加し、民権派教員としてその名を知られる武居彪であった。武居は文化一三（一八一六）年に生まれ、明治二五年に没している。信濃国木曽山村領（尾張藩）学問所菁莪館の学頭であった、武居敬斎の子である。[18] 武居は三年間の江戸遊学後、父の跡を継ぎ菁莪館学頭となるが、菁莪館は「明治三年、主従笠松県ノ貫属ニ編入セラレ廃絶」した。[19]「郷里ニテ私塾開設候テモ学資固ヨリ乏敷」という状況に置かれた武居は、教育者としての仕事を求め筑摩・安曇地方へ移住することとなる。[20]『官立学校設立伺』（注14前掲史料）によれば、成新学校に招かれる直前の武居は、筑摩郡南新村の作新学校にて八円の給料で教員として雇われていた。

『豊科学校沿革史』には、「武居彪（用拙ト号ス）木曽ノ人ナリ、明治八年頃ヨリ新設ノ豊科学校ノ階上ヲ教場ニ充テ、小学校以外ノ生徒ヲ教授ス、主トシテ漢籍ナリ、藤森寿平等ハ其高足トス、来リテ学フモノ多シ、当時同先生ハ教員寮へ住居セリ、明治十六、七年頃閉塞トナル」と記されている。(21) ここから変則科では、成新学校校舎の階上で「小学校以外」の生徒を対象に主として漢籍が教授されていたと考えられる。また武居の住居には、「教員寮」が用意されていたともいう。一方で藤森が、成新学校の教員でありながら、変則科の「高足」（高弟）でもあったとされていることには注目してよい。この点については、のちに改めて言及する。

ここでは、武居招聘の経緯について確認しておきたい。まず「乙亥（明治八年―引用者注）六月、武居先生ノ其令嗣五一君ヲ従へ、吾豊科村校ニ臨メル」との藤森の回想がある。(22) さらに、明治八年九月付で県へ提出された報告書の写しが残っている。(23)

御届、当県貫属士族・武居彪
右今般当校へ招請仕、生徒正課外読書為致度、依テ校中ニ滞留仕リ候間此段及御届候也、
明治八年九月十五日、
安曇郡豊科村成新学校、
世話役・丸山源吾

(18) 千原勝美「用拙武居彪伝考」（『信州大学教育学部研究論集』一三号、一九六一年）。
(19) 武居彪「旧名古屋藩山村甚兵衛支配福島学校」（『日本教育史資料』三、一八九一年）三九一丁。
(20) 武居彪「武居用拙事略」（注19同前史料）五四丁。
(21) 「豊科学校沿革史」（手稿版）明治四四年（安曇野市豊科図書館所蔵）。
(22) 武居彪著・市川本太郎校閲・千原勝美訳注『舐犢吟抄』（東筑摩塩尻教育会、一九六二年）一三頁。
(23) 注21前掲史料。

笠原治平
藤森与平
副戸長・丸山英一
戸長・藤森善平

この報告書には、成新学校世話役三人に加え藤森本家の藤森善平が戸長として名を連ねてもいる。つまり変則科は、寿平のような教員だけでなく、戸長など地域の人びとの協力を得つつ設立・運営されていたといえる。

地域の名望家たちが変則科の運営に深くかかわっていたことを示す例として、『月桂新誌』がある。[24] この記事はまず、「松本近辺の学校ハ、開設以来最初の教員か従事し居るハ稀」であり、教員の交代が激しいことを指摘している。そのなかで「独り南安曇郡豊科学校ハ、藤森寿平・平野政信の二氏、開設の初めより正科の教師を勤められ」、「武居用拙翁招待して変則科を開」いた。「遠く其教化を慕ひ来ツて入塾するもの」は年を追うごとに増えており、「三教員正・変則共に確乎として共和維持せらる、は、実に珍らしき事」である。こうした教育状況であるから、「其土地戸長・執事・世話役人々の情態も、亦想ふへ」きであり、「是れ一美事」であると賞賛している。

さて、武居招聘の報告書では、「今般当校へ招請仕、生徒正課外読書為致度、依テ校中ニ滞留仕リ候」とされている。この文書は教員雇用の認可を求めるものではなく「滞留」の届けであり、武居の具体的な待遇は不明である。これは、武居が「正課外」すなわち変則科の指導教員として招かれたためであろう。『官立学校設立伺』（注14前掲史料）には、成新学校における藤森寿平の給料は七円であったと記されている。変則科における武居の給料は不詳だが、おそらく同程度の額が成新学校の学校資金から捻出されていたと思われる。

明治九年三月における豊科学校の開校式に際して記された文書から、武居の学校教育に対する意識を読み取っておきたい。[25]

宋慶歴中、欧陽修作吉州学記（中略）、其次曰、学校王政之本也、古者致治之盛衰視其学之興廃、誠哉至言也、先是我邦非無学校也、而国無定制、其学者率（卒）属・士族而所学亦無実践矣、明治叡聖文武皇帝陛下即位之初、廃門閥擢賢俊、大革丕変、与天下更始、既又除藩制復県治、建文部之省、其五年学制新成、頒之海内、置七大学、一大学区内置三十中学、一中学区内置二百十小学、則小学総数、為四万四千二百所、而使邑無不学之戸家無不学之児、其如此、蓋由学校為王政之本也、嗚呼亦盛矣

武居は欧陽修の『吉州学記』を引用しつつ、「学校」を「王政之本」と位置づけている。そのうえで、近世においても「学校」がなかったわけではないが、それは武士のためのものであり「学ぶ所また実践無」い状況であったという。維新後は「門閥を廃し賢俊を擢き」、文部省が置かれ、「学制」が発令された。武居はこうした状況を歓迎し、「学校」が改めて「王政之本」となることに高い期待を寄せている。学の「実践」を重んじる武居には、「国勢ノ衰弱ヲ挽回」しうる「人才」育成を目指す藤森の教育要求を実現させることが期待されていたといえよう。

設立当初における変則科の在籍者は、三〇人ほどであった[26]。年齢構成についてはまとまった史料が見いだせないため、生年が判明している人物をあげておく。明治八年九月時点で二〇才であった松沢求策が、また明治一一年一月時点で一三才九か月であった降旗元太郎が、そして明治一一年六月時点で一三才であった藤森寿平の長男の破麻三がそれぞれ在学していた[27]。三者の例からは、変則科がすでに小学校の学齢を越えた「青年」教育を担っていたと

---

(24)『月桂新誌』五五号、明治一三年三月一六日（有賀義人編『複刊月桂新誌』複刊月桂新誌刊行会、一九七三年、二〇八頁）。以下、『月桂新誌』からの引用は、すべて同書による。

(25)「豊科学校記」明治九年三月（I—I M（二八）、重要文化財旧開智学校所蔵）。

(26)「変則生学課名簿」明治八年ころか（「松沢家文書」安曇野市穂高図書館所蔵）。

(27) 松沢求策「東行之記」明治九年（「松沢家文書」）。宮坂亮編『藤森桂谷遺墨遺稿集』（藤森桂谷遺墨遺稿集刊行会、一九二九年）五一一頁。「変則科試験表」明治一一年六月（「桂谷遺墨書簡雑文」、「藤森家文書」九四）。

表6-1　豊科学校変則科の課程表

等級	講義	輪読	作文	素読	質問	算術	作詩	画学	律書	説術	討論
第四級 （第一期）	四書 小学 近思録	皇朝史略	通俗 牘体	四書	蒙求	分数 初歩	—	罫画	—	—	新聞 談解
第三級 （第二期）	四書 小学 近思録	日本外史 十八史略	真仮文	五経	国史 纂論 通語	分数応 用問題	五七言 絶句	梅・竹 蘭・菊	—	—	新聞 談解
第二級 （第三期）	五経 古今体詩	政記 文章規範 通鑑覧要	復文	—	史記 易知録	平方 立方 求積 比例	五七 言律	山水 花卉	国律	古説	新聞 読会
第一級 （第四期）	五経 古今体詩	史子　集類 四書　左伝 史記列伝 八大家文	漢文	—	通鑑 文格	雑題 幾何 代数	古体	洋学 初歩	国律 明律	持論	応題

出典：「附録」（『松本新聞』265号、明治11年1月、『長野県教育史　第9巻　史料編3』1974年、673-674頁）

も推測される。[28] しかし「文部省日誌」や「長野県学事年報」などの行政文書では変則科にかかわる文書が見いだせず、制度的な位置づけは必ずしも明らかでない。

しかし少なくとも、藤森ら当事者たちは変則科を、成新（豊科）学校の内部組織と認識していたと思われる。というのも、明治一一年一月に「豊科学校変則課（科）」名義の生徒募集広告が『松本新聞』に掲載されているからである。この広告では変則科について、入学年齢や授業料などの条件は記されていない。しかし「今般規則ヲ改良シ更ニ左ノ学期教程ヲ定メ漢学専門ヲ主トシ、別ニ律・算・画ノ諸学ヲ教受（授）ス、有志ノ諸彦乞フ、来学アレ」との文言に続けて、上記の課程表が掲載されている（表6-1）。四級から一級までの等級はそれぞれ六か月の就学期間を原則とし、一一の課程が定められている。「算術」や「画学」、史書を用いた「輪読」や『国律』・『明律』を用いた「律書」などは、「中学教則略」（明治六年）における「算術」や「図画」、「歴史」や「国勢大意」と重なる内容である。また後述するように、「画学」は藤森寿平が担当していた。[29]

一方変則科ならではの課程としては、「説術」や、新聞を取り入れた「討論」があり、この時期における一般的な民権的学塾の学習活動と共通性を持っていた。[30] これらの課程について注目すべきは、変則科の内部で行われたばかりでなく、公開の演説会という実践にも結びつけられていたことである。その模様について、以下のような回想が残されている。(31)

藤森桂谷先生（寿平―引用者注）は、明治十一年一月、余の始めて武居用拙先生（彪―引用者注）の塾に入りし時は、脱俗、仙の如き人と見へ、四君子の手本を順次に授かりつゝ、単に画の先生かと思へば、塾の大黒柱の如くにも感じられ、ソウコウするうち遂に破天荒の演説会を開いて、塾の舎監・松沢求策氏などゝ共に自ら法蔵寺本堂の演壇に立ち、余も強要されて演説の真似をさせられたことがあつた

藤森は、「画の先生」であると同時に「塾の大黒柱」的な存在でもあったことがわかる。また、変則科で演説会を開催することは、「破天荒」であると認識されていたことにも目を向けておきたい。「破天荒」の演説会は人気があったようで、明治一一年一月二〇日には豊科学校で「一百余名」の聴衆を集め、「武居の老将軍を初めとして、藤森・松沢・務台等各数席をつとめ」たと報じられている。(32) 山田貞光によれば、松本の

(28) 注27宮坂亮編同前書（四七五頁）では、変則科が「青年教育」を担ったと回想されている。なお神辺靖光は、明治初期の全国的な傾向として、「青年」を対象とした「夜学」が多く開設されていたと指摘している。神辺靖光『明治の教育史を散策する』（梓出版社、二〇一〇年）六九―七二頁。

(29) 表6‐1の課程が実際に営まれていた事実を示す史料として、「変則科試験表」が藤森家に残存している。明治一一年六月二八、二九日付で、「超等」一名、一級一名、二級一名、三級八名、四級四名の計一五名の試験結果が記されている。試験科目は順に、「詩」・「文」・「素読」・「講義」・「算」・「画」とあり、受験人数は区々で、「算」を受験したものはない。注27前掲史料（「藤森家文書」）。

(30) 注2片桐芳雄前掲書、二五九―二七二頁。色川大吉『新編　明治精神史』（中央公論社、一九七三年）。

(31) 注27宮坂亮編前掲書、五一一頁。

(32) 『松本新聞』二五四号、明治一一年一月二一日。

表6-2　藤森と松沢の作文題目

藤森寿平（13点）	上萃旅《(族カ)》ノ人ニ書
詠林檎	笄ハ簪ナリ此区別如何
仲秋汚高作之韻	四時ノ景色何レカ佳好ナルヤ
土旺中與人書	春ヲ面白シト云秋ヲアハレト云ハ如何
風之説	君徳以何事為本
政記国史略皇朝史略何方読易	松下禅尼ハ如何ナル人
設観蓮会招人牘	衣服ニ製スル布ト帛ノ区別
贈茶傳家書	征韓之事宜
自由権説	轡ト云者ヲ問
朝顔木槿異同之説	王覇ノ覇ノ字ノ解
約廃寺納涼書	得意濃時勿進歩
與人登富岳書	狼ト云獣
笑門に福来たる説	餽葡萄於某付以一書（下書き）
寿人七十序	餽葡萄於某付以一書
松沢求策（25点、内3点下書き）	欝柳ノ鶯
夫王覇ノ覇ノ字タルヤ俗字ニシテ本霸ヲ云（下書き）	藺相如如《(衍)》何ナル功アリヤ
笄ハ簪ナリ此区別如何（下書き）	鋏ト鉸トノ字義
孝ハ美名ナレトモ人ハ不幸ノ事	新民ヲ元来穢多トセシイハレ
久ク不逢人ニ寄ル書	民会議ヲ設クルノ早晩
忠臣良臣ノ区別	学ニ皇漢洋アリ小学の正科ハ何学□《(数文字破損)》□

出典：注34前掲史料、「明治八年十月十五日ヨリ作文草稿集松沢」（「松沢家文書」）

演説会は明治一〇年九月に始まり、「演題から推測して、自由民権論的色彩の濃いものが多くみられる」という。[33] 豊科学校の演説会もこうした流れのなかにあったといえよう。

課程表の「作文」については、作文草稿が残存している。[34]草稿の筆者は藤森（一三点）と松沢（二五点、内三点下書き）で、武居による朱書きの修正が書き込まれている。生徒の松沢だけでなく、教員であり「大黒柱」であるはずの藤森も生徒として武居に師事し、添削を受けていたことがわかる。

表6-2では、両者による作文の題目をまとめた。藤森の草稿では「詠林檎」や「贈茶伝家書」のように漢詩が、松沢の草稿では「四時ノ景色何レカ佳好ナルヤ」や「鋏ト鉸トノ字義」などの作文が見られる。一方藤森では「自由権説」、松沢では「征韓之事宜」などのように、

両者ともに政治的な問題を論じた作文を残している。このうち松沢の「民会議ヲ設クルノ早晩」では、「民撰議院ノ挙タルヤ実ニ国家ノ要領タリ、今ノ時ニ当テ一日モ猶（悠）然徐ニスル所ニ非ス、然レトモ今是ヲ創□（破損）ニ於テハ敢テ晩セサルニ非也」との主張で締められている。これに対し武居は、「喋々タル語言ナレ𪜈、最後ノ一句イカン」と、松沢の表現に斧正を加えている。

これらの作文は、武居の添削を受けるためだけに書かれたものではなかった。というのも明治八年九月、武居は「右幸ニ甲点ヲ得タレバ之ヲ貴社ニ呈スル」と、生徒の作文「口ハ禍ノ門ト云説」を『信飛新聞』に寄稿しているからである。[35]この作文は、讒謗律や新聞紙条例に対し「自由ノ権ヲ失ハズトスルヨリ、少シ法網ニ触レ」た「諸新聞編集セル諸老達」に言及したものである。「諸老達」が「少シ法網ニ触レ」たこの事件を「口ハ実ニ禍ノ門ナル」と評価し、「同学ノ諸君」に対し「切磋粋礪スル」ことで「斯ル禍難ニ遭罹セザルヲ是祈ル」とまとめている。

以上のように変則科では、演説会や新聞といった媒体を通じ、その教育成果を学校の外部へと発信していたことがわかる。それは、民権運動の盛り上がりのなかで、演説会や新聞というメディアとも結びつきながら、政治的な活動に連なる教育実践であったといえよう。

と同時に、藤森の人物像について付言することで、変則科という組織の特徴をさらに掘り下げておきたい。すでに述べたように、幕末期における藤森は、絵画修業などのため各地を遊歴していた。遊歴を好む藤森の性格は、教員になってからも変わらなかったようである。というのも明治六年三月、藤森は京都見物に出かけている。まさに成新学校の設立が進められていた時期であり、藤森はその中心的な人物であった。以下は、藤森が旅先から「成相

(33) 山田貞光『木下尚江と自由民権運動』（三一書房、一九八七年）三五頁。
(34) 「用拙塾時代桂谷遺墨紙片」（「藤森家文書」九九―一）。「作文草稿集」（「松沢家文書」）。
(35) 『信飛新聞』八二号、明治九年九月一六日（有賀義人編『復刊信飛新聞』復刊信飛新聞刊行会、一九七〇年、一九三頁）。なおこの作文に続いて、藤森の作文「笑門に福来たる説」も掲載されている。

新田学校」と母に宛てた書簡である。[36]

明後日より博覧会にて京師も賑やか也、偶二條新地梅柳樹下の別品も目に留り候へとも空嚢なり、知己もなし風狂も出不申見過し候、実に昨冬以来は旅泊の甘酸味相なめ零落、如此そふり御一笑可被下

図6–1　藤森の姿

藤森は京都を訪れた際、当時遊郭のあった二条新地で「別品も目に留」ったが「空嚢」であったといい、自身の「零落」ぶりを描いて「御一笑可被下」と綴っている（図6–1）。藤森はこの時点でも、文化人的な存在として「風狂」な気質を色濃く残していたといえる。

藤森の「風狂」は、先に引用した変則科の回想からも読み取ることができる。すなわち藤森について、「脱俗、仙の如き」や「画の先生」などのイメージが語られていた。また時に藤森は、正則科の教員でありながら、武居に作文の教えを請うてもいた。ここからは、「教師」や「生徒」といった特定の立場に固定されず、それらを行き来する「風狂」な人物像が浮かび上がる。変則科は、そうした人物が「大黒柱」となって運営されていたのである。

従来の研究では、学校制度の枠外にあった漢学塾や結社が、民権思想の育成を果たした主要な教育機関と位置づけられてきた。[37] これに比して、学校制度の枠内で展開されていた変則科の教育実践は、きわめて曖昧であると同時に、オルタナティブな学校教育のあり方を示しているともいえよう。しかしそれだけに変則科のような存在は、「教育令」改正以降、学校制度が画一化されていくなかで存続が困難となり、明治一七年八月、武居の上京により廃止された。[38]

(2) 栗林球三と「積雪盈天之地」における学事運営

安曇郡南部の成新学校変則科では、民権運動に連なる教育実践が展開されていた。一方そのころ北部では、栗林球三が明治六(一八七三)年五月に学区取締に任命されて以降、一一村三五校という広大な範囲で学事を推進していた。学区取締としての職務は主に、担当村々に対し学校設立資金の収集や就学勧奨を行うことであった。最も多忙をきわめたのは明治一〇年一一月で、九日以降は「元資金滞人ヲ説諭」や「試験立会」などのため不休で各校を巡回している(39)。

栗林が直面していたのは、こうした明治初期の学区取締に見られた一般的な問題だけにとどまらない。安曇郡北部は、筑摩県の北端に位置し北アルプスに囲まれた山間の深雪地帯という環境にあった。とりわけ冬期の環境は厳しく、栗林が以下のような願い出を行うほどであった。すなわち栗林は、県に対し「私持区中ハ俣北之山間ニテ、大暑雖トモ聊カモ炎威不相覚候、厳冬之ニ反シテ積雪盈天之地」という状況を報告している。そのため、「生徒日々通学ニ困苦」し、校舎の修繕も行き届かず「酷寒も亦難禁」いため、「大寒前後二十日之間」は休校措置としたいという(40)。また大網村戸長の武田十代彦は栗林に対し、「当村并ニ戸土之義者、深雪之僻地故御巡回も不被下、勤惰

---

(36) 「高橋敬十郎・母宛書簡」明治六年三月(注27前掲史料、「藤森家文書」)。

(37) 久木幸男「研究ノート　自由民権運動と儒学教育—小笠原東陽の場合—」(『佛教大学報』四〇号、一九九〇年)、「民権派儒学者山本梅崖について—その思想形成を中心に—」(『教育学部論集』二号、佛教大学学会、一九九〇年)など。

(38) 「北山学校一ノ組課程日記」明治一七年五月より(「藤森家文書」三三)。管見の限り、変則科廃校の事情を物語る史料は見られない。そのなかで出典は不明であるが、注8南安曇教育会編前掲書(四四七頁)で、明治一四年に藤森が「山口郡長学校巡回、丸山英逸と変則課(ママ)の存、不存を論ず」と指摘されている。出典の特定も含め、今後の課題としたい。

(39) 「学区巡回日誌上申簿明治十年九月ヨリ」明治一〇年(「栗林家(輪違)文書」四四三)。

(40) 「学区雑割」明治七年(「栗林家(輪違)文書」二三七)。栗林の休校願いに対し県は、「書面之趣ハ難聞届候事」と回答している。県の判

之御検査も無」いため当惑していると届けている。[41] 深雪が、栗林の業務にさしつかえる場合もあったようである。明治八年六月、筑摩県は「教員無之教育ニ差支有之哉ニ相聞、甚以不相済事」と県内の教員不足を問題視し、学区取締に対し「至急捜索教育行届」かせるよう指示を出している。[42] 山間部の深雪地帯という安曇郡北部の環境は、こうした教員不足に拍車をかける要因ともなっていた。以下は、栗林が筑摩県へ提出した願書の控えである。[43]

安曇郡十一大区十二大区之内私受持之義ハ、山間ノ頑民ノ地ニ而学校教員雇入ニ村吏・学校世話役共殆困苦仕、漸々周旋仕各校行届雇入之上、条約取結書別紙之通奉差上候処、県下ノ近傍平坦之地与反シ、山間北谷之村落故月給ハ少々過分ニ無之而者、教員雇入方差支候間、村落教員へ談示行届候上ハ月給之過不足有之候共、格別之御洞察ヲ以御聞置被下置度奉願候以上、

明治八年六月十日

学区取締・栗林球三

ここではまず、栗林の担当は「山間ノ頑民ノ地」であるため教員の雇い入れに「困苦」が絶えないと述べられている。さらに松本盆地（筑摩郡・安曇郡南部）のような「平坦之地」とは異なり、「山間北谷之村落」に教員を招聘するためには、月給も「少々過分」に支払う必要があるという。こうした願い出に対し県からは、「不苦趣御沙汰」があったと記されている。

栗林のいう「少々過分」の月給とは、どれほどの金額であったのか。その具体的な金額について、栗林とともに安曇郡北部の学事を推進していた山西孝三の回想録から検討しておこう。[44]

教手ヲ庸フコトニナリシニ、其受持人ノ学ニヨリ且教授ノ巧拙ニテ進否ニ差等ヲ生ズルガ為メ、正式ノ訓導ヲ聘スルノ急要ヲ認メテ有志ノ議一致シテ、同年冬老夫（山西―引用者注）ガ上京スルコトトナリ、当時松本藩士ニシテ吉武樗ト云フ人外国語学校ノ十一等出仕ニテ神田錦町ニ住シ居ラレシヲ訪レテ之レニ謀リシニ、来三月師範学科卒業生十人

アリ、此内ニテ良成績ノ者ヲ撰ババ可ナリト、仍テ其事ヲ托ス、同氏云ク卒業生就職ノ俸給ハ十円ナルガ、吾国ノ如キ山僻ヘ行ケトイハバ、流刑ニ処セラルル如キ思ヤナスラン、幾分ノ増額為シ得ラルベキカト、老云ク是非ニ請モノナレバ、其金ヲバ惜マズ貴意ノ命ニ随ハント、同氏云ク然ラバ端数ノ増額センヨリ二十円ヲ給セラルベキカト、此時老ガ意中ニハ三十円マデハ即決スベシト思ヒ居タルユヘ、嗚呼低価ヤト歓喜ニ堪ヘズ直ニ承諾シテ結約セリ、翌明治八年十月来町セラレシハ、乃チ三等訓導、月俸金二十円、渡邊敏ナリ

山西は明治八年、栗林ら「有志ノ議」にもとづき「正式ノ訓導ヲ聘」すべく上京し、東京師範学校の卒業生から「良成績ノ者」を選び招聘しようとした。しかし「吾国」すなわち信州のような「山僻」に行けというのは「流刑ニ処セラルル如キ」であるため、通常「十円」のところ「二十円」を支払うべしと、提案を受けた。山西は「三十円マデハ即決スベシ」と考えていたため、「嗚呼低価ヤト歓喜」しすぐに結約したという。山西の提案した月給二〇円は、成新学校における藤森寿平の給料（七円）や作新学校における武居彪の給料（八円）と比しても、かなりの高額であったことがわかる。

こうして山西や栗林により大町に招かれた渡辺敏は、弘化四（一八四七）年に生まれ昭和五（一九三〇）年に没した。岩代国二本松藩士族の出身で、戊辰戦争に出役した経験も持っている。[45] 渡辺は明治八年に東京師範学校小学師範科

断は、「抑生徒学齢ノ歳月ヲ空過セシムルハ最不可然事、修校或ハ防寒之方法等相設、校規外ノ休業日無之様、専注意可致候事」というものので、「校規」の例外が認められることはなかった。

(41) 「記」明治七年一二月二八日（「栗林家（輪違）文書」二一二）。
(42) 「公文編冊明治八年番外旧筑摩県布達留」明治八年六月二日（明八—一A—一、長野県立歴史館所蔵）。
(43) 「学校要款」明治七年（「栗林家（輪違）文書」二三六）。
(44) 山西孝三『学びの糸ぐち』（手稿版）年不詳（大町西小学校所蔵）。
(45) 渡辺敏全集編集委員会編『渡辺敏全集』（長野市教育会、一九八七年）。

を卒業後、同一七年まで大町村仁科学校にて勤務した。その間、自身は奨匡社に加入しつつも、北安曇郡で独自に職業学校設立運動を展開した。つまり渡辺は、奨匡社社員であると同時に、民権運動には参加しなかった北安曇郡の名望家層ともかかわりを持った点で、藤森・栗林の位置関係をとらえるための参照軸ともなる存在である。この点については、次節で改めて検討することとしたい。

ここでは、渡辺招聘に際して栗林が果たした役割について確認しておきたい。確かに実際に東京へ出向いて教員を探し、渡辺と直接交渉を行ったのは山西である。しかし山西が、どのような人物をいくらの給料で雇うのか、といった種々の判断を独断で下していたわけではないことには注意をうながしておきたい。山西の回想で述べられているように、「三十円マデハ即決スベシ」や「嗚呼低価ヤ」といった判断は、栗林ら「有志ノ議」にもとづくものであったと考えられる。実際栗林は、渡辺の招聘が決まると、「渡辺大先生願書条約書差上候」と県庁への届出などの諸手続きを行っている。[46] また渡辺を歓待すべく、「今般仁科学校江大先生御出ニ付而者、一名是非御頼ミ申遣度候間、誰成共世話役之内談判之上、一名御招待御出頭可被成」と、管下の村吏や学校世話役たちを召集している。[47]

これら一連の取り組みは、第三章でとらえた栗林の役割の延長に位置づいている。すなわち栗林は、藤森のように教員として近代教育を教授する立場にはなかった。しかし栗林は、「有志」と「議」を重ね、資金を調達し、人手を動員することで、近代教育の伝達者としてふさわしい教員を探し、地域の外部（東京）から招いていた。大庄屋として近世より継承されてきた栗林家の「威」は、教員招聘の過程においても重要な役割を果たしていたといえる。

以上、本節では、藤森と栗林の「学制」期における活動を検討してきた。「国勢ノ衰弱ヲ挽回」しうる「人才」の育成を目指す藤森の教育要求は、成新学校変則科において実践されていた。一方栗林は、「国ヲ富シ村ヲ賑シ家ヲ盛シメン」と地域住民に説きつつ、山間の深雪地帯という厳しい環境下で学事を推進していた。この意味で両者の教育要求・活動は、位相を異にしていたといってよい。

藤森と栗林は学校教育をめぐる位相を異にする。しかし両者の共通点として、それぞれ村落外部から教育者を招聘していたことには注目してよい。学の「実践」を重んじ「人才」育成を期待された武居彪と、東京師範学校卒業者として大町の学事推進を期待された渡辺敏。藤森と栗林は、それぞれの課題意識や直面していた地域の現実に応じて、みずから主体となって教員を招聘していた。彼らはまさに、地域の外部と内部の結節点に立つものとして、媒介者としての力量を行使していたのである。しかし、このように地域の名望家たちが主体的に「教師」を選び、招聘する慣習はこの時期以降、「教育令」改正とともに消滅していくと考えられる。[48] しかしそれだけに、藤森・栗林ら名望家層と彼らによって招かれた教員たちが模索していた学校教育の構想には、地域的現実から立ち上げられた独自の可能性が含まれている。

藤森と栗林の教育にかかわる活動が分岐し独自の展開を見せるのは、民権運動が盛り上がり、「教育令」が公布される明治一二年以降である。さらにこうした展開は、近代教育政策との懸隔をも顕在化させていく。その過程について、藤森と栗林それぞれの動向に即して検討していこう。

三　「教育令」期の担い手たち

まずは「教育令」を前後する長野県下の状況を概観しておく。民権派教育雑誌『月桂新誌』では、「教育令」を「教育ノ針路ヲシテ稍自由ノ境ニ嚮方セラレタリ」と評価し、「日曜討論会」における教員たちの議論を報道した（三

(46)「(仁科学校へ渡辺敏先生迎入手続連絡)」明治八年一一月九日（「栗林家（輪違）文書」三四七）。
(47)「(大先生御招待に付出頭依頼状)」明治八年一一月一四日（「栗林家（輪違）文書」三七三）。
(48) 宮坂朋幸「教職者の呼称の変化に表れた教職者像に関する研究―明治初期筑摩県伊那地方を事例として―」（『日本教育史研究』二二号、二〇〇三年）。

○号—六○号）。[49] また県の側でも、明治一二（一八七九）年五、一二月に教則会が開かれ、「土地《と ち》人情《にんじやう》に適《てき》するの方法《はふはう》を十分討論《ぶんたうろん》ありたし」という主旨のもと、教則改正などが審議された。[50]

第二回県教則会には、北安曇郡代表として渡辺敏が参加していた。[51] この会で教員たちは、「自由主義《じゆうしゆぎ》に向け、教則自由を以て十校五校位つゝ適宜《てきど》に其教則《そのけうそく》を相談《さうだん》の上立」るべきことを主張した。これに対し「議長」や「番外」として臨席していた「県官《けんくわん》」は、「自由教則ハ県庁の尚不許《なほふきよ》の所にして、本会ハ只其教則を数種《すうしゆ》に議定《ぎてい》する迄に止《とど》まる」べきと反対し、教則を独自に作成することは「権限外《けんげんぐわい》」として退けた。以下は、教則会の様子を報じた『松本新聞』記事のうち、渡辺の発言を伝える箇所である。

五十二番清水は、堂々《どう〳〵》と教育令を担出《かつぎだ》し該令は全《まツた》く人民一般の布達《ふたつ》なれば、其土地人情《にんじやう》に適《てき》したる地方適当《てきとう》の教則《けうそく》を設《まう》け、直《すぐ》に文部卿に上申する様心得《やうこゝろえ》たるか、果《はた》して然《しか》るや否《いな》、又地方教育の事ハ悉皆《しつかい》県令の左右是非《ぜひ》する所のものか如何《いかゞ》を問《と》ふ、番外は学務官に問《と》ふて其問《そのとひ》の権限外《けんげんぐわい》にして本場に関《くわん》せざる旨ヲ陳《の》ぶ、八番稲垣は自由教則《じゆうけうそく》と画《かく》一主義《しゆぎ》との衷《ちう》を執《と》りて其大体《そのだいたい》の規則雛形《ひながた》をば県庁にて定《さだ》め、其用書の交換自由《かうかんじゆう》をば各郡の適宜《てきぎ》に任《まか》せんと第一動議を出す、乍併《しかしながら》其規則雛形は此会議《このくわいぎ》にて決定《けつてい》するを云ふ、廿四番古松ハ、五十二番の説《せつ》を駁《ばく》して八番の説に同意《どうい》す、十五番渡辺敏は、実際論《じつさいろん》を堂々鱈々《どう〳〵たら〳〵》持出《もちいだ》し、明治九年来の事を陳《のべ》て自由教則《じゆうけうそく》第八番の説に同意す、議長は之を問題《もんだい》とす、八番・廿四番交互其主義《こうごそのしゆぎ》を説明《せつめい》し、必竟《ひツきやう》其精神《せいしん》ハ各郡にて用書《ようしよ》を左右交換《さいうかうかん》するの権利《けんり》を得《え》たきを云ふ、三十四番は、又県官の意《い》を奉《ほう》して、其八番・三(二カ)十四番の精神《せいしん》共に又権限外の意《い》なるを述《の》べて、愈左様致したくば総小会議を開《ひら》きて建議《けんぎ》書《しよ》を出し、其権利を請未《しやうきう》(ママ)すべきを主張《しゆちやう》す、十五番は各郡に教則自由《けうそくじゆう》を付すの至極教育《しごくけういく》の発揮《はつき》を致すへきを述て、総小会議を開かんと乞《こ》ふ

「自由教則」をめぐり、ふたつの主張が提示されていたことがわかる。すなわち、五二番清水の郡が「其土地人情」に合わせて教則を作成すべしという意見と、八番稲垣の県が「規則雛形」を作り郡にはその「交換自由」を認める

べしという意見である。これに対し『松本新聞』は、「実際論」を「堂々鱈々」と語る渡辺の姿を報じている。渡辺は、「自由教則と画一主義の衷を執」る稲垣の意見に賛同している。さらに三四番は、清水・稲垣の主張について、そもそも教則の作成にかかわることは本会の「権限外」であると反論した。渡辺はこの意見に対し、「各郡に教則自由を付すの至極教育の発揮を致すへき」と、「総小会議」を改めて開くことを主張している。

「郡」に教育の基点を置く渡辺の立場はのちに、奨匡社の運動とは一線を画し、北安曇郡で独自の展開を見せる。しかしこの時点では「郡」ごとの差は未だ顕在化しない。「自由教育」を求める教員たちの動きは、明治一三年四月設立の奨匡社へと合流していくことになる。

(1) 藤森寿平と奨匡社の政治運動―「社」と「塾」のあいだ―

明治一三(一八八〇)年二月、「奨匡社設立ノ檄文及ヒ其規則」が作成された。その起草委員は、松沢求策(『松本新聞』編集長)、市川量造(長野県会議員)、上条螘司(小学教員)、伊藤久蔵(法律研究会)、三上忠貞(小学教員)である。この「規則」は、奨匡社が民権伸長や国権拡充を目的とし、「国会願望ヲ以テ創立ノ基礎ト為ス」と定めている。「檄文」が活字技術により県下各地に大量に配布され、「社員の自由民権に関する共通意識を醸成して発会式を迎えた」とさ

(49)『月桂新誌』三〇号、明治一二年一〇月二八日。
片桐芳雄は、教員たちの主張を、大きく以下の三点にまとめた。①公教育普及方法が現状では「督促教育」にせざるをえないこと、②教育内容における「村を捨てる学力」批判、③教員の「品行」重視。注2片桐芳雄前掲書、一〇九―一一八頁。

(50)『松本新聞』五七四号、明治一二年一二月一二日。この教育会議については、伴野敬一「教則自由化政策の展開と小学教則改正―教育令期の長野県を中心にして―」(有賀義人先生退官記念論文集編集委員会編『信州大学教授有賀義人先生退官記念論文集』社会科懇談会、一九七七年)などがある。

(51)「本県教則会議記事」(『松本新聞』五七五号、明治一二年一二月)。

れる。(52) しかし松沢が、「余輩ノ耳朶ニ其名ヲ聞知セシ所ノ人ハ悉ク檄文及ヒ規則ヲ送致セシカ、加入ヲ申シ込ム者十中僅カニ二三ニ過ス」と嘆いている事実には注目してよいだろう。「国会願望《こつくわいがんもう》など丶云ふハ政府《せいふ》に恐《おそ》れ多《おほ》き事」であり「其国会《そのこつくわい》を基礎《もと》に建《た》てる奨匡社《しやうきやうしや》へ加入《かにう》すれば、警察官《けいさつくわん》にお咎《とが》めを蒙《こうむ》る」と、懸念する声もあったのである。『松本新聞』は、このような人びとについて、「倩々《さて〳〵》憐《あは》れむべき蒙昧人《もうまいじん》ではありませんか、土地《とち》の恥《はぢ》です、少《すこ》しは云て聞《き》かせる人《ひと》もありそなもんですねへ」と非難している。(53)

奨匡社の設立を懸念する人びとも存在するなか、八月の奨匡社社員名簿には、一〇三一人が名を連ねることとなった。藤森寿平と武居彪は創立事務委員、渡辺敏は一般社員としてこれに参加している。とりわけ武居は、『孝経』の一節である「事君」を出典とし、奨匡社の名づけ親となっている。(54) 奨匡社には、三者のように学校関係者として参加した人びとが多数存在し、その数は二一九人（学区取締四名を含む）に及んでいた。さらに各役員では、常備議員三一人（含補欠）中一二人、規則起草委員六〇人中二〇人が教員であった。(55)

「奨匡社発会記事」によれば、四月一一日の奨匡社発会式では、松沢ら創立委員の祝辞を中断させる勢いで、規則改正や創立委員改選、そして直前に出された「集会条例」への対応をめぐり数多の声が錯綜した。(56) 具体的には、「本社ノ規則ハ少数委員カ議決セシニ過キサル」ことや、「集会条例」の「施行ノトキニ当テ此ニ抵触スルナキヲ保スヘカラス」ことが問題点として指摘された。それは、「雑踏錯乱殆ト名状スヘカラス」という状況だったという。とりわけ大きな問題とされたのは、学校教員や生徒など学校関係者による「政治ニ関スル事項ヲ講談論議スル集会」への参加を禁止する条例第七条への対応であった。これにより奨匡社は、条例への対応を協議し社の活動方針を模索していくこととなる。

まずはその最終的な結論を確認しておきたい。奨匡社は「集会条例」を受け、「社ト義塾トヲ両立シ、従前ヨリ条例第七条ニ抵触スル已ム能ハサル者耳彼義塾ニ入ルノ方法」へと転換した。(57) つまり、集会条例への対応として、奨匡社に奨匡義塾を併設することが決定された。これは、学校関係者の組織化と運動の継続を同時に実現し、奨匡社単独での国会開設請願を可能とするものであった。片桐芳雄は、これを「発会式に提案された原案から大幅に後退していることは言うまでもないが、奨匡社の人々は名よりも実をとろうとした」と評価する。(58)

しかしその反面、学校関係者らを奨匡義塾へと囲い込むことで、奨匡社の活動とは明確に区別する事態が生じていった。その決定が、表向きにではあれ、「集会条例」の追認を意味するものであったことは、見逃すべきではない。実際、のちに松沢と国会開設請願に臨んだ上条螘司は、上京直前に「拙者儀、今般病気ニ付、埴原学校ヲ退キ候段、辱知諸君ニ報ス」と、自身の教員辞職を新聞で広告している。(59) つまり、請願という政治運動に身を投じるには、学校関係者でなくなったことをわざわざ断る必要があったといえる。

「社」と「塾」の併設という結論にいたる過程では、組織と運動のあり方をめぐり、激しい議論が交わされた。

---

(52) 上条宏之「活字印刷文化の導入と自由民権運動――一八八〇年結成の信州奨匡社の動向から――」(『長野県短期大学紀要』五八号、二〇〇三年)二〇頁。
(53) 「社説」、「新報」(『松本新聞』六〇六号、明治一三年二月二八日)。
(54) 武居彪「奨匡社記」(『奨匡雑誌』一号、明治一三年六月、隠岐弘子氏所蔵)。なお同史料で武居は、奨匡社に身を投じたことについて、各県で結社が「競起紛議」する状況で、「則吾曹雖非本意之所安、豈得独株守旧学以甘世人之侮笑乎」と記している。つまり武居にとって奨匡社への参加は、必ずしも「本意之所安」ではなく、「旧学」を守株するものという「世人之侮笑」を避けんがための行動であったという。武居は、松沢ら若き民権家たちの運動をどのように見ていたのか。その「本意之所安」の所在を明らかにすることで、奨匡社の歴史的輪郭をより掘り下げて把握することができるだろう。民権運動をめぐる世代差については、第七章で検討している。
(55) 千原勝美「奨匡社と教員」(注50前掲書、一九七七年)。
(56) 「奨匡社発会記事」(注54前掲史料)。
(57) 「第二回臨時委員議会記事」(『奨匡雑誌』二号、明治一三年八月、隠岐弘子氏所蔵)。
(58) 注2片桐芳雄前掲書、一二三頁。
(59) 「広告」(『松本新聞』六六六号、明治一三年五月一四日)。なお上条は、請願が行き詰まってのちに教員に復職している。その経緯は、自分が政治運動にかかわることで、「累ヲ老母ニ及ボサンコトヲ恐レ、更ニ退イテ育英ノ業ニ従」ったものと語られている。有賀義人『信州の国会開設請願者上条螘司の自由民権運動とその背景』(信州大学教養部気付奨匡社研究会、一九六七年)三六頁。

表6-3　奨匡社の方針が決まるまでの経過

4月11日発会式@松本青龍寺	
10時 午前中 午後	五百余名が集まる 市川量造の開会祝辞、松沢求策による国会期成同盟大会の演説 社則改正決議、改正のため臨時委員60名選挙
4月12日臨時委員議会	
10時 13時20分	臨時委員による下会議（奨匡社と奨匡義塾の併設について） 本会議（社の方法・目的、改正規則起草委員5名選挙）
4月13日臨時委員議会	
8時 晩餐後	奨匡義塾規則の改正、建白か願望か、国会開設について議論すべきかについて 国会開設要求の手続き、願望書起草委員2名・審査委員7名選挙、常詰委員委任について
4月21日臨時委員議会@松本開智学校	
	奨匡義塾内則・奨匡社則の改正について、奨匡社と奨匡義塾の併設決定

出典：注53、56前掲史料

表6-3では、奨匡社内で交わされた一連の議論の経過をまとめた。一一日の発会式以降、二一日に方針が決定するまで議論が積み重ねられていたことがわかる。「奨匡社発会の景況」によれば、「交詢社の如くに改め、これに附属する学校を置かん」ことや「社のみにして純然たる労働社」、「社のみを存し純粋なる智識交換の社」などといった意見が出されていた。[60]

このうち、発会式の翌一二日午前、前日に選挙された臨時委員による会議に注目しておきたい。この会議は午後の全体会議に備えたもので、「議事規則ニモヨラス、議長ヲモ選挙セスシテ、逐次ニ説ヲ述」べる形がとられた。ここで議論の口火をきったのが、藤森である。[61]

藤森寿平氏先ツ曰、今般布告ノ集会条例タル、実ニ圧政束縛ノ主義ニ成リ、本社ノ困難ハ此時ヲ以テ最トナス。抑モ政事ニ関スル目的ノ結社ナルトキハ、其許否ト禁止・停止ハ一ニ警察官吏ノ腔子裏ニ在レハ、其剣呑ナル恰モ風前ノ燈火ノ如シ。幸ニ警察官吏ハ之ヲ待スル寛ナルモ、該条例ニヨルトキハ、殊ニ社員中其多数ヲ占ムル軍人・教員及ヒ生徒ハ除名セサルヲ得ス。果シテ然セハ本社頓ニ微々タル景況ニ立至ルヘシ。豈遺憾ナラスヤ。因テ思フニ本社陽ニ智識交換・世務諮詢ヲ以テ目的トセル交詢社様ナル仮面ヲ蒙リ、陰ニ民権ヲ主張シ国権ヲ拡充スルノ策ヲ施スヘシ。是レ実ニ已ムヲ得サルニ出ツルモノナリ。事若シ発露セハ其禁獄・罰金ノ罪科ノ如キ、余ハ先ツ一身ノ及ハン限リハ本社ニ代テ受ケントス。諸君ハ以テ如何トナスヤ。

藤森は、「集会条例」を「圧政束縛ノ主義」から発せられたものであり、奨匡社にとって最大の困難であると認識していた。条例抵触を避けるためには、軍人、そして教員や生徒など学校関係者をあるいは除名せざるをえないかもしれない。しかしそれでは奨匡社が「微々タル景況」に陥ってしまう。こう考えた藤森は、表向きは「智識交換・世務諮詢ヲ以テ目的」とし、裏で「民権ヲ主張シ国権ヲ拡充スルノ策」を主張した。さらに策が露呈した場合は、「一身ノ及ハン限リ」自分が罰を受けるという。ここで藤森は、条例により罰せられる覚悟をも示しつつ、あくまで「社」という組織形態にこだわり、「塾」との区別を行わないことを主張していたのである。

しかし藤森の主張は、奨匡社を「塾」に転換することで組織の維持をはかろうとする松沢らの反対にあう。[62]松沢は、一二日午後の議会で「学校」への路線転換を主張した。奨匡社は「真誠着実の民権家のみの聚合せし者」であり、みだりに「政談」を行うことは避け「先始めに智識を研磨して交際を拡く」することを目標とすべきという。続けて、以下のように発言する。

集会条例の発行に逢ふて或る県の某社の如く、陽はには《ママ》之を廃し陰には之を存して、上を欺き人を欺くが如き危険至極なることを為さんより、速かに法律に触るゝものは、これを改めて学校に変換するに若くはなし。依てはこれを奨匡義塾と改むべしと。

松沢は、陰で政治運動を行う「他県」の結社について「上を欺き人を欺くが如き危険至極なること」とし、「集

(60)「奨匡社発会の景況」(『松本新聞』六四四号、明治一三年四月一八日)。
(61)「本社臨時委員議会記事」(注57前掲史料)。
(62) 注60前掲史料。

表6-4　「改正奨匡社規則」と「奨匡義塾内則」の比較

	改正奨匡社規則	奨匡義塾内則
目的	本社結合ノ目的ハ人民本分ノ義務ヲ講明シ兼テ智識ヲ交換スルニアリ（1章1条）	本塾ハ常ニ教師及ヒ助教ヲ置テ各地方生徒ノ一私人ノ性格ト社会ノ性格ニ属スル事トヲ問ハス苟モ自ラ決スル能ハサル質疑アレハ之レニ教授ス（1条）
滞在旅費	滞在旅費ハ社長副顧問委員ハ金三十銭常備議員以下ハ金二十銭ヲ給ス但①三府ノ滞在費ハ臨時之ヲ議ス（3章5条）	①滞在旅費ハ塾長及ヒ教師ハ金三十銭助教以下ハ金二十銭ヲ給ス（8条）
役員	社長副社長及ヒ常備議員ハ②総社員ノ投票ヲ以テ公撰スト雖モ顧問委員以下ハ社長副及ヒ常備議員ノ撰ム所ニ任ス（4章1条）	本塾ハ頗ル博識ノ教員一名ヲ雇ヒ入レ教育一切ノ事ヲ管理セシメ②別ニ助教若干名ヲ生徒中ヨリ公撰シ授業ニ従事セシム但シ生徒ノ多寡ニヨリ其数ヲ定ム（9条）
組織運営	何時タリトモ本社ニ到リテ③諸帳簿ヲ検閲スルヲ得（2章4条9項） 此③規則ハ全社員ノ決ニヨツテ変更改正スルヲ得（9章1条）	規定なし
組織外活動	本社ハ別ニ④新誌ヲ発兌シ法律政談或ハ本社ノ録事裁判宣告書等ヲ記シ以テ之レヲ売鬻ス（1章5条） 本社ニ於テ④演舌講談及ヒ会合等ヲ為スヲ得（2章4条1項）	規定なし

出典：「改正奨匡社規則」、「奨匡義塾内則」（有賀義人・千原勝美編『奨匡社資料集』信州大学教育学部気付奨匡社研究会、1963年、50-54頁）

会条例」への抵触は避けるべしと主張する。この点が、「集会条例」への抵触もかえりみない藤森と対照的である[63]。以上の議論を経て辿り着いた結論は、先述の通り、奨匡社に奨匡義塾を併設し両者の活動を区別するという方針であった。「社」と「塾」とを分離させた点で、藤森の主張は採用されなかったといえる。

それでは藤森はなぜ、自身が罪科を引き受ける覚悟をも示しつつ、「社」であることにあくまでこだわったのか。藤森が模索していた組織の構成原理について、「社」と「塾」の併設決定後に完成した「改正奨匡社規則」と「奨匡義塾内則」（いずれも明治一三年四月）から検討したい。前者は、「目的及ヒ通則」などにかかわる規定が全九章にまとめられている。後者は、塾教員の給料や「試験」などにかかわる規定が全一九条にまとめられている。両者を比較することで、「社」でなければできなかったことが明確になろう。

表6-4から、奨匡社と奨匡義塾では組織の構成原理が大きく異なっていた。①滞在旅費について、

奨匡社では三府への出張が想定される一方で、奨匡義塾には県外出張にかかわる規定がない。これは、大阪国会期成同盟会への参加や東京への国会開設請願のように、奨匡社が県外での活動を想定していることによる。②役員の選出方法について、奨匡社では社長以下副社長および常備議員を社員の「投票」で「公撰」する一方、奨匡義塾では「助教」のみが「公撰」の対象であり、塾長および教員は除外されている。③組織運営への関与に違いが見られる。奨匡社社員には、帳簿を閲覧すること、および規則そのものの変更改正にかかわる権利が認められている。こうした権利は、奨匡義塾の塾生には認められていない。④組織外活動の有無が大きな違いである。奨匡社では、『奨匡雑誌』発行や演説・講談会にかかわる規定がある。対する奨匡義塾では、そうした規定は見られない。

以上から奨匡義塾は、塾長・教員と生徒の立場を明確に区別しつつ、演説・講談会のような政治的実践から切り離そうとするものであった。このことをふまえたうえで、成新学校変則科における教育実践をふたたび想起しておきたい。変則科では、演説会や新聞により教育成果を校外へと発信していた。演説会では教員と生徒がともに登壇し、さらに「塾の大黒柱」たる藤森は「画の先生」であると同時に作文の生徒でもあった。変則科のこうした組織形態の延長上には、奨匡義塾よりも奨匡社が位置づくと考える。

つまり奨匡義塾は、政治結社としての機能を制限しながら「社」から「塾」を分離しようとする。これに対し変則科はむしろ、「塾」を「社」に近づけていこうとしていた。[64]であればこそ藤森は、政治運動にもつながる教育実

(63) ただし松沢は、「集会条例ノ質疑」という『松本新聞』記事で以下のように述べている。松沢は「教育ハ即チ純然タル政事ニ関スル事項タルニ非スヤ」と疑問を呈する。すなわち、「天下ノ事々物物一トシテ咸ナ政事ニ関セサルモノナ」い以上、「集会条例」は現実味のない「広茫限リナキノ法律」である。松沢は、政府があくまで「人民ヲ抑圧」しようとするならば、「決然死ヲ以テ」これに反対すると述べている。松沢も、藤森と同様に「集会条例」に批判的な立場を取っていた。両者の相違は、奨匡社に奨匡義塾を併設するか否かという、志向する組織の構成原理にあったと考えられる。『松本新聞』六四七、六四八号、明治一三年四月二二、二三日。

(64) 藤森が模索していた可能性を、この時期の教育会との比較から明確化しておきたい。千葉昌弘は、宮城県における「教育議会」を「地

践の道を閉ざす「集会条例」に抵触する覚悟をも示しつつ、あくまで「社」という組織の構成原理にこだわったのではないか(65)。

(2) 栗林球三と職業学校の設立運動——北安曇郡の学校を求めて——

奨匡社設立当時、栗林球三は北安曇郡書記学務担当を勤め、大町村戸長職は球三の栗林本家とともに代々大庄屋職を担ってきた家系の栗林幸一郎が引き継いでいた(66)。大町組大庄屋職を継承していた栗林家は二軒存在し、それぞれ本家「輪違」(わちがい)と分家「八〇」(はちまる)という屋号を持っている(表1-1、44頁)。球三は前者、幸一郎は後者の家系に属している。両家は、本家と分家の間柄にあるが、栗林家(八〇)文書は寛永年間(一七世紀前半)より残存しており、この時期にはすでに家が別れていた。したがって、文政・天保年間(一九世紀前半)に分家した藤森寿平の家とは、同じく分家であってもその性格を異にしていたと考えられる(67)。つまり藤森が文化人的な活動を展開した一方で、栗林両家は代々大庄屋職を勤めるなかで地域運営の担い手としての立場を守っていたといってよい。

球三も幸一郎も、奨匡社に参加した形跡が見いだせない。いずれも北安曇郡で名望家的な立場にあり、松沢のいう「耳朶ニ其名ヲ聞知セシ所ノ人」として「檄文」を受け取ったと考えられるが、社員名簿に名前を確認できない。北安曇郡からは、渡辺敏(仁科学校)や山本英風(池田学校)ら民権派教員を中心に四六名が奨匡社に参加した。

栗林らが奨匡社の活動をどのように評価していたのかを示す史料は、見あたらない。そのなかで、奨匡社へのかかわり方を把握するための手がかりとして、ふたつの問題を提示しておきたい。第一に、奨匡社社員の身分的出自にかかわる問題である。旧松本藩時代に大庄屋を経験していたものたちは、奨匡社の活動にほとんど関心を示していなかったと考えられる。たとえば北安曇郡の清水家(旧松川組大庄屋)には「奨匡社設立ノ檄及ヒ其規則」が伝わっているが、当主の又居は社員ではない(68)。また南安曇郡の藤森善一郎(旧成相組大庄屋)と東筑摩郡の上条弥次蔵(旧嶋立組大庄屋）のみ社員名簿に名前が掲載されているが、奨匡社に積極的にかかわっていた形跡は見られない。(69) このほか名簿には、旧大庄屋家と同じ姓を持つ人物が散見されるものの、いずれも分家筋である。(70) 積極的に運動にかかわっ

域の主体的努力の試み」と評価し、採決方法や構成員が共通していた事実から、民権運動を「議会」の「源流」と位置づけた。それはいわば、「政治から教育へ」という流れであったと考える。これに対し藤森の実践は、変則科をひとつの「源流」として奨匡社へと連続し、「集会条例」後も両者の回路を確保しようと模索していた点で、千葉がとらえた方向性とは逆の流れを示す動き――「教育から政治へ」――であったといえよう。千葉昌弘「自由民権運動の展開と教育会の源流小考」（注4梶山雅史編前掲書）三八頁。

（65） 藤森が「集会条例」に抵触する覚悟を示していたことにかかわって、明治一一年ころに記されたメモ書きを紹介しておきたい。藤森はまず、「全国ニ発論ノ自由ヲ与ヘ、縦使政府ノ忌諱ニ触ルモ、其取ヘキハ、務メテ之ヲ採リ、取ヘカラサルハ捨テ、問ハサルヘシ、然ルトキハ、無根浮薄ノ謗言自ラ消滅スル「必セリ」と記している。また「竹鎗席旗ヲ以テ自由ノ権利ヲ恢復スルハ勢ノ已ムヘカラサル所ナリ」とも記している。短文が箇条書きでまとめられた紙片であり、新聞などからの引用文とも思われる。したがってこれらの文章に藤森の思想を読み込むことはできない。しかし少なくとも、「発論ノ自由」のためには、「政府ノ忌諱ニ触ル」ことも「竹鎗席旗」もやむをえないとの記述は、条例に対する藤森の立場と共通していたことは指摘できよう。注17前掲史料。

（66） 「大町村村会議員当選請書」明治一二年（「栗林家（八〇）文書」二五七、大町市文化財センター所蔵）。

（67） 藤森寿平による自筆年表には、「父郁三郎三十余歳、予母をめとる、分家して質屋古手商を業とす」とある。郁三郎は寛政五（一七九三）年生まれのため、「三十余歳」とは、文政・天保年間にあたる。「ささ栗」年月日不詳（「藤森家文書」九三）。

（68） 「清水家文書」A五六七一―二、長野県立歴史館所蔵。

（69） 「奨匡社社員名簿」明治一三年二月（有賀義人・千原勝美編『奨匡社資料集』信州大学教育学部気付奨匡社研究会、一九六三年、一一二―一一八頁）。なおこの点について筆者は、「筑摩（長野）県の教育をめぐる名望家層の位相」（『日本の教育史学』五六集、二〇一三年）の一二頁において、「旧大庄屋家出身者で社員名簿に名前が確認できるのは、高出組（東筑摩郡）最後の大庄屋中田源次郎忰の貢のみである」と述べた。目立った活動が確認できないとはいえ、藤森善一郎と上条弥次蔵の存在に言及しなかった旧稿の記述は、誤りである。ここに訂正しておきたい。

（70） たとえば庄内組最後の大庄屋は、折井伊織（天保一〇年生まれ）であるが、伊織本家は奨匡社社員を輩出していない。奨匡社に参加したのは、庄司（福寿屋折井）や深見（北折井）など分家筋の人びとであった。以上の事実については、折井豊氏に教示していただいた。

図 6-2　奨匡社社員の郡別分布

出典：注 55 千原勝美前掲論文をもとに作成

た人物としては、高出組（東筑摩郡）最後の大庄屋中田源次郎倅の貢があげられるのみである。[71] 以上のように、近世からの身分的な出自が、民権運動への関与の有無に強く影響を与えていたと考えられる。

第二の問題は、長野県内部における地域差の存在である。すなわち奨匡社が、「松本中心主義」ともいうべき志向性を胚胎していたことを見逃すべきではない。まず奨匡社は、社員の地域的偏りがきわめて大きい（図6-2）。松本のある東筑摩郡が社員の半数以上（五五四名）を占め、同じく松本盆地に属する南安曇郡が次いで多い（一八九名）。また大半が旧筑摩県にあたる中・南信に偏り、旧長野県にあたる北信はわずかである。

注目すべきは、「奨匡社規則」における常備議員の被選挙権にかかわる規定である。その資格は当初、「松本ヨリ三里以内ニ居住スル者」に限られていた。[72] 松本からの直線距離を概算した場合、豊科（南安曇郡）は六キロメートルであるから藤森寿平には資格があり、実際に選出されている。一方大町（北安曇郡）は三一キロメートルのため、渡辺敏にはその資格がなかった。ただしこの規則については、発会直後に「往々不都合ノ廉アリ」との動議が出されている。これを受けて新たに作成された「改正奨匡社規則」では、居住地による被選挙権の制限は撤廃された。そのうえで新たな項目として、「支社」を「本社ヨリ四里以外ノ隔地ニシテ、便宜ノ地方百名以上ノ社員アル箇所ニ限」

（71） 中田貢は、長野県会議員として設立当初より奨匡社にかかわっていた。中田の存在は、身分・階層差および地域差という要素に加え、世代差も考慮する必要を示している。世代差をめぐる問題については、第七章にて松沢求策を取り上げることで検討している。諸主体による民権運動へのかかわり方については今後さらなる検証を要するが、少なくとも従来の「豪農民権」という理解は、再考すべきであろう。たとえば奨匡社員の所有地価は、藤森寿平が七三五円三二銭、市川量造が五七六円四四銭、そして松沢求策が五七一円三〇銭である。これに対し中田貢は六九二七円二〇銭であり、経済的には大きな格差があった（注11前掲史料）。とすればこれら多様な民権運動への参加者を、「豪農民権」などと一括りに把握することはできない。諸主体の身分的出自や本家／分家関係、または地域差といった視点から、奨匡社ひいては「豪農民権」という理解を再検討することは、今後の課題としたい。

（72） 「奨匡社規則」明治一三年二月（注69有賀義人ほか編前掲書、二二一頁）。

り設置することが決められている。[73]しかし「百名以上」という条件を満たすのもやはり南安曇郡のみであり、奨匡社における郡ごとの格差は依然として残されたままであった。

以上から奨匡社には、松本を中心とした地域格差が存在していた。[74]こうした性格を持つ以上、東筑摩・南安曇郡以外の地域居住者の奨匡社における発言力は、相対的に低かったといえよう。このことが、栗林らが奨匡社に参加しなかったもうひとつの要因と考えられる。

奨匡義塾は、規則で「職業アツテ普通ノ学校へ入学スル能ハサルモノニ教授スル、一種ノ変則学校」であり、「其土地状況ト、人情風俗トヲ斟酌シテ種々ノ学科ヲ設ケ」ると構想されている。[75]しかし、「松本中心主義」という特質をふまえれば、「其土地」とは第一義的には松本を指すことになろう。とすれば、明治一二(一八七九)年一二月の県教則会で渡辺が主張していた「各郡に教則自由を付す」という教育要求は、奨匡義塾という組織を通じては十分に実現できるものではなかったといえる。奨匡社および奨匡義塾において、教育要求の質にかかわる郡ごとの地域差が考慮された形跡は見られないからである。奨匡義塾は規則作成ののち、明治一三年七月末で教師未定、一〇月の奨匡社親睦会では「奨匡義塾実施の可否」が廃案となっている。[76]

ただしここで直ちに付言しておかねばならないことは、奨匡社発会以前、明治一三年二月二一日より三日間にわたり、東西筑摩・南北安曇四郡による連合教育会が開かれていた事実である。この動きには、松本を中心としつつ県全体の組織化を目指す、奨匡社とは異なる地域結合の志向性がうかがえる。藤森寿平が南安曇郡教育会副議長として設立を呼びかけたこの組織には、渡辺も北安曇郡委員として参加していた。

以下は、南安曇郡教育会が連合教育会設立を呼びかけた『松本新聞』記事の「連合教育会檄文」である。[77]

国家ノ為メ教育ニ従事シ、邦族ノ為メ人民ニ裨益ヲ施スノ教員ニシテ、豈ニ一国ニ設立スル教育ノ方法ヲ議スルノ権利ナシト謂ヘケンヤ、然リト雖モ告朔ノ餼羊ハ子貢ガ感慨ヲ発スルカ如ク、其権利ヲ有ノ而ノ之ヲ実施スルノ実ナキキハ、其固有ノ権利ヲ自ラ棄暴スルノ責ヲ免カレサレハ則チ感慨ナキ能ハス、試ニ看ヨ、我国今日ノ教育ハ果シテ何等ノ教育ソ、之ヲ英規ニ問ヒ、之ヲ米制ニ諮リ、教育ノ一班ヲ窺測スルト雖モ、未タ完全無疵ノ良法ヲ見ス、是レ晨ニ定メタニ改メ終ニ雛狗ニ属スルノミ、是ヲ以テ自由ノ令ハ廃学ノ基原トナリ、不羈ノ説ハ虚文ノ補具トナリ、俗論流言モ亦随テ其間ニ雑出ス、寔ニ朽索ヲ以テ騏驥ヲ御スルカ如シ、我儕不肖ニシテ一モ其所長無シト雖ﾄﾓ、唯瑣々タル赤心均アルモ顧ミス、同好ト稿《（穂）》高ノ耘窓ニ盍簪シ、左ノ条件ヲ起草セリ、抑吾人固有ノ権利ヲ実用シ、我国教育ノ指針ヲ一定シテ長短相救ヒ、彼此相換へ、以テ今日斯民ヲ郁々文哉ナラシムルハ、蓋シ同士相会シ是ヲ協議スルニ如クモノナシ、然レﾄﾓ一隅ノ地一偏ノ士ニ一小会議ヲ開設スルモ、其権力狭隘ニシテ誰レカ一班ヲ窺ヒ全貌ヲ知ルト謂ハンヤ、然ラハ則チ会議ヲ各郡連合シテ吾人カ固有ノ権利ヲ発揮シ、其公議ヲ実際ニ適セシムルノ方法ヲ得スンハ、以テ鴻益ヲ此民ニ与フル能ハサルヤ明ナリ、故ニ吾人杞憂ノ余リ連合教育会ヲ切望シテ南馳北奔雪ヲ衝キ氷ヲ蹴ケテ諸彦ニ諮所以ナリ、吾人ト憂ヲ共ニシ感ヲ同シウスル諸彦ハ、方今急務ヲ洞察シテ吾人カ陳フル所ヲ嘉納セラレ、一県ノ連合会ヨリ国会ニ及ホシ、跛盲相助ケテ以テ河流ヲ渉過スルノ成績ヲ得テ、花実ヲ此児童ト父兄トニ与ヘンコヲ諸彦ニ庶幾スト云爾

教員が「国家」と「人民」のために教育に従事する以上、「一国ニ設立スル教育ノ方法」を議論する権利を有す

(73) 「改正奨匡社規則」明治一三年四月(注69有賀義人ほか編前掲書、五三頁)。

(74) 有賀義人も、奨匡社には国会開設そのものというよりむしろ旧筑摩県の地位向上を目指し「西国に後れてはならないというような地方的な意識」が存在していたことを指摘している。有賀義人『信州の啓蒙家市川量造とその周辺』(凌雲堂書店、一九七六年)四六一頁。

(75) 「奨匡義塾規則」明治一三年四月(注69有賀義人ほか編前掲書、四九頁)。

(76) 明治一三年七月三一日の奨匡社臨時委員議会では、「義塾ノ教師及雑誌ノ編集人傭入ノ儀ハ、一切之ヲ松沢求策、上条蟻《（螘）》司、太田幹ノ三氏ニ托ス」ことが決定された(注57前掲史料)。そして一〇月五日の親睦会において、「奨匡義塾実施の可否」が検討され、廃案になった(『松本新聞』七九〇号、明治一三年一〇月七日)。

(77) 『松本新聞』五九六号、明治一三年二月二日。

るべきであるという。しかし「一隅ノ地」で「小会議」を開いても、「其権力狭隘」なものにとどまってしまう。そのため「吾人カ固有ノ権利ヲ発揮」すべく、「一県ノ連合会ヨリ国会ニ及ホ」すべきであるという。藤森らは、「我国教育ノ指針」について「同士相会シ是ヲ協議ス」ることを呼びかけている。これを受け、「東筑摩郡ヨリ二十人、西筑摩南北安曇ヨリ八人ツヽ、ニテ凡ソ四十四人」が参加し、「教科書の取捨」方法などが議論された(78)。しかし、この連合教育会の試みがその後も継続することはなかった。松本のある東筑摩郡の参加人数が突出して多いことからもわかるように、郡ごとの格差が存在していたこともひとつの要因であったと考えられる。

藤森らによる連合教育会設立の試みも見られた一方で、同一三年四月には「集会条例」により、奨匡社の活動も停滞を余儀なくされていく。北安曇郡で独自の試みがなされたのは、まさにこうした時期においてであった。

明治一三年四月、大町村戸長・栗林幸一郎へ「職業学校」の設立を建議する文書が提出された。教員惣代の渡辺敏らが北安曇郡各村戸長に宛てたもので、以下のように述べている(79)。

> 今日学事ノ情況ヲ察スルニ、小学ト云ヒ中学ト云ヒ共ニ普通ノ学課ヲ教ユルニ止ツテ、未タ学徒ヲシテ生業ヲ得セシムヘキ学術ヲ授クルノ設ナク、加之学者往々従来ノ弊風ヲ受ケ自カラ高尚ニ走セ従ニ力ヲ無用ノ域ニ費シ彼ノ学ハ身ヲ立テ産ヲ興《ヲコ》ス所以ノ本旨ト相径庭スル所アルヲ免レス、是ヲ以テ、人未タ学問ノ実益ヲ見ルニ迎(向)ハズ学事ノ振ハサルモ亦怪ムニ足ラサルナリ、某等惟ニ今日ノ計ヲ為ス、所謂職業学校ナルモノヲ興シ、学徒ヲシテ生業ヲ得ルノ道ヲ講セシムルノ法ヲ設クルヲ以テ、最モ急ナリトス

渡辺らは、「普通ノ学課」中心の教育では「高尚」に走るばかりで、「生業」を授ける機会がないという。これでは人びとが「学問ノ実益」を実感できず、学事が振興しないことも当然であるとする。そこで北安曇郡に「職業学校」を設け、「学徒」に「生業ヲ得ルノ道ヲ講セシムル」ことを「最モ急ナリ」と建議している。

これを受けた幸一郎は、「最之事」として、北安曇郡連合村会に諮り、九月に職業学校設立のための「成議案」（全

二〇条）が策定された[80]。職業学校では、「普通学課」ではなく「農工諸科」を教え「物産ヲ殖シ国益ヲ興スヲ目的トス」ることが掲げられている。設置場所については未定であるが、「当郡内広闊ニシテ四囲ニ園圃ヲ設ケ得ル便宜ノ地ヲ撰ムヲ要ス」とされ、敷地内に園圃を置く計画であった。さらに第五条から八条では、教員養成にかかわる規定が確認できる。第一学期（三ケ年）に「貸費派遣生」を「有名ノ農工専門学校」に就学させたうえで、第二学期より教員として迎え入れることが定められている[81]。教員となった派遣生は、給与の一〇分の一を貸費償却に充てることとし、また「一己独立ノ業ヲ興サント欲スル」場合は学校幹事の許可が必要であった。貸与費は月ごとに正則科生が七円、変則科生が五円五〇銭である。

このほか総額で三二〇円の予算が組まれており、北安曇郡がそれまで松本中学校へ納めていた「中学資金」を中心に賄われる計画であった。松本中学校の前身は、第一七番中学区（東筑摩郡の一部と南北安曇郡全域）から集められた中学元資金一万円によって明治九年に設立された第一七番中学変則学校である。「教育令」にもとづき公立松本中学校に改称され、東筑摩・南北安曇の三郡から供出される「中学資金」により維持されることとなっていた[82]。三郡の共立体制からの分離を掲げる職業学校の「成義案」は、北安曇郡の殖産に主眼を置き、また地域に定着する教員の養成をも視野に入れた構想であったといえる。

（78） そのほかの議題は、①「補助金ヲ以テ理化学ノ器械ヲ買フ事」、②「連合会費用ノ事」、③「品行証発行ヲ請フ事」、④「郡吏ノ学事掛リハ学事ニ通暁シタルモノヲ選ブ事」、⑤「師範学校試験法改正ノ意見」、⑥「合併教授法」である。『月桂新誌』五一号、明治一三年二月。

（79） 「職業学校創立ノ件」明治一三年（「栗林家（八〇）文書」二六六）。以下、職業学校設立運動について本史料からの引用は出典を省略する。

（80） 「成議案」明治一三年九月（「栗林家（八〇）文書」二八一）。

（81） 連合村会では、具体的な就学先として「東京農業学舎等」が検討されていた。「北安曇郡連合会原案日誌」明治一三年九月（「栗林家（八〇）文書」三三六）。

（82） 松本深志高等学校同窓会編『深志百年』（深同窓会、一九七八年）七四五—七七九頁。

九月には幸一郎ほか二名が北安曇郡一七か村の総代となり、長野県令・楢崎寛直へ「成義案」と「奉願書」を提出した。以下は、「奉願書」の全文である。[83]

明治六年中学校ヲ松本ニ設ケラレテヨリ茲ニ幾星霜、然ルニ当郡中ヨリ一人ノ就キ学フモノアルヲ見ス、是風気未タ開ケサルニ由ルト雖モ、要スルニ地勢隔離スルト授クル処普通学科ニ止ルトヲ以テナリ、而シテ其納ムル所ノ金額年々三百余円ニ上ル故ヲ以テ、人民ノ苦情甚敷ク、其責ニ当ルモノ頗ル徴求方ニ苦メリ、由テ今般一郡即チ十八ケ村ノ連合会ヲ開キ、法ヲ泰西ノ中学工芸学校ト農業中学トニ酌ミ、更ニ当郡ニ職業学校ナルモノヲ建テ、彼中学資ヲ以テ其費用ノ一部ニ充テ、専ラ利用厚生ノ道ヲ講セシメント議定仕候、由テ明治十二年十月頒布ノ教育令ニ基キ、当郡ニ於テハ更ニ従来ノ中学区域ヲ分離仕度、此段　御許容被成下度、奉願上候也

松本に中学校が設けられて以降、北安曇郡からは「一人ノ就キ学フモノアルヲ見」ないにもかかわらず、「金額年々三百余円」を納めているため「人民ノ苦情甚」しいという。[84] それは、松本中学校が「地勢隔離」であることと、「授クル処普通学科ニ止ル」ことによる。そのため東筑摩・南北安曇郡の共立体制から分離し、松本に納めていた「中学資」により「職業学校」を設立し、「利用厚生ノ道」を求めたいという。最後にこうした願いが、「明治十二年十月頒布ノ教育令ニ基」づいたものであることを強調している。

しかし栗林らの要求は、東筑摩・南安曇郡からの反対にあう。東筑摩郡役所は翌一四年五月、両郡の「商議」と東筑摩郡惣代の「協議」にもとづく「開申書」を北安曇郡役所へ通達した。まず指摘しておきたいのは、北安曇郡の分離に対する東筑摩・南安曇両郡の立場が一枚岩とはいえないことである。事実明治一六年には、南安曇郡も共立体制から分離しており、松本中学校は東筑摩中学校へと改称されている。[85]

このことをふまえたうえで、「開申書」の内容を検討しておこう。

安筑三郡公立中学校分離請求之儀、北安曇郡中惣代ヨリ申出候ニ付、許否御諮問相成、本郡中惣代協議致候処、北安

曇郡分離請求之旨趣ハ、該郡ニ於テ職業学校ヲ設立セントスルヲ以テノ故ナリト雖モ、素ヨリ中学校ハ職業学校トハ其性質ノ異ナル者ニシテ之ヲ同一視スヘキ者ニアラス、且教育令御改正ニ付テハ、中学区ハ既ニ廃止セラレタリト雖モ、公立中学校ハ益々隆盛ヲ企図セスンハアルヘカラス、依テ北安曇郡請求ノ旨趣ハ相通セサル者ト認定セリ、依テ其請求ニハ応シ難シト評決仕候間、此段開申候也、

明治十四年五月十一日

東筑摩郡惣代・折井庄司
小山偵二郎
上原東一郎
飯村虎雄
市川量造

まず注目すべきは、「開申書」の署名者である。形式上は南安曇郡との「商議」にもとづくが、署名者は市川量造ほか四人の東筑摩郡惣代のみであり、実質的に東筑摩郡の名望家層の意向を表明したものと考えられる。さらに市川ほか四人は、いずれも奨匡社社員であることも、先述の「松本中心主義」とのかかわりで注目される。彼らにとって、松本中学校の共立体制の解体を意味する北安曇郡の要求は、受け入れられるものではなかっただろう。

事実、市川らは「北安曇郡請求ノ旨趣ハ相通セサル者ト認定セリ」と結論づけている。その反対理由は以下の二点である。第一に、中学校と職業学校とはもとより「其性質ノ異ナル者ニシテ之ヲ同一視スヘキ者ニアラ」ざること。第二に、「教育令」により従来の中学区は廃止となったが、「公立中学校ハ益々隆盛ヲ企図セスンハアルヘカラ

(83) 「奉願書」明治一三年九月二〇日(「栗林家(八〇)文書」二八三)。
(84) 「奉願書」の下書きでは、北安曇郡にとって松本中学校は「殆ト無益ニ属ス」とまで断言している。
(85) 注82前掲書、七七九頁。

ス」ため共立体制の分離は得策でないこと。北安曇郡に職業学校を求める動きは、松本中学校の共立体制を維持しようとする他郡の意向により、実現することはなかった。

実現こそしなかったものの、職業学校設立運動に込められた栗林らの教育要求が、どのような地域的文脈に位置づいていたのかを検討しておきたい。手がかりとするのは、明治一四年一月から一年間で全一二号が刊行された『幽谷雑誌』である。[86]本誌は北安曇郡の民権派教員を中心に設立された桜鳴社により刊行され、渡辺敏（仁科学校）が社主を、山本英風と小原保太郎（いずれも池田学校）が編集長を勤めた。『松本新聞』では、北安曇郡長・窪田畔夫や大町村戸長・栗林幸一郎らを招いた開業式の様子が伝えられている。参加者は「七十余人」であり、「池田・大町は僻地中の一市街丈ケ有て、雑誌の発兌ある抔は同業上喜ばしき事」であると、皮肉交じりに報じている。[87]

「本誌発行ノ主意」と題した第一号の「社説」は、渡辺によるものと推定され、創刊の理念を以下のように語っている。

幽谷雑誌ハ何事ヲ載スルモノソ、曰、学術技芸・殖産興業等、専ラ利用厚生ノ道ニ関シ我郡郷ニ利害ヲ与フルモノヲ取ツテ之ヲ論スルナリ、曰、方今新聞雑誌ノ数、日ニ増シ月ニ繁ク、学術工芸ナリ殖産興業ナリ、之ヲ議シ之ヲ論スルモノ少カラス、然ルニ今又此雑誌ヲ編ム、所謂床上床ヲ重ネ、屋上屋ヲ架スルニアラサル無キヲ得ンヤ、曰、天下ハ自ラ天下ノ利害アリ、郡邑ハ自ラ郡邑ノ利害アリ、今ノ所謂新聞雑誌ナルモノハ、天下ノ利害ニ向ツテ論スルモノニシテ、郡邑ノ利害ニ切ナラス、苟モ郡邑ノ開化ヲ進メント欲セハ郡邑ニ適スルノ新聞雑誌莫ル可カラス、蓋シ天下ニ天下ノ新聞アリ、郡邑ニ郡邑ノ新聞雑誌アリテ、然後本末首尾相連続シテ而シテ世ノ開明始メテ期スヘキナリ（中略）、抑我北安曇ノ郡タル土偏僻ニ属スト雖モ、南北三十里ニ亘リ人口多カラスト雖モ、水土肥美ナラサルニアラス、人質ニシテ風淳ナリ、其間豈為スヘキノ事起スヘキノ業莫ランヤ、苟モ有識ノ士民ノ耳目ヲ以テ自カラ任スルモノアリテ、能ク其風土ヲ審ニシ其人情ヲ察シ、彼ノ学術・工芸・殖産興業等苟モ民生ニ関スル所ノ利害得失ヲ論陳シテ、前途ノ方向ヲ指占スルアラハ其鴻益ヲ郡邑ノ人民ニ与フルヤ、蓋シ亦疑ヲ容レザルナリ、是此雑誌ノ起ル所以ナリ

「郡郷」や「郡邑」といった表現から明らかなように、北安曇郡を基盤とした「利用厚生ノ道」を開くことが強く意識されている。その際、対抗的に念頭に置かれているのは、「郡邑ノ利害ニ切ナラ」ざる「新聞雑誌」である。旧筑摩県では、松本の知新社が明治五年一〇月から『信飛新聞』を創刊し、長野県成立後も『松本新聞』と改称して継続していた。『松本新聞』は、政府や民権運動の動向など「天下ノ利害」のほか、長野県下の景況にも紙面を割いている。それにもかかわらず『幽谷雑誌』が創刊されたことから、渡辺らは『松本新聞』を「郡邑ニ適スルノ新聞雑誌」と認識していなかったと考えられる。

ここで、第四章で展開した議論を再び想起することで、『信飛新聞』(『松本新聞』)と『幽谷雑誌』との関係性について掘り下げておきたい。『信飛新聞』および『松本新聞』は、「開化」のメディアとして「勧懲ノ良規」を自任していた。ここには、『松本新聞』の「請取証券」で見た通り、「稀有ノ事」と「美事」以外は記事にしないと約束することで、一〇円の寄付を引き出そうとする経営戦略があった。そして両紙は実際に、「開化」にそぐわない人びとを住所・実名つきで糾弾していく。

その際にとりわけやり玉にあげられていたのが、筑摩県内の「僻地」とされた北安曇郡である。たとえば前述のように、開業式を報じた『松本新聞』記事は、北安曇郡を「僻地」と表現していた。また「是《これ》まで購求《とり》し松本新聞を廃止《はいし》する議《ぎ》」を立てた北安曇郡陸郷村戸長について、「新聞《しんぶん》より狼《おほかみ》の眼睛《めだま》の方《はふ》を誤好物《ごこうぶつ》」の「野蛮人種《やばんじんしゅ》」と報じてもいる。(88) 以上のように『松本新聞』には、北安曇郡など県周縁部を「開化」にいたらない「僻地」として取り上

(86) 『復刊幽谷雑誌』(柳沢書苑、一九八六年)。以下、『幽谷雑誌』からの引用はすべて本書による。
(87) 『松本新聞』八七四号、明治一四年一月二三日。
(88) 『松本新聞』五八三号、明治一三年一月六日。
文明開化《ぶんめいかいくわ》を知《し》らなひ奴《やつ》にや新聞煎《せん》じて呑《のま》せたや」と俚謡《うた》にもある通《とほ》り、新聞紙は野蛮人種《やばんじんしゅ》には苦《にが》ひ良薬《りやうやく》ゆへ、兎角頑愚者《とかくぐわんぐしや》ハ嫌《きら》ひ升、記者《きしや》さんお聞《きゝ》よ、北安曇郡陸郷村《きたあづみごほり、くごうむら》戸《こ》長《ちやう》日岐《ひき》弥寿次さんは同村六耕地《こうち》にて是《これ》まで講求《とり》りし松本新聞を廃止《はいし》する議《ぎ》を立《たて》て行成《ゆきなり》入費省減《にふひせいげん》

げる記事が数多く見られる。こうして北安曇郡など「僻地」の「後進」性を強調することで、松本を中心とした「開化」の潮流が形成されていったものと解される。

かかる潮流と対抗する形で創刊されたのが『幽谷雑誌』である。北安曇郡の民権派教員や名望家たちは、みずから雑誌を発行することで、「郡邑」の利害に即した殖産や学校のあり方を模索していった。ここからは、誰が「開化」の媒介者となるのか、その主導権をめぐる松本(東筑摩郡)と大町(北安曇郡)との対抗的な関係が浮き彫りになるだろう。

『松本新聞』との対抗的な関係のなかで創刊された『幽谷雑誌』では、どのような記事が報道されていたのか。全号を概観すると、「牛房を長大に作る法」や「養蚕法」(いずれも一号)、「麦苗ノ選ミ方」(六号)や「牛乳貯蓄法」(一〇号)など、北安曇郡の土地柄にかかわるきわめて具体的な記事が大半を占めている。

そのなかで、一号から三号にわたって掲載された投書「殖産論」には注目してよい。池田町村の「高瀬漁人」を名乗る筆者は、北安曇郡において「製造工芸ヲ旺盛ナラシメサルヘカラサル」ことを主張する。「製造工芸ヲ旺盛」にするうえで高瀬は、昨年九月に連合村会で決議された「職業学校ヲ設立スヘキノ議」に高い期待を寄せている。すなわち職業学校が実現すれば、「我郡已ニ興ル所ノ物産、生糸・紙麻ノ如キ益精巧ニ赴キ、未タ興ラサル綿・糖ノ類ノ如キ其興ル将ニ遠キニ非ルヲ信ス」という。こうした主張に続き、職業学校の構想をまとめた「成義案」全文を掲載している。最後に、「此回改正ノ教育令ニハ職業学校ノ名称モ掲ケラレ」ているため、この構想が「今日ノ廟議ト合フ、果シテ軽挙ニアラサルヲ知ルヘシ」と結んでいる。

以上のように、この時期の北安曇郡では「殖産」による「郡邑」の「民生ニ関スル所ノ利害得失」実現への希求が高まっていた。栗林らによる職業学校の設立運動も、こうした文脈のなかで展開されていたのである。

「積雪盈天之地」という厳しい環境下で学事を推進した栗林球三ら北安曇郡の名望家たちの多くは、奨匡社に加入していない。北安曇郡における奨匡社社員の中心は、「各郡に教則自由を付す」ことを志向した渡辺敏ら民権派教員たちであった。両者の共通点は、北安曇郡という「郡邑」に軸足を置いていたことにある。この時期の北安曇郡では、「殖産」による「郡邑」の「民生ニ関スル所ノ利害得失」実現への希求が高まっていた。地域に即した生業と殖産を実現するには、県でも他郡との連合でもなく、北安曇郡にその範囲を定めることが求められていた。この意味で職業学校の設立運動は、「郡邑」の利害に規定された学校構想であったといってよい。

四　名望家たちが目指した「開化」と近代教育政策との懸隔

従来の研究では、教員や民権家、また学区取締や学事掛といった対象が個々別々にとらえられる傾向にあり、地域社会における位置づけと相互の関係性は必ずしも明確でなかった。これに対し本章では、近世以来の多様な存在形態から近代教育を担っていった名望家層、および彼らとともに活動を展開した民権派教員を対象とし、諸主体の動向を同時に見通すことで、相互の位置関係を検討してきた。

藤森寿平と栗林球三は、同じく名望家層に属しながら、学事に対する意識や活動の様態を異にしていた。成新学

〳〵と言《いつ》て村内愚民《そんないぐみん》の人望《じんばう》を釣《つ》らんといたし升が、いやはや呆《あき》れかへツた次第《しだい》で、一体戸長《たいこちやう》たる者は、村内《そんない》の人民《じんみん》を集《あつ》めて新聞紙の大鴻益《だいこうえき》あるを説《と》くのは本色《ほんしき》だに、大《おお》きな村《むら》で一年に二円や三円の費用《ひよう》を吝《おし》んで愚民《ぐみん》を倍々《ますぐ》愚にするとは、村内人民《そんないじんみん》の主任者《しゆにんしや》たる戸長の職《しよく》にはチトかなふまひと存《ぞん》じ升、是《これ》ぞ昔《むか》しの秦始皇《しんのしくわう》が儒者《じゆしや》を坑《あな》にしたるの謂《いひ》と同然《どうぜん》トハ謂《い》ふもの〻そんな陽気《やうき》ナ圧制《あつせい》も出来《でき》ナひのサと、七貴村《なゝきむら》の押野湖道《おしのこだう》さんより投書《とうしよ》の侭《まゝ》

記者曰く、日岐《ひき》弥寿治（ママ）先生ハ新聞《しんぶん》より狼《おほかみ》の眼睛《めだま》の方《はふ》を誤好物《ごこうぶつ》ゆへ損《そん》ナ五動議《どうぎ》を起《おこ》され賜《たま》ひしならん、併《しか》しいまだ弊社《へいしや》へ廃止《はいし》のお断《ことは》りも参《まい》らぬが、代価を是迄《これまで》数度《すど》催促《さいそく》申上てもお遣《つかは》し無之程ゆへ、いまにかお断《ことは》りが到着《たうちやく》惰郎《だらう》と覚悟《かくご》の上待入《まちいり》罷在候間、湖道《こだう》さん五心《しん》配《ぱい》は五無用《むよう》

校変則科で政治的な実践に連なる教育実践を展開していた藤森と、「積雪盈天之地」という環境下で近代学校の設立を進めていた栗林。両者はそれぞれが直面していた異なる現実的課題に正面から取り組むことで、教育近代化の担い手となっていたのである。

藤森と栗林の活動はその後、それぞれが主体となって招聘した民権派教員たちとともに、独自に展開していく。それは、個々の名望家が有する媒介者的力量・立場により、独自に学校教育のあり方を模索していく動きであった。すなわち藤森はみずから成新(豊科)学校の教員として名を連ねると同時に、武居彪を招きそれ自体が政治結社となりうる空間を公教育の枠内で築き上げ、民権思想の「培養」地を形成した。明治一三(一八八〇)年に結成された奨匡社は、「集会条例」により方針転換を迫られる。そのなかで藤森は、条例による処罰をも辞さず、教員が従来通り政治活動に参加する道を求めていた。しかし藤森が模索した可能性は、条例に対応した形で運動の継続を目指す方針のなかで、閉ざされていく。

一方栗林の北安曇郡では、教員として奨匡社にも参加していた渡辺敏の建議を契機とし、郡を単位として殖産を目指す職業学校設立運動が展開されていった。この運動は、北安曇郡の「民生ニ関スル所ノ利害得失」実現への希求に根ざしていた。しかしそれだけに、松本中学校共立体制を維持しようとする他郡の反対にあい、頓挫する。

近代教育をめぐる栗林の位相は、松本を中心に国会開設請願を目指す奨匡社や奨匡義塾とは距離があった。そこには、筑摩(長野)県内部での地域差という要素が存在していた。ただし、栗林と藤森の教育をめぐる取り組みは、必ずしも矛盾・対立していたわけでもない。藤森が郡を越えた教育会の組織化を試みていた事実や、連合教育会や奨匡社に参加した渡辺が北安曇郡の名望家層とともに職業学校の設立を求めていた事実は、その証左である。多くの違いがありつつも両者に共通していたのは、名望家が中心的な主体となり個々の現実認識に即した形で独自に近代学校のあり方を模索する姿勢であろう。

本章では、藤森と栗林を名望家層として同時に対象化することで、同じ地域に生きた諸主体の動向を相互に比較・

検討する必要性を指摘した。その結果、教育をめぐる藤森と栗林それぞれの位相をあぶり出し、そのなかで提起されていた学校教育の構想とその意味を解明した。

最後に、近代教育をめぐる藤森と栗林の位相が辿ったその後の歴史的展開について言及しておきたい。「社」への道を閉ざされた藤森はその後、県会議員も辞職し、しばらくは求めに応じ南北安曇郡の各小学校に教員として籍を置いていた。しかし明治一九年に藤森は、母親の死に際し以下のような手紙を倅の破麻三に送っている。「平生多病ノ親子、よく今日八十迄生延ひ候、五十にして終焉を見る事は、不幸中の幸なるものと存候、此上は一層責発、年来立志の絵事修業念増、相震度念慮に御座候、子にも愁歎ハ被察候へども、弥御勉学是祈候、此の業を以、七親へ手向の法筵を数年の中に相営可申志願、朝夕御忘却被成間敷候、借財片付次第、教育従事はやめ可申存候」と。[89]こうして藤森は、絵画修業のため各地を遊歴し、同三八年に東京浅草で絵筆を握ったまま死去したという。

一方北安曇郡に職業学校を求める運動は、松本中学校共立体制からの分離（明治一五年）、松本中学校大町分校の設立（明治三三年）という形へと帰結していった。[90]

藤森と栗林が模索していた構想は、いずれも民権運動の展開および公教育制度の確立の過程で、実現の道を閉ざされていった。しかしそれだけに、両者の教育をめぐる位相には、諸主体が直面していた地域の現実から立ち上げた学校教育の可能性がリアリティを持って浮かび上がる。それは、運動と政策それぞれに主眼を置く従来の研究視角では、必ずしも十分にとらえることのできなかった可能性でもあるだろう。

（89）「藤森破麻三宛書簡」明治一九年（藤森美江子氏所蔵）。
（90）『大町市史　第四巻　近代・現代』（一九八五年）一〇二四―一〇四〇頁。

第七章

民権思想の媒介者たち

―― 松沢求策と地域社会 ――

一　民権運動における地域秩序再編の可能性

前章では、民権結社・奨匡社を参照軸としつつ、藤森寿平と栗林球三それぞれが模索していた学校教育をめぐる位相を浮き彫りにした。奨匡社には、①学校関係者を「塾」に囲い込み「社」から排除することで政治運動の余地を確保していく志向性、②国会開設請願運動を足がかりとし松本の地位向上を目指す「松本中心主義」というふたつの特質が存在していた。藤森の位相は①の過程で実現の道を閉ざされ、一方栗林の位相は②に対抗する形で北安曇郡の福利実現を目指す学校構想へと展開していったのである。

以上の行論に対し本章では、奨匡社（民権運動）の側に視点を置き、その主たる担い手たちが志向していた地域秩序再編の可能性をとらえる。これにより、本書でこれまで論じてきた諸問題を相対化し、現代へといかに連続していくのか、その見通しを得ることがねらいである。すなわち、名望家たちが「開化」を媒介することで模索していた地域秩序のもとでは、どのような主体が新たに登場してきたのか。さらに名望家たちの媒介する力量・役割は、次世代へと継承されるなかで、いかに変質したのか。

自由民権運動史という観点からするならば、運動の中心人物として注目されてきたのは市川量造であり、松沢求策であった。奨匡社に名を連ねていなかった栗林球三はもちろん、その社員であった藤森寿平すらもほとんど着目されてこなかった。一方、民権派教育雑誌『月桂新誌』では、栗林や藤森よりも若い世代の人びとが新時代の思想を熱く語っていた。本章では、彼ら新世代を代表する存在として、松沢求策を取り上げる。そして、松沢の思想と行動における特質を、地域社会との関連からとらえる。それは、いわば栗林や藤森の視線から松沢という人物を位置づけ直す試みであり、ひいては近世からの連続性および地域社会の視点から民権運動をとらえ返すための予備的作業でもある。

以下ではまず、地方ジャーナリズムを主たる活動の舞台とし、社長や印刷長としてその事業を支えた市川量造と、編集長として健筆を振るった松沢求策について、それぞれの地域社会へのスタンスをとらえる。市川においては「松本中心主義」ともいうべき志向性が顕著であるのに対して、松沢の場合には地域社会から乖離して東京へと向かう志向性が見いだされるであろう。そのうえで、松沢が出郷する前段階で、旧松本藩領に伝えられてきた百姓一揆の伝承をいかに語り直したのかという問題に即して、松沢と地域社会とのかかわりを論じたい。

二　奨匡社が胚胎していたふたつの志向性

(1)　市川量造の「松本中心主義」

まずは、市川量造の志向性を改めて検討しておこう。奨匡社における路線対立についてはすでに、地域の経済発展を志向する市川量造・窪田畔夫らと、政治運動を志向する松沢求策・上条螳司らが併存していたとの上条宏之による指摘がある。(1) 上条の指摘を本書の課題にひきつけて考えれば、市川こそ「松本中心主義」を代表する人物であった。市川は、第三、四章で明らかにしたように、旧松本藩町方名主の出身でありながら、筑摩県成立後は新聞や博覧会、下問会議など「開化」の諸事業を牽引した。そのなかでも市川の「松本中心主義」がとりわけ明確に展開されたのが、地方ジャーナリズムの領域にほかならない。

市川は、『信飛新聞』では明治七(一八七四)年七月から一〇月一一日まで編集長と印刷長を、また同八年六月一二日から廃刊まで局長(のち社長)を担当していた。その後継紙である『松本新聞』では、明治九年一一月一五日の創刊時から一ヶ月間は社長を、同一二年一一月二日からは印刷長を担当した。また明治一二年一月六日創刊の『月桂新誌』では、廃刊まで一貫して社主を担当した。さらに明治一三年三月から四月にかけ、一時的に『松本新聞』と『月桂新誌』の編集長も担当している。これは、両誌の編集長であった松沢求策が、大阪愛国社第四回大会に参加した際の代役である。市川の活動は、教育・勧業・医療など多岐にわたるが、とりわけ地方ジャーナリズムとのかかわりが深かったといえる。

市川は、これらのメディアを通じ、筑摩県下の「僻地」を強烈に見下げる言説を展開し、松本に住むみずからこそが「開化」の媒介者であることを強調していた。それは、松本を中心とした「開化」の潮流を生み出すことで、旧来の地域秩序を解体し、再編成していく試みであった。これに対抗する形で北安曇郡に『幽谷雑誌』が創刊されたことは、前章で指摘した通りである。

と同時に「松本中心主義」は、筑摩（長野）県内ばかりでなく、他県との競合関係をも意識しつつ、「開化」の序列的関係（ヒエラルヒー）を構築していったと考えられる。明治一三年二月、奨匡社設立に向けて松本浅間温泉桐の湯にて「親睦会」が催された。催主は長野県会議員であった上条四郎五郎、橋爪多門、中田貢、そして市川量造である。『月桂新誌』には、四人が県下各村の村会議長に宛てた案内状が掲載されている。(2) その冒頭では、「曽テ聞ク、暖国ノ黄鳥旧臘早ク已ニ幽谷ヲ出テ、将ニ喬木ニ遷ラントスト、嗚呼我寒国新年ノ旭影既ニ二十《（ママ）》余度ヲ閲スト雖、一朝徒タ鶯声ヲ擬スルノ簧ノミ有テ、未タ真正ノ黄鳥アルヲ聞カス」という。西国の民権家たちがすでに国会開設に向けて動き出している状況を、「暖国ノ黄鳥」が「喬木ニ遷ラントス」という比喩で表現している。その一方で

（1）上条宏之「自由民権運動解体期における在村的潮流の推移—信州民権運動の場合—」（東京教育大学昭史会編『日本歴史論究』二宮書店、一九六三年）。奨匡社における路線対立については、上条螘司と市川量造の志向性を比較・分析した有賀義人も指摘するところである。有賀義人『信州の国会開設請願者上条螘司の自由民権運動とその背景』（信州大学教養部気付奨匡社研究会、一九六七年）。

（2）『月桂新誌』四五号、明治一三年一月二六日（有賀義人編『復刊月桂新誌』複刊月桂新誌刊行会、一九七三年、一四六頁）。以下、『月桂新誌』からの引用は、すべて同書による。

明治維新（「新年ノ旭影」）以来十数年が経過しているにもかかわらず、未だ遅れをとっている「寒国」つまり長野県の現状を憂慮している。そこで「相交リ且談シ且語リ互ニ親睦ヲ厚フセハ、何ソ暖国ヲ羨マン乎、何ソ寒国ヲ恨ミン乎」と、運動の組織化を呼びかけている。ここには、「開化」の度合いによって地域間を序列づける志向性が垣間見える。長野県を西国の動向に追いつかせようとする市川らの意識は、同時に長野県の内部において松本中心の秩序を構築するものとして展開していたといえよう。

「松本中心主義」が以上のような性格を持つとすれば、市川にとって奨匡社の運動とは、第一義的には、県内および他県との競合関係のなかで松本の地位を向上させる目的があったものと解される。市川は、東京における松沢と上条の国会開設請願が行き詰まりつつあった明治一三年七月ころより、奨匡社から離れていく。たとえば、明治一三年一〇月五日の奨匡社親睦会を報じた『松本新聞』は、「弊社よりは誰も参りませなんだから、精き事は存じま仙」と、無関心とも思えるほど冷淡である。[3]

こうした対応に転じた理由として、市川ら「松本中心主義」を志向する人びとが、国会開設請願から、松本旧城内への農業試験場の設置や、松本への長野県庁移転へと移行していた事実を指摘できる。[4] このうち明治一三年七月五日、市川ら旧筑摩県出身者を中心に県会議員七人が県会に提出した「県庁移転ノ建議」を見ておこう。[5]

抑参政ノ階梯ヲ得、地方ノ財政ヲ議スルヤ茲ニ二年度、而シテ其成蹟ノ如何ヲ顧視スルニ或ハ編倚ヲ免レズ、其由テ起淵原（源）ヲ推究スルニ、我ガ県庁所在ノ位地甚ダ北隅ニ編倚スルニ根拠シ、其弊ヤ最モ多シト云フベキナリ、試ニ我ガ信州ノ地形ヲ案ズルニ、県庁所在ノ地ヲ距ル南ノ方三州ニ境シ、下伊奈郡ニ至テハ殆ンド六十里、北ノ方越後ニ接シ僅カニ十余里ヲ上ラズ、是レ県民ノ常ニ喋々シテ止マザル所ナリ（中略）、之ヲ要スルニ従来ノ位置ヲ転ジ、更ニ中央輻輳ノ地ニ移シ、県民ヲシテ遺憾ナカラシメン事ヲ思惟ス、本員等素ヨリ私意ヲ張ルニ非ズ、専ラ至公至平ノ誠心ヲ以テ県民嘱望ニ応ゼントス市川らによれば、県庁の位置が「北隅ニ編倚」するため布令の周知や県民の行き来に大きな「弊」を生じているという。そのため県庁を「中央輻輳ノ地」に移すべしと主張している。この建言は「至公至平ノ誠心」によるものというが、その背景に県庁所在地としての地位を、松本に取り戻させようとする意図が存在していたことは明らかである。というのも市川らは、翌一四年にも再度県庁移転の建議を提出し、さらに明治一五年には旧筑摩県域七郡による「長野県分離置県」運動へと発展していった[(6)]。

市川は、奨匡社の運動から離れて以降、松本の農事改良や松本への県庁移転に取り組んでいった。こうした動きは「松本中心主義」の一層の純化と見なすこともできる。それに対し部分的には「松本中心主義」を共有しつつも、民権家としての立場を固持し、政治運動にみずからの活動の場を見いだしていったのが松沢求策である。

（3）『松本新聞』七九〇号、明治一三年一〇月七日。

（4）『松本新聞』は、「東京農学社と条約を結ひ松本へ分社を開かん事を謀り有志輩三十余名同盟して本社より教師を聘し近日開業する由」と報じており、農業試験場の設置計画は明治一三年五月ころより実行に移されていた。さらに『月桂新誌』は、農業試験場の設置について以下のように報じている。

農事の改良は富国の道に至大の関係を有するに就き、追々天下の公論は此等の実業に傾向したるハ誠に悦ふ可き事にて、当地にても稲垣重為・河野百寿・丸山登・藤牧啓治郎の諸氏及弊社の市川量造氏等四十名にて結社し、各資本金を出して松本の旧城内に農業試験場を設け、植物の培養を試み、往々は拡充して全国の農事を一変するの目的なれば、農学校をも設けらるゝ由、既に農業上の書籍を集め縦覧所を設けられたると

市川らは、「富国の道に至」るという目的のため、それぞれ資金を出し合って農業試験場を設け、いずれは農学校を設立する予定であったことがわかる。『松本新聞』六六八号、明治一三年五月一六日。『月桂新誌』八三号、明治一三年八月六日。

（5）『松本新聞』七一五号、明治一三年七月一〇日。なお七人の県会議員とは、市川量造・橋爪多門・中田貢（東筑摩郡）、金井清（南安曇郡）、高木正人（諏訪郡）の旧筑摩県出身者五人と、出浦敬三（南佐久郡）、森田斐雄（小県郡）の旧長野県出身者二人である。

（6）市川と松本農事協会、県庁移転・分県運動については、有賀義人『信州の啓蒙家市川量造とその周辺』（凌雲堂書店、一九七六年）を参照。

(2) 民権家・松沢求策の政治志向――「天保人民」との対決――

松沢求策は、ジャーナリズムおよび政治運動を主たる活動の場としていた(図7-1)。すなわち『松本新聞』では明治一二(一八七九)年七月三一日から一〇月一三日までと一〇月二一日から翌一三年三月三日まで、そして同年四月一六日から五月二二日まで編集長を担当した。また『月桂新誌』では、明治一二年一〇月二八日から翌一三年三月五日まで編集長を担当した。松沢は、市川とは異なり、局長や社主といった役職には就かず、記者としての役割を果たしていたといってよい。さらに上京後の明治一四年三月には、『東洋自由新聞』の創刊にもかかわった。

松沢はその一方で、明治一三年四月の奨匡社設立に際し、創設委員として「奨匡社設立ノ檄文」や「奨匡社規則」などを起草し、五月には「信濃国二万一千五百人ノ総代」として国会開設請願を行った(7)。また明治一六年一二月には、長野県会議員にも当選し、半年間の任期を勤めた。松沢の所有地価は五七一円三〇銭であり、それまでの南安曇郡選出議員のなかでは最低であった(8)。

松沢は、自身が起草に加わった「奨匡社設立ノ檄文」を『松本新聞』に掲載している。以下は、「檄文」掲載にあたり松沢がその趣旨を説明した記事である(9)。

古者慓悍朴直ヲ以テ賞セラレタル我信州人士ノ元気モ、徳川幕府ノ治代ヨリ安寧昌平ニ沈淪スルノ久シキ、遂ニ貴重ノ元気ヲ挙テ地ヲ払フノ景状ニ至リ、之ニ継クニ軽佻浮薄ノ悪風ヲ生シ来ツテ、彼ノ維新第一ノ革命ノ時ノ如キモ那ノ薩長人士ト歯シテ王家ニ非常ノ勲功ヲ尽シ、吾人衆庶ノ塗炭ヲ救済セシモノ一人モアラサルナリ(中略)、今ヤ国会願望ノ有志者益々興リテ益々奮フノ秋ニ至レリ、若シ此国会ニシテ我政府カ有志者ノ願望ヲ容レテ之ヲ実地ニ開クニ至レハ、是則政府ノ国是ヲ一変シ政府ノ政策ヲ革スルモノタリ、之ヲ第二ノ革命ト云ハスシテ何ソヤ、乞フ信州人士ヨ、機ヲ察スルノ迂ナルヨリ維新第一ノ革命ニ於テハ、其本分ノ力ヲ尽シ国家ヲ益スルノ功勲ヲ為サスト雖、這ノ第二ノ革命ニ際シテハ宜シク奮進敢為ノ気像(象)ヲ擢揮シテ、機ヲ誤ラス速ニ起テ西国人士ニ後ル、勿レ松沢によれば「檄文」は、「徳川幕府ノ治代」に「貴重ノ元気」を失い、「維新第一ノ革命」では「勲功」を尽くせなかった「信州人士」に向けたものである。「国会願望」の動きを「第二ノ革命」と位置づけ、今度こそ西国の「薩長人士」に遅れを取ってはならないと呼びかけている。奨匡社は、国会開設請願に向けて「信州」の組織化を目指していたことがわかる。

図 7-1　松沢求策肖像（撮影年不詳）
出典：『松沢求策君建碑記念』（大正 11 年）

以上のような松沢の立場について小川直人は、「信州という地域に価値をおき、その名誉を追及」する「大信州主義」と名づけている[10]。これは、前項で市川量造に即して明らかにした「松本中心主義」と重なる理解である。さらに小川は、この「大信州主義」は実のところ、松沢個人の「名誉栄達の為のレトリック」に過ぎなかったともいう。

しかしここで改めて問うべきは、松沢にとって地域社会とはいかなる存在であったのかという点ではないだろうか[11]。市川の場合には、松本の城下町に根ざした存在だった

(7)　「国会開設ヲ上願スルノ書」明治一三年五月（「松沢家文書」安曇野市穂高図書館所蔵）。
(8)　「県会議員沿革表」（手稿版）年不詳（長野県議会図書室所蔵）。
(9)　『松本新聞』六〇六号、明治一三年二月二八日。
(10)　小川直人「松沢求策のアナトミー——自由民権運動の背後仮説——」（『信濃』五一巻八号、一九九九年）五四—五六、六一頁。
(11)　ここでいう地域社会には、名望家層ばかりでなく、彼らを取り巻いていた「民衆」と呼びうる人びとも含めている。確かに「民衆」を対象化することは、容易ではない。それは常に一定の特質を持った実体的な集団というよりも、時に「騒動」の主体として名望家層と対立し、また時に「開化」や「啓蒙」の対象とされる受動的な存在である。本書の射程で論じうる「民衆」的な存在は、あくまでも名望家の視点から浮かび上がる存在に過ぎない。しかし、「開化」の時代における地域秩序の再編・創出過程が、「民衆」的存在とのかかわりで

からからこそ「松本中心主義」を唱えたと考えられる。一方『松本新聞』という地方ジャーナリズムにおいて市川と行動をともにした松沢は、結局、活動の拠点を東京へと移していくことになる。

松沢は、明治一三年五月二一日、奨匡社の代表として国会開設請願書を「奉呈」する旨の広告を『松本新聞』に掲載し、上京する。(12) しかしその請願運動は、順調とはいえなかった。松沢は明治一三年一〇月五日、上条蟷司や市川量造、藤森寿平ら奨匡社社員二〇人に宛てた手紙のなかで、自分の経済的窮状を以下のように嘆いている。(13)

僕ハ是迄数通ノ小言状ヲ呈シテ頻リニ更ニ送金ノ無之ヲ督促セシガ、皆悉ク徒労ニ属シ、上条君帰国以来既ニ三ヶ月ニ至ルト雖モ僅ニ十円ヲ送致セラレシノミ、噫天爵人爵共ニ身ニ負フノ僕ニシテ交際亦繁ナリ、然ルニ五月以来僅ニ四十余円ノ供給ヲ受ケタルノミ、豈口ニ糊シ、身ニ被服シ居ラルヽノ道理アランヤ、聞ク松本市街ノ人民僕ノ噂シテ曰ク、彼レ曙新聞及ビ朝夜新聞ノ社員ト為リ給料ヲ受クルト、是甚ダ尤ナル風評ト云ツベシ、然リト雖モ僕ノ身ハ僕ノ身ニ非ズ、即チ諸君ノ体ナリ、諸君僕ニ委任状ヲ贈ラレタリ、其文ニ何トカ書シアル、天皇陛下ヘ国会開設願望ニ付、諸般ノ権限ト書シアルニ非ズヤ、然ルニ請願書モ受理セラレズ国会モ開設セラレズ又諸君ニ復命モセザル内ニ、東京ニ在テ一個ノ生計糊口ノ為メ諸君ニモ告ズシテ、身ヲ佗ノ社ニ入レ佗ノ束縛ヲ受クルノ事ヲ為サンヤ、然レ圧諸君尚疑ハヾ十分ノ探偵視察ヲ加ヘヨ、僕天神ニ誓ツテ此事ナキヲ保スルナリ、斯ノ如ク論ジ来レバ諸君必ラズ訝リ云ハン、然ラバ汝何ヲ為シテ今日迄活キ来ルヤト、是外ナラズ僕ガ実家ヨリ数々送金ヲ為サシメ、又東京ノ懇意者及ビ同国ノ人ヨリ負債ヲ募リタルニ因ルモノナリ、既ニ松本人ニテ太田宗七・平林喜三郎（本町ヨ）・田中市郎ノ諸氏ヨリ総計四五円ヲ借用セリ、此内十円ハ上条氏ノ帰途ノ旅費ニ借リタルモノナレ圧、僕ノ借主ナレバ亦僕ノ借タルヲ免レズ、聞ク、太田宗七・平林・田中ノ諸氏皆帰国シ或ハ方ニ帰国セントスルト、希クハ諸君僕ノ忠実ト僕ノ身ヲ殺シテ国ニ尽スノ微衷トヲ察シ、此松本ノ三名ヘ無滞元利相添御返金被下度（必ラズ三名ノ諸君ヨリ証書ヲ以テ本社ヘ促スベシ）、若シ諸君ニシテ此願望ヲ嘉納セバ、僕ハ爾後一銭タリ圧本社及ビ諸君ニ対シテ送金ヲ請求セザルベシ、仮令何百日ノ滞留、何千円ノ旅費ヲ費ス圧皆悉ク自ラ弁ゼン、僕ガ生家微ナリト雖、家督ヲ捨テ弟ニ附与ス、僕ノ弟其半ヲ捨ルハ元ヨリ当然ナリト為ス、噫男児栄枯得失ヲ忘レテ国家ニ尽ス、其費用ノ供給ヲ衆多ノ公力ニ仰ガント欲スル、固ヨリ誤謬ト云ツベシ、僕今ニシテ大ヒニ昨非ヲ悟ル、仰ギ願クハ諸君モ真ニ国家ノ為メニ尽サント欲セバ、供給ヲ待ツテ従事シ、供給ヲ待ツテ動クヿヲ止メヨ、(中略)元来我信中南北相離隔シテ相敵視スルノ景状歴々タリ、僕大ヒニ之ヲ憂ヒトス、因テ此公会(国会期成同盟会—引用者注)前ニ南北ノ一和ヲ計ラン為メ、今般郡利君ト談合シテ共愛会員・藤島恒吉氏ヲ依頼シ、長野ヨリ其御地ヘ和議周旋ノ為メ派遣セシメタリ(此費用モナシナシナガラ工夫シテ僕其幾分ヲ弁ズベシ、本社デモ何分頼ム)、兄等国家ノ為メニ小心勘《（堪）》忍シテ此時ニ乗ジテ一和同心為シ玉ハンヿヲ

松沢は、五月以来の送金が四〇円余りであり、「交際亦繁」な請願運動を展開するにはとても足りないと嘆いている。東京での活動資金は、実家からの送金や知人からの借金にて賄っているという。松沢は、これら借金四五円を支払ってくれれば、今後は「一銭タリ𪜈本社及ビ諸君ニ対シテ送金ヲ請求セザルベシ」と懇願している。このように上京後の松沢は、奨匡社の一時期の盛り上がりとは裏腹に、松本からの経済援助を十分に受けられず、半ば孤立状態に追い込まれていた。

松沢の窮状の背景には、前項で述べたとおり、国会開設請願から手を引き、農事改良や県庁移転に傾注していった市川らの「松本中心主義」があった。松沢は、手紙の後半部で、「元来我信中南北相離隔シテ相敵視スルノ景状歴々タリ、僕大ヒニ之ヲ憂ヒトス」と、旧長野県と旧筑摩県との南北対立を気にかけている。そのうえで「兄等国家ノ為メニ小心勘《（堪）》忍シテ、此時ニ乗ジテ一和同心為」すべきと認めている。国会開設請願のため郷里を離れ東京へと向

いかなる意味を持っていたのか。その仮説的な展望を示すことは可能であり、また必要でもあろう。

(12)「編集長松沢求策諸君へお暇の口上」(『松本新聞』六七二号、明治一三年五月二一日)。

(13)「松沢求策君の手翰」明治一三年一〇月五日(森本省一郎編『松澤求策君伝』深志時報社、一九一四年、重要文化財旧開智学校所蔵、一〇〇七八九四)。

かった松沢は、県庁移転運動という「小心」に拘泥する松本の状況から、乖離していかざるをえなかったものと解される。

こうして松沢が地域社会から乖離していった理由を考える前提として、松沢の身分的出自と生年に言及しておく必要があろう。[14] 松沢は、これらの点で、本書がこれまでに取り上げてきた三人の名望家たち（栗林球三・藤森寿平・市川量造）とは異なっていた。

第一に松沢は、松本藩保高組等々力町村（南安曇郡）の出身である。同村は、糸魚川街道沿いに位置し、穂高神社の門前で栄えた在郷町であった。松沢の日記に「醤油造込コシキ揚、大ニキ《イニ》祝フ」とあり、松沢家は百姓兼醤油業を営んでいた。[15] 上条宏之は壬申戸籍をもとに、「松沢家は、農・工・商を兼ね、上層（五パーセントほど）の専業農家および兼業農家につぐ、有力農家とみてよい」と指摘している。[16] 一方中島博昭は、「豪農、豪商層の下にあって一般農民の上層に位置する階層である松沢家は、それだけに貧しく、不自由で封建支配の苦しみを代々味わってきていた」という。[17] 松沢家は、栗林・藤森・市川のような村・町役人の本家／分家と、小前層との中間に位置する家柄であった。

第二に松沢は、安政二（一八五五）年に生まれ明治二〇年に没した。栗林が天保七（一八三六）年、藤森が天保六年、市川が弘化元（一八四四）年にそれぞれ生まれており、松沢とは一九才から一一才の年齢差がある。明治の改元を迎えた時、栗林らは二四才から三二才にかけてである一方、松沢は一三才であった。

こうした年齢差は、世代間対立へとつながる可能性があった。この世代間対立を象徴する言葉が、「天保人民」である。松沢が編集長を勤めていた時期の『松本新聞』に掲載された投書「敢テ天保人民ニ一針ヲ加フ」を見ておこう。[18] 寄稿者は森本省一郎で、松本師範学校出身の南安曇郡梓小学校校長として、松沢とともに奨匡社にも参加した人物である。文久元（一八六一）年に生まれ、松沢とはほぼ同世代である。[19] 森本は、「封建時代ニ生ヲ受ケ了シテ頑固姑息ニ拘泥シ、舶来ノ空気ヲ呼吸スル〓」がほとんどない天保期（一八三〇―一八四三年）生まれの父兄たちが、その子弟に「奨励ヲ加エス、怠惰不勉強ヲ等閑ニ附シテ」いることを問題視している。以下は、森本が耳にしたという「頑固膠漆刻船守株ノ父老等カ、子ヲ呼集メ孫ヲ集メ、黒髪乃至白髪ヲ振フテ喋々呶々語ル処ノ訓諭」である。

曰ク、夫レ我家ハ先祖代々十数代也、而シテ此十数代ノ血統ノ存スルアルハ、全ク之カ家督タルモノ父祖ノ遺言ヲ体認シ千円ノ身代ハ常ニ孜々失ハサラントシ、坐側ノ珠算ハ指ニ負債ノ勘定ヲ為サヽラント盟ヒ、之ニ依テ一家昌平鼓腹ノ安キヲ為シ了レリ、然レハ汝等必スシモ其十数代ノ血統ヲ鞏固ニシ千円ノ身代ヲ確有シテ可ナルベキニ、今ヤ汝カ嘐々スル処ノ目的ヲ聞ケハ、学ハ英仏ヲ兼ネ位ハ参議ヲ究メ、以テ天下ノ人民ヲ救助セント欲スト、此辞何ソ我家ニ不相応ナル、此子何ソ我前ニ狂顚セル、夫レ英仏トハ西洋ナルソ、参議トハ顕官ナルソ、西洋蟹行ノ文ヲ学フハ是レ其禽獣ト同一ナルモノニシテ、面シテ参議ノ顕位ヲ希フ是レ上ニ憚リナク其非分ヲ覬覦スル也、如ス此慢言ヲ発センヨリハ須ラク当務ノ家事ニ汲々シテ以テ彼ノ某々ノ田畑ヲ荒サヽルヘシ、汝ノ宿志目的ハ敢テ許サス、敢テ許サスト

「天保人民」は、「学ハ英仏」を修め、また「参議」を志す子弟に対し、「父祖ノ遺言」と「千円ノ身代」を守る

---

(14) 筆者は、諸主体による民権運動へのかかわり方が、世代をめぐる次元だけですべて説明できると考えているわけではない。第一に、本章第四節でも取り上げるように、松沢とともに義民伝承を民権家の物語として語り直した竹内泰信は、天保生まれである。第二に、第六章で北安曇郡の栗林球三に即して言及したように、松本藩の旧大庄屋経験者のほとんどが、奨匡社に対し積極的にかかわっていない。民権運動へのかかわり方については、世代に加え、身分的出自や本家／分家関係、地域差など近世からの連続性を視野に入れつつ再検討する必要があるだろう。

(15) 「晴雨諸件日誌」明治八年六月四日（「松沢家文書」）。

(16) 上条宏之『民衆的近代の軌跡—地域民衆史ノート—』（銀河書房、一九八一年）七五頁。

(17) 中島博昭『鋤鍬の民権—松沢求策の生涯—』（銀河書房、一九七四年）一〇頁。

(18) 『松本新聞』五九四号、明治一三年一月二八日。

(19) 『南安曇郡誌』（一九二三年）一〇〇七—一〇一一頁。

ことが第一で、「不相応」な「宿志」を抱くべきではないと反対している。森本は、こうした「天保人民」のために子弟が「無気無力」となり「小心ニ変一変」してしまうと批判している。

ここには、「先祖代々」の「家」を守ろうとする「天保人民」世代と、「天下ノ人民ヲ救助セント欲ス」る後続世代との意識のズレを読み取ることができる。本書の行論をふまえれば、「天保人民」を象徴する人物として栗林球三をあげることが可能であろう。たとえば栗林は、近代学校設立の必要性を説く際に、「家」と「村」の安定と繁栄を主張していたからである（第三章）。これに対し松沢は、まさに「天下ノ人民ヲ救助セン」ことを自身の「宿志」としていたといえる。というのも松沢は、そうした「宿志」を抱いていたからこそ、後に長野県の民権運動を主導し、その代表として国会開設請願を政府へ訴えていったものと解されるからである。

「天保人民」よりも一回り下の世代である松沢は、「天下」と切り結んでいこうとしていた点で、「開化」以後の地域社会の変容を象徴する存在である。しかし松沢らの世代が「天下ノ人民ヲ救助セン」との「宿志」を果たそうとした時、そこではすでに「天保人民」の手で「開化」がある程度は浸透していた。そのなかで、松沢らの世代は既存の地域秩序といかに対峙し、自身の活動の場を切り拓いていったのか。

この問題を考える際に注目すべきは、松沢が民権家として自己形成を果たす過程で、安曇野地域に伝わる近世の義民伝承「加助騒動」を題材に、芝居台本「民権鑑加助の面影」を著したことである。[20]「民権鑑加助の面影」は、以下の点で松沢と地域社会との接点を示している。第一は、この物語で描かれる義民「加助」と「百姓」との関係性には、同時代の政治的リーダーたる民権運動の担い手と地域社会の人びととのあるべき関係性が投影されていると考えられること。第二に、この物語が芝居というメディアで表現されており、人びとに直接語りかける側面を持っていたことである。

松沢は、地域社会の文脈に立脚し、あるいは既存の地域秩序と対峙しながら、民権家としての活動を展開していった。そのことの意味を改めて問い直す必要がある。そこで次節では、松沢求策と民権思想とのかかわりについて述べる。そのうえで、松沢が地域社会のなかで民権家としての地歩を築いていく重要な活動の一環として、加助騒動の語り直しを検討する。こうした作業を通じ、松沢が模索していた政治的リーダーの理想像、および地域秩序再編の可能性とその帰結を明らかにしていきたい。

三　松沢求策による民権思想の受容

(1) 成新学校変則科への入学と「英俊」の「擢用」

松沢求策は、成新学校変則科（以下、変則科と表記）での教育経験を通じて民権思想を学んだ。松沢が変則科に入学したのは、明治八（一八七五）年九月で、在学期間は一年ほどであった。入学時のことを松沢は、「郷里一里ノ外ニ豊科校ト称スルアリ、教員武居用拙（彪―引用者注）君ノ門下」に入り、「始メテ学ノ徳タル道ノ浩タルヲ悟リ、愈勤メ愈励ミ以テ天下ニ用ニ供セント欲」[21]すと、記している。松沢は、変則科入学の目的を「天下」の「用」となるためと語っていたことがわかる。

藤森寿平らが武居彪を招聘し成新学校に変則科を併設していたころ、松沢は安曇野の灌漑用水路（拾ヶ堰）の堤守を勤めていた。変則科入学直前の八月八日、松沢は、「此夕成新校ノ四先生来、大ニ酒宴ス、書ヲ読、歌ヲ、句ニ、

(20) 義民とは、「江戸時代の百姓一揆の指導者・犠牲者」を指し、義民伝承とは、彼らの逸話や物語が地域社会で語り継がれたものである。横山十四男『義民伝承の研究』（三一書房、一九八五年）一頁。
(21) 「東行之記」明治九年（「松沢家文書」）。

文ニ、楽ニ、数々タリ」と記している。[22] 松沢と藤森らのあいだには、入学以前より交流関係があった。さらに、松沢が変則科に入学して後の明治九年、松沢らとともに青木湖（安曇郡北部）を散策した際、武居が記した漢詩を、千原勝美による訳注とともに参照しておきたい。[23]

高瀦流出次瀦承、麗澤相滋易所称、
今日吟眸親指点、他時講習旧同朋、
高いところの沢から流れ出て次の沢へと進み、かく相い連らなる《（ママ）》沢が互に潤ほし合うこの青木湖のさまは、易経のことばの如くである。この日、詠詩の眼目を丁寧に一々指さして示し、他日この易のことばのように、その指導をしたいと思う。我がなじみの友がらよ。

変則科の教員であった武居は、松沢ら生徒たちとの関係を、「沢が互に潤ほし合う青木湖のさま」に譬え、「旧同朋」と呼んでいた。松沢は、こうした関係性のなかで民権思想を受容していったのである。

前章で検討したように、変則科では演説会や新聞を通じて学校外部への情報発信も行い、政治的な運動にも連なる教育実践が展開されていた。松沢がこうした実践を通じて民権思想を受容するうえで、前提として抱いていた問題意識を確認しておきたい。以下は、松沢が変則科で執筆した作文草稿「民会議ヲ設クルノ早晩」である。[24]

我国人民追日開化ノ域ニ進入スルト雖、蓋口ニ文明ヲ称シ風俗開化ニ赴ト雖、未タ真ノ開明ニ至ラス、上ニ従前ノ門閥壅幣、下ニ固陋ノ弊習絶タリト云難シ、英俊雲ノ如ク起ルト雖、適済世憂国ノ意有人モ姦吏□□《（破損）》詛阻セラレテ擢用セラル、アタハス、是社稷ノ大患ナラスヤ、夫人ハ用ユレハ如虎夫用レハ如鼡ト語ニ云リ、我聞西洋諸国各衆議院ノ設アリテ高論ヲ採用スト、是実ニ彼国ノ長制ト云ツヘシ、方今我国彼国ノ長ヲ採国家ニ教布スルニ非スヤ、故ニ速ニ民会議ヲ開、俊邁英知ヲ徴会シテ、耿々タル薫陶讜言ヲ以テ制政ヲ協議シ冗道屏除シ要道ヲ興起シ選擢ヲ案議シテ気宇豪邁賢者ヲ挙テ、外ハ盤谷遑寇ヲ備、内ハ苗檣禍無ラシメハ国家万民晏然タラン、民選議院ノ挙タルヤ実ニ国家ノ

要領タリ

松沢は、「上ニ従前ノ門閥壅幣、下ニ固陋ノ弊習」により「英俊」が「擢用セラル、アタハス」という状況を「社稷ノ大患」と批判する。つまり、有司専制を問題視し、「英俊」が「制政ヲ協議」する道として民選議院の設立こそが「国家ノ要領」であると主張している。「門閥壅幣」を解体し、「英俊」の「擢用」を目指そうとする認識は、藤森が「国勢ノ衰弱ヲ挽回」しうる「人才」育成を目指していたこと（第三章）と共通している。

藤森が設立した変則科で民権思想を養った松沢は、まさに藤森の教育構想を体現する存在であったといえよう。ただし藤森は、「門閥」の解体を志向しながらも、自身が「人才」として取り立てられることには恬淡であった。これに対し松沢は、みずから「擢用」されるべき「英俊」たることを志向していたと考えられる。実際に松沢は、変則科で養った政治に対する問題認識のもと長野県を代表する民権家としての立場を獲得していく。明治一三年三月には奨匡社の「惣代」として大阪国会期成同盟会へ参加し、また六月には国会開設を請願するため上京していくこととなったのである。(25)

(2) 松沢求策の地域的基盤—猶興義塾の挫折—

ただし変則科で民権思想を養った松沢が、長野県における民権運動を主導する立場へと即座に移行しえたわけではない。このことを象徴するのが、猶興義塾（以下、義塾と表記）設立をめぐる動きである。義塾設立を企図したのは

(22) 注15前掲史料、明治八年八月八日。
(23) 武居彪著・市川本太郎校閲・千原勝美訳注『舐犢吟抄』（東筑摩塩尻教育会、一九六二年）六三—六四頁。
(24) 「作文草稿集」明治八年（「松沢家文書」）。
(25) 「大阪国会期成同盟会捧呈始末」明治一三年六月一日（『奨匡雑誌』一号、隠岐弘子氏所蔵）。

松沢と、明治一〇（一八七七）年から一年間『松本新聞』主筆を勤めた坂崎斌（嘉永六—大正二年）である。坂崎は土佐士族出身で、「自由民権思想の宣伝前衛の有力な闘士」とも評される。[26] 義塾の設立について、坂崎が『松本新聞』に掲載した広告がある。[27] すなわち、「小生儀、這回下浅西間石川《下浅間西石川》（笹ノ湯）ニ於テ来ル六月十五日ヨリ変則塾ヲ開キ、学齢以上ノ生徒ヲ教授致シ候間、志願ノ方々ハ知新社ヘ委細御紹《照》会有之度候也」という。つまり坂崎の逗留先であった松本の浅間温泉西石川笹の湯に義塾を開き、学科として「法律文章ノ二部」を教授するという。入門料は一円で、月俸月謝は合わせて二円である。

　松沢は坂崎とともに、義塾設立に深く関与していた。坂崎の広告からひと月後、松沢は「猶興義塾ヲ開クノ挙ヲ諸有志ニ告ク」との文章を『松本新聞』に寄稿している。[28] この論説の冒頭で松沢は、人びとの「一大公欲ヲ拡伸スル」には「順逆ノ二術」があるという。「順」とは「智識ヲ進メ勢力ヲ養ヒ以テ自由ヲ買フ者」であり、「国民ノ幸福焉ヨリ大ナルハナ」い方法である。一方「逆」とは「鮮血ヲ濺ヒデ以テ自由ヲ買フ者」であり、「国民ノ不幸亦焉ヨリ大ナルハナ」い。義塾の設立は「順」の方法を採ったものであり、長野県人民の「元気ヲ激発シ自治ノ精神ヲ播揮」することを目指すという。

　松沢家に伝わる「猶興義塾塾則」の草稿には、義塾で構想されていた教育内容が具体的に示されている。[29] 法律課・文章課はともに全三期からなっていたが、各期の期間を定めず、「生徒ノ自ラ進ムニ任」せるという。法律課の教科書として『性法略』や『新律綱例』（いずれも第一期）、『民約論』（第二期）や『仏国刑法』（第三期）などがあげられている。また文章課は、第一期では『文章規範』を用い、第二期では近体作文、第三期では漢文を教授するという。「教程ハ講義・輪講・質問・討論・演説ノ数種トス」ること、「授業法ハ講義・演舌ヲ除クノ外総テ議事体ヲ以テス」ることが定められている。討論や演説を取り入れ、「議事体」が主たる授業法であるという。さらに「犯則者」について「衆議ニ附シ決議ノ後処分スル」（塾則第一一条）との規則や、「総テ自由教則ニシテ、生徒ニ等級ヲ施サス、又試験ヲ為ス」（教則第四条）といった規則から、生徒の自主性に任せた塾運営を構想していたことがわかる。

義塾が生徒の自主性を重んじていたことの背景には、松沢の「自由教育」への志向が存在していたと考えられる。松沢は『松本新聞』への投書「教授論」において、『論語』(「述而第七」)の「不憤不啓、不悱不發」に言及しつつ、「自由教育」の必要性を以下のように訴えている[30]。

蓋シ仲尼ノ意ハ、業ヲ授クルノ際ニ於テ弟子ヲシテ十分ニ焦慮苦神(心)セシメ、独立自得所謂一隅ヲ挙テ三隅ヲ以テ反セシメバ、成業ノ後困難ノ実務ニ逢フモ敗テ渋滞セザル(中略)、世ニ良教師タラント欲スル者ハ、其授業ノ際ニ於テ姑息ノ念ヲ抛チ宋譲(襄)ヲ止メテ妄リニ其課業ヲ扶助セズ、専ラ之ヲ学徒自己ノ考究ニ任シテ干渉スルヿナク、自ラ其地ヲ為サシムベシ(質問輪読等即チ此類ナリ)

松沢によれば、「良教師」とは学習者をむやみに「扶助」せず、「独立自得」をうながす人物をいう。こうした教育観は、成新学校変則科の教育実践に類似するものであり、松沢自身の教育経験に立脚していると考えられる。すなわち変則科では、教員が生徒を「旧同朋」と呼ぶような関係性のなかで、演説会や新聞投稿を通じてともに民権思想を養っていた。「自治ノ精神ヲ擂揮」するという松沢らの義塾の構想は、変則科のような民権思想の「培養地」を松本にも設立しようとしたものであったと考えられる。

義塾は以上のような理念を掲げたが、実際には「斌ニ従学スル者数名ノミ」であり、開塾にいたることはなかっ

(26) 柳田泉『政治小説研究 上巻』(春秋社、一九三五年)三一九頁。
(27) 『松本新聞』三一七号、明治一一年五月二八日。
(28) 「猶興義塾ヲ開クノ挙ヲ諸有志ニ告ク」(『松本新聞』三二五号、明治一一年六月一三日)。
(29) 「猶興義塾規則」明治一一年(「松沢家文書」)。
(30) 松沢求策「教授論」(『松本新聞』三三六号、明治一一年七月八日)。

た。[31] 地域社会において、義塾はどのようにとらえられていたのだろうか。『松本新聞』には、制度的な手続きをふまえない義塾に対する批判が見られる。[32] 山村居士なる人物が、「贈ニ松沢某甫一」と題する投書を寄せ、「翻問松君有知レ否、徇門学制卅三章、私塾要ニ免状一、不レ得レ不四開三申於ニ地方官一」と述べている。つまり「学制」で規定されているように、私塾は地方官による免状が必要とされているが、松沢はこのことを理解しているのか、と批判している。これに対して松沢は、「従来日本人民ガ変則ノ学課ニ〆教授ノ自由アルハ、政府ノ黙許ニ係ル者」であり、免状の有無は重要ではないと反論している。ここから義塾は、制度的な裏づけを欠いており、またそのことにより地域社会の支持を獲得できず、挫折にいたったものと解される。

義塾挫折の背景について、三〇人規模の生徒を集めた成新学校変則科との比較から、敷衍しておこう。義塾と変則科との違いは、設立・運営基盤にあったと考えられる。すなわち変則科は第一に、前章でみたように、藤森寿平が維新直後に本家などからの借金により設立・運営していた郷学・実践社を前身としていた。第二に、「学制」下小学校の内部組織として設けられ、武居を招聘する際にも、学校世話役や戸長による報告書が県へ提出されていた。以上から変則科は、地域の人びととの協力を背景に設立・運営されていたといってよい。これに対し義塾には、制度的な裏づけや地域の協力が存在していた形跡が確認できない。たとえば先述の「猶興義塾塾則」には、資金や教員の給料など設立・運営にかかわる記録が見いだせない。また義塾は、坂崎の逗留先(浅間温泉笹ノ湯)で開かれ、義塾の趣旨や入門者の募集も『松本新聞』紙上を通じて発信されていた。そのため入門者が「数名ノミ」という状況に陥り、義塾の構想は挫折することになったと考えられる。この事実は、どのような思想を掲げたものであったとしても、学校あるいは塾が地域社会で支持を得るには、名望家層の媒介する力量が重要な役割を担っていたことを示している。

四　民権家たちによる義民伝承の語り直し

(1)　民権運動の盛り上がりと義民顕彰

明治前期、民権運動が展開するなかで、各地の民権家たちが中心となって、近世の義民伝承が掘り起こされるという動きがあった。新井勝紘は、「自由民権期は義民伝承の再評価の時代」であり、「在野の民衆の動きは、民権運動の指導者の姿へと投影され、義民とだぶらせながら、運動の精神面での昂揚に相乗効果をあげた」と指摘している[33]。旧松本藩領域に伝わる加助騒動も例外ではない。

加助騒動は「貞享騒動」ともいい、江戸時代の松本藩で起こった百姓一揆である。『三郷村誌』によって、あらかじめその概要を記すと次のようになる[34]。貞享三（一六八六）年、折からの凶作にもかかわらず松本藩は、二斗五升挽きから三斗挽き、さらに三斗五升挽きへと年貢引き上げを決めた。困窮した百姓は、松本藩長尾組中萱村（現安曇野市三郷中萱）元庄屋の多田加助、隣村庄屋の小穴善兵衛ら本百姓を中心に、収納法の改善や年貢減免など、五ケ条の訴状を松本藩に提出した。この時、領内の村々へ協力を取りつけるため、協力しない家には火を放つ旨の「檄文」を廻したとされる。この訴えは、必要な手続きを無視し、藩へ直接訴える「越訴」であった。加助たちの越訴に賛同した周辺村々の百姓の数は、一万人にのぼるとされる。さらにその際、町方富商への打ちこわしも行われた。

（31）『松本新聞』三四一号、明治一一年七月一八日。
（32）『松本新聞』三三二号、明治一一年六月三〇日。
（33）新井勝紘編『日本の時代史22　自由民権と近代社会』（吉川弘文館、二〇〇四年）九〇頁。
（34）『三郷村誌Ⅰ』（一九八〇年）。

これにより、加助たちの行動は「強訴」と見なされた。結果的に、加助たちの訴えは聞き入れられず、磔八人、獄門二〇人の計二八人が処刑された。その後彼らは、百姓の生活を守るため犠牲となった「義民」と呼ばれ、現在にいたるまでその事績を称えられている。

民権思想が盛り上がるなか、成新学校変則科や『松本新聞』を拠点とし、加助騒動への注目が高まっていた。たとえば成新学校変則科では、「義塾（変則科―引用者注）が民権論の盛なりしに伴ひ、彼の多田加助の如きも、自から問題の人として研究せられ、安筑二郡に於ける民権の宗として、尊敬せられ」ていたとの回想がある。[35] また坂崎斌も、「一夕松沢求策君来訪シ、袖ヨリ膨丁タル大冊ヲ出シ示サル。即チ嘉助氏ガ殺身成仁ノ熱血ヲ淋漓紙ニ写セシ梨園《しばい》ノ院本《たねほん》ナリ。読一読 眥《まなじり》裂ケ髪立ツ。」と記しており、松沢求策から加助騒動を紹介されていた。[36]

こうして近世の義民が「民権の宗」として、読み換えられ、語り直されていく。そのなかで、これまで特に注目されてきたのが、松沢が著した芝居台本「民権鑑加助の面影」である。しかし、この時期に加助騒動を語り直したのは、松沢だけではない。松沢が「民権鑑加助の面影」を著す以前の明治一一（一八七八）年、竹内泰信が『松本新聞』で「中萱嘉助略伝」を連載している。これまでの研究では、竹内の物語についてはその存在が指摘されるにとどまり、具体的な内容にまで踏み込んだ分析・比較はない。

民権家たちは加助騒動の物語をいかに語り直し、またそこにどのような主張を込めたのか。その具体相を明らかにするには、松沢だけでなく、竹内の物語と比較しつつ検討することが必要である。さらに民権家たちによる語り直しに加え、近世段階で流通していた義民伝承をも取り上げるべきであろう。そこで、次の四史料を用いる。

①作者不明「中萱村加助由来」、筆写本、安政七（一八六〇）年筆写。
②竹内泰信「中萱嘉助略伝」、新聞小説、明治一一年。
③松沢求策「民権鑑加助の面影」、芝居台本、明治一一―一二年。
④竹内泰信『嘉助全伝　真篶苅信濃美談』、刊本、明治一六、一七年。

これらの史料はいずれも、「民権鑑加助の面影」に前後して著され、加助騒動を題材とした物語である。以下、加助騒動の物語の変容過程、および伝達方法（メディア特性）に着目して比較・検討する。これにより、松沢による語り直しの内実を明らかにし、そのなかで表現されていた民権家と地域社会とのあるべき関係性を解明したい。

（2）「中萱村加助由来」[37]（以下、「加助由来」）

本史料は一四丁からなり、騒動の経緯が訴訟にいたるまで物語風に叙述され、その後に訴状や回答書、達書などが掲載されている（図7-2）。最後に加助騒動の中心となった一六人の戒名が載せられ、その内の何人かは子孫について言及されている。[38]題名を異にするものの、本史料とほぼ同内容の冊子五点が、旧松本藩領に現存している。[39]た

（35）宮坂亮編『藤森桂谷遺墨遺稿集』（藤森桂谷遺墨遺稿集刊行会、一九二九年）四七五頁。

（36）『松本新聞』三〇七号、明治一一年五月八日（上条宏之「解説『中萱嘉助一代記』と自由民権運動」『信州白樺』四四、四五、四六合併号、一九八一年）。上条によれば、この「梨園ノ院本」は、松沢によるもので、のちの「民権鑑加助の面影」となったという。しかし、ここで引用した記事における「写セシ」という表現だけでは、「梨園ノ院本」が松沢のオリジナルか否かは明らかでない。民権家たちが加助騒動の物語を語り直すうえで、どのような情報源をどのような経路で獲得・学習したのかという点は今後解明すべき課題である。

（37）「水野孫一家文書」一―一〇七―四、松本市立博物館所蔵。

（38）たとえば、多田嘉兵衛について、「其後多田氏の娘熊倉村江嫁付、其節今に於て上横田町観音小路南側ニて、綿屋助四郎と申末孫残有也」と、その子孫について言及されている。

（39）「水野家嘉助騒動之事　全」（「三沢誠也家文書」一五）、「貞享騒動記　全」（「丸山光清家文書」七）、「貞享騒動記」（「小林泉家文書」二）、以上は松本市文書館所蔵。「貞享騒動記」（「寺島家文書」治安二、松本城管理事務所所蔵）。「貞享三寅年　百姓騒動記」（山本英二氏所蔵）。以上の写本類から明らかなように、近世段階における加助騒動の伝承は、「貞享騒動記」と名づけられることが一般的であり、「加助」がタイトルに入ることはむしろまれであったと推察される。

このほか、松本藩撰地誌『信府統記』（鈴木重武・三井弘篤編述、享保九年）第二九所収の「松本領百姓訴訟記」も、加助騒動を伝えている。ただしその内容や叙述スタイルは、右に挙げた写本類とは大きく異なっている。一例として、「松本領百姓訴訟記」における打ちこわしの記述を挙げておこう。すなわち「百姓共伊勢町挽屋・九左衛門、同町・助右衛門、同町庄屋・平兵衛、中町・太兵衛、元町・五郎右衛門

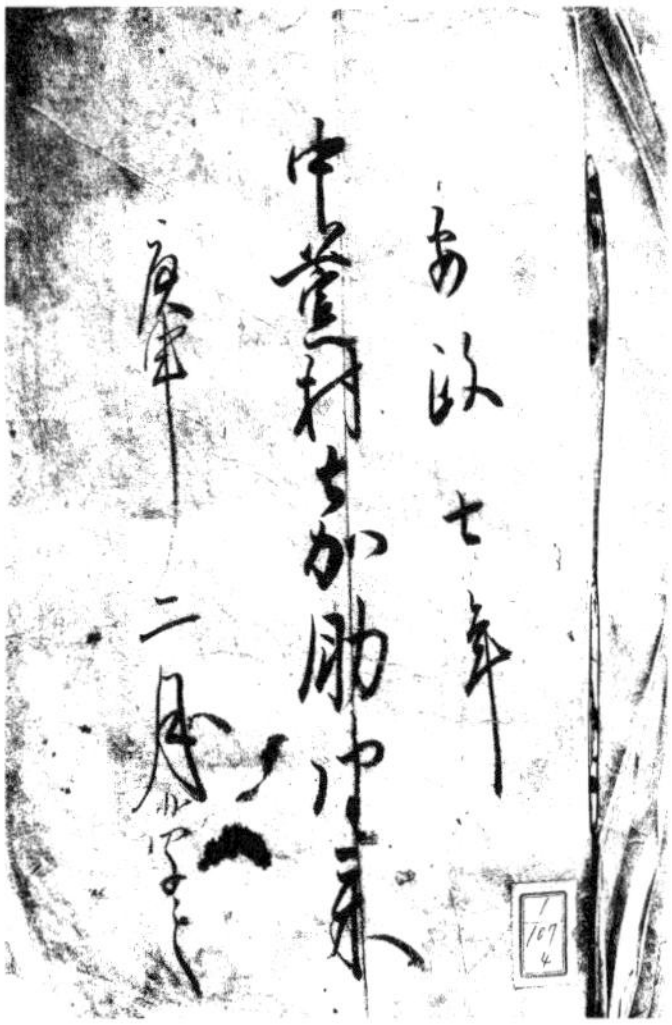

図 7–2 「中萱村加助由来」

とえば「貞享三寅年　百姓騒動記」の巻末に「安政五戊午弥生写之　村上義季　同義賢写之」と記されているように、その多くが写本である。

　近世の義民伝承についてまず注目しておきたいのは、加助ら騒動の中心となった人びとが、「頭取」や「惣代」と呼ばれていることである。「加助由来」の巻末には、「全十三人の名前不相知残念ニ存候、後人誰詮議して書添江致すへし」とあり、読者に対して加助ら「頭取」の名前を調べて書き加えることが求められている。作者の求めに応じて、その巻末には複数の筆跡で「頭取」たちの戒名が新たに書き加えられている。安政・文久期（一八五四―一八六三）において加助騒動の物語は、写本として読みまわされ、「頭取」の名前に関心が集まる程度には、共有されていたといえる。

「加助由来」における騒動は、「御領分近年、上納籾役厳敷、百姓一統難渋に及」んだために起こった。「当年之納方ニ而、百姓行立かたし」という状況に追い込まれた百姓たちは、「御領分之村々を駆集り、御城下江罷上難渋奉願」るべく集っていった。ここまで、「騒動」の中心となったはずの加助たちは未登場である。「若不参之者、家江火を付焼殺さん」との約定が村々へ触れ流され、百姓たちは「大町組より人数を三手ニ分け」て松本城下へ押し寄せていった。「頭取」が初めて登場するのは、以下の場面である。

　十月十四日御城下へ着候、一件の起りハ、御増（蔵）米御用達の町人共、近年籾之挽無御座趣折々申立候ニ付、納方吟味強く相成り、畢竟彼等に罪有とて、先一番に彼者共の居宅を打砕き、夫より惣人数大手江集り、評定の上頭取拾三人と

相定め、願書認メ調印して御役所に差上候

松本城下へ大挙して押寄せた「百姓」は、年貢納方の吟味が強くなった一因が城下の御用達町人にあるとして、その居宅を打ちこわした。「頭取」一三人が定められたのは、その直後である。したがってそこには、加助たちが百姓の行動を統率するような契機はなかった。むしろ加助たちは、百姓と一体の存在として、ともに打ちこわしに参加していたのである(40)。

つまり、安政・文久期に語られていた加助騒動では、加助たちが物語のなかで活躍する余地はほとんどなかった。「中萱村加助」の名前が初めて登場するのは、騒動後に「頭取」たちが捕縛される場面である(41)。また先述したように、巻末には加助たちの名前や戒名が掲載されているものの、騒動における彼らの行動は取り立てて叙述されていない。こうした「頭取」たちの描かれ方は、明治に入りどのように変化していくのだろうか。

宅ニ来り、或者大勢ニ而押入、人を打擲し、材木を抛げ入れ、窓戸を打破り、又ハ衣類雑物を奪ひ取り、破り損し、狼藉を振舞ひ、是より前、郷中ニおいても組せさる輩の家々ニハ火を放つへきよし悪口せし事もこれ有となり」と、百姓の振る舞いを「狼藉」や「悪口」と評価しており、いかにも藩体制側からの歴史叙述という印象を受ける。近世においても、加助騒動をめぐる複数の物語が存在していたと考えられる。なおこの点に関わって塚本学は、一八世紀における「地域意識」をとらえるうえで、民間地誌と官選地誌との「相互交流」を重要な手がかりと位置づけている。塚本の指摘を念頭に、近世段階における加助騒動の物語の社会的な布置を解明することは、今後の課題としたい。塚本学「十八世紀における地域—信州筑摩郡大池村の例から—」(『徳川林政史研究所研究紀要』昭和五一年度、一九七七年)。

(40) 田中薫は、近世における加助騒動の伝承には、「村役人の理想像」として「義民の犠牲的な行為」を示すことで、「当時敵対者となりつつあった村役人層への批判行為」を行う意味があったと指摘している。田中薫『松本領貞享義民一揆の実像—新しい事実・新しい視点に立って描き直された貞享加助騒動—』(信毎書籍出版センター、二〇〇二年)六三頁。

(41) 加助たちが捕縛された罪状は、以下の通りである。「御公義様御法度之一味徒党同心いたし、不存候村江者可致付火旨申触、城下之町家江入込ミ衣服ヲ掠取仕方、重々不届至極ニ付、詮議之上頭取之者共此度仕置」。

(3)「中萱嘉助略伝」(以下、「略伝」)

「略伝」は、明治一一(一八七八)年四月二六日より六月三〇日まで、計二四回にわたって『松本新聞』に連載された新聞小説である(口絵参照)。ただし新聞以外にも、著者竹内泰信が明治一一年四月二七日の松本演説会で、「中萱嘉助ノ略伝」と題する演説を行う予定であると報じられている。[42] さらに「中萱嘉助一代記　全」や「中萱嘉助略伝　全」と題する「略伝」の写本が残されており、近世同様に写本の形で読みまわされていたことも確認できる。[43]

竹内は、天保一四(一八四三)年松本藩成相組飯田村に生まれ明治三〇年に没した。明治元年に東京へ留学し、明治三年に帰郷して皇学塾を開く。その後明治七年からは小学校教員となった。[44] この時、『訓蒙語尾変化』や『小学人体問答』といった教育書を著している。[45] この二冊は、「世の学児輩熟視暗誦して教師の問ひに答給むこと」を期して著された、いわば参考書であった。その後竹内は『松本新聞』への寄稿を始め、「中萱嘉助略伝」の連載など執筆活動を展開した。連載終了後は、『松本新聞』(明治一一年九月—一二年七月)や『月桂新誌』(明治一二年一月—八月)の主筆を勤めた。この二誌の主筆を退いた明治一六、一七年、「中萱嘉助略伝」に加筆・修正し『嘉助全伝　真篶苅信濃美談』を出版した。晩年は、東京に蚕業用達組合を設立し、農・産業発展の啓蒙に尽力した「地方自治功労者、啓蒙家」と評される。[46] 上京後は、『竹内泰信講義　秘書』と題された養蚕について述べた講義録五冊と、『秋蚕全書』を著した。[47] 以上の経歴をふまえると、「略伝」は、竹内がローカル・メディアや教育の世界とかかわっていた時期に著されたものである。

「略伝」を執筆した背景には、竹内のどのような問題意識があったのか。[48]

吾県内ノ兄弟ハ、此禍乱(西南戦争—引用者注)ヲ憂フル色無ク、村落処在演劇ヲ催シ、快楽ヲ極メテ消日シ、其甚シキノ愚ニ至リテハ、賊軍ノ勝利ヲ希望シ、無根ノ妄説ヲ流言シ、更ニ禍福ノ生スル処ヲ知ラズ、人ノ賭博ヲ見ルノ思ヒ

ヲナス者多シ

竹内は、「村落処在演劇」に熱中し「快楽ヲ極メ」る人びとを厳しく批判する。西南戦争を「人ノ賭博」と受け止めるような人びとを、「朋友ニトリテハ信無ク、国家ニトリテハ義ナシ、所謂コレガ不信不義ノ国賊」とまで断言している。それでは、この「不信不義」の人びとはどのように変わらねばならないのか。竹内によれば、目標とすべきは「民権家」になることである。そもそも「世人」は、「民権ヲ誤解」しているという(49)。竹内にとって「民権家ニ非ル者ハ、造化ノ造意ニ外《ハヅ》レタル出来過《ソコナヒ》」である。「民権家」とは、「一孤独立」の存在であり、明治人の理想像であると主張している。

「略伝」の執筆も、人びとを「民権」へと誘おうとする意図があったものと解される(50)。「略伝」の冒頭で竹内は、「中

(42) もっともこの記事は予報記事であり、実際に開催されたかは不明である。山田貞光『木下尚江と自由民権運動』(三一書房、一九八七年)二二一—三六頁。
(43) 上条宏之(翻刻)「中萱嘉助一代記　全」(『信州白樺』四四、四五、四六合併号、一九八一年)。「池田六兵衛家文書」九、松本市文書館所蔵。なお筆者は『松本新聞』に連載された「中萱嘉助略伝」をすべて確認できていない。未確認分は、これら二冊の写本によって補った。
(44) 注19前掲書、一〇〇二—一〇〇三頁。
(45) いずれも明治九年四月。
(46) 赤羽篤『長野県歴史人物大事典』(郷土出版社、一九八九年)四三三頁。
(47) 明治二六年より同二九年にかけて出版されている。印刷所は、「並木活版所」と「廣業館」であり、東京の出版社である。
(48) 竹内泰信「嘆不信義」(『松本新聞』二〇一号、明治一〇年四月一五日)。
(49) 竹内泰信「民権家ノ教員ハ教育上ノ外ニ益アリ」(『月桂新誌』一一・一二号、明治一二年三月一七日・四月七日)。
(50) ただし、奨匡社(明治一三年四月設立)の社員名簿には、竹内の名前は見られない。史料的な制約もあり、松沢ら奨匡社社員との関係性も含め、竹内の活動については不詳の部分が多い。「奨匡社社員名簿」(有賀義人・千原勝美編『奨匡社資料集』信州大学教育学部気付奨匡社研究会、一九六三年、一一二—一一八頁)。

萱嘉助以下拾一人ノ民権家各身命ヲ抛チ」、藩権力に対し「其苛政ノ艱苦ヲ訴ヘ」た行動に「悲憤感慨ニ換リ又遣ル所ヲ知ラズ」、筆を執ったと述べている。ここで竹内は、「義民」と「民権家」とを同一視し、「開明ノ今日ニ在テ、師ヲ蒙昧ノ昔日ニ求」めている。「略伝」は、「郷党相語ルニ実ヲ失」っていた加助たちの「成仁ノ名」を明らかにし、「世ノ民権ヲ嫌ヒ、専制ヲ好ムモノノ殷鑑ニ供ス」ために著されたのである。(51) 本文中に、「松本領百姓訴訟記ト題スル古写本ヲ借リ是ヲ閲ルニ」や、「信府統記ニ曰ク」といった文言が散見されることから、「略伝」執筆にあたり、近世の義民伝承を参照していた。(52) さらに、物語の最後には加助たちの戒名が記載されており、この点は前項で取り上げた「中萱村加助由来」と共通している。(53)

「略伝」における「騒動」は、加助たちの密談から始まる。加助らは、「百姓等」の「艱苦ヲ見テ慷慨悲憤自ラ止ム能ハズシテ、秘カニ同志ヲ募リ地頭ヘ訴」えようとしていた。これに賛同した周辺村々の庄屋ら「民権家ノ面々」は、加助宅に集まり、「各持論ヲ吐露シ、議ヲ五ヶ条ニ決シ」、藩に訴え出ることとした。こうして「家族ニ至ル迄死刑ニ処セラルル」覚悟を示す「民権家ノ面々」に対し百姓は、「何ゾ嘉助氏始メ其他ノ数人ヲ死地ニ陥レ傍観スルノ理アラン哉、我等モ与ニ訴訟ニ加勢シテ死セン」といって、加助らの訴えに追随していく。その勢いは、「諸氏制シテ止ムルモ肯セ」ないほどで、松本城下に到着した時は「一万人ニ垂ト」していた。

その後、「群集シテ人気沸騰声援為」す百姓は、五ヶ条の訴状が藩に受理されるまで城下に居座ろうとする。しかし、「不文頑愚ノ家老、貪欲非道ノ姦吏」は訴えを聞き入れない。そこで「嘉助氏始メ諸氏」は、一端群集を引き上げ、江戸へ直訴しようとする。以下は、その場面である。

郷等ハ一時此ヲ引払ヒ、吾等ガ江戸ヨリノ吉報ヲ待レヨ、又将来懲シメニ聊戒ム可キ者ハ、城下ノ挽屋ト称スル用達ノ町人ナリ、元二斗五升挽テ三斗ニセシ源(原)因モ、彼等ガ詐譎ノ所行ヨリ生ゼシナリ、彼等常ニ米ヲ盗テ業トシ、上ニ向テハ百姓等ヲ悪口シ、挽ガ無ト云フヲ口癖ニ唱ヘ、事情ニ疎キ役人等ヲ欺クニヨル、今般三斗五升挽ノ暴令ノ出ルモ、幾分カ其萌芽彼等ニ有サルハナシ、因テ今朝大衆引払ヒノ以前ニ、聊カ懲戒スベシ、郷等宜シク五隊ニ分シ、第一隊ハ伊勢町九左衛門、第二隊ハ同町助右衛門、第三隊ハ同町平兵衛、第四隊ハ中町太兵衛、第五隊ハ本町五郎右衛門ニ邀ハレヨ、而シテ近隣ヲ動揺セシムル勿レト、令畢ルヤ否、各衆吶喊地ニ震テ立チ、右ノ五個條所ニ趣キタリ、城内ニハ此大衆ノ動クヲ見テスハ何事ヤラント斥候騎ヲ出シ様子ヲ窺ハセケルニ、百姓等各襲ヒ場ニ趣キ米ヲ盗デ挽ガ無ト常ニ云シ応報ナリトテ、其家限リニ乱暴ヲ働キ居ル

「略伝」における打ちこわしは、「民権家ノ面々」によって指揮された「懲戒」である。つまり加助らは、百姓を五隊に分けたうえで打ちこわしの対象を指示し、「近隣ヲ動揺セシムル勿レ」と呼びかけている。近世の「中萱村加助由来」との大きな違いは、この打ちこわしをめぐる叙述にある。「中萱村加助由来」では、打ちこわしを指示した主体が明らかでなかった。一方「略伝」では、「懲戒」に及ぶ論理は「中萱村加助由来」と同様であるものの、それを指示したのは「民権家ノ面々」である。さらに「略伝」では、百姓は「其家限リニ乱暴ヲ働」いたのであり、それは秩序立った行動である。このことは、「百姓等」が「烏合ノ大勢ト雖モ、嘉助氏其他ノ数氏ヲ将師ノ如ク裨将ノ如ク能ク仰キ事ヘテ、其指揮ニ背ク者ナシ」と描写されていることからも明らかである。「民権家ノ面々」は、打ちこわしという実力行使をし、江戸への直訴をちらつかせることで、五ケ条の要求を受け入れるとの「家老中連印ノ御書付」を勝ち取る。しかしこれは「一時百姓等ヲ鎮撫スル為ノ計略」であり、「民権家ノ面々」は次々に召捕られていく。さらに組手代の「詐謀」により、「訴訟ニ出タル百姓ヲ不残捕縛ニ及ブトノ風説」が流され、百姓は家老連印の書付をみずから返上してしまう。こうして「民権家ノ面々」による年貢の減

(51) 竹内泰信「跋」(『松本新聞』三三二号、明治一一年六月三〇日)。
(52) 「松本領百姓訴訟記」および『信府統記』については、注39を参照のこと。
(53) 『松本新聞』三二八号、明治一一年六月二二日。

免などの訴えは実現せず、その家族を含む一九人が処刑された。

しかし、彼らの訴えに全く効果がなかったわけではない。年貢の減免こそ通らなかったものの、引き上げは中止となり、「諸役人ノ中ニハ、百姓等ヲ塗炭ニ苦メタルヲ悔悟スル者モアリシヲ以テ、聊カ良政ノ端ヲ開」いた。それは、騒動後の収納の場面を「昨年ト変リ殊ノ外容易ク納メニ相成シヲ以テ、百姓ノ悦ヒ一方ナラズ、忽チ年来ノ愁眉ヲ開キ壌ヲ打テ、万歳ヲ唱ヘシ」と描写していることにも示されている。百姓が、収納の規制緩和を「悦」び、「万歳」を唱えたとの記述は、いかにも近代的な表現である。[54] ここで、訴えが実現しなかった原因として、藩側の「計略」や「詐謀」が強調されていることには注目しておきたい。つまり、藩に騙されて家老連印の書付を返上してしまった百姓が責められることはない。

「中萱村加助由来」に比べ「略伝」では、加助たちの存在がはるかに際立たされている。「略伝」では、「民権家ノ面々」と「烏合ノ大勢」という差別化のもと、前者は後者に「能ク仰キ事ヘ」られる存在として描かれていた。また加助たちの名指され方が、「頭取」から「民権家ノ面々」へと変容している点も指摘できる。つまり「略伝」における義民へのまなざしには、「民権家」という意味づけがともなっている。

ただし竹内が、打ちこわしを指揮する「将師」として「民権家ノ面々」を描いていたことには改めて注意をうながしておきたい。というのも竹内による物語と近世の義民伝承とを比較した時、義民を「民権家」と意味づけている点は異なっているが、百姓とともに打ちこわしを行う存在として描いている点は共通しているからである。ここから、竹内が抱いていた政治的リーダー像を、以下のように把握できるのではないか。すなわち加助ら義民が行ったように、百姓の生活が困窮を極めた時、ともに打ちこわしを行うことも辞さず、藩権力と対峙していくようなリーダー像である。これに対し、続く松沢による語り直しは、この義民と百姓との関係性を大きく変容させていくこととなる。

(4)「民権鑑加助の面影」[55](以下、「加助の面影」)

「加助の面影」は、明治一一(一八七九)年から翌一二年にかけ、松沢求策によって著された芝居台本で、長野県各地で上演された(口絵参照)。また、明治一三年三月の大阪国会期成同盟大会でも上演され、「信州の民権運動にとどまらず、全国の民権運動の発展にも大きく役立っ」たと評される。[56]

松沢の長野県に対するまなざしには、竹内泰信との共通性が見られる。すなわち松沢によれば、「吾信国ノ地勢タルヤ、巍々タル山脈四方ニ聳エ、不毛蕪荒頗ル多」いため、「人民モ亦従ツテ蠢陋タラサルヲ得」ない。[57] 松沢にとって、この「蠢陋」を刷新する「開明ノ説」こそが、民権論であった。

一方竹内と松沢とを決定的に分けるのは、義民伝承を語り直すうえで選択したメディアの違いである。「加助の面影」は、新聞ではなく芝居というメディアで著されている。そこには、松沢のどのような意図があったのか。松沢の「晴雨諸件日誌」を見てみよう。[58] ここでは松沢が、穂高はもちろん、松本や松川、池田といった周辺地域の祭

---

(54)「万歳」は、明治二二年の大日本帝国憲法発布において誕生したという。それは、「それまで無縁だった各地の民衆がお互いを〝同じ国の民〟と実感」させる「共同意識創出機能」を持った身体動作であった。牧原憲夫「万歳の誕生」(『思想』八四五号、一九九四年)。

(55)「民権鑑加助の面影」は十段よりなる芝居台本である。そのうち、七、八段は散逸している。各段の題名は以下の通り。「大序　水野館の場」、「第二　中萱村の場」、「第三　騒動の場」、「第四　梓河原の場」、「第五　子別れの場」、「第六　土牢の場」、「第九　仕置の場」、「第十　土方切腹の場」、「第十一　夢の場」。いずれも「松沢家文書」。

(56)中島博昭『自由民権家松沢求策—その論述・作品と解説—』(東京法令出版、一九七六年)二三九—二四二頁。

(57)松沢求策「詞花集」(「松沢家文書」安曇野市穂高図書館所蔵)。本史料は、松沢の詩歌や、新聞記事に対する意見などが書かれたメモ書きである。その内容からして、明治九年ころに記されたものであると考えられる。引用箇所は、筑摩県と長野県の合併(明治九年)にかかわる松沢の意見である。

(58)注15前掲史料、明治八年九月。

礼行事に出向き、「演劇見物」をしていたことがたびたび記されている。なかでも九月一七日の池田正科（安曇郡北部）で催された祭礼では、「予、三番添（叟）、於絹、袖萩、藤ノ方ノ四役ヲ勤」とあり、松沢自身が舞台に上がっていた。松沢は、「加助の面影」を執筆する以前から芝居に親しんでいたのである。さらに『松本新聞』編集長に就任した二か月後、松沢は「故郷の事なれば筆硯を市川君に托して」、穂高祭りに出かけている。[59]つまり松沢は、祭礼行事の芝居に代表される民衆娯楽に通じていたといってよい。

芝居によって表現された松沢の物語は、どのような人びとに向けて語りかけられたのか。それは当時、「開化」に惹かれつつも、新聞などの「開化」のメディアを通じて知・情報を摂取するリテラシーを十分に持たない人びとであったと考えられる。「加助の面影」は、実際に上演されていた。[60]舞台上で加助を演じる役者が、身振りや発音の抑揚によって加助の物語を表現する。これに対し前項で取り上げた「中萱嘉助略伝」は新聞小説であり、文字によって伝えられた。この点、芝居というメディアによって伝えられた松沢の語り直しは、はるかに直接的に観衆の心情に訴えかけるものであったといってよい。さらに注目すべきは、時には松沢自身が加助を演じていたと伝えられることである。[61]みずから「民権鑑」たる加助を演じた松沢は、江戸の「旧時代」と決別し、明治の「新時代」を牽引する旗手として観衆の眼に映じていたことだろう。

こうした発想は、竹内にはなかった。先述したように、竹内は芝居を「快楽ヲ極メテ消日」する、「開化」にそぐわないものと一方的に批判していたからである。[62]これに対して松沢は、明確な意図のもとで芝居を選んだと考えられる。第五章でも論じたように、芝居はいわば、近世以来の民衆娯楽として博覧会に人びとを惹きつける「在来のメディア」であったといえる。とすれば、「加助の面影」を受容するには、新聞・書籍で表現された竹内の「中萱嘉助略伝」や『嘉助全伝』とは、明らかに性質を異にするリテラシーが必要になろう。ここに、松沢が新聞という「開化のメディア」ばかりではなく「在来のメディア」で自身の物語を伝達しようとした意図を読み取ることができる。すなわち松沢は、芝居や講談に親しむ一方で、「開化」とは縁遠かった人びとを意識しつつ「加助の面影」

を著したのである。(63)

「加助の面影」のメディア特性をふまえたうえで、その内容を検討していこう。騒動の発端となる「無理圧制」は、お家乗っ取りを企む「佞人大悪非道」の家臣・土方儀平らに起因する。あくまで年貢を引き上げようとする「地頭」の横暴にたまりかねた百姓は、「蓑と笠とに身を堅め、手に手に竹槍引提げて」一揆を起こす。「無智文盲に慣れたる百姓」も、「無理圧制には抗ふて命を捨て」るほどの決意を持ち、代官・加藤五右衛門に迫ったのである。しかしここでは、「中萱村加助由来」や「中萱嘉助略伝」でみたような打ちこわしが行われることはない。

一触即発の両者のあいだに入ったのが、加助であった。加助は「一揆を制し謹んで加藤が前に手をつかへ」、「思ひもよらぬ百姓等が、御上を恐れぬ今日の狼藉御成敗はさる事ながら、理非も弁ぜぬ愚民等に、自ら御手を卸されては、却つて御太刀の汚れとならん」と、代官をなだめる。「一揆を制」する加助の姿は、竹内の「中萱嘉助略伝」において打ちこわしの「将師」として描かれていたこととは全く異なっている。また代官を説得するためとはいえ、百姓を「理非も弁ぜぬ愚民」と評している点は象徴的である。

---

(59)『松本新聞』五四三号、明治一二年九月三〇日。

(60) たとえば『月桂新誌』では、「民権鑑加助の面影」の上演が以下のように宣伝されている。「南深志町常盤座に於まして今晩より、民権鑑嘉助の面影并に常陸帯縷の糸筋を相勤めますれば、各様お早く入シヤイ。ドンドン」。『月桂新誌』七号、明治一二年二月一七日。

(61) 注17中島博昭前掲書、一二八―一二九頁。

(62) 注48前掲史料。

(63) 松沢は、講談師・為永栄二の長野県巡業を『松本新聞』で頻りに報じている。そのなかで為永が、「記者《わたし》（松沢―引用者注）のすすめに従ひ中萱加助の物譚を講」じたことが確認できる。その題目は「民権鑑加助の顛末」であった。『松本新聞』五九一・六三四号、明治一三年一月二二日・四月二日など。

なお「第九段　仕置の場」の巻末には、「此本何方へ参り候とも、御笑読の後は拙者方へ神速御返却の程、幾重ニも希望懇願ヲ茲に申述候者也」と記されている。「加助の面影」も、写本となって読みまわされていたことがわかる。

さらに加助は、次のように百姓の難儀を訴える。

増年貢申付られ、病ミ足にはれ足とやら、起ても立ても居られぬ故、何んの思案も愚かの百姓、背に腹ハかへらぬ繰言、お嘆き申のみならず、お上を恐れぬ悪口も、全く彼等が命迄投出したる覚悟の上、いかにお上へ下々の、事情は通し候ハねど、是にて御察し下されて、何卒深き情けにて、お増年貢の五ヶ条丈、是非共御猶豫下され度、偏ニ願ひ奉る（「第三段　騒動の場」）

加助の訴えは、「忠義いちづにかたまりて、ゆるがぬ心」を持った「忠臣」鈴木蔵人の尽力によって一旦は容れられ、「御家老中の連印したる証書」が下される。しかし、土方儀平ら「悪臣」の計策によって、加助は「騒動の頭」となったかどで捕縛され、証書も無効となってしまう。鈴木蔵人による助命のための奔走も空しく、加助は処刑された。その処刑後、土方儀平らはお家乗っ取りを企んだことが藩主水野忠直に露見し、切腹などの処分を受ける。しかしその藩主も、江戸城にて乱心し改易の憂き目にあう。これらは「加助の祟り」によるものであることが示唆され、「加助の面影」は幕を閉じる。

「加助の面影」の第一の特徴は、加助のみが「義民」として描写されていることにある。唯一の例外として、役人の前に出ても「耳が役に立たぬ」ことや「どもり」を理由に「ただ泣き詫るばかり」で何もいえない百姓に代わって、役人に「御慈悲願ひ」をする善兵衛が登場する。しかし、善兵衛の嘆願は無碍にあしらわれてしまう。一方で、加助の訴えは以下のように形容される。

圧制束縛の下に生れし民として、自由権利は夢にだにしらざる中に、ただ独り義を鉄石に堅めなし、多くの民のその為に、身を鴻毛よりかろんじて、鳴る雷よりも恐れなす、時の領主に畏縮せず、理非明らかに剛訴して、苛酷の収斂遁し（「第四段　梓河原の場」）

「中萱嘉助略伝」では「民権家ノ面々」が話し合いにより訴えの内容を決めたのに対し、「加助の面影」において「義民」として訴えることができたのは、加助ただひとりである。さらに「加助の面影」では、「無智文盲卑屈」で「理非も弁ぜぬ愚民等」と、「理非明らかに剛訴」する加助が明確に差別化され、両者の対比が鮮明になっている。「中萱村加助由来」や「中萱嘉助略伝」では、この両者が行動をともにし、打ちこわしを行っていた。それとは真逆に、「加助の面影」の加助は、百姓と役人の衝突を止めようとしていた。この点こそ、松沢が加助騒動の物語にもたらした決定的な変容であったといってよい。

第二の特徴としては、「日本」や「国家」、そして「明治」を想起させる表現が見られることである。たとえば「加助の面影」の冒頭には、「霜をしのぎし寒菊の、憐れ色香もうすらぎて、僅かに残る一ト本を日陰になして、葵葉の実にしげりゆく、徳川の流れもいとどいさましく」という記述がある。金井隆典によれば、「寒菊」とは「天皇」の、「一ト本」とは「日本」の隠喩であるという。(64) つまり加助は、「寒菊」が「色香もうすらぎて僅かに残る」時代に、「自由権利」を訴えた人物として描かれている。だからこそ加助騒動の物語は、「明治の今に輝きて、民の卑屈を引起す教」となりうるのである。

さらに注目すべきは、処刑直前の加助の言葉である。

今日本の景状ハ、水の高きに流るる如く、烟りの卑きに下るが如し、されども、天道公けなればいつまで民を苦めん、是より百年の後に至らば、必ず名君現れて、驕れるものハ亡され、苦むものは助けられ、人に上下の定りし差別を止めて、世中の平均始めてつきぬべし(中略)、各ゆめゆめ疑《ウタガ》はず、此言子孫に伝へよかし、それに就而拙《ツタナ》けれども、辞《ジ》世の腰《（マヽ）》相皆々聞て下されや「まて暫しかへらぬ旅へ行とても屈《カヾ》まぬ民の心残さん、と詠じ終りて「最早此世に残りなし、御見物の何レ茂方各に念仏頼むぞや(「第九段　仕置の場」)

(64) 金井隆典「「民権鑑加助の面影」の世界—近代移行期の「空間」・「時間」・「人間」—」(『民衆史研究』五六号、一九九六年)四八頁。

加助の最期の言葉からは、「百年の後」の「名君」の世、すなわち明治という「新時代」にかける加助の期待を読み取ることができる。その期待は、加助（を演じた松沢）の口から、「百年の後」に生きる「子孫」たる観衆たちへ直接的に訴えられている。

以上、松沢が語り直した加助騒動は、前項でみた竹内の物語に比べ、加助を「民権鑑」とする描き方がより鮮明化していた。「中萱嘉助略伝」で示された「民権家ノ面々」と「烏合ノ大勢」とを対比させる構図は、「加助の面影」において「義民」と「愚民」という表現によって強調されている。両者の差別化は、加助と打ちこわしとのかかわり方に顕著である。先に指摘した通り「加助の面影」における「義民」は、「一揆を制」する側に立っていたのである。

こうした変容は、松沢によって初めてなされたものである。さらに松沢は、「義民」という属性を加助のみに付与し、唯一「理非明らかに剛訴」することができる存在として描いていた。松沢は、武力ではなく言論でみずからの主張を「剛訴」する人物として加助を語り直したのである。[65] それは、「明治の今」における政治的リーダーの理想像として提示されている。

（5）『嘉助全伝　真篶苅信濃美談』[66]（以下、『全伝』）

『全伝』は竹内泰信によって執筆され、明治一六、一七（一八八三、一八八四）年に松本旧本町の慶林堂より出版された（口絵参照）。先述のように、竹内は明治一一年に『松本新聞』で「中萱嘉助略伝」を連載している。本書はこれに加筆修正されたものである。実際に刊行されたのは第二篇までであり、加助たちが処刑される直前で終っている。第一篇には仮名垣魯文の序文が掲載され、「身《み》を殺《ころ》し仁《じん》を成《な》すが如《ごと》き我下総州《わかしもふさしう》の細民《さいみん》佐倉惣五郎《さくらそうごろう》」に連なる義民が信州にも存在した歴史を不朽のものとするという刊行目的が語られている。第二篇冒頭には、武居彪による「貞享義烈多田嘉助記念碑」の碑文が掲載されている。この記念碑は、藤森寿平らが中心となり、加助の「二百年遠忌」

にあたって建立されたもので、加助が「殺レ身以成レ仁」した「民権之宗」として顕彰されるべき人物であると刻まれている(67)。

『全伝』の叙述について、その大まかな流れは「中萓嘉助略伝」と同様である。しかし、同じく竹内によって著された物語であるにもかかわらず、両者には決定的な違いが見られる。まず、村々の百姓が松本城下に押し寄せる場面における変容を指摘したい。

（百姓は—引用者注）城《しろ》の外廓《そとくろは》に寄集《よりつと》ひ、茲《こゝ》に隊伍《たいご》を立《たて》にける、嘉助等《かすけら》ハ、此有様《このありさま》に胸潰《むねつぶ》れひたと呆《あき》れて、如何《いかん》とも又詮《またせん》術《すべ》のなきものから勢《いきお》ひの制《せい》すべからざるを察《さつ》し、余《よ》の同志《どうし》と諸共《もろとも》に衆人《しゆうにん》の中《なか》を東西南北《あちらこちら》と奔走《ほんそう》し、各自方《おの〳〵がた》も此処《このところ》まで斯押出《かくおしだし》て来《こら》れし上《うへ》ハ、最早制止《もはやとゝめ》ハ致《いた》すまじ、去乍《さりなが》ら今《いま》ハしも願《ねがひ》を聞《きく》や聞《きか》れすや、地頭《ぢとう》の指図《さしづ》のあらぬ内《うち》から騒《さは》ぎ立《たつ》るハ宜《よろし》からす、穏《おだや》かならぬ挙動《ふるまい》なり、我々《われ〳〵》十一人《にん》各自方《おの〳〵がた》の惣代《さうたい》として知県《ちけん》に至《いた》り、事《こと》の顛末《しまつ》を愁訴《しふそ》なし、只幾度《たゝいくたび》も御慈悲《おじひ》を願《ねが》ひ、其上聞《そのうへきか》れぬ事《こと》あらは是非《ぜひ》に及《およ》はす、各自方《おの〳〵がた》の力《ちから》を借《かり》て我々《われ〳〵》も一揆《き》の群《むれ》に加《くは》はらん、今暫《いましば》し爰等《こゝら》に控《ひか》へて、我々《われ〳〵》が沙汰《さた》を待玉《まちたま》へ、願意《ぐわんい》の立《たつ》と立《たゝ》ざるとに依り我々《われ〳〵》も進退《しんたい》を決《けつ》すべし、努忘《ゆめわす》れても騒《さわ》ぎ玉《たま》ふな（中略）と声《こえ》も心《こゝろ》

---

(65)　ここで、西南戦争に代表される武力による政治改革が頓挫することで、言論による改革を目指したのが民権運動であったことを想起しておきたい。色川大吉『自由民権』（岩波書店、一九八一年）や、後藤靖『自由民権—明治の革命と反革命—』（中央公論社、一九八二年）などを参照。

(66)　『嘉助全伝　真篶苅信濃美談』各回の題名は以下の通り。第一回「聚斂《しふれん》の臣国家《しんこくか》を蠹毒《とどく》す、義勇《ぎゆう》の民愁訴《たみしうそ》を議決《ぎけつ》す」、第二回「義農蜂起《ぎのうばうき》して城下《じやうか》に非理《ひり》を訴《うつた》ふ、忠臣病《ちうしんやまひ》を侵《おか》して愁訴《しうそ》を裁断《さいだん》す」、第三回「良薬口《りやうやくくち》に苦《にが》く忠言耳《ちうげんみゝ》に逆《さから》ふ、義勇《ぎゆう》の良民苛酷《りやうみんかこく》の縛《ばく》に就《つ》く」、第四回「貞《てい》婦《ふ》を残《のこ》して善兵衛縛《ぜんべえばく》に就《つ》く、愚民《ぐみん》を欺《あざむ》きて賊吏証跡《ぞくりせうせき》を奪《うば》ふ」。「武井芳郎家文書」一四六〇、一四六一、松本市立博物館所蔵。

(67)　明治一七年五月の藤森による日記には「今日午後二時、松本ゟ飛脚到着、多田嘉助石碑一条ニ付、二泊ノ積リニて出立ス」とあり、寄付金募集など、記念碑の建立に向けた藤森の取り組みが垣間見える。なお「貞享義烈多田嘉助記念碑」の建立は、明治四一年に実現し、貞享義民社（現安曇野市三郷）に現存している。「北山学校一ノ組課程日記」明治一七年五月より（「藤森家文書」三三、安曇野市豊科郷土博物館所蔵）。

図 7–3　打ちこわしを制止する加助たち

出典：『嘉助全伝　真篶苅信濃美談』（明治 16 年）

も根限《こんかぎ》り諭《さと》す詞《ことば》に成程《なるほど》と少《すこし》わ鳴《なり》を鎮《しづ》めたり（第二回）

『全伝』の加助たちは、「蓑笠《みのかさ》」「竹槍《たけやり》」「席旗《むしろはた》」を身につけた百姓たちを「東西南北と奔走」して制止している。図7–3はその場面の挿絵であるが、「旧時代」の百姓と、「新時代」の「民権家」とが鮮かに対比されている[68]。『全伝』では、「中萱嘉助略伝」で見られた打ちこわしは行われない。この点で、両作品は全く異なっている。『全伝』の加助たちは、打ちこわしを指揮するのではなく、百姓の「惣代」として藩へ訴え出ることを選択した。「中萱嘉助略伝」に比べて、『全伝』の加助たちは「民権之宗」によりふさわしい語られ方に変容しているといえよう。

さらに、『全伝』の特徴として、「中萱嘉助略伝」に比べて人物描写が厚くなっていることが指摘できる。たとえば加助について、「民権義勇《みんけんぎゆう》」や「和漢《わかん》の学《がく》に通《つう》じ、武芸《ぶげい》も少《すこし》は心得《こゝろえ》あり、田舎《いなか》に稀《まれ》なる義人《ぎじん》」などと叙述される。一方で、百姓を「愚民」として位置づける表現も多く見られる。それは特に、「貞婦《ていふ》を残《のこ》して善《ぜん》兵《べ》衛《え》縛《ばく》に就《つ》く、愚民《ぐみん》を欺《あざむ》きて賊吏証跡《ぞくりせうせき》を奪《うば》ふ」と題された第四回に顕著である。「略伝」でもみたように、加助たちが召捕られてのち、藩側による家老連印の書付の奪回工作が行われる。「無知蒙昧《むちもうまい》の農民等《ひやくせうども》」は、それに欺かれ、「自由《じゆう》の種《たね》とも謂《いい》つべき」家老連印の書付を返上してしまう。以下は、そうした百姓の「無知蒙昧《むちもうまい》」さを嘆く下りである。

哀《あは》れむべし、嘉助等《かすけら》が多年《たねん》の辛苦《しんく》も此《こゝ》に至《いた》りて、全《まつ》たく画餅《ぐわべい》となりぬるこそ返《かへ》す〳〵も遺憾《うらみ》なれ、憎《にく》むべきは酷吏《こくり》の圧制《あつせい》、憐《あは》れむべきは愚民《ぐみん》の無智《むち》、実《げ》に是非《ぜひ》もなき次第《しだい》なり（第四回）

ここでも、家老連印の書付が失われた原因は藩側の工作であり、この点は「中萱嘉助略伝」と同様である。しかし、欺かれた百姓を「愚民」とし、その「無智」を「憐れむ」ような語りは『全伝』だけの特徴である。竹内の物語は、「中萱嘉助略伝」から『全伝』へといいたる過程で、「義民」と「愚民」との差別化を鮮明にさせていったと考えられる。「中萱嘉助略伝」の加助たちは、百姓を統率し、ともに打ちこわしを行っていた。一方『全伝』の加助たちは、「愚民」と行動をともにしない。彼らは、百姓の代表として、窮状を訴えることで藩側と対峙していこうとする。したがって、打ちこわしには与せず、むしろこれを制止する側に回っていくのである。

以上のように、打ちこわしを指揮するか制止するかという点に、「中萱嘉助略伝」と『全伝』との決定的な差異がある。加えて、『全伝』では、「義民」の「義」と、「愚民」の「無知蒙昧」という双方の特性を強調することに

（68） 義民伝承・百姓一揆の代表的な研究者のひとりである保坂智は、「竹槍蓆旗」という百姓一揆のイメージが、民権家たちにより定着させられたものであると指摘している。すなわち竹槍は、幕藩制下の一揆の基本的な得物ではなく、明治初期の一揆ではじめて主流となる。一方蓆旗は、明治初期の一揆でも使われる事例は多くなかった。保阪によれば、「都市的知識人」である民権家は、明治初期の一揆の見聞から竹槍を一揆の代表的イメージとし、蓆旗を百姓的なものと位置づけたという。本章で取り上げた松沢や竹内を「都市的知識人」とすることには留保が必要であるが、両者が語り直した加助騒動における百姓像も竹槍・蓆旗のイメージで描かれていることには注目しておいてよいだろう。保阪智「百姓一揆―その虚像と実像―」（辻達也編『日本の近世10　近代への胎動』中央公論社、一九九三年）。

より、両者の関係がより差別化されている。「無知蒙昧」の百姓に対して、「民権義勇」の「義民」は、「当《とう》時《じ》圧制《あっせい》の甚《はなは》だしき、政権武門《せいけんぶもん》の手《て》に帰《き》して、王家《わうか》ハあれど無《なき》が如《こと》く、皇威《くわうい》ハ嘗《かつ》て振《ふる》ハぬ」時代にあって、「自由《じゆう》の種《たね》」を求めた存在と位置づけられる。

もっとも、こうした構図を提示したのは、『全伝』が最初ではない。前項でみたように、「民権鑑加助の面影」でもすでに、「義民」は「愚民」と行動を共にしていなかった。とりわけ、藩側に「理非明らかに剛訴」できる唯一の存在として描かれていたのが、加助であった。『全伝』における叙述の変容は、松沢の語り直しを画期としていたのである。

五　松沢求策に見る「媒介」の変質―政治運動への特化と地域社会からの乖離―

本章では、松沢求策が民権家として自身の活動の場を確保していく過程を検討してきた。成新学校変則科で民権思想を学んだ松沢は、門閥にかかわらず「英俊」が「擢用」される国家を構築すべく、国会開設の必要性を説いていた。ただしこの時点での松沢は、運動を組織しうる地域的基盤を有していなかった。松沢がかかわった猶興義塾の構想は、「数名ノミ」が賛同するにとどまり、挫折したのである。松沢は、奨匡社を組織し長野県の民権運動を主導する存在へと成長するうえで、いかなる政治的主体像を目指したのか。松沢は、近世の義民を「民権鑑」へと読み換え、自分自身と加助とを重ね合わせることで、地域社会へと民権思想を媒介していったのである。

その際、加助騒動の伝承は、その内容を大きく変容させられていた。そもそも近世段階の伝承では、加助たちの活躍がほとんど描かれておらず、巻末に戒名が記載されている程度であった。明治に入ると、松沢らによる語り直しのなかで、「義民」の存在がクローズアップされてくる。ただし、物語の内容は決して一様ではなかった。竹内泰信が『松本新聞』に連載した「中萱嘉助略伝」において加助たちは、百姓の打ちこわしを指揮していた。しかしその後の松沢による芝居台本「民権鑑加助の面影」を画期とし、打ちこわしを制止する側として描かれていく。それは、加助らが「民権家」として百姓から乖離させられていく過程であったと考えられる。

松沢らが語り直した加助騒動の物語には、以下のような政治的リーダー像の変容を見いだすことができよう。すなわち、「頭取」―「百姓」から「民権家の面々」―「百姓等」、そして「民権家」―「愚民」へという変遷である。松沢たちは、「民権家」と「愚民」との対比を鮮明化する形で加助騒動の物語を語り直していったのである。こうした政治的リーダー像の変容には、明治の「新時代」に生きるものの取るべき行動が提示されている。すなわち、江戸の「旧時代」の百姓は、「一揆」を起こすことでその要求を主張していた。しかしそれは、明治の「新時代」で取るべき行動ではない。人びとの代表者たる「民権家」が、「理非明らかに剛訴」することで、明治政府と対峙していくべきである。ここには、松沢が加助騒動の物語に仮託して、地域社会に向けて訴えようとした「新時代」の地域秩序のあり方が示されている。

松沢たちは、加助騒動の伝承を語り直すことで、新たな政治的リーダー像を提示した。しかし彼ら民権家が地域の人びとに向けたまなざしは、「愚民」観を克服するどころかむしろ強化する側面も持っていた。このことは、松沢らと「天保人民」とのあいだの世代間対立と無関係ではない。明治も一〇年を過ぎると、「天保人民」による「開化」がある程度落ち着いていく。松沢たちの世代が活動の場を切り拓いていったのは、「開化」以後の状況下であった。後続世代の松沢たちは、「天保人民」の「父祖ノ遺言ヲ体認」し身代を守ろうとする価値観を批判していた。松沢たちにとっては、より強烈な「愚民」観を打ち出すことで、「旧時代」との決別を強調する必要があったものと解される。

松沢は、「天保人民」との差異化をはかりながら、「民権家」として新聞記者や県会議員という特定の職業を獲得していった。義民伝承を通じた民権思想の伝達や、政府・県庁への政治的働きかけを行った松沢は、まさに媒介する役割を担っていたといってよい。ただし松沢による媒介のあり方は、本書を通して検討してきた「開化」の担い手たちとは大きく異なっている。

すなわち第一に、松沢が獲得したのは、いわば政治にかかわる領域に特化した媒介者的立場であった。これは、媒介する役割の領域横断性にかかわる変質を意味する。栗林球三や藤森寿平、市川量造らは身分的出自や存在形態に応じて多様な形で「開化」を媒介していた。その一方で、学校・新聞・博覧会など諸領域にまたがる形で活動を展開していた点は共通している。それは、一定の地域に立脚しながら、教育・政治・勧業などに横断的にかかわろうとする「不定形」な媒介のあり方ともいえよう。これに比して松沢の活動は、諸領域を横断するのではなく、政治活動に特化していった。前章で検討したように松沢は、学校関係者を「社」から分離することで奨匡社の存続をはかっていた。換言すれば松沢は、新聞記者・県会議員であると同時に、学校教員でも生徒でもあるという可能性を排除する形で、「民権家」として活動する場を確保していったのである。

第二に、地域社会からの乖離である。確かに在方の栗林・藤森、町方の市川は、志向する地域秩序のあり方を異にしていた。しかし市川もまた、松本城下町に根ざした存在だからこそ、奨匡社の活動においても、その後の県庁移転運動においても「松本中心主義」を貫いていた。これに比して松沢は、自身が依拠し、利害を代表すべき地域を持たなかった。旧長野県と旧筑摩県との南北対立についても、「国家ノ為メニ尽」すという志の前には堪忍すべき「小心」に過ぎないと位置づけ、対立そのものには積極的にかかわろうとしなかった。そのことにより、松沢は、地域住民の「期待」を担わされた活動の重みや、地域間対立を調整するための労苦からも解放されて、相対的に自由な立場に立っていた。

ただしそれだけに、政治的な領域へと特化していった松沢の媒介する立場は、地域に定着し、家を単位として引き継がれていく性質のものではなかった。この意味で松沢とは対極的な存在が、大庄屋出身という生まれにより媒介する役割を担っていた栗林球三である。すなわち栗林は、近世より引き継いできた威信を背景に「開化」を媒介し、そのことを通じて名望ある家としての地位を保持していった。これに対し松沢は、義民伝承の語り直しにより地方における民権思想の媒介者としての立場を確立し、「天下」のあり方に関与すべく政府と対峙していった。

第三に、地域社会との再接合をめぐる問題である。松沢は地域社会から乖離したというものの、全くかかわりを持たなかったわけではない。松沢は、「民権鑑加助の面影」を伝達するメディアとして、芝居を選んだ。竹内が語り直した物語は、新聞や出版という「開化のメディア」で伝えられた。これに対し松沢が語り直した物語は、芝居という「在来のメディア」を通じ、より広汎な人びとに伝えられた。さらに松沢は、自分自身が加助を演じることで、文字通り「民権鑑」としての立場を獲得していった。ここには、民衆娯楽に親しんでいた松沢ならではの媒介する力量を読み込むことができる。

ただし、松沢が語り直した「加助の面影」には、濃厚な「愚民」観が表明されていた。本書でこれまでに着目してきた人物、特に在方の栗林球三、藤森寿平については、こうした形での「愚民」観は見いだしにくい。栗林の場合、在方における序列的・権力的諸関係は明確に意識されていたものの、「民衆」と呼ぶべき人びとを含めて、ともに大町組（安曇郡北部、北安曇郡）を担っていく方向性を模索していた。藤森の場合には、栗林的な地域秩序をあえて攪乱しながら、そこから新しい政治的主体を生み出そうとすらしていた。松沢が民権家としての素養を身につけたのは、この藤森の成新学校変則科においてであった。しかし最終的に地域社会を離れ東京へ向かった点でも、狭義の政治活動に特化した点でも、そして濃厚な「愚民」観を抱いていたという点でも、松沢は、藤森が育成しようとした人間像とは決定的に異なっていた。

こうして民権家へと成長し、東京へと向かった松沢は、その死後、再び地域社会へと接合させられていく。そこには、「いびつ」ともいえる再接合の過程を見いだすことができる。新たな媒介者・松沢が辿った帰結を示唆する挿話を紹介して、本章を閉じたい。長野県会議員の任期を終えた翌年の明治一八（一八八五）年、東京日本橋に居住していた松沢は、代言人試験問題の漏洩事件に関与した嫌疑により検挙された。松沢は、試験問題の「窃盗ヲ教唆」

したとされ、「重禁錮一年ニ処シ、十月ノ監視ニ付ス」との判決を受けた。[69] 松沢の最期は、明治二〇年六月、結核により石川島で獄中死するというものであった。

松沢は死の直前に、全二四ケ条の「遺言書」を認めている。[70] 注目すべきは、「拙者亡後三年間ニ地ヲ東京ニトシ、協力シテ紀念碑石ヲ建立スベシ、但遺骨ハ穂高ニ送リ、埋葬シ墓石ヲ立ツベシ」との一条である。東京には記念碑を、信州には墓石を建てよという。この一条は、地域社会に伝承されてきた加助騒動に立脚しながらも、東京へと向かっていった松沢の生涯を象徴しているのではないか。

しかし松沢の記念碑は、大正一一（一九二二）年、東京ではなく松本に建立された。政友会長野支部とその言論機関である信濃民報社の主導により、「我憲政発達史上の信州の位地」の源流としてその事績を顕彰すべく、松沢の追悼会および建碑が行われたのである。ここで看過してはならないのは、建碑に際して発行された『松沢求策君建碑記念』において、東京に向かった松沢と、松本に残った市川らとの路線対立が顧みられなかったことである。[71] 加助騒動の語り直しによって切り拓かれた松沢の活動それ自体もまた、地方の「憲政発達史」という枠組みのなかに取り込まれ、地域社会における新たな語り直しの対象とされたのである。

(69) 「判決言渡書」明治一八年六月(「松沢家文書」)。

(70) 「遺言書」明治二〇年三月(「松沢家文書」)。本文中で紹介した「紀念石碑」の一条のほか、「松沢ノ血統ヲ立ツベシ」というように、家の存続を希求する遺言が目につく。たとえば松沢は、養子縁組などが首尾よくまとまらず家の経営が「不調」になった場合は、「身代ヲ縮メ、醤油業ヲ廃シ、小暮シノ百姓ニナッテ子供ヲ教育シ、時節ヲ待ツ」べしという。また財産を信州と東京、それぞれの妻子に分与することとし、東京の子供には「充分ノ教育ヲ為スベシ、但此内一名ハ其性ヲ謀リ可成医師ニ為スベシ」と記している。松沢が、自身のような政治運動家ではなく、教育を受け「医師」になれと子供に望んでいたことは示唆的である。

(71) 降旗元太郎「序」大正三年一二月(注13前掲史料)。
小川直人は、大正三年の追悼会で発行された『松澤求策君伝』に掲載されていた「松沢求策君の手翰」が、大正一一年の『松沢求策君建碑記念』では削除された事実とその経緯を解明した。そのうえで一連の松沢顕彰を、政友会や旧奨匡社社員らが松沢の記憶をめぐるせめぎあいを繰り広げた場として描き出している。「多声的」に語られた松沢の記憶は、旧奨匡社社員と松沢との軋轢を脱色する形で再構築されていった。小川直人「大正デモクラシー期における〈民権の記憶〉の一考察」(長野県近代史研究会編『長野県近代民衆史の諸問題』龍鳳書房、二〇〇八年)。

終章

名望家たちが目指した地域秩序とその行方

信濃国松本藩領域の名望家たちは、「開化」の時代の歴史的変動に対応しつつ、いかなる志向性のもとで地域秩序の再編・創出を模索していたのか。かかる観点から、本書で展開してきた行論をまとめ直したい。

一 「開化」の展開と名望家たちの媒介する営み——議論の再整理——

■由緒と家訓書——近世の地域秩序と媒介する役割——

近世後期、すなわち「開化」以前の時代において、村落社会における地域秩序はいかに維持・再生産されていたのか。本書ではまず、安曇郡大町組大庄屋の栗林家文書を主たる素材とし、この問題に取り組んだ(第一章)。栗林家は、村役人としての心構えを伝える家訓書を時代の変化に即して書き継ぎ、また寛延二(一七四九)年には由緒を紐帯とした大町年寄という集団を形成し、家の存続をはかっていた。さらに大町年寄としての結合は、由緒の実践を通じて維持されていた。彼らは、村を訪れる宗教者への応対や神事祭礼などにより村の文化を創出し、また一方で「年寄廻金」というファンドを設立し、藩への献上や難渋者への御救いを行うことで村の福利を実現していた。こうした営みを通じて、大町年寄を中心とした村落内部の社会的な権力関係が形成されていた。

由緒や家訓書とは、家の出処と来歴を伝える点で、時間的な外部(過去)から歴史的な知・情報をもたらすメディアと見なせる。さらに、大町年寄として藩や宗教者などとの交渉を行うことは、空間的な外部からもたらされる知・情報を掌握する活動である。とすれば栗林家における家訓書の継承や、大町年寄たちによる由緒の実践とは、村や地域の時間的・空間的外部から流入する知・情報を内部へと媒介する営みであった。

媒介する営みにより村落の秩序と家の優位性を保持してきた大町年寄たちは、維新の変革により近世村落社会の秩序が解体の危機に瀕した時、藩へ「愁嘆」を表明することとなる。彼らにとって、村落運営を円滑に執り行うためには、代々継承されてきた祖先の「遺風」や、家格関係こそが不可欠であった。しかし新政府の「開化」政策は、近世的な村落秩序のあり方を根本から揺さぶっていく。大町年寄のような由緒を有する家柄の人びとは、こうした事態にいかに対処していったのか。

■「御一新」による地域秩序の動揺―府藩県三治制下の松本藩―

松本藩の村・町役人層の視点から、「御一新」による地域秩序の動揺をとらえたのが第二章である。最幕末の松本藩では、財政の破綻や村役人の質の低下、贋二分金の流入や天候不順などの諸問題が噴出し、農民騒擾が激発していた。こうした状況のなか、府藩県三治制の方針に応えるべく、藩政改革の一環として新設されたのが議事局であった。明治元(一八六九)年末、松本藩により議事上下局が設置され、下局には惣百姓の「入札」にもとづき在方・町方から選出された議事局出役が出仕した。議事局の目的は藩の「公論」を定立することであり、議事局出役たちには在町の民意を藩政に伝達することが求められていた。議事局出役たちは、備荒貯蓄や倹約、窮民救恤などを建議し、藩と在地社会とを取り結ぶ媒介者としての役割を果たしていた。

しかし一方で議事局設置の重要性は、在方と町方の人びとがともに地域運営のあり方を建議・評論する場を出現させたことにある。それは、まさしく「御一新」を象徴する事態であった。すなわち議事局出役たちは、役儀廃止や士分取立など、近世的社会関係が流動化する事態に対して、身分・家格の保証を藩に求めていた。また在方の大庄屋と町方の大名主がともに対席する場面では、畳一枚の席次争いを繰り広げていた。さらに川除人夫の負担や町方への囲穀買入をめぐる建議・評論で見たように、近世と同様にそれぞれが居住する村や組の地域的利害にもとづきながら地域運営のあり方を模索してもいた。これら一連の動向には、家/村/組/在町といった権力的諸関係をめぐり、新たな地域秩序を再編する志向性が胚胎していた。

■栗林球三、藤森寿平、市川量造――「開化」へと連なる複数の経路――

地域秩序再編に向けた動きは、「開化」へといかに接続していったのか。第三章では、筑摩県の新たな地域支配体制が構築されるなかで、「開化」の担い手たる主体が立ち現れてくる過程を検討した。松本藩体制の解体に直面した旧松本藩大庄屋一四家は、享保から明治まで書きためてきた大庄屋会所の御用留を分配し、地域の運営主体たる職分意識の根拠としていた。しかしこうした意識を共有する旧大庄屋が、「開化」事業の担い手へとそのまま連続したわけではない。連続性の一方で、家や人の交代、相互の関係性の変動といった断絶も同時に生じていたことが注目された。

そこで、身分的な出自を異にする三人の主体を取り上げた。大町組大庄屋の本家出身の栗林球三、成相組大庄屋の分家出身の藤森寿平、町方名主兼商人出身の市川量造である。三者の比較を通して、「開化」の担い手として立ち現れた諸主体の多様な存在形態について検討した。

明治四（一八七一）年に設置された筑摩県のもと、地域の「開化」が推し進められていく。三者は近世より築き上げてきた個々の立場や力量をもとに、これに対応した。すなわち大庄屋の本家筋にあたる栗林は、地域支配の担い手としての威信を有し、地域住民の意向に配慮しつつ近代学校の設立に取り組んでいた。一方藤森は、大庄屋の分家として本家からの借金などで郷学を経営し、「封建」や「門閥」を解体し、新たな「人才」育成を目指す学校構想を県へ建言していた。最後に市川は、松本の町方名主兼商人として多様な「開化」事業を連関させつつ、新聞や下問会議といった新たなメディアを掌握することで、筑摩県体制に連なっていった。

本書では、「開化」を担うことで地域社会において名望を集めうる力量を持っていた人びとを、名望家層という範疇から把握した。多様な主体が重層的に構成していた名望家層の存在が、「開化」を推進する原動力になったといってよい。ただしそこでは、政府や県が意図したそのままの形で「開化」が模倣されたわけではなかった。彼らは媒介者としての立場から、「開化」をそれぞれの文脈に応じて地域へと媒介していった。「開化」のもとで実施されていく新たな制度の意味や作用を取捨選択し、読み換え、ずらしていく実践には、名望家たちの〝したたかさ〟が垣間見える。その様態を各主体に即して解明したのが、第四、五、六章である。

■学校・新聞・博覧会―相互に連関する「開化」のメディア―

まず第四章では、近代学校の設立過程について、学校・新聞・博覧会を「開化」のメディアと見立て、相互の連関性に着目して考察した。三事業の世話役・掛の名簿をつき合わせた結果、複数の事業を領域横断的に兼担するものが一定数存在していたことが明らかになった。さらに各事業を兼担していた人びとは、三事業すべてにかかわっていた市川量造に象徴されるように、「惣代」や「社主」などとして重要な役割を果たしていた。

それでは、三事業のあいだにはどのような連関性が見いだせ、またそのなかでいかなる近代学校の姿が浮かび上がったのか。第一に、近代学校の設立は、新聞や博覧会との相互の連携のもとで推し進められていた。創設期の学校は、地域の住民が新聞を〝聴く〟場でもあり、また時には博覧会の会場でもあった。さらに新聞では学校設立の進捗が不断に報道され、また博覧会には学校教育の成果として子供の作文や揮毫が展示されていた。この意味で「開化」の一環としての近代学校は、新聞・博覧会を地域にもたらすメディアであると同時に、両事業を通じて伝えられる情報でもあった。

しかし第二に、三事業の連携には、綻びの萌芽も胚胎していた。学校で読み聞かせられるべき新聞には教員による教育行政批判が掲載され、子供の「憤励鞭撻」の助けとなるはずの作文・揮毫展示は逆に「虚誉」を引き起こすと懸念されていた。こうした事態は、新聞・博覧会との連携が綻び、隣接する領域との境界が明確に線引きされていく契機となった。そこには、近代学校とはどのような人びとで構成され何をするための空間なのか、近代学校の「あるべき姿」が析出されていく過程があった。

■媒介者による「開化」の読み換え—明治ゼロ年代の地方博覧会—

続く第五章では、名望家たちが媒介した「開化」の歴史的特質をさらに掘り下げて検討すべく、明治初期に全国的なブームともなっていた博覧会を取り上げた。筑摩県下では、わずか六年弱の存続期間で、少なくとも二五回もの博覧会が催されていた。その嚆矢となったのが、市川量造が明治五（一八七二）年に県へ提出した松本城博覧会の建言である。この建言書で市川は、「海外」や「都下」において博覧会が盛んに催されていることを意識しつつ、「遠境僻地」である筑摩県もこれに遅れてはならないと主張していた。

さらに博覧会の実態について、出品物と「附博覧会」から検討した。第一に松本博覧会の出品物の中心を占めていたのは、「新発明ノ器械」よりも、諸家や寺社に秘蔵されていた「古器物」であった。こうした特徴は、筑摩県の人びとに効果的な形で「開化」を普及するための仕掛けであったと考えられる。つまり旧時代の権威そのものである松本城で、各家や寺社に秘匿されていた「古器物」を一望するという経験は、県下の人びとにとっては「開化」を実感する全く新しい経験であった。

第二に博覧会では、「附博覧会」が併催されていた。ここで催されていたのは、この時期「開化」に逆行する風俗として不要視されていた芝居や、維新期の混乱で一時休止していた市場であった。博覧会の担い手たちは、単なる「開化」の事業ではなく、それぞれの文脈に応じて博覧会の意味を読み換え、ずらし、新たな意味を付与していた。博覧会の担い手たちは、こうして「開化」を媒介するなかで地域住民の心をつかみ、新たな地域秩序において名望家としての地歩を固めていったのである。

■名望家たちが模索した学校教育の可能性

第六章では、「開化」の諸事業の連携が綻び始めるなかで模索されていた学校教育の姿をとらえるべく、明治一〇年前後の状況に目を向けた。ここでは主に、藤森寿平と栗林球三を取り上げた。両者は、学校教育にかかわる活動を独自に展開していく。

教員であった藤森は、安曇郡南部の成新学校に変則科を併設した。変則科では木曽出身の儒者・武居彪が招聘され、後に民権運動へとつながる教育実践が展開されていた。一方栗林は、学区取締として「積雪盈天之地」とも称される安曇郡北部の厳しい環境下で、学事を推進していた。とりわけ教員確保に際しては、松本盆地のような「平坦之地」とは異なり、通常の倍の「月俸金二十円」で東京師範学校から渡辺敏を招聘していた。

明治一三年四月に民権結社・奨匡社が設立されたが、その直前に「集会条例」が公布されたことで、新たに奨匡義塾が併設されることとなった。ここに、学校関係者らが「塾」へと囲い込まれる事態が生じる。この方針にいたる過程で藤森は、あくまで「社」であることにこだわり、学校関係者が新聞記者や県会議員らとともに政治運動を展開する道を模索していた。一方栗林や渡辺らが居住する北安曇郡からの奨匡社への参加は、限定的であった。これは、奨匡社の「松本中心主義」的な性格が大きな要因であったと考えられる。栗林球三より大町村戸長の職を引き継いだ栗林幸一郎ら北安曇郡の名望家たちは、郡の土地柄に適した「生業」を授ける学校が必要であるとの渡辺の建議を受け、職業学校の設立運動を展開していく。この運動では、以下の二点が目指されていた。すなわち、北安曇郡から入学するものがひとりもいなかった松本中学校共立体制からの離脱と、北安曇郡における殖産拠点の構築である。それは、「郡邑」の福利実現への希求に規定された運動であったといえる。

■松沢求策―民権家の登場と「媒介」の変質―

「開化」の展開による媒介者的役割の変質過程を見通そうとしたのが、第七章である。本章で手がかりとした松沢求策は、百姓兼醤油業出身で、栗林・藤森・市川らの世代よりひと回り若い。松沢らの世代は、「開化」がひと段落した状況のなか、民権運動に自身の活動の場を見いだしていった。彼ら奨匡社の活動は、第六章で解明したように、教育と政治それぞれの境界を明確化していく過程をともなっていた。

これをふまえ第七章では、松沢が、既存の地域秩序といかに対峙し、民権運動を主導する政治的主体として成長していこうとしたのかを検討した。その手がかりとして、松沢たちが「自由民権の先駆け」として再評価していた近世の義民伝承（加助騒動）を取り上げた。松沢は、芝居台本「民権鑑加助の面影」を著した。そこでは義民の意味が、「百姓」とともに打ちこわしを指揮する「頭取」から、「旧時代」の「愚民」とは明確に異なる存在として唯一「理非明らかに剛訴」する「民権鑑」へと読み換えられていた。松沢は、加助の物語を媒介として明治の「新時代」にふさわしい政治的リーダー像を掲げ、民権家として活動する場を確保していった。しかし国会開設請願のため東京へと向かった松沢の志向性は、「松本中心主義」を追求する市川量造らと乖離せざるをえなかった。政治的な領域に特化した松沢の媒介者としての立場は、地域利害から乖離していったからこそ、地域社会にそのままの形で定着・継承されていく性質のものではなかったといえる。

二　地域秩序の再編過程と学校教育の歴史的輪郭

本書の行論をふまえ、幕末維新期における地域秩序の再編過程と、そのなかで浮かび上がる学校教育・近代学校の歴史的輪郭とを描き出してみたい。

(1)「開化」の担い手の重層性と名望を賭けた競争的関係

第一に本書では、「開化」の時代を生きた名望家たちについて、身分的出自や地域性などの側面からアプローチを試み、重層的な存在として把握してきた。名望家たちの重層性への着眼により、「開化」やその一環としての学校設立に取り組むことの意味をどのようにとらえ直すことができるだろうか。

近世後期の村落社会において栗林家は、大町年寄あるいは大庄屋家としての名望を確保していた。ここでいう名望とは、家訓書や由緒の継承、難渋者への御救い、藩権力への献上、村を訪れる宗教者への対応、流鏑馬の射手、祭礼時の席次など、日常的な取り組みのなかで積み重ねられた権力的諸関係を基盤として成り立つ優位性である。

こうした近世的地域秩序は、維新変革から「開化」へといたる過程で解体・再編成を迫られていく。かかる事態は、席次をめぐり畳一枚にまでこだわるほど強烈な家格意識を有していた大庄屋たちにとって、自家の優位性が根底から揺さぶられていることを実感させたに違いない。すなわち明治政府が打ち出す「開化」には、栗林球三のような大庄屋のみならず、大庄屋分家の藤森寿平や、町方名主の市川量造も、その担い手として立ち現われていた。藤森や市川は、松本藩時代には地域支配の周縁に位置しつつも、筑摩県時代に入り新たに台頭してきた存在である。彼らは、栗林のような大庄屋出身者にとっては、自家の優位性を脅かす存在として受け止められたことだろう。

ここで注目すべきは、藤森や市川のように近世段階では地域支配の周縁にあった人びとこそが、学校・新聞・博覧会などの建言を通じて「開化」を積極的に担っていった事実である。これまでの研究で明らかにされてきた「開化」へのかかわり方は主に、「開化」の積極的な推進者か、またはそれとは対極的に「開化」への関与を忌避した人びとであったといってよい。とりわけ前者のような人びとについては、彼らが提起していた「開化」への期待や理念が明瞭に捉えられてきた。

これに対し本書では、「開化」に積極的でもなく、かといって消極的・無関心でもない、両極の中間に位置するような人びとの存在をとらえてきた。すなわち栗林のような人びとは、大庄屋経験者として「開化」の担い手たるべきことを行政あるいは地域住民から「期待」され、また立場上担わざるをえなかった存在と解される。(1) 彼らは、近世より培ってきた媒介する力量をもとに、勧奨や集金などを行い、地域住民と直接的に交渉し、「開化」に誘う役割を果たしていた。栗林のような人びとによるいわば地道な取り組みが、期待や理念をめぐる次元に加え、「開化」を推進するもうひとつの原動力であったといえるだろう。近世以来の存在形態への着眼により、藤森・市川と栗林という三人の主体に即した形で「開化」の担い手の重層性が持つ意味を浮き彫りにできたと考える。

担い手の重層性について本書では、身分的出自にかかわる差異に加え、地域差という側面からも把握してきた。第二章で明らかにしたように、議事局出役たちにとって、近世的行政区画である組としての利害は、ひとつの重要な行動原理であった。地域利害にもとづく行動は、「開化」の担い手たちにも共通していた。

このことは、市川量造ら松本の人びとが展開した諸活動から明確に把握できる。市川らは、新聞や博覧会、下問会議などを掌握することで「山国ノ一僻県」で「開化」を媒介し、県とのパイプを確保していったのである。市川の領域横断的な活動に象徴される「開化」の諸事業の連携は、まさに「地方」的な状況が生み出したものであったと考えられる。近代学校・新聞・博覧会などはそもそも、「中央」レベルでは文部省や内務省など別々の管轄に置かれていた事業である。こうした諸事業が、「地方」レベルでは名望家たちにより一手に担われていく。

そのなかで「地方」内部においても、「開化」をめぐる地域間の序列的関係が構築されていく。具体例を示そう。『信飛新聞』は、「開化」か否かを判断する「勧懲ノ良規」として、「開化」に協力的でない人びとを住所・実名つきで糾弾していった。また市川が設立した松本博覧会社の構成員たちは、筑摩県の人びとを「山国《さんこく》の一僻県《いちへきけん》」の

（1）谷川穣は、京都北郊の名望家・樹木丸太夫清延の日記をもとに、副区長や学区副取締として「開化」政策を「円満」な形で推し進める姿を描き出している。樹木は、明治一〇年代に入り、地方三新法体制下で京都府議に選ばれながらも民権運動には関心を示さず、土器職人としての由緒をもとに扶持米支給の請願を行った。谷川は、樹木を「開化」の「精力的な推進者」というより結果的に「受容者」となった存在と位置づけ、その役割を評価している。谷川の指摘をふまえれば、本書で取り上げた栗林を「開化」の「受容者」として位置づけることも可能であろう。「受容者」的な存在のさらなる掘り起こしは、新たな名望家像を構築していくうえで、今後の重要な課題と考える。谷川穣「明治期「洛外」の朝廷由緒と「古都」――洛北岩倉の土器職人・樹木丸太夫の日記から――」（高木博志編『近代日本の歴史都市』思文閣出版、二〇一三年）一五三頁。

「士人《どじん》」と見なし、「文明」および「開化」へと導く「有志者」としての自己認識を共有していた。さらに、奨匡社が国会開設のために組織化を目指した「信州」には、「松本中心主義」ともいうべき特質が見られた。一連の動きには、筑摩県あるいは長野県の新たな地域秩序を、松本を中心に据えた形で再編成していく志向性が胚胎していた。

一方で、市川らとは異なる形で地域秩序のあり方を模索する志向性も存在していた。すなわち藤森ら南安曇郡教育会は、東西筑摩・南北安曇四郡の連合教育会の設立を模索していた。それは近世における組、近代における郡という単位を越えた地域秩序再編の試みであったと見なすことができる。

藤森とは対照的に、栗林ら北安曇郡の名望家や民権派教員は、「郡邑」の利害に即した形で「開化」を推進し、職業学校の設立や『幽谷雑誌』の刊行に取り組んでいた。ここで栗林幸一郎らが、職業学校と同時に、松本病院大町分院の設立運動も展開していた事実に言及しておきたい。明治一三(一八八〇)年八月一〇日、北安曇郡長・窪田畔夫に対し、北安曇郡連合会で取り上げるべき議題について以下のような建白書が提出された。すなわち幸一郎らは、「病院の衛生上欠く可らさる八固より言を待たさる」とし、「職業学校設立方法と北越線路を修繕するとの三条を併せて今回の議に掛け」たいと、①分院、②職業学校、③北越線路の三ケ条を議題として提出している(2)。この分院は、職業学校とは異なり実際に設立された。「設立ノ原由及現況」には、明治一三年九月一〇日に開院した大町分院が松本病院ヲ分離シ南安曇北・安曇両郡ノ分院トシ、地ヲ大町ト定メ」たと伝えている(3)。ここで注目すべきは、大町分院設立のための予算である。同文書によれば、予算は、北安曇郡と南安曇郡が「是迄六百円年々松本へ送ル分」を合わせて賄ったという。すなわち大町分院の設立は、「南安曇郡モ大町分院江資金凡三百円年々送金」する形で実現していたのである。

職業学校設立運動は、北安曇郡単独で松本中学校共立体制からの独立を目指し、頓挫した。その一方で大町分院設立運動は、南北安曇郡という地域結合により実現を果たした。病院設立や防疫といった取り組みは、教育や殖産に比べて、人びとの生命や生存により直接的にかかわる活動であったといえる。医療という切実な領域だけに、藤森ら南安曇郡教育会が教育の領域では果たせなかった、郡同士の結合が実現したと考えられる。職業学校と分院というふたつの運動は、担い手がいかに重なり、またどのような連関性のもとで展開していたのか。詳細な検討は、今後の重要な課題である。(4) ここではさしあたり、本書で取り上げた事業以外にも、領域に応じ多様な地域結合のあり方が模索されていたことを指摘しておく。

身分的出自や本家／分家関係、地域差といった諸主体の存在形態は、「開化」への取り組みばかりでなく、民権運動とのかかわり方に対しても一定の規定力を有していた。藤森・市川のような人びとの多くは、奨匡社の中心メンバーであり、民権運動を通じて新たな地域秩序を模索していった。これに対し栗林のような大庄屋の本家筋にあたる人びとには、「開化」の建言や民権運動への参加といった事跡がほとんど確認できず、参加者の多くは分家筋の人びとであった。そのなかでも例外的な人物は存在する。高出組最後の大庄屋・中田源次郎の倅の貢である。中田は、長野県会議員として、奨匡社の運動や、市川による長野県庁移転運動(明治一三年七月)にも参加していた。

民権運動とのかかわり方についても、中田貢の存在が示すように、身分的出自や本家／分家関係ばかりでなく、世代も考慮すべき差異であったと考えられる。すなわち第七章では、「開化」の担い手から見て一回り下の世代である中田や松沢求策のような人物が、民権運動に身を投じていく過程を検討した。松沢らが民権運動という政治的な領域にみずからの足場を築いていく前提には、「十数代」にわたる「父祖ノ遺言」と「身代」とを保守する「天保人民」世代への対抗意識があった。

---

(2) 「建白書」明治一三年八月一〇日(「(栗林家(八〇)文書」三一七)。
(3) 『大町市史 第四巻 近代・現代』(一九八五年)九三四頁。なお大町分院は明治二〇年に廃止され、同二三年より開業医が常設されることとなった。
(4) このほか市川量造や松沢求策も、明治一二年のコレラ流行に際し、防疫活動を行っている。有賀義人『信州の啓蒙家市川量造とその周辺』(凌雲堂、一九七六年)三五三頁。

松沢はこれまで、自由民権運動史という観点から運動の担い手として注目されてきた。しかし近世からの連続性および地域社会の視点から松沢という人物をとらえ直すならば、天下国家へ参与しようとする意識と裏腹の地域社会からの乖離、媒介者的役割の政治領域への特化、そして濃厚な「愚民」観が浮かび上がる。本書では、松沢やあるいは市川的な存在を中心として描かれてきた民権運動研究の射程を相対化し、拡張していく可能性を示せたと考える。

さらに本書では十分に立ち入ることができなかったが、「開化」に積極的には関与せず、自家の経営を優先する大庄屋出身者も存在した事実にも留意を要する。近世段階で保持していた政治的主導権が掘り崩された際の対応としては、「開化」の担い手となるよりも、むしろ経済的主導権の掌握に向かう方が自然な流れだとも考えられる。これもまた、地域社会における優位性を確保していくひとつの経路である。

経済的主導権の掌握に向かう志向性のもう一方の極には、市川量造が位置づいている。すなわち市川は、家の経営を傾かせるほど私財を尽くして「開化」を推進し、最終的には事業で生じた負債のため、他地域への移住を余儀なくされた。これら対極的な「開化」との向き合い方は、どのように折り重なり、また地域社会にいかなる影響を与えたのか。双方の動きを同時に見据えることで、「開化」にともなう地域秩序の再編過程をより立体的に把握することが可能になるだろう。

経済的主導権の掌握という対応を念頭に置いた時、本書で取り上げた名望家たちをどのように評価できるだろうか。彼らによる「開化」への取り組みは、地域社会におけるある種の公共的役割を果たすものであったと見なすことも可能であろう。学校教育の普及や行政の円滑化、産業育成や史跡保存などの取り組みは、地域運営にかかわる側面も持っているからである。ただしその反面で、名望家たちの目指す「公共」のあり方が一枚岩的なものであったわけではないことには、留意が必要である。彼らは、身分や家格、地域差などの諸利害に規定されながら、地域社会における新たな権力的諸関係の再編成を志向していた。地域秩序再編に向けた複数の志向性が重層的に絡み合い、せめぎ合いながら、「開化」の主導権と、それに付随する名望をめぐる争いが繰り広げられていたといってよい。維新変革による地域秩序の変動とは、名望家たちの媒介する力量が鋭く問われる瞬間にほかならない。名望を賭けた競争的関係を勝ち抜き、生き残っていくには、「開化」の趨勢を敏感に察知し、その流れを掌握し操作する力量が不可欠であった。名望家たちは、それぞれが近世より築き上げてきた立場と力量をもとに、「開化」を担っていった。あるいは複数の領域を横断する形で、またあるいは特定の領域で取り組みを展開していた。そのひとつひとつが、近代社会へと転身し、みずからの立場を確保するための経路となっていたのである。

とすれば学校設立への関与は、単に教育にかかわる理念や期待の次元のみで把握できる問題ではなかった。学校設立はじめ多様な「開化」をどのように担うかは、名望家たちにとって、近代社会への生き残りを賭けた切実な問題と密接に絡み合っていた。こうした観点に立つならば近代学校は、その設立に携わるものに対し、「開化」の媒介者としての立場と、新たな地域秩序内での優位性とを約束する、近代社会へ転身するための足がかりであったといえよう。しかし、以下に述べる通り、学校で与えられる資格（学歴）を基幹とする新たな社会秩序は、皮肉なことに名望家層の優位性を掘り崩していく機能を果たすことになるのである。

(2) 媒介する役割の変質―独占性の解体と領域横断性の分節化―

第二に本書では、名望家たちの取り組みを「媒介」をキーワードとしてひと貫きに見通してきた。名望家たちが継承してきた媒介する役割は、「開化」の進展によりいかに変質し、また「開化」の時代以降どのような歴史的帰結を迎えるのか。

この問題については、「開化」の時代に主眼を置く本書の射程を越える部分もあるが、仮説的な見取り図を示すことは可能であろう。すなわち近世段階において名望家たちは、媒介する力量を家ごとに継承し、独占していた。と同時に彼らの媒介する役割は、その独占性ゆえに、地域の文化や政治、勧業や福利など、あらゆる領域を横断していた。こうした領域横断性は、多様な「開化」を同時に担った名望家たちにも共通する特質である。これに対し「開化」の進展と定着は、媒介をめぐる独占性と領域横断性とを根底から塗り替えていったと考えられる。以下、本書で解明してきた事実にもとづき、この見取り図を敷衍してみたい。

近世の地域社会における媒介者としての立場は、特定の家が知・情報を蓄積し独占することで継承されていた。たとえば、大町年寄十家は箪笥を作って自家の由緒を保管し、また大庄屋一四家は御用留を分配して藩権力と地域社会とを媒介する役割の継承者であることを確証していた。こうして独占されていた知・情報は、大町年寄の「由緒有之家柄之者」や、大庄屋たちの「封内一和之職」という意識から明らかなように、地域の運営主体たる自己認識を養う側面も持ったことだろう。

名望家たちが家ごとに継承してきた媒介する力量は、地域秩序を維持・再生産する中核的な役割を担っていたと考えられる。栗林ら大町年寄は、家の由緒や村の歴史を創りまとめ、祭礼などの実践を通じて共有させることで、一定の共同意識を形成していた。さらにみずから村の難渋者への御救いを行い、小前層の生存を成り立たせてもいた。一方で議事局出役たちも、「御一新」の波をしのぎながら、個々の利害に応じて年貢の減免や役負担の改革、窮民救恤などを藩に建議していた。また他方で名望家たちは、「開化」の時代にいたっても、媒介者としての役割を果たそうとしていた。「開化」の象徴たる博覧会の意味を、芝居や市場をも包含する形へと読み換え、「人民之弁利」や「土地幸福」を実現しようとする活動がその好例であろう。

いずれにも、地域社会の境界上に立ち、外部から流れ込む知・情報を内部へと媒介する名望家たちの姿がある。彼らの媒介する営みは、諸領域を横断しながら、地域の文化や政治、勧業や福利などを同時並行で創出していた。とすれば媒介する営みこそが、地域の現実を創り出す力の源泉であり、秩序の維持・再生産につながる「イエ・ムラの教育」にそのままかかわってくるといってもよいだろう。

維新変革は、名望家層の媒介する役割を通じて再生産されていた地域秩序に揺さぶりをかけていく。その過程は、流鏑馬の射手の選出原理の変化に象徴的である。すなわち射手の選出は、大町年寄という出自による原理から、惣百姓の「入札」による原理へと「改革」されたのである。こうして旧来の秩序維持の作法が解体していく状況のなか、名望家たちは、近世段階で担っていた媒介する役割を引き続き保持すべく、「開化」に関与していく。

しかしその反面で、「開化」こそが、彼らの媒介者的役割のあり方そのものを変質させる要因となる。その変質過程は、第四章で取り上げた「開化」の諸事業に示唆されていよう。すなわち近代学校には原則としてすべての子供が通い、そこでは近代教育が実施される。学校教育が定着することで、近世の流鏑馬や桟敷の席次のように、名望家たちが地域秩序にかかわる意識をみずから教え込み、共有させる余地は狭められていくだろう。一方新聞は、御用留によって特定の家で記録されてきた地域支配にかかわる触れや達を、料金を支払えば誰でも購読できる情報に変質させた。他方博覧会は、諸家や寺社で秘匿されていた宝物を、「古器物」として誰もが一望できる場に引き出し、展示した。以上のように「開化」は、名望家層により掌握・独占されていた知・情報を、広く開放する側面を持っていた。

こうして媒介をめぐる独占性が解体する一方、「開化」の定着は、名望家たちの領域横断的な活動を分節化してもいった。この過程を体現する存在が、第七章で取り上げた松沢求策である。松沢について注目すべきは、「集会条例」への対応として、奨匡社に奨匡義塾を併設し学校関係者を義塾へと囲い込んだ事実である。松沢は、教育の領域を義塾のなかに囲い込むことで、民権運動という政治的な領域の境界を明確化し、自身の活動の場を確保していった。政治的な領域へと特化していく松沢の志向性は、諸領域を横断する多様な「開化」に同時に取り組んでいた栗林・藤森・市川らの世代とは根本的に異なっていたのである。

以上、独占性の解体と領域横断性の分節化という媒介する役割をめぐるふたつの変質過程は、既存の研究で提起されてきた構図と符号するものでもある。すなわち丑木幸男が示した「地方名望家体制」であり、木村政伸が示した「身分というくびき」から「国家というくびき」へという構図である。[5] 両氏の構図に倣うならば、本書の成果を以下のような過程としてまとめ直すことも可能であろう。つまり名望家たちが主体となって営む「イエ・ムラの教育」から、国家が知識（教育内容）と媒介者（教員）を定める学校教育へ、という過程である。それは名望家層に代わり、国家と国家に選ばれた官員が、知や情報を媒介する中核的な役割を担っていく過程と換言してもよい。「開化」の進展にともない、名望家層が担っていた媒介する役割のうち、文化や教育など知・情報の内実（ソフト）にかかわる領域は縮小し、病院や学校、道路など知・情報を受信し流通させる設備や装置（ハード）にかかわる領域が相対的に肥大化していく。こうした歴史像の先には、中央とのパイプにより「地方利益」を誘導する「地方名望家体制」の成立が展望されるだろう。

(3) 学校教育の可能性をめぐる名望家たちの主体性

本書が解明した事実からは、右のような枠組みには必ずしも回収しきれない、名望家の姿勢が浮かび上がる。すなわち学校教育が普及し定着するなかで、名望家たちの媒介する役割は、完全に消滅したわけではなかった。その重要な例が、第六章で検討した栗林球三と藤森寿平の学校教育をめぐる活動である。両者は、儒者として実践的な学問を重んじる武居彪や、あるいは東京師範学校出身の渡辺敏を「教師」として地域の外部から独自に招聘していた。ここには、教育内容そのものではないにせよ、近代教育の媒介者（教師）を媒介する名望家たちの姿を見いだすことができる。それは、「人才」の育成や「郡邑」の利害実現といった諸課題に対応した形で、学校教育という「開化」の内実を構築していこうとする営みにほかならなかった。

名望家たちは、単に教育近代化を推し進めるにとどまらず、みずから主体となって学校教育のあり方を築き上げていこうとした。確かにそのなかで模索されていた可能性は、名望家たちが求めていたそのままの形で実現することはなかったかもしれない。しかし名望家たちは、一見すると国民国家の制度的枠組みに一様に覆われていくように映る過程で、その意味や作用を個々の文脈に応じて読み換え、ずらしていた。彼らのこうした媒介する役割は、歴史的変動に揺さぶられつつも、しぶとく保持・継承されていったと考えられる。(6)「媒介」をキーワードとすることで、家訓書や由緒、御用留、あるいは学校や新聞、博覧会など名望家たちが掌握し操っていた多様なメディアを串刺しにとらえる。こうした着眼により、「開化」をめぐる名望家たちの主体性を浮き彫りにすることができたと考える。

そして本書が対象としてきた「開化」の時代こそ、名望家たちの媒介する力量が、とりわけ主体的に行使されていた時期にほかならない。

まず創設期の近代学校は、新聞や博覧会との連携のもとで「開化」を地域に伝達するメディアと見立てることができた。諸事業の連携は、市川量造のような存在が中心となって推進された。すなわち市川は、筑摩県における「開化」の中心地たる松本において、商人やジャーナリストなどの「有志者」たちとともに、多様な「開化」を連携させていた。

「戸長兼学校・病院・博覧・新聞・勧業」など実に多くの役職を兼担していた市川にとって、近代学校はあくまで多様な「開化」の一環に過ぎなかったかもしれない。しかしそれだけに、諸事業との連携に着目することで、「開

(5) 丑木幸男『地方名望家の成長』(柏書房、二〇〇〇年)三〇一頁。木村政伸『近世地域教育史の研究』(思文閣出版、二〇〇六年)四一頁。

(6) 栗林家と藤森家は、現在にいたるまで旧松本藩領域で生活を営んでいる。栗林本家は、大町市において病院を経営し、地域の医療・福利に携わっている。また藤森分家では、寿平以降も学校教員を輩出し続けている。もとより、本書でとらえてきた名望家たちの媒介する営みを現在にそのまま重ね合わせることはできない。栗林や藤森のように、現代まで存続している家ばかりではないからである。しかし一方で、特定の家が地域社会で果たしてきた役割を「媒介」というキーワードでつないでいくことで、近世から近代、そして現代にいたる歴史を一定の連続性を持つ過程として描出することも、また可能ではないか。この点について、本書で取り上げた名望家の子孫たちは、その後県会議員や教員、あるいは軍人などとしてどのような活動に取り組んでいったのか。今後さらに掘り下げるべき課題である。なお現在の状況に言及することを許可してくださった栗林・藤森両家の方々への謝意をここに記しておきたい。

化」のメディアとしての近代学校の姿が浮き彫りになったと考える。すなわち近代学校は、あくまで多様な「開化」の一環として、新聞を「聴く」場でもあり博覧会が開かれる場でもあった。また「不都合」とはされながらも、時には「酒宴」が催されてもいた。「開化」のメディアとしての近代学校の対象には、子供ばかりでなく地域の大人たちも含まれていたのである。

こうした近代学校の姿は、「学校教育」や「社会教育」などとして本来的には多様であるはずの教育的営みを個々別々にとらえがちな現代の教育観に対し、再考を迫っている。それは、いわば「地域教育」的な文脈から、地域社会を維持し次世代へと継承していく拠点として、近代学校を位置づけ直す視点である。(7)

その後「開化」事業の連携は、次第に綻びを呈し始め、明治一〇年ころを境に各事業の特質が明確化していくこととなる。すなわち、新聞は民権思想の普及にともない政治運動の拠点となり、博覧会は内務省主導のもと勧業の趣旨を強めていく。近代学校も、明治国家のもとでの公教育体制と学校体系の確立とともに、「立身出世」と「臣民」育成に主眼を置く教育機関として分化し、その位置を明確化していく。(8)そこにはもはや、「開化」のもとで諸事業が連携していく状況は希薄である。

しかし名望家たちが「開化」を媒介することで新たな地域秩序を模索する過程には、それぞれの現実に根ざした学校教育・近代学校の可能性が示されていたことを見逃してはならない。すなわち、藤森寿平の成新学校変則科から奨匡社へといたる実践であり、栗林球三ら北安曇郡の人びとによる職業学校設立運動である。

藤森と栗林は、それぞれの立場と力量から「開化」を媒介し、学校教育とかかわっていった。両者の教育をめぐる活動は、位相を異にしていた。藤森は、大庄屋分家出身の文化人的存在として近世段階では地域支配にかかわらず、諸国を遊歴するなかで封建制社会への批判的認識を形成していった。こうした認識の延長上には、実践社や変則科の設立、そして奨匡社への参加が位置づいている。そこで模索されていたのは、旧来の地域秩序ばかりでなく、近代学校で一般化されていく教員—生徒関係ともまた異なる秩序原理である。すなわち藤森は、「対等」な「社員」

たちが、身分的出自や職業、そして地域を越えて時には教師、また時には生徒となりながら、新たな国家を担いうる政治的主体を生み出していくような関係性を模索していた。

一方栗林は、大庄屋本家出身の政治的中間層として、地域運営の安定化をはかり、それにより自家の名望を保持していく立場にあった。栗林が取り組んだ教育活動の方向性は、奨匡社とは距離を置きつつ、栗林幸一郎らによる職業学校設立運動へと独自に展開していく。その際、北安曇郡という地域性が深くかかわっていた。「民生ニ関スル所ノ利害得失」に即した生業と殖産を実現するには、長野県でも、「平坦ノ地」である東筑摩・南安曇郡との連合でもなく、北安曇郡にその範囲を定めることが求められていた。そこでは、あくまで「郡邑」を基盤とする地域秩序の再編が目指されていたといえよう。職業学校は、その重要な拠点として構想されていたのである。

藤森と栗林らによる教育活動は、それぞれが直面していた地域の現実に即して村落外部から教員を招聘し、変則科や職業学校という形で近代学校のあり方を独自に構築していくものであった。単純化してしまうことを恐れずにいえば、藤森は政治と、栗林らは殖産（勧業）と教育とを結ぶ回路を確保する可能性を模索していた。いずれの方向性も、明治国家の学校体系が整備されていくなかで、実現の道を閉ざされていく。藤森が模索した実践は、民権運動の展開のなかでその道を閉ざされた。栗林ら北安曇郡の名望家たちが求めた職業学校は、松本中学校大町分校（明治三三年）や農工補習学校（明治四四年）という形で部分的な実現にとどまった。しかしそれゆえにこそ、両者がそれ

（7）　廣瀬隆人らは、一九九〇年代以降「学校・家庭・地域の連携」による学校運営が改めて模索され始めた状況に対し、「「学校教育」「社会教育」という二分論を越えた「地域教育」」という視座を提起している。そのうえで「連携」の具体像構築のため、「学校中心のパラダイム転換」を今後の検討課題にあげており、重要な指摘である。『日本の社会教育第55集　学校・家庭・地域の連携と社会教育』（日本社会教育学会、二〇一一年）一九六頁。

（8）　竹内洋『立志・苦学・出世―受験生の社会史―』（講談社、一九九一年）。牧原憲夫『客分と国民のあいだ―近代民衆の政治意識―』（吉川弘文館、一九九八年）。

ぞれの社会的文脈から立ち上げていた構想は、民権運動あるいは近代教育制度といった枠組みそのものを相対化してとらえ直す可能性を示している。

以上、本書では、栗林球三・藤森寿平・市川量造ら名望家たちの諸活動に着目してきた。三者は、旧松本藩領域において現在でも、「日本の近代化を担った村の為政者」や「安曇野教育の源流」、「松本城を守った啓蒙家」などと評価されている。その知名度に差はあるものの、いずれも「郷土の偉人」として顕彰されている。これら現在的観点からなされる評価に対し本書では、名望家たちが取り組んだ「開化」の歴史的な意味について、名望家たちの視点から内在的にとらえ直すことを目指してきた。地域の人びとにとってはまさに「異物」でしかなかった「開化」が許容されるうえで、名望家たちの存在が重要な役割を果たしていた。彼らの媒介する力量こそが、地域の現実を創り出す要であった。媒介する役割への着眼により、「開化」の時代という、きわめて曖昧で過渡的な状況と正面から切り結ぶ名望家たちの生きざまと、そこで模索されていた地域秩序の再編、およびその拠点としての学校教育にかかわる多様な可能性を描き出せたと考える。

ただしこのように述べたからといって、筆者には、名望家たちが創り出そうとしていた可能性をそのまま現代に呼び起こそうなどという考えは毛頭ない。彼らの構想は、複数の異なる利害を有した諸主体が相互にせめぎ合うなかで模索されていたものである。家の優位性の保持、「青年」たちに政治参加を求める実践、松本を中心とした「開化」の潮流。そのいずれにも、一定の序列性や権力性を有する地域秩序の構築を目指す志向性が胚胎していたのではなかったか。地域社会内部の権力的諸関係が否応なく内包してしまう「生きづらさ」と向き合うことなしに、地域の「自治」や「公共」を手放しで評価してしまうことには慎重でありたい。その反面、「生きづらさ」から乖離した場所で地方の「愚民」性を声高に表明してみても、そこに出口はない。〝ユートピア〟でも〝ディストピア〟でもない、いわば、無数の言葉や経験が〝おり〟のように沈み溜まった場として地域社会を掘り起していくこと。こうした認識の作法にこそ、この時代・この地域に改めて目を向けてみる意味が賭けられているのではないか。

巻末資料 ――「筑摩県管轄物価表」に見る筑摩県の生活状況 ――

以下に掲げるのは、明治七（一八七四）年四、五、六月における「筑摩県管轄物価表」（以下、「物価表」と表記）である。本書では、地域社会における「開化」の展開過程について検討してきた。そのなかで、学校関係費用や新聞の講読料、博覧会の入場料などさまざまな値段についても言及した。これらの値段は、当時の物価状況のなかでどれほどの価値があったのか。巻末資料をもとに、この点についての理解を深めておきたい。まずは史料の書誌情報を概観し、本書の行論と関連づける形でその内容を紹介しておこう。

本資料は、「毎月十五日物価表」（岐阜県歴史資料館所蔵）と、「筑摩県管轄物価表」（同志社大学今出川図書館所蔵）というふたつの史料にもとづいて作成したものである。[1] 史料名は異なるが、その内容は同じである。前者は、「本支庁下毎月十五日物価表」と記された筑摩県高山出張所文書であり、四、五月の物価表が綴じられている。後者の表紙には、「第十四大区六小区諏訪郡穴山新田村」と記され、四、五、六月の物価表が綴じられている。四月は一六丁で、五、六月はそれぞれ一五丁から成る。

四月の表紙を繰ると、まずは筑摩県の第八二号布達が掲載されている。

（1）「毎月十五日物価表」明治七年四月（「高山出張所事務文書」一・八五―六九、岐阜県歴史資料館所蔵）。「筑摩県管轄物価表」明治七年四、五、六月（同志社大学今出川図書館所蔵、三三七・八二一：C）。

別紙、松本町・大町村・下桑原村・飯田・高山・福島、四月十五日立物価表、商業有用ノ者一覧ノ為、上木致候条、此旨布達候事、

但自今月々上木ニテ布達候事

明治七年五月十七日

永山権令代理筑摩県参事・高木惟矩

「物価表」は、「商業有用ノ者一覧」に供するため、毎月布達すると、筑摩県参事の名前で周知されている。ここから、「物価表」の作成主体は、筑摩県であったことがわかる。ただし筑摩県は、独自に「物価表」を作成したわけではない。民部省はすでに明治二年一一月二〇日、「其府県管轄所ノ内、米相場相立候場所毎ニ、其月十日、二十日、晦日ノ分、別紙ノ通半紙竪紙ニ為認、一綴ニ致」すべしと各府県に求めているからである。[2]さらに明治四年一二月五日の「大蔵省第一一九号」に「各府県下枢要ノ市町、毎月上・中・下米立相場、別紙雛形ノ通当十一月分ヨリ差出、向後ハ其翌月十五日限リ月々無遅延可差出事」とあり、これ以降各地方の物価調査事業は大蔵省の管轄となった。[3]筑摩県の「物価表」作成も、こうした中央法令を受けて取り組まれたものと考えられる。大蔵省が取りまとめた「各地物価表」には、米・麦・大豆・酒など一三品目前後の物価が、東京・西京（京都）・大阪の市中と、信濃国のように旧国名で表記された七三地域について掲載されている。[4]筑摩県による「物価表」の方がより多くの品目を掲載しており、筑摩県内の生活状況を詳細に伝えている。

筑摩県「物価表」が、活版印刷により発行されていることも注目される。四月一五日の物価表が五月一七日付の布達とともに頒布されていることから、物価情報の集約から印刷までにひと月ほどを要していたことがわかる。同志社大学所蔵版の六月分の表紙には、「三十五ばん、十月五日、山田ゟ受取り、一通ツヽ、賃五厘三毛」との端書きがある。六月分が印刷されるまでの期間が四月分と同じであったと仮定すると、実際に頒布されるまでにはさら

なる月日を要していたと推測される。（図巻末‐1）。

筑摩県高山出張所文書のなかには、明治六年一二月から翌七年三月までの「各方物価表留」も存在している。しかしそのすべてが手書きであり、地方も飛驒国大野郡高山町・信濃国筑摩郡福島村・同国伊那郡飯田町の三ケ所にとどまる。[5] 活版印刷の導入により、県下各地の物価情報の共有が可能になったと考えられる。

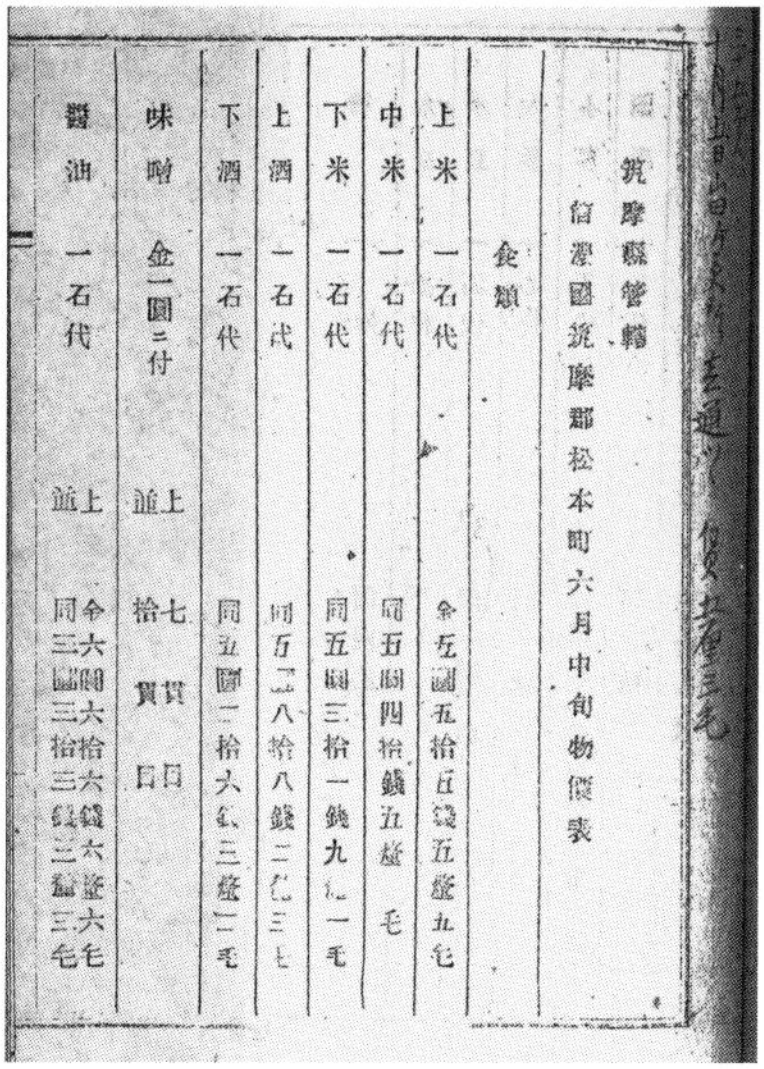
筑摩縣管轄
信濃國筑摩郡松本町六月中旬物價表
食類
上米 一石代 金五圓五拾五錢五厘九毛
中米 一石代 同五圓四拾錢五厘 毛
下米 一石代 同五圓三拾一錢九厘一毛
上酒 一石代
下酒 一石代
味噌 金一圓ニ付 上 七貫目 並 拾貫目
醤油 一石代 上 金六圓六拾六錢六厘六毛 並 同三圓三拾三錢三厘三毛

図巻末‐1　「物価表」（六月分、同志社大学所蔵版）

「物価表」の特徴は、第一に、収録の対象が筑摩県下全域に及んでいる点にある。すなわち、筑摩郡松本町・筑摩郡福島村・安曇郡大町村・諏訪郡下桑原村・伊那郡飯田町・大野郡高山町の物価状況を収録している。そのため「物価表」は、同じく筑摩県といえど、地方ごとに物価状況が異なっていたことを示している。もっとも、扱っている品目や物価の単位は必ずしも統一されているわけではない。たとえば同じ「白砂糖」でも銘柄が異なっていたり、「手拭地」や「元結」のように特定の地方のみが採録したりする品目もある（No. 20、27、34）。したがって、すべての品目を単純に換算して比較することはできない。

（2）「民部省第一〇七一号」明治二年一一月二〇日。以下、中央法令の出典は、『法令全書』（内閣官報局）による。

（3）大蔵省による物価調査事業はその後、麦・大豆・酒・塩・水油・石炭へと品目が増やされた（「大蔵省第一二七号」明治六年八月三一日）。

（4）「各地物価表」明治六年―同八年（国立公文書館所蔵、一八三―〇〇四〇）。

（5）「明治七年各方物価表留」（「高山出張所事務文書」一・八五―六七）。

この点をふまえたうえで、四月の上米一石あたりの値段を見てみよう（No.1）。この時期は高山町が六円七五銭と最高で、最安の大町村の四円一銭六厘と比べても二円以上の差がある。また賃金についても、大工の手間賃は松本町が一五銭、福島村が一四銭三厘三毛である一方、下桑原村では二〇銭四厘一毛と、五銭以上の差があった（No.63、四月）。さらに左官の手間賃も、松本町の一六銭七厘・大町村の一五銭と、下桑原町の二三銭七厘五毛で一・五倍に迫る差が見られる（No.64、四月）。

採録された品目にも、地域差が現れている。松本町の「真篶籠」や大町村の「麻」、高山町の「春慶塗」などは、各地方の特産品である（No.28、52、53）。また、高山町のみ「灰吹銀」や「銅」、「鉛」など鉱物の物価を詳しく収録している（No.57、58、59）。この時期、三井組の経営のもとで神岡鉱山（吉城郡）の採掘が始まっていたことも関係していると思われる。

第二に「物価表」は、明治七年四・五・六月と三か月にわたる記録であり、物価の推移を読み取ることができる。ただし物価の変動について、種々の要因をあげて説明する用意は、本書にはない。そのためここでは、「物価表」から読み取れる物価の推移として、いくつか事例を指摘するにとどめたい。まず物価が上昇している品目としては、「米」があげられる（No.1）。四月から六月にかけ、大町村では三〇銭程度の上昇であるが、福島村では二円以上も値上がりしている。上がり幅についても、地方によって区々であったことが指摘できる。一方で「水油」は、松本町・下桑原村では下がり、福島村・高山町では変化がないが、飯田町では六円ほど値上がりしている（No.44）。他方、「味噌」や「醤油」、「松板」や「膳」などは、総じて大きな変化は見られない（No.3、4、49、53）。

第三に、「物価表」における物価状況について、大都市との比較を試みたい。まず前述の大蔵省作成「各地物価表」（明治七年二月）を参照する。上米一石あたりの値段は、東京は六円三九銭二厘三毛二糸、西京は五円六三銭七厘八毛六糸、大阪は六円三三銭八厘五毛七糸である。これに対し同年四月の筑摩県では、四円一銭六厘から六円七五銭である（No.1）。また塩一石あたりの値段は、東京は一円八厘三毛、大阪は一円六銭七厘五毛一糸である（いずれも上・中・下平均、西京は記載なし）。これに対し筑摩県では、松本町が四円八〇銭、高山町では三円四〇銭である（No. 5）。筑摩県の物価は、大都市に比べ米はやや安く、塩は倍以上高かったことがわかる。続いて『値段史年表』をもとに、労賃について比較しておこう。(6) 明治七年における東京の大工手間賃は、ひとり一日で、四〇銭であった（一一八頁）。これに対し筑摩県では、いずれの地方も半分の二〇銭程度かそれ以下である（No. 63）。労賃についても、相当な格差が存在していたことがうかがえる。筑摩県内における物価差については先に指摘した通りであるが、この時期の地域間の生活状況・感覚の落差は、現在では想像できないほどであったといってよい。

最後に、「物価表」のデータをもとに、本書で言及したさまざまな値段について敷衍しておこう。まず第四章で指摘した通り、創刊時（明治五年）の『信飛新聞』は一部三銭、第一回松本城博覧会（明治六年）の入場料はひとり二銭であった。明治七年四月における松本町の諸職の手間賃は、一日あたり大工が一五銭、左官が一六銭七厘、日雇人足が一三銭五厘であった（No. 63、64、65）。これらの人びとにとって、新聞・博覧会にお金を払う価値があると受け止められていたか否かは別として、少なくとも全く手が届かない値段ではなかったことがわかる。

また第六章では、学校教員の給料について言及した。すなわち藤森寿平（成新学校）は七円、武居彪（作新学校）は八円、そして東京師範学校より北安曇郡仁科学校に迎えられた渡辺敏は二〇円の月給を受けていた。これに対し、上記の大工・左官・日雇人足として仮に二〇日間働いた場合は、三円から二円七〇銭の賃金である。とすれば学校教員、とりわけ渡辺敏の月給は、相当な高額であったといってよいだろう。

さらに奨匡社の代表として国会開設請願のため東京に滞在していた松沢求策は、五月から十月までの送金が四〇円では、とても生活できないと嘆いていた（第七章）。先に大工手間賃について行った比較をふまえれば、東京と筑摩県との賃金格差は二倍ほどの開きがあった。ここから東京と筑摩県では金銭感覚のうえで大きな差があったと推

（4） 週刊朝日編『値段史年表』（朝日新聞社、一九八八年）。

測できる。とすれば、松沢の送金要求は、松本では切実なものとして受け止められなかった可能性がある。
以上、「物価表」の紹介と、簡単な検討を試みてきた。その発行経緯や物価情報の収集ルートなど、不明な点も多い。周辺史料をさらに掘り起こし、今後明らかにしていきたい。しかし少なくとも「物価表」は、県内および東京や全国との比較・検討を行うことで、明治ゼロ年代における地方社会の物価状況を把握するに有効な素材であることは間違いない。

【凡例】

一、品目と量目は、原則として史料の表記に従った。そのため、地方ごとに銘柄や量目の単位が統一されていない場合がある。区々な銘柄・単位をあえて換算しなかったのは、量目と値段との割合が相違する可能性を否定できないためである。たとえば松本町における水油の値段は、一石では二一円二七銭六厘五毛であるのに対し、一舛では二三銭である（No. 44、四月）。

一、表の一、二列目の「品目」と「量目」は、松本町の表記に従った。それ以外の地方で異なる表記を用いている場合は、（ ）などに適宜表記した。

一、煩雑さを避けるため、同じ行に統一した品目がある。たとえば大町村では、五月より独立した品目として「鯡」が登場するが、「肴」の行に統一した（No. 14）。

筑摩県管轄四月中旬物価表

	品目	量目	筑摩郡松本町	筑摩郡福島村	安曇郡大町	諏訪郡下桑原村	伊那郡飯田町	大野郡高山町
1	米	1石	4円44銭4厘4毛（上） 4円34銭7厘8毛3糸（中） 4円25銭5厘3毛2糸（下）	6円25銭（上） 6円（中） 5円75銭（下）	4円1銭6厘（上） 3円93銭7厘（中） 3円84銭6厘（下）	4円53銭（上） 4円45銭（中） 4円36銭（下）	5円15銭6厘（上） 5円4銭（中） 4円92銭5厘（下）	6円75銭（上） 6円56銭2厘5毛（中） 6円（下）
2	酒	1石	5円26銭3厘2毛（上） 4円76銭1厘9毛（下）	1円につき： 1斗2舛1合（上） 1斗3舛3合3夕3才（中） 1斗6舛6合6夕（下）	2斗（1円につき）	5円（上） 4円65銭（中） 4円25銭（下）	5円55銭（上） 4円50銭（下）	7円2銭5厘（清酒、上） 5円60銭（清酒、中） 4円35銭（清酒、下）
3	味噌	1円につき	7貫目（上） 10貫目（並）	5貫500目（上） 7貫500目（中） 10貫目（下）	7貫目	—	4貫目（上） 12貫目（赤）	14貫目
4	醬油	1石	6円66銭6厘6毛（上） 3円33銭3厘3毛（並）	1斗7舛（1円につき）	1斗8舛（1円につき）	8円（上） 4円25銭（下）	10円（上） 5円（並）	8円
5	塩		4円80銭（1石） 4銭8厘（1舛）	41銭（5貫500目1俵） 3銭9厘（1舛）	2円12銭5厘 （海塩、2俵1駄）	4円64銭 （海塩、4斗入4俵） 2銭9厘（海塩、1舛）	5円40銭5厘 （海塩、4斗入6俵） 3銭（海塩、1舛）	3円40銭（海塩、1石）
6	大豆	1石	4円17銭1厘5毛	3円40銭	3円36銭7厘	4円45銭	3円75銭	3円75銭
7	小豆	1石	3円57銭1厘4毛3糸	3円30銭	3円11銭	4円	4円	—
8	大麦	1石	2円	3円50銭（白） 2円（皮）	2円36銭6厘	2円95銭	1円56銭	1円65銭
9	小麦	1石	2円94銭3厘9毛	3円50銭	3円3銭	2円92銭	2円89銭	—
10	蕎麦	1石	2円17銭4厘	2円25銭	2円	2円45銭	1円66銭6厘	—
11	稗	1石	—	1円	1円25銭	—	—	1円20銭
12	粟	1石	—	3円75銭	—	—	—	—
13	鰹節	100目	18銭5厘（上） 13銭5厘（下）	1円につき： 500目（土佐産） 680目（遠江産）	600目（1円につき）	—	1円につき： 570目（土佐産） 730目（薩摩産） 600目（紀伊産） 650目（遠江産）	600目（土佐産、1円につき）

	品目	量目	筑摩郡松本町	筑摩郡福島村	安曇郡大町	諏訪郡下桑原村	伊那郡飯田町	大野郡高山町
14	肴	—	5円50銭（干烏賊、100把） 37銭（干田作、1貫目）	1円（鰊鯑、1貫800目） 1円（田作、2貫目） 2銭5厘（塩鰯、10尾）	1円（田作、3貫目） 50銭（焼鯛、1貫目）	5銭2厘（塩鰤、100目） 5銭5厘（塩鮪、100目） 4銭5厘（塩鯖、1本）	80銭（干海老、1貫目） 40銭（干田作、1貫目）	2円33銭1厘 （田作魚、7貫目） 66銭6厘（干鰯千入）
15	干鱈鯱	1貫目	34銭1厘7毛	—	—	—	—	—
16	河魚	—	—	10銭（鰻、40目） 10銭（赤魚・アメ魚、100目）	—	2円43銭8厘（鰻、1貫目） 90銭（鯉、1貫目）	1円25銭（鰻、1貫目） 75銭（鯉、1貫目）	—
17	肉類	—	58銭9厘（牛肉、1貫目）	—	—	66銭7厘（鹿・牛、1貫目）	33銭（猪・鹿、1貫目）	—
18	煙草	—	5円75銭（上、60玉） 5円（中、60玉） 3円75銭（下、60玉）	—	5円（葉煙草、36貫目） 15円（刻煙草、280玉入）	—	26円（清内路産刻煙草、小玉720玉） 24円（峠産葉煙草、525斤）	—
19	黒砂糖	1円 につき	10斤5分（薩摩大島上） 13斤5分（遠江産上）	10銭（1斤）	10斤（大島） 14斤（遠州）	35銭（1貫目）	13斤（薩摩産大島） 15斤5分（遠江産上）	2貫180目（薩摩大島）
20	白砂糖	1円 につき	4斤5分（三盆） 8斤（唐雪） 9斤（天光）	20銭（雪白、単位不明）	1貫目： 65銭（上） 58銭（並）	71銭7厘（1貫目）	4斤（三盆） 6斤5分（唐雪） 8斤（天光）	955目（三盆白） 1貫460目（唐雪）
21	串柿	1重ね	—	16銭（上） 14銭（下）	—	—	—	—
22	茶	—	—	—	62銭5厘（内津300目1斤） 40銭（気田茶200目1斤）	—	—	—
23	生糸	9貫目	当時相場ナシ（上中下）	—	—	300円（上） 265円（中） 235円（下）	310円（上） 280円（中） 200円（下）	200円（島田造、上） 170円（島田造、中） 150円（島田造、下）
24	真綿	10円 につき	900目（上） 1貫目（中） 1貫100目（下）	1円につき： 75目（上） 80目（中） 100目（下）	1円25銭（100目）	950目（上） 1貫200目（中） 1貫400目（下）	750目（上） 800目（中） 850目（下）	100目： 1円25銭（上） 1円（中） 70銭（下）
25	綿	360貫目	520円（尾張産） 510円（三河産） 500円（遠江産）	11銭5厘（打綿、60目） 9銭2厘（中入綿、60目）	542円（尾州産操綿）	520円（尾張産） 520円（三河産） 505円（遠江産）	510円（尾張産） 505円（三河産） 500円（遠江産）	19円40銭（打綿、10貫目）

26	棉	1反	68銭5厘(上) 58銭(中) 48銭(下)	量目不明： 58銭(棉布、上) 50銭(棉布、下)	50銭(2丈8尺)	66銭7厘(上) 55銭(中) 43銭3厘(下)	79銭(上) 73銭(中) 64銭(下)	—
27	手拭地	10筋	58銭4厘(上) 36銭7厘(中) 33銭4厘(下)	—	—	—	—	—
28	麻	—	—	—	36貫目： 43円(山中) 38円(四ヶ荘)	—	—	—
29	麻布	—	—	量目不明： 1円6銭(上) 85銭(中) 65銭(下)	1円(小谷畳縁、1反8分) 66銭(山中煉麻、1反)	—	—	—
30	縞	1反	—	—	80銭(尾州桟留) 85銭(三州牛久保)	—	—	—
31	小倉帯地	長2丈1反	—	—	—	1円50銭(上) 1円(中) 35銭(下)	—	—
32	紬	10疋	—	—	—	—	—	21円(上) 18円(中) 16円(下)
33	畳糸	1円につき	—	—	700目	—	—	—
34	元結	1丸	—	—	—	—	11銭6厘6毛(上) 10銭5厘(中) 7銭5厘(下)	—
35	宮本紙	1円につき	1束2状(上) 2束(中) 2束4状(下)	1束： 1円33銭3厘3毛(上) 83銭3厘3毛(下)	50銭(1束)	—	—	—
36	坂下紙	1円につき	—	1束： 25銭(上) 20銭(下)	—	—	—	—
37	楮		—	—	当時相場ナシ	—	—	—

	品目	量目	筑摩郡松本町	筑摩郡福島村	安曇郡大町	諏訪郡下桑原村	伊那郡飯田町	大野郡高山町
38	晒紙	1円 につき	—	—	—	—	400目（上） 450目（中） 500目（下）	—
39	紙	—	—	—	—	—	1円につき： 帳面紙上、600目 帳面紙下、720目 中折半紙上40枚、23折 中折半紙下38枚、35折	37銭5厘（不端切200枚） 54銭1厘5毛 （八寸紙500枚）
40	中判	1円 につき	700目（上） 800目（中） 900目（下）	—	—	—	—	—
41	足袋裏	100目	25銭9厘（上） 22銭5厘（中） 20銭9厘（下）	—	—	—	—	—
42	藍玉	60玉	20円（上） 14円（中） 8円（下）	—	—	—	—	—
43	漆	1円 につき	220目（上） 250目（下）	—	—	—	180目（上） 200目（下）	180目（上） 200目（下）
44	水油	1石	21円27銭6厘5毛（1石） 23銭（1舛）	1円につき： 4舛2合（荏水） 4舛（種水）	4舛8合（1円につき）	19円23銭（荏油） 19円50銭（菜種）	22円22銭（荏油） 22円72銭（菜種）	30円（荏油） 30円（菜種）
45	石炭油	1石	17円（長野産青白） 22円58銭（舶来）	—	1円につき： 4舛5合（舶来） 5舛（和製）	20円（和産） 25円63銭（舶来）	25円（和産） 30円（舶来）	31円（舶来） 24円（和製）
46	蝋燭	—	—	47銭5厘（300目）	1円（800目）	—	—	—
47	炭	5貫目	—	12銭5厘（目方5貫目1俵） 5銭（才《(ママ)》児炭目方1貫500目）	—	—	—	—
48	薪	—	—	1尋40束： 75銭（槇） 50銭（雑木）	—	—	—	—

49	松板	1枚(厚5分幅1尺丈6尺)	5銭8厘5毛(上) 3銭5厘9毛(中) 2銭5厘(下)	1円(長6尺厚4分、8間)	25銭(幅1尺厚5分、11枚)	3銭7厘5毛(厚5歩《(分)》幅1尺丈6尺)	3銭1厘3毛(厚5分幅1尺丈1丈)	—
50	杉板	1枚(厚5分幅1尺丈6尺)	16銭7厘(上) 5銭(中) 3銭5厘9毛(下)	—	—	—	3銭3厘3毛	—
51	竹	1円につき	—	—	—	—	30本(5寸廻) 16本(6寸廻) 12本(8寸廻)	—
52	真籌籠	10組	72銭5厘(組籠角三本五ノ入子、1組) 1円38銭3厘3毛3糸(帳籠本磨大帳) 61銭6厘6毛6糸(半磨小帳)	—	—	—	—	—
53	膳	20人前	—	4円25銭(木具膳) 3円(日光膳)	—	—	春慶塗日光形: 5円(上) 4円(中) 3円(下)	1円62銭5厘(春慶塗枇目会席、10人前)
54	椀	20人前	—	—	—	—	5円(二度挽百物) 4円(並物百物)	—
55	面桶	3合入100数代《(ママ)》	—	3円33銭3厘(黒塗) 2円83銭3厘(赤塗)	—	—	—	—
56	鉄	1貫目	65銭6厘2毛5糸(上) 59銭3厘7毛5糸(中) 56銭2厘5毛(下)	—	1貫600目(長割、1円につき)	和鉄: 66銭7厘(上) 62銭5厘(中) 56銭7厘(下)	62銭5厘(上) 57銭(中) 53銭5厘(下)	1円につき: 1貫300目(上) 1貫400目(中) 1貫500目(下)
57	灰吹銀	1貫目	—	—	—	—	—	140円
58	銅	100斤	—	—	—	—	—	19円75銭(丁) 18円50銭(漉)

	品目	量目	筑摩郡松本町	筑摩郡福島村	安曇郡大町	諏訪郡下桑原村	伊那郡飯田町	大野郡高山町
59	鉛	100斤	—	—	—	—	—	5円6銭6厘7毛
60	鑞銅	1貫目	—	—	—	—	—	2円
61	舶来物	1尺	68銭（黒羅紗） 9銭6厘8毛（黒絹呉呂服） 10銭5厘（緋紫メリンス）	10銭5厘（黒絹呉呂） 11銭5厘（唐縮緬） 14銭5厘（唐天鵞絨）	—	3円50銭（黒羅紗、1間） 13銭3厘（黒牛郎、2尺幅1尺） 6円50銭（メリンス、2尺幅7丈2尺）	1円15銭（黒羅紗） 14銭2厘（黒絹呉呂服） 10銭8厘（緋紫メリンス）	—
62	金巾棉	1貫目	2円87銭（上） 2円75銭（中）	—	—	—	—	—
63	大工手間賃	1日食共	15銭	14銭3厘3毛	15銭	20銭4厘1毛7糸	20銭	—
64	左官手間賃	1日食共	16銭7厘	18銭5厘	15銭	23銭7厘5毛	22銭5厘	—
65	日雇人足賃	1日食共	13銭5厘	11銭	12銭	12銭5厘	13銭5厘	—
66	畔鍬	1日食共	—	13銭1厘6毛	—	—	—	—
67	石工	1日食共	—	—	16銭9厘	—	—	—

筑摩県管轄五月中旬物価表

	品目	量目	筑摩郡松本町	筑摩郡福島村	安曇郡大町	諏訪郡下桑原村	伊那郡飯田町	大野郡高山町
1	米	1石	5円(上) 4円87銭8厘(中) 4円76銭1厘9毛(下)	6円50銭(上) 6円25銭(中) 6円(下)	4円34銭7厘(上) 4円25銭5厘(中) 4円16銭6厘(下)	5円23銭4厘(上) 5円15銭6厘(中) 5円(下)	5円62銭(上) 5円54銭(中) 5円46銭(下)	6円56銭2厘5毛(上) 6円37銭5厘(中) 5円93銭7厘5毛(下)
2	酒	1石	5円55銭5厘5毛(上) 5円(下)	1円につき： 1斗2舛1合(上) 1斗3舛3合3夕3才(中) 1斗6舛6合6夕6才(下)	5円(上) 4円50銭(並)	5円55銭5厘(上) 5円(中) 4円34銭7厘(下)	5円52銭(上) 4円50銭(下)	7円3銭2厘(清酒、上) 5円72銭4厘(清酒、中) 4円48銭(清酒、下)
3	味噌	1円につき	7貫目(上) 10貫目(並)	5貫500目(上) 7貫500目(中) 11貫目(下)	7貫目	—	4貫目(上) 12貫目(下)	14貫目
4	醤油	1石	6円66銭6厘6毛(上) 3円33銭3厘3毛(並)	1斗7舛(1円につき)	5円50銭5厘(上) 5円(並)	10円(上) 5円(中) 3円57銭1厘4毛(下)	10円(上) 5円(並)	8円
5	塩	—	5円(1石) 5銭(1舛)	41銭5厘(5貫500目1俵) 4銭(1舛)	3円75銭(1石)	5円52銭 (海塩、4斗入4俵) 3銭2厘(海塩、1舛)	5円30銭(4斗入6俵) 3銭(1舛)	3円40銭(海塩、1石)
6	大豆	1石	4円77銭2厘2毛	3円40銭	3円62銭3厘	4円60銭	3円98銭	3円30銭
7	小豆	1石	3円57銭1厘4毛	3円30銭	3円11銭	4円16銭7厘	4円	—
8	大麦	1石	1円50銭	3円25銭(白) 2円(皮)	2円7銭2厘	2円	1円56銭(麦)	3円(春揚)
9	小麦	1石	2円94銭1厘1毛1糸	3円25銭	3円3銭	3円12銭5厘	—	—
10	蕎麦	1石	2円17銭4厘	2円25銭	2円	2円38銭	1円61銭	—
11	稗	1石	—	1円	1円25銭	—	—	1円10銭(皮付)
12	粟	1石	—	3円75銭	—	—	—	—
13	鰹節	100目	18銭3厘(上) 13銭5厘(下)	1円につき： 450目(土佐産) 600目(遠江産)	600目(1円につき)	—	1円につき： 570目(土佐産) 730目(薩摩産) 600目(紀伊産) 650目(遠江産)	600目(土佐産、1円につき)

	品目	量目	筑摩郡松本町	筑摩郡福島村	安曇郡大町	諏訪郡下桑原村	伊那郡飯田町	大野郡高山町
14	肴	—	5円50銭（干烏賊、100把） 37銭（干田作、1貫目）	1円（田作、2貫目） 7銭5厘（干烏賊、20枚入1把）	1円（田作、3貫目） 15銭（干鰤、1枚） 12銭5厘（鯡、1把90本入）	8銭（塩鰤、100目） 6銭（塩鮪、100目） 6銭5厘（塩鯖、大1本）	1貫目： 80銭（干海老） 40銭（干田作）	2円33銭1厘（田作魚、7貫目） 66銭6厘（干鰯千入）
15	干饂飩	1貫目	34銭1厘7毛	—	—	—	—	—
16	河魚	—	—	10銭（鰻、40目） 10銭 （赤魚・アメ魚、100目）	—	1貫目： 2円50銭（鰻） 1円（鯉）	1貫目： 1円50銭（鰻） 1円（鯉）	—
17	肉類	—	58銭9厘（牛肉、1貫目）	—	—	1貫目： 70銭（鹿） 65銭（牛）	33銭（猪・鹿、1貫目）	—
18	煙草	—	5円75銭（上、60玉） 5円（中、60玉） 3円75銭（下、60玉）	—	15円（280玉）	—	26円（清内路産刻煙草、小玉720玉） 24円（峠産葉煙草、525斤）	—
19	黒砂糖	1円 につき	10斤5分（薩摩大島上） 13斤5分（遠江産上）	11銭（1斤）	10斤（大島） 14斤（遠州）	39銭1厘7毛 （黒上、1貫目）	13斤（薩摩産大島） 15斤半（遠江産）	2貫180目（薩摩大島）
20	白砂糖	1円 につき	4斤5分（三盆） 8斤（唐雪） 9斤（天光）	1斤： 21銭3厘3毛（天光） 16銭6厘6毛（雪白）	1貫目： 65銭（上） 58銭（並）	56銭6厘7毛（白上、1貫目）	4斤（三盆） 6斤半（唐雪） 8斤（天光）	955目（三盆白） 1貫460目（唐雪）
21	串柿	1重ね	—	16銭（上） 14銭（下）	—	—	—	—
22	茶	—	—	—	62銭5厘（内津300目） 40銭（気田200目）	—	1円25銭（宇治製新、200目斤）	—
23	生糸	9貫目	相場相決不申候（上中下）	—	当時品無之	300円（上） 265円（中） 235円（下）	300円（上） 240円（中） 150円（下）	200円（島田造、上） 170円（島田造、中） 150円（島田造、下）
24	真綿	10円 につき	900目（上） 1貫目（中） 1貫100目（下）	1円につき： 70目（上） 80目（中） 100目（下）	—	950目（上） 1貫200目（中） 1貫400目（下）	800目（上） 850目（中） 900目（下）	100目： 1円25銭（上） 1円（中） 70銭（下）
25	綿	360貫目	520円（尾張産） 510円（三河産） 505円（遠江産）	60目： 11銭（打綿） 9銭2厘（中入綿）	542円（尾州産操綿）	510円（尾張産） 510円（三河産） 490円（遠江産）	495円（尾張産） 475円（三河産） 470円（遠江産）	19円40銭（打綿、10貫目）

26	棉	1反	68銭5厘(上) 58銭(中) 48銭(下)	57銭(棉布、上) 48銭(棉布、下)	55銭(2丈8尺)	58銭3厘(上) 46銭6厘(中) 36銭6厘(下)	75銭(上) 66銭(中) 60銭(下)	—
27	手拭地	10筋	58銭4厘(上) 36銭7厘(中) 33銭4厘(下)	—	—	—	—	—
28	麻	—	—	—	36貫目： 43円(山中) 38円(四ヶ庄)	—	—	—
29	麻布	—	—	量目不明： 1円6銭(上) 85銭(中) 65銭(下)	1円(小谷畳縁、1反8分) 66銭(山中煉麻、1反)	—	—	—
30	縞	1反	—	—	80銭(尾州桟留) 85銭(三州牛窪)	—	—	—
31	小倉帯地	長2丈1反	—	—	—	1円40銭(上) 93銭(中) 30銭(下)	—	—
32	紬	10疋	—	—	—	—	—	26円(上) 24円(中) 20円(下)
33	畳糸	1円につき	—	—	700目	—	—	—
34	元結	1丸	—	—	—	—	11銭5厘(上) 10銭4厘(中) 7銭(下)	—
35	宮本紙	1円につき	1束2状(上) 2束(中) 2束4状(下)	1束： 1円33銭(上) 83銭3厘(下)	1束： 55銭	—	—	—
36	坂下紙	1円につき	—	1束： 25銭(上) 20銭(下)	—	—	—	—
37	楮		—	—	当時品無之	—	—	—

	品目	量目	筑摩郡松本町	筑摩郡福島村	安曇郡大町	諏訪郡下桑原村	伊那郡飯田町	大野郡高山町
38	晒紙	1円につき	—	—	—	—	400目（上） 450目（中） 550目（下）	—
39	紙	—	—	—	—	—	1円につき： 帳面紙上、600目 帳面紙下、730目 中折半紙上、40枚24折 中折半紙下、38枚35折	37銭5厘（不端切200枚） 54銭1厘5毛（八寸紙500枚）
40	中判	1円につき	700目（上） 800目（中） 900目（下）	—	—	—	—	—
41	足袋裏	100目	30銭（極上） 26銭6厘7毛（上） 24銭1厘7毛（中） 21銭6厘7毛（下）	—	—	—	—	—
42	藍玉	60玉	20円（上） 14円（中） 8円（下）	—	—	—	—	—
43	漆	1円につき	220目（上） 250目（下）	—	—	—	180目（上） 200目（下）	180目（上） 200目（下）
44	水油	1石	20円（1石） 22銭（1舛）	1円につき： 4舛2合（荏水） 4舛（種水）	20円	17円54銭4厘（荏油） 18円18銭（菜種）	21円50銭	30円（荏） 30円（菜種）
45	石炭油	1石	17円（長野産青白） 22円58銭（舶来）	—	1円につき： 4舛5合（舶来） 5舛（和製）	20円（和産） 25円63銭（舶来）	23円（和産） 30円（舶来）	31円（舶来） 24円（和製）
46	蝋燭	—	—	62銭5厘（300目）	1円（800目）	—	—	—
47	炭	5貫目	—	12銭5厘（目方5貫目1俵） 5銭（才児《ママ》炭目方1貫500目）	—	—	—	—
48	薪	—	—	1尋40束： 75銭（槇） 50銭（雑木）	—	—	—	—

49	松板	1枚(厚5分幅1尺丈6尺)	5銭8厘5毛(上) 3銭5厘9毛(中) 2銭5厘(下)	1円(長6尺厚4分、8間)	25銭(幅1尺厚5分、11枚)	4銭	3銭	—
50	杉板	1枚(厚5分幅1尺丈6尺)	16銭7厘(上) 5銭(中) 3銭5厘9毛(下)	—	—	—	3銭	—
51	竹	1円につき	—	—	—	—	30本(5寸廻) 16本(6寸廻) 12本(8寸廻)	—
52	真篝籠	10組	72銭5厘(組籠角三本五ノ入子、1組) 1円38銭3厘3毛3糸(帳籠本磨大帳) 61銭6厘6毛6糸(半磨小帳)	—	—	—	—	—
53	膳	20人前	—	4円25銭(木具膳) 3円(日光膳)	—	—	春慶塗日形： 5円(上) 4円(中) 3円(下)	1円62銭5厘(春慶塗枇目会席、10人前)
54	椀	20人前	—	—	—	—	5円(二度挽百物) 4円(並物百物)	—
55	面桶	3合入100数代《ママ》	—	3円33銭3厘(黒塗) 2円83銭3厘(赤塗)	—	—	—	—
56	鉄	1貫目	65銭6厘2毛5糸(上) 59銭3厘7毛5糸(中) 56銭2厘5毛(下)	—	1貫600目(長割、1円につき)	和鉄： 66銭7厘(上) 62銭5厘(中) 56銭7厘(下)	62銭5厘(上) 57銭(中) 53銭5厘(下)	1円につき： 1貫300目(上) 1貫400目(中) 1貫500目(下)
57	灰吹銀	1貫目	—	—	—	—	—	140円
58	銅	100斤	—	—	—	—	—	19円75銭(丁) 18円50銭(瀌)

	品目	量目	筑摩郡松本町	筑摩郡福島村	安曇郡大町	諏訪郡下桑原村	伊那郡飯田町	大野郡高山町
59	鉛	100斤	—	—	—	—	—	5円6銭6厘7毛
60	鍼銅	1貫目	—	—	—	—	—	2円
61	石盤	1枚	—	—	25銭	—	—	—
62	舶来物	1尺	68銭（黒羅紗） 9銭6厘8毛（黒絹呉呂服） 10銭5厘（緋紫メリンス）	10銭5厘（黒絹呉呂） 11銭5厘（唐縮緬） 13銭3厘（唐天鵞絨）	—	3円50銭（黒羅紗、1間） 13銭3厘（黒呉郎服、2尺幅1尺） 6円50銭（メリンス、2尺幅7丈2尺）	1円15銭（黒羅紗） 14銭2厘（黒呉呂服） 10銭8厘（緋メリンス）	—
63	金巾棉	1貫目	2円87銭（上） 2円75銭（中）	—	—	—	—	—
64	大工手間賃	1日食共	15銭	16銭2厘5毛	15銭	20銭4厘1毛	20銭	—
65	左官手間賃	1日食共	16銭7厘	18銭7厘5毛	15銭	23銭7厘5毛	22銭5厘	—
66	日雇人足賃	1日食共	13銭5厘	11銭2厘5毛	12銭5厘	12銭5厘	13銭5厘	—
67	畔鍬	1日食共	—	16銭2厘5毛	—	—	—	—
67	石工	1日食共	—	—	16銭5厘	—	—	—

筑摩県管轄六月中旬物価表

	品目	量目	筑摩郡松本町	筑摩郡福島村	安曇郡大町	諏訪郡下桑原村	伊那郡飯田町	大野郡高山町
1	米	1石	5円55銭5厘5毛(上) 5円40銭5厘□《印字ナシ》毛(中) 5円31銭9厘1毛(下)	8円40銭(上) 8円(中) 7円60銭(下)	4円34銭7厘(上) 4円25銭5厘(中) 4円16銭6厘(下)	6円56銭2厘5毛(上) 6円40銭6厘(中) 6円15銭(下)	7円18銭8厘(上) 7円3銭1厘(中) 6円87銭5厘(下)	6円25銭(上) 6円10銭(中) 5円60銭(下)
2	酒	1石	5円88銭2厘3毛(上) 5円26銭3厘2毛(下)	1円につき： 1斗1舛1合1夕(上) 1斗2舛1合(中) 1斗5舛1合5夕(下)	5円	5円88銭2厘(上) 5円(中) 4円54銭5厘(下)	6円66銭6厘(上) 5円55銭5厘(下)	7円13銭7厘(清酒、上) 5円62銭8厘(清酒、中) 4円45銭(清酒、下)
3	味噌	1円 につき	7貫目(上) 10貫目(並)	5貫目(上) 7貫目(中) 10貫目(下)	7貫目	—	4貫目(上) 12貫目(赤)	14貫目
4	醤油	1石	6円66銭6厘6毛(上) 3円33銭3厘3毛(並)	1斗7舛(1円につき)	5円55銭5厘(上) 5円(並)	9円9銭1厘(上) 4円8銭(中) 3円44銭8厘(下)	10円(上) 5円(下)	8円
5	塩	—	4円20銭(1石) 4銭2厘(1舛)	46銭2厘5毛(5貫500目 1俵) 4銭(一舛)	3円75銭(1石)	5円12銭(海塩、4斗入4 俵) 3銭2厘(海塩、1舛)	5円50銭(海塩､4斗入6俵) 3銭(海塩、1舛)	3円40銭(海塩、1石)
6	大豆	1石	5円	4円25銭	4円16銭6厘6毛	5円55銭6厘	4円6銭3厘	3円30銭
7	小豆	1石	3円85銭7厘1毛	4円	2円85銭7厘1毛	4円16銭7厘	4円16銭7厘	—
8	大麦	1石	2円	4円50銭	1円33銭3厘3毛	1円38銭7厘5毛	1円79銭2厘(麦)	3円(春揚)
9	小麦	1石	3円3銭3厘3毛1糸	4円50銭	3円12銭5厘	3円12銭1厘6毛	—	—
10	蕎麦	1石	2円	2円25銭	2円	2円82銭	1円66銭7厘	—
11	稗	1石	—	1円20銭	1円25銭	—	—	1円(皮付)
12	粟	1石	—	4円50銭	—	—	—	—

	品目	量目	筑摩郡松本町	筑摩郡福島村	安曇郡大町	諏訪郡下桑原村	伊那郡飯田町	大野郡高山町
13	鰹節	100目	18銭5厘（上） 13銭5厘（下）	1円につき： 700目（土佐産） 850目（遠江産）	600目（1円につき）	—	1円につき： 570目（土州産） 730目（薩摩産） 600目（紀州産） 650目（遠江産）	600目（土佐産、1円につき）
14	肴	—	5円50銭（干烏賊、100把） 37銭（干田作、1貫目）	1円（田作、2貫目） 7銭5厘（鰑、20枚入1把）	1円（田作、3貫目） 16銭（干鰤、1枚） 12銭5厘（鯡、1把90本入）	6銭5厘（塩鰤、100目） 5銭6厘（塩鮪、100目） 6銭（塩鯖、大1本）	80銭（干海老、1貫目） 40銭（干田作、1貫目）	2円33銭1厘 （田作魚、7貫目） 66銭6厘（干鰯千入）
15	干饂飩	1貫目	34銭1厘	—	—	—	—	—
16	河魚	—	—	10銭（鰻、40目） 8銭5厘（赤魚・アメ魚、100目）	—	2円50銭（鰻、1貫目） 1円（鯉、1貫目）	1円50銭（鰻、1貫目） 1円（鯉、1貫目）	—
17	肉類	—	58銭9厘（牛肉、1貫目）	—	—	—	33銭（猪・鹿、1貫目）	—
18	煙草	—	5円75銭（上、60玉） 5円（中、60玉） 3円75銭（下、60玉）	—	14円（280玉）	—	24円（清内路産刻煙草、小玉720玉） 18円（峠産葉煙草、525斤）	—
19	黒砂糖	1円につき	10斤5分（薩摩大島上品） 13斤5分（遠江産上品）	11銭（1斤）	10斤（大島） 14斤（遠州）	40銭（黒上、1貫目）	11斤（薩摩産大島） 12斤（遠江産）	2貫180目（薩摩大島）
20	白砂糖	1円につき	4斤5分（三盆） 8斤（唐雪） 9斤（天光）	1斤： 21銭5厘（天光） 16銭7厘（雪白）	1貫目： 65銭（上） 58銭（並）	75銭（白上、1貫目）	5斤（三盆） 7斤5分（唐雪） 8斤（天光）	955目（三盆） 1貫460目（唐雪）
21	串柿	1重ね	—	16銭（上） 14銭（下）	—	—	—	—
22	茶	—	—	—	62銭5厘（内津300目） 40銭（気田200目）	—	1円12銭5厘（宇治製、200目斤）	—
23	生糸	9貫目	相場相決不申候（上中下）	—	当時無之	300円（上） 260円（中） 225円（下）	300円（上） 280円（中） 250円（下）	190円（島田造、上） 180円（島田造、中） 150円（島田造、下）

24	真綿	10 円につき	900 目(上) 1 貫目(中) 1 貫 100 目(下)	1円につき： 70 目(上) 80 目(中) 100 目(下)	当時無之	1 貫目(上) 1 貫 200 目(中) 1 貫 500 目(下)	750 目(上) 800 目(中) 850 目(下)	100 目： 1 円(上) 75 銭(中) 67 銭 5 厘(下)
25	綿	360 貫目	510 円(尾張産) 500 円(三河産) 490 円(遠江産)	60 目： 11 銭(打綿) 10 銭(中入綿)	545 円(尾州産操綿)	520 円(尾張産) 520 円(三河産) 500 円(遠江産)	515 円(尾張産) 510 円(三河産) 500 円(遠江産)	19 円 40 銭(打綿、10 貫目)
26	棉	1 反	68 銭 5 厘(上) 58 銭(中) 48 銭(下)	58 銭(棉布、上) 50 銭(棉布、下)	56 銭(2 丈 8 尺)	66 銭 7 厘(上) 50 銭(中) 33 銭 3 厘(下)	79 銭(上) 73 銭(中) 64 銭(下)	—
27	手拭地	10 筋	58 銭 4 厘(上) 36 銭 7 厘(中) 33 銭 4 厘(下)	—	—	—	—	—
28	麻	—	—	—	36 貫目： 40 円(山中) 35 円(四ヶ庄)	—	—	—
29	麻布	—	—	1 円 6 銭(上) 85 銭(中) 70 銭(下)	1 円(小谷畳縁、1 反 8 分) 66 銭(山中煉麻 1 反)	—	—	—
30	縞	1 反	—	—	80 銭(尾州桟留) 80 銭(三州牛窪)	—	—	—
31	小倉帯地	長 2 丈 1 反	—	—	—	1 円(上) 66 銭 7 厘(中) 33 銭 3 厘(下)	—	—
32	紬	10 疋	—	—	—	—	—	21 円(上) 19 円(中) 16 円(下)
33	畳糸	1 円につき	—	—	700 目	—	—	—

	品目	量目	筑摩郡松本町	筑摩郡福島村	安曇郡大町	諏訪郡下桑原村	伊那郡飯田町	大野郡高山町
34	元結	1丸	—	—	—	—	12銭5厘（上） 11銭（中） 8銭3厘（下）	—
35	宮本紙	1円 につき	1束2帖（上） 2束（中） 2束4帖（下）	1束： 1円33銭（上） 83銭3厘（下）	55銭（1束）	—	—	—
36	坂下紙	1円 につき	—	1束： 25銭（上） 20銭（下）	—	—		—
37	楮	—	—		当時品無之	—	—	—
38	晒紙	1円 につき	—	—	—	—	430目（上） 480目（中） 550目（下）	—
39	紙	—	—	—	—	—	1円につき： 帳紙上、550目 帳紙下、700目 中折半紙上40枚、22折 中折半紙下38枚、33折	37銭5厘（不端切200枚） 54銭1厘5毛 （八寸紙500枚）
40	中判	1円に つき	700目（上） 800目（中） 900目（下）	—	—	—	—	—
41	足袋裏	100目	30銭（極上） 26銭1厘7毛（上） 24銭1厘7毛（中） 21銭6厘7毛（下）	—	—	—	—	—
42	藍玉	60玉	20円（上） 14円（中） 8円（下）	—	—	—	—	—
43	漆	1円に つき	220目（上） 250目（下）	—	—	—	180目（上） 200目（下）	180目（上） 200目（下）

44	水油	1石	18円（1石） 20銭（1舛）	1円につき： 4舛2合（荏水） 4舛（種水）	20円	17円85銭7厘（荏油） 18円1銭8厘（菜種）	20円82銭	30円（荏） 30円（菜種）
45	石炭油	1石	16円（長野産青白） 22円58銭（舶来）	—	1円につき： 4舛5合（舶来） 6舛2合5夕（和製）	20円（和産） 26円25銭（舶来）	22円（皇国産） 30円（舶来品）	24円（和製） 31円（舶来）
46	蝋燭	—		47銭5厘（300目）	1円（800目）	—	—	—
47	炭	5貫目	—	12銭5厘（目方5貫目1俵） 5銭（才児《ママ》炭目方1貫500目）	—	—	—	—
48	薪	—	—	1尋40束： 75銭（槇） 50銭（雑木）	—	—	—	—
49	松板	1枚（厚5分幅1尺丈6尺）	5銭8厘5毛（上） 3銭5厘9毛（中） 2銭5厘（下）	1円（長6尺厚4分、8間）	25銭（幅1尺厚5分、11枚）	3銭3厘	3銭5厘	—
50	杉板	1枚（厚5分幅1尺丈6尺）	16銭7厘（上） 5銭（中） 3銭5厘9毛（下）	—	—	—	3銭5厘	—
51	竹	1円につき	—	—	—	—	29本（5寸廻） 15本（6寸廻） 12本（8寸廻）	—

	品目	量目	筑摩郡松本町	筑摩郡福島村	安曇郡大町	諏訪郡下桑原村	伊那郡飯田町	大野郡高山町
52	真壽籠	10組	72銭5厘（組籠角三本五ノ入子、1組） 1円38銭3厘3毛3糸（帳籠本磨大帳） 61銭6厘6毛6糸（帳籠半磨小帳）	—	—	—	—	—
53	膳	20人前	—	4円25銭（木具膳） 3円（日光膳）	—	—	春慶塗日光形： 5円（上） 4円（中） 3円（下）	1円62銭5厘（春慶塗枇目会席、10人前）
54	椀	20人前	—	—	—	—	5円33銭（二度挽百物） 4円（並物百物）	—
55	面桶	3合入100数代《ママ》	—	3円33銭3厘（黒塗） 2円83銭3厘（赤塗）	—	—	—	—
56	鉄	1貫目	65銭6厘2毛5糸（上） 59銭3厘7毛5糸（中） 56銭2厘5毛（下）	—	1貫600目（長割、1円につき）	和鉄： 66銭7厘（上） 62銭5厘（中） 56銭7厘（下）	量目不明： 62銭5厘（上） 57銭（中） 53銭5厘（下）	1円につき： 1貫300目（上） 1貫400目（中） 1貫500目（下）
57	灰吹銀	1貫目	—	—	—	—	—	140円
58	銅	100斤	—	—	—	—	—	19円75銭（丁） 18円50銭（澁）
59	鉛	100斤	—	—	—	—	—	5円6銭6厘7毛
60	鑞銅	1貫目	—	—	—	—	—	2円
61	石盤	1枚	—	—	25銭	—	—	—
62	舶来物	1尺	68銭（黒羅紗） 9銭6厘8毛（黒絹呉呂服） 10銭5厘（緋紫メリンス）	10銭5厘（黒絹呉呂） 11銭5厘（唐縮緬） 13銭3厘（唐天鵞絨）	—	4円（黒羅紗、1間） 13銭（黒呉呂服、2尺幅1尺） 6円50銭（メリンス、2尺幅7丈2尺）	1円15銭（黒羅紗） 14銭2厘（呉呂服） 10銭8厘（メリンス）	—

63	金巾棉	1貫目	2円87銭(上) 2円75銭(中)	—	—	—	—	—
64	大工手間賃	1日食共	15銭	18銭	15銭	20銭4厘1毛	20銭	—
65	左官手間賃	1日食共	16銭7厘	20銭5厘	15銭	23銭7厘5毛	22銭5厘	—
66	日雇人足賃	1日食共	13銭5厘	13銭	16銭5厘	12銭5厘	13銭5厘	—
67	畔鍬	1日食共	—	18銭	—	—	—	—
67	石工	1日食共	—	—	16銭5厘	—	—	—

あとがき

二〇〇九年初夏、修士論文のテーマが未だ決まっていなかった私は、長野県立歴史館を訪れ、筑摩県行政文書を閲覧していた。新聞と博覧会にかかわる文書を綴じた簿冊である。特別な意図があったわけではなく、なかば興味本位で選んだ文書であった。簿冊を繰っていくなかで、新聞誌世話掛と博覧会世話掛の名簿に目が止まった。そのなかに、学区取締など学事担当者の名前が少なからず見られたからである。今から思えば、この名簿との出会いが、「開化」の時代を主題とする本書の出発点であったのだろう。

学校設立の担い手であると同時に、新聞にも博覧会にも関与する。諸事業を兼担する人びとの存在は、学校の歴史的特質をどのように規定したのか。そもそもなぜ特定の人物ばかりが、多様な事業を担う（担わされる）ことになったのか。こうした素朴な疑問が、「開化」の諸事業の連関、名望家の媒介者的側面や身分的出自、存在形態をめぐる差異などの論点につながっていった。

私は、恥を忍んでいえば、史料を撮影し、翻刻・解読する作業に比べ、それを評価したり大きな文脈のなかに位置づけたりする作業はあまり得意でない。撮影した史料の画像データや、翻刻した文字列を一覧する時が、最も楽しい瞬間かもしれない。私は、あらかじめ問題意識を抱いて史料を選ぶというよりも、目録の端から史料を撮影・翻刻し、そこから「研究」になりそうな主題を選んでいく部類に属すると、個人的には思っている。

それだけに、興味の赴くままに史料を読み散らかしてきてしまったのではないか、という危惧もある。本書がアッセンブリーな印象を与えてしまうとすれば、私の文章力の稚拙さばかりでなく、そうした問いの立て方に由来する所も大きいだろう。実際、教育史やメディア史、あるいは近世村落史などの各領域から、「それぞの対象をきっちり掘り下げるべきである」という類の批判を何度も頂戴してきた。こうした批判は承知のうえで、「開化」の広りと相互の連関性から対象をとらえ直し、当該時期を生きた諸主体の視点に迫りたい。ここにこそ、本書の意図がある。少なくとも、多様な対象をひと貫きに見通す視座の有効性は示しえたのではないかと考えている。その可能性が、本書の数多くの弱点を補うものであるか否か。大方の批正を待ちたい。

もとより、新たに取り上げるべき対象、検討すべき課題は山積している。「開化」の時代というきわめて曖昧な対象を内在的に捉える試みは、ようやく第一歩を踏み出したばかりであると自覚している。膨大な地方文書を読み散らかしながら、「研究」にまとめていく作業は、今後も継続していく所存である。

本書は、二〇一二年一二月に京都大学大学院教育学研究科に提出した博士学位論文に、加筆・修正を加えたものである。各章のもとになった旧稿は、以下に掲げる通りである。なお序章と終章は、書き下ろしである。

第一章「近世後期の村役人層と村落秩序―松本藩大町組大庄屋栗林家の「由緒」に着目して―」
『京都大学大学院教育学研究科紀要』第五九号、京都大学大学院教育学研究科、二〇一三年

第二、三章「「学制」期における学事担当者の生成過程―松本藩体制解体による地域秩序再編に着目して―」
『日本教育史研究』第三二号、日本教育史研究会、二〇一三年

第四章「近代学校の設立と地域「開化」のメディア―学校・新聞・博覧会の相互連関に着目して―」
『日本社会教育学会紀要』第四九巻第一号、日本社会教育学会、二〇一三年

第五章「明治初年代における地方博覧会の歴史的意義―筑摩県下博覧会を事例として―」

第六章「筑摩（長野）県の教育をめぐる名望家層の位相―民権派教員との関わりから―」

『日本歴史』第七六八号、日本歴史学会、二〇一二年

『日本の教育史学』第五六集、教育史学会、二〇一三年

第七章「明治10年代前半における義民伝承のメディア史的考察」

『教育史フォーラム』第四号、教育史フォーラム・京都、二〇〇九年

「明治前期における「貞享騒動」物語の変容」

『信濃』第六一巻第五号、信濃史学会、二〇〇九年

本書をまとめるまでに、実に多くの方々からご助言、ご支援を賜った。本書が十分な成果をあげていないとすれば、その責任はもとより私にある。しかし諸氏のご協力なしに、私はこれまで研究を続けることはできなかった。以下、手短ながら謝辞を述べさせていただく。

辻本雅史氏（国立台湾大学）、駒込武氏（京都大学）は、大学院に進学してより現在にいたるまで、本研究を導いてくださった。投稿論文がリジェクトされた時、あるいはアクセプトされた時、まっさきに声をかけ、肩をたたき、握手の手をさしのべてくださった。本研究の意義を私以上に見いだし、本研究の「居所」をいつも照らしてくださるふたりの師匠に迎えられたことは、僥倖というよりほかない。教育学研究室で研鑽につとめる先輩・同輩・後輩にも、自分の研究は支えられている。とりわけ、渕上皓一朗氏（京都大学学術出版会）と李芝映氏（京都大学大学院）には、博士学位論文の段階から原稿に何度も目を通していただいた。自分以上に自分の研究を理解する「第三の師」の存在には、どれほど救われたことかわからない。

辻本・駒込両氏のほか、博士論文の審査を引き受けてくださったのは、佐藤卓己氏（京都大学）と山名淳氏（京都大学）である。佐藤氏には、ゼミナールにも参加させていただき、メディア史研究の見地からご批判をいただけた。

山名氏のご助言は、「媒介」や「メディア」など本書の分析概念について整理するための手がかりとなった。研究を通じて、研究科や大学の枠を越えた出会いにも恵まれた。谷川穣氏（京都大学）には、投稿前の熟し切らない論文に幾度となくおつき合いいただいた。思想史や教育史、宗教史など諸領域と渡り合っておられる氏のコメントは、どれも刮目せざるをえないものばかりであった。

横田冬彦氏（京都大学）は、博士後期課程修了後の受け入れ先を引き受けてくださり、ゼミナールで多くのことを学ばせていただいている。「河内屋可正旧記」の講読演習では、「イエ」や「ムラ」を主体とした教育の営みに目を向ける問題関心を養うことができた。

荒井明夫氏（大東文化大学）には、二〇一〇年の集中講義以来、ご鞭撻を賜っている。荒井氏のご紹介により参加を許された尋常中学校成立史研究会（神辺ゼミ）や第二次就学告諭研究会では、神辺靖光氏や川村肇氏（獨協大学）はじめ、多くの方々から刺激を受けることができた。私の研究発表は、会の文脈をわきまえないことも少なくなかったと思う。それにもかかわらず、熱心に耳を傾け、精力的に議論していただいた。

古文書の解読や史料調査の方法など、歴史学徒としての作法をご教示いただいたのは、山本英二氏（信州大学）である。信州大学人文学部で社会学を専攻していた私にとっては、山本ゼミが、古文書に接し、くずし字解読の苦労と喜びを味わう初めての場となった。大学院に進学してからも、史料調査で信州を訪れるたびに研究室訪問の機会をいただき、また毎年の古文書合宿にも連れ出してくださった。山本氏から頂戴したご助言のひとつひとつは、私が文献史学を志すうえでの指針である。

修士一回生の夏以来、山本氏のご紹介で、志村洋氏（関西学院大学）が主催する信州古文書合宿に参加させていただいている。本書は、現在の大庄屋研究を牽引する志村氏のご研究から、重大な示唆を受けている。また合宿を通して貴重な出会いに恵まれた。志村ゼミ関係者の方々との交流関係（往々にして非学問的な方向へ脱線する）は、論文を仕上げることばかりに根を詰めがちな私にとって、一服の清涼剤となっている。

本書をまとめるまでには、数多くの史料所蔵機関、個人宅で貴重な史料を閲覧させていただいた。なかでも調査に際し、大町市文化財センターの島田哲男氏、小林茂樹氏はじめ職員の方々には、ひとかたならぬ便宜をはかっていただいた。このほか、長野県立歴史館、松本市文書館、松本市立博物館、松本城管理事務所、安曇野市豊科郷土博物館、安曇野市教育委員会など、アーキビストとして史料保存につとめておられる方々のお仕事なくして、本研究はなしえなかった。

鈴木哲也氏（京都大学学術出版会）には、出版までの限られた時間のなかで何度も査読していただき、さまざまなご尽力を賜った。また校正作業には、須永哲思氏（京都大学大学院）と金城圭輝氏にご協力いただいた。謝辞を捧げたい。

最後に、少なからぬ気恥ずかしさがともなうことではあるが、家族に感謝を述べざるをえない。祖父・睦廣、父・住男、母・睦子、妹・知佳は、これまでの研究生活を見守り、支援してくれた。私にとって研究者の道は、「父祖」の「千円ノ身代」を蕩尽し、「非分ヲ覬覦」することにほかならないと思っている（第七章で引用した「敢テ天保人民ニ一針ヲ加フ」を参照）。それを百も承認で、「誰か故郷を想はざる」との思いで始めたのが、本研究である。しかし研究が深まるほどに、「故郷」からの乖離感は深まる一方かもしれない。それでも研究を続ける勇気を持ち、何とか生き延びてこられたのは、妻・育美と娘・寿乃のおかげである。本書が、これらの人びとが与えてくれた恩に対するささやかな報いとなることを願っている。

なお本研究の遂行に際し、独立行政法人日本学術振興会特別研究員奨励費（ＤＣ１・二〇一〇―一一年度およびＰＤ・二〇一三―一五年度）の助成を受けた。また本書の出版は、京都大学の「平成二五年度総長裁量経費　若手研究者による出版助成事業」によるものである。記してお礼を申し上げる。

二〇一四年三月

塩原佳典

■研究者名

■人名

■地名

索　引

■事項

著者略歴

塩原佳典（しおはら・よしのり）

1981年　長野県生まれ

2008年　信州大学人文学部人間情報学科卒業

2013年　京都大学大学院教育学研究科博士後期課程修了，博士（教育学）

現　在　日本学術振興会特別研究員（PD）

（プリミエ・コレクション42）

名望家と〈開化〉の時代

── 地域秩序の再編と学校教育

平成26（2014）年3月31日　初版第一刷発行

著　者　　塩　原　佳　典

発行人　　檜　山　爲次郎

発行所　京都大学学術出版会

京都市左京区吉田近衛町69番地

京都大学吉田南構内（〒606-8315）

電　話（075）761-6182

FAX（075）761-6190

Home page http://www.kyoto-up.or.jp

振　替　01000-8-64677

ISBN 978-4-87698-481-7

Printed in Japan

印刷・製本　㈱クイックス

定価はカバーに表示してあります